Soziologische Texte | *Band 104*

Herausgegeben von
Heinz Maus
Friedrich Fürstenberg
Frank Benseler

Industriesoziologie III

Industrie und Gesellschaft

Herausgegeben und eingeleitet
von Friedrich Fürstenberg

Luchterhand

Herausgeber
Prof. Dr. Heinz Maus, Marburg-Lahn
Prof. Dr. Friedrich Fürstenberg, Linz-Donau
Prof. Dr. Franz Benseler, Paderborn

Redaktion
Wieland Eschenhagen

Gesamtherstellung: Druck- und Verlags-Gesellschaft mbH,
Darmstadt.
Printed in Germany 1975.
ISBN 3-472-72604-0

Inhalt

VERZEICHNISSE

Einführung*

In der Entwicklung des industriesoziologischen Problembewußtseins haben sich verschiedene Schwerpunkte herausgebildet. In der Frühgeschichte dieses Wissenschaftszweiges wurden industriebezogene Fragestellungen selten von ihrem gesamtgesellschaftlichen Hintergrund völlig isoliert. Erst eine spätere Spezialisierung führte dazu, daß innerhalb der Industriesoziologie die Arbeits- und Betriebssoziologie zunehmendes Interesse fanden und sich dementsprechend auch fortentwickeln konnten (vgl. hierzu den Band Industriesoziologie II). Die Wechselwirkungen zwischen der industriellen Arbeitswelt und anderen sozialen Bereichen und damit die prägende Wirkung des Industrialisierungsprozesses auf die moderne Gesellschaft wurden demgegenüber kaum systematisch untersucht. Hierzu trug auch der Wandel von einer historisch orientierten Soziologie zu einer durch empirische Sozialforschung begründeten und als Gegenwartswissenschaft verstandenen Soziologie bei. Mit den üblichen Forschungstechniken ließen sich soziale Mikrophänomene leichter analysieren als übergreifende Problemzusammenhänge. Andererseits wurde durch diese Entwicklung auch das kritische Bewußtsein der Soziologen herausgefordert. Dies führte aber bisher eher zur Ausarbeitung umfassender Problemkataloge, zur Darstellung formaler Bezugssysteme und auch zu einem oft nicht ideologiefreien und dogmatisierenden Rückgriff auf Globalkonzepte aus der Frühzeit der Soziologie. Dem unwidersprochenen Bedürfnis nach einer nicht nur mikrosoziologisch betriebenen Industriesoziologie mit Bezug zur allgemeinen soziologischen Theorie steht die bisher ungleichgewichtige Ansammlung von Forschungsergebnissen gegenüber.

Angesichts dieser Sachlage ist es zweifellos ein Wagnis, soziologische Texte zum Thema ›Industrie und Gesellschaft‹ zusammenzustellen. Denn es ist nicht möglich, für alle wichtigen Problemkreise Beiträge in der gewünschten Qualität und Repräsentanz zu erhalten. Andererseits kann von einer wenn auch unvollkommenen Textsammlung doch der Impuls ausgehen, sich noch gründlicher wissenschaftlich mit einem Bereich der Soziologie zu beschäftigen, der für das Verständnis der modernen Gesellschaft wesentlich ist. Außerdem reichen auch die verfügbaren Beiträge schon aus, um die Problemdiskussion anzuregen und zu versachlichen. Gerade in den noch zu entwickelnden Grenzbereichen kann soziologische Forschung am ehestens aufklärend wirken. Die Industriesoziologie kann sich nicht mit der globalen Feststellung begnügen, daß der Indu-

* Die in Klammern gesetzten Ziffern beziehen sich auf das Literaturverzeichnis am Ende des Bandes.

strialisierungsprozeß grundlegend die Gesellschaftsstruktur verändert hat, so daß man sogar von einer ›industriellen Gesellschaft‹ spricht, wie dies Claude Henry Comte de Saint-Simon bereits zu Beginn des vorigen Jahrhunderts erstmals getan hat. Es geht vielmehr darum, den Streit um eine Etikettierung moderner Gesellschaftsformen durch die Analyse von Prozessen und Wirkungszusammenhängen zu ersetzen, die eine Einsicht in das Gefüge dieser Gesellschaft und ihrer Entwicklungstendenzen ermöglichen. Besonderes Interesse gilt hierbei den sozialen Bedingungen und Folgen der Industrialisierung (8, 19, 28, 30, 36, 63) sowie den industriellen Führungsschichten (6, 7, 9, 28, 32, 37, 49).

Die Dogmatisierung vermeintlich einseitiger Abhängigkeiten wird allerdings nicht vermieden, wenn Industriesoziologie als Ersatz für eine fehlende Soziologie des sozialen Wandels gelten soll. Der gesellschaftliche Modernisierungsprozeß wird dann mit dem Industrialisierungsprozeß schlechthin gleichgesetzt und Urbanisierung, soziale Mobilisierung, Demokratisierung, der Wandel zur partnerschaftlich strukturierten Kleinfamilie usw. bis hin zur Säkularisation und ›Entideologisierung‹ erscheinen als abhängige Variable technisch-wirtschaftlicher Determinanten. Auch in Gesellschaften mit industrieller Produktionsbasis haben soziale Strukturen ihr Eigengewicht. Anders wäre gar nicht der Pluralismus moderner Gesellschaftsformen zu erklären.

Industriesoziologie sollte also nicht die allgemeine Soziologie durch Industrialismus-Dogmatik ersetzen, sondern einen spezifischen Beitrag zur universellen Problematik moderner Gesellschaften leisten. Dieser kann darin bestehen, die auf industriellen Arbeitsstrukturen beruhenden sozialen Verhaltens- und Organisationsformen zu analysieren und nach ihren Wechselbeziehungen zu Phänomenen anderer Sozialbereiche zu fragen.

Ein traditionell wichtiger Problemkomplex ist die *Frage nach den Bestimmungsgründen und Auswirkungen des Arbeitnehmerstatus*, der durch die industriellen Produktionsverhältnisse geschaffen worden ist. Das dichotomische Modell der politischen Ökonomie differenziert lediglich nach Produktionsfunktionen in Lohnarbeit und Kapital. Abgesehen davon, daß diese Kategorien auch historischen Veränderungen unterliegen, sind sie für eine soziologische Forschung nicht differenziert genug, die die Erklärung von Verhaltensweisen und Verhaltensänderungen anstrebt. Zumindest muß ein kategoriales Funktionsschema durch nachweisbare Realtypen (z. B. 17, 39) ersetzt werden, d. h. es ist zu fragen, welche Sozial- und Interessenlagen im Bereich der Lohnarbeit entstehen und wie sie sich manifestieren. Die Diskussion über den hierbei zu beschreitenden Weg der Tatsachenermittlung und -analyse ist in den letzten Jahren teilweise sehr heftig verlaufen und noch keineswegs abgeschlossen (16, 41, 61, vgl. auch Bibliographie zu Industriesoziologie II). Man wird aber einen relativ breiten Konsensus für die Feststellung finden, daß sowohl objektive Faktoren, insbesondere Veränderungen in der Produktion und Verteilung von Gütern und Dienstleistungen, als auch subjektive Faktoren, insbesondere latente und manifeste Einstellungen zu den Arbeitsbedingungen, hierbei im Zusammenhang machtorientierter Handlungsstrategien zu berücksichtigen sind. Allerdings wird in dem Maße, in dem die Industrialisierung weit über den Bereich der unmittelbaren Produktion hinaus gesamtgesellschaftliche Strukturen geprägt hat – etwa als Folge eines Vermarktungsprozesses von Leistungen aller Art –, auch den außerbetrieblichen Lebensverhältnissen wachsende Bedeutung für die Ermittlung von Arbeitnehmerstatus und Arbeitnehmerbewußtsein zukommen (23). Die in diesem Sammelband vereinigten Auswahltexte können das gesamte Problem nicht erschöpfend behandeln. Sie verweisen nur auf einige wichtige Dimensionen und sollen Anregungen für die Diskussion vermitteln.

Die *Beziehungen zwischen Industrie und gesellschaftlicher Umwelt* sind in der Soziologie in verschiedenartigster Weise thematisiert worden (12, 40, 51). Aus systematischer Sicht können verschiedene Ebenen unterschieden werden, und zwar die Auswirkungen der Arbeitsbedingungen und Arbeitsbeziehungen auf den gesamten Lebensstil der Erwerbstätigen, die Beziehungen zwischen Betrieb bzw. Unternehmen und anderen gesellschaftlichen Organisationen und Institutionen sowie die Beziehungen zwischen Industrie und Staat bzw. den in ihm wirkenden politischen Kräften. Auf allen drei Ebenen werden ökonomische, ökologische, sozialkulturelle und politische Probleme deutlich, die äußerst komplex sind.

Die Arbeitsbedingungen, insbesondere die Regelung der Arbeitszeit, der Arbeitsinhalt und der Arbeitsentgelt (15) haben erheblichen Einfluß auf moderne Lebensformen und Lebenschancen. Strukturen des Familienlebens (50, 52), das Freizeitverhalten (1, 11, 13, 31), gesellschaftliche Partizipationsformen (64), aber auch psycho-physische Aufbrauchserscheinungen (38) und Risiken bei der Verwirklichung des angestrebten Lebensstandards stehen in engem Zusammenhang mit dem Erwerbsleben. Am Beispiel der Schichtarbeit untersucht der Beitrag von Neuloh einige wichtige gesellschaftliche Aspekte betrieblicher Arbeitsbedingungen.

Die Reichweite der Umweltbindungen und -einflüsse des Industriebetriebs kann am Beispiel der Beziehungen zwischen *Betrieb und Gemeinde* verdeutlicht werden (14, 21, 34, 43, 46, 54). Schon die Tatsache, daß jeder Betrieb standortgebunden ist und für die Werkangehörigen und deren Familien ein Agglomerationszentrum bildet, führt zu charakteristischen Wechselbeziehungen. Da jeder Betrieb sich nicht in einem ungegliederten sozialen Raum, sondern in Verbindung mit bestehenden oder entstehenden Gemeinwesen entwickelt, sind auch die Sozialstrukturen des Betriebes und der mit ihm verbundenen Gemeinden oft in hohem Maße wechselseitig bedingt. Auch das interne Betriebsgeschehen wird durch die Wahl des Betriebsstandortes beeinflußt. Eine mehr oder weniger ausgeprägte Monopolstellung des Betriebes auf dem Arbeitsmarkt kann zu entsprechend starker Abhängigkeit der Werksangehörigen sowohl vom Arbeitgeber als auch von den Kollegen führen. In anderen Fällen können Arbeitskräfte nicht am Orte beschafft werden. Die besonders in ländlichen Gegenden damit verbundene Pendelwanderung zwischen Arbeitsstätte und Wohnort führt zu einer verstärkten Einflußnahme des Betriebes weit über die Grenzen seines Standortes hinaus. Wo eine betriebliche Sozialordnung mit patriarchalischen Zügen festzustellen ist, beruht sie häufig auf derartigen Voraussetzungen.

Allgemein gibt es aber auch oft direkten und indirekten Einfluß der Unternehmensleitung auf öffentliche Institutionen (53), wie zum Beispiel Schulen, Krankenhäuser, Kirchen, Sportplätze, Schwimmbäder oder Freizeitklubs. Der besonders wichtige Sektor des Wohnungsbaus wird in dem Beitrag von Hilterscheid zu diesem Bande näher untersucht. Gerade die Beziehungen zwischen Betrieb und Unternehmen einerseits und Gemeinde andererseits geben einen wesentlichen Aufschluß über das Hineinwirken wirtschaftlicher Einflüsse in politische und sozialkulturelle Bereiche.

Die institutionalisierten und informellen Beziehungen zwischen Unternehmen und sozialer Umwelt sind infolge der hierbei auftretenden unterschiedlichen Interessenlagen keineswegs spannungsfrei. Konfliktsituationen können sich bis in den betrieblichen Alltag hinein ausweiten. Ein besonders aktueller Problembereich, in dem unterschiedliche Wertorientierungen und Interessenlagen zu Spannungen führen, sind die *Beziehungen zwischen Unternehmungen und Bildungsinstitutionen* (4, 60). Die Entwicklung einer von funktionalen Ausbildungszielen abgeschirmten ›pädagogischen Provinz‹ einerseits und einer von emanzipatorischen Bildungsimpulsen weitgehend entleerten Ausbildungspraxis in den Betrieben andererseits sind Ausdruck einer fragwürdigen Verselbständigung eng aufeinander angewiesener institutioneller Sozialisationsmedien. Anpassungs- und Orientierungskonflikte bei den Betroffenen sind die Folge. Der Beitrag Beckers zu diesem Thema ist – wenn auch nicht fachsoziologisch im engeren Sinne – eine soziologisch relevante Problemskizze.

Die Tatsache, daß sich Umweltfaktoren auch innerbetrieblich auswirken und andererseits betriebliche Strukturen umweltverändernd in Erscheinung treten, zeigt sich besonders deutlich am Beispiel der *Sozialkosten der Industrie* (22, 45). Die industrielle Produktionsweise beruht nicht allein auf der Nutzung betrieblich organisierter Produktionsmittelkombinationen. Sie wertet auch natürlich und gesellschaftlich gegebene Hilfsmittel aus, zum Beispiel beansprucht sie einen Teil des natürlichen Lebensraumes und darüber hinaus dessen von der Allgemeinheit bereitgestellte Infrastruktur. Das Ausmaß dieser Beanspruchung und der hierfür erforderlichen Gegenleistungen sind im Rahmen der sogenannten

›Umweltdiskussion‹ in ihrer Fragwürdigkeit erkannt worden. Unter Bezug auf normative Vorstellungen, wie etwa die ›Erhaltung der Lebensqualität‹, führte dies zu einer zunehmenden Politisierung der Beziehungen zwischen Industrie und gesellschaftlicher Umwelt. Zwar sind soziologische Untersuchungen der zugrundeliegenden Problematik noch äußerst selten. In dem Maße, in dem einsichtig wird, daß planvolle Produktion immer nur als Teil einer umfassenderen planvollen Daseinsgestaltung betrachtet werden kann, wird aber zumindest angewandte Industriesoziologie sich dieser Thematik nicht verschließen können.

Die Beziehungen zwischen Industrie und sozialer Umwelt unterliegen den vielfältigsten gestaltenden Kräften, die als politische Interessen im Rahmen der staatlichen Herrschaftsordnung wirken. Diese Rahmenordnung sanktioniert auch die jeweilige Wirtschafts- und Gesellschaftsordnung, von der *Ausmaß und Richtung der betrieblichen bzw. unternehmerischen Autonomie* bei der Gestaltung der Marktbeziehungen und der internen betrieblichen Sozialordnung festgelegt werden (5, 9, 20, 24, 27, 33, 58). Hierfür gibt es drei Grundmodelle:

In einer staatlichen Rahmenordnung, die eine extrem liberale Verfassung des Wirtschaftlebens widerspiegelt, wie zu Beginn der Industrialisierung, werden auch die Unternehmen dem Marktmechanismus unterworfen. Hierbei wird ihre individuelle Anpassung an die Wirtschaftslage und die gesellschaftlichen Notwendigkeiten weder behindert noch gefördert. Die Dispositionen am Markte müssen möglichst unabhängig und schnell erfolgen, in dem Maße, in dem die Wirtschaftslage wechselt. Die Autonomie der Unternehmen auf dem Markt führt durch entsprechende Anpassungserfordernisse, zum Beispiel Entlassungen und Versetzungen, zu Änderungen der betrieblichen Sozialordnung. Diese tendiert dahin, Schauplatz der verschiedenartigsten Interessenkämpfe zu werden, deren Ausmaß nur gelegentlich durch die Auswirkung von Sozialgesetzen oder das allmähliche Entstehen von Verbandsinteressen vermindert wird. Die Sozialgeschichte hat gezeigt, daß unumschränkte betriebliche Marktautonomie und betriebliche Sozialautonomie keine stabilisierenden Faktoren im modernen Staat sind. Am Markte sind die Konkurrenzformen durch unterschiedlichste Formen der Kooperation und der wechselseitigen Beeinflussung ergänzt worden, wobei regulierende Einflüsse des Staates wirksam wurden. In der betrieblichen Sozialordnung sind sowohl durch die Sozial- und Arbeitsgesetzgebung als auch durch den Einfluß der gewerkschaftlich organisierten Arbeitnehmergruppen und fortschrittlicher Unternehmer allmählich Ausgleichsformen entstanden, die eine einseitige willkürliche Interessendurchsetzung verhindern.

Ein anderer Versuch der Gestaltung der Beziehungen zwischen Unternehmen und Staat eliminiert weitgehend die betriebliche Markt- und Sozialautonomie zugunsten staatlicher Planung und Reglementierung. Die Betriebe sind als Produktionszentren weitgehend von wirtschaftlichen Wechsellagen unabhängig, aber die Erfüllung des Planziels erfordert eine straffe und häufig auch starre Lenkung der betrieblichen Arbeitsabläufe. So kommt eine Verminderung kurzfristiger Anpassungsprozesse zwar zustande, aber der Zwang zur Anerkennung der Zentralgewalt kann ebenfalls zu Fehldispositionen führen. Sie zeigen sich dann in der unvorhergesehenen Knappheit bestimmter Produktionsfaktoren und der Unmöglichkeit, die für die Planerfüllung erforderlichen Kombinationen der Produktionsfaktoren zu verwirklichen.

Hinsichtlich der betrieblichen Sozialordnung wird die Weisungsgebundenheit der Arbeitnehmer und damit der betriebliche Disziplinarzwang nicht grundsätzlich verändert. Es gibt weiterhin privilegierte Schichten und dementsprechend auch Interessengegensätze. Durch teilweise großzügige sozialpolitische Einrichtungen ist es möglich, diesen Sachverhalt zum Teil zu kompensieren. Die Abhängigkeit von bürokratischen Regelungen ist aber nicht geeignet, die Initiative der Beteiligten von sich aus weiterzuentwickeln. Deshalb benötigen derartige Rahmenordnungen ständig von oben her organisierte Anreizaktionen, um die mangelnde Dynamik des Systems auszugleichen. Im Laufe der Entwicklung hat sich gezeigt, daß eine allmähliche Lockerung staatlicher Einflußnahme auf die Unternehmen nicht zu umgehen war. Sie brauchen in einer arbeitsteiligen Wirtschafts- und Gesellschaftsordnung ein garantiertes Maß an Eigenständigkeit.

In den fortgeschrittenen westlichen Industrieländern ist gegenwärtig als dritter Typ der Beziehungen zwischen Unternehmen und Staat eine Mischform festzustellen, in der die Elemente derFreiheit und der Bindung in ein möglichst ausgewogenes Maß gebracht werden sollen. Im Marktbereich werden die Industrieunternehmen nur minimal durch staatliche Rahmenordnungen beeinflußt. Ihre Autonomie findet jedoch an der wachsenden Organisation und Verflechtung der Marktpartner und des Marktgeschehens eine Grenze. Durch Spitzenverbände, Handelskammern, Kartelle, Konzerne und Berufsverbände wird die Dynamik des Wirtschaftsablaufs reguliert. Die relative Autonomie der Unternehmen am Markte ist teils von der relativen Marktmacht der Betriebe auch innerhalb umfassender Organisationen (vgl. 2), teils von jeweils regulierenden Eingriffen des Staates abhängig (20, 27, 58).

Die innerbetriebliche Gestaltung der Sozialordnung ist durch allgemeine sozial- und arbeitsrechtliche Vorschriften, insbesondere aber durch die Bestimmungen des Betriebsverfassungsgesetzes bzw. in der Montanindustrie des Mitbestimmungsgesetzes geregelt. Hierdurch wird ein Mitsprache- und teilweise ein Mitentscheidungsrecht der Belegschaften in vorwiegend sozialen und personalen Fragen begründet sowie der Schutz des arbeitenden Menschen gegen die hauptsächlichen Risiken des Arbeitslebens im Betrieb gewährleistet. Ein gewisser Spielraum für Sachentscheidungen der Betriebsführung ist jedoch gegeben.

Die Beziehungen zwischen Industrie und Staat werden durch das verstärkte Auftreten und Wachstum *multinationaler Konzerne* in besonderer Weise umstrukturiert. Gegenüber den regional begrenzten staatlichen Institutionen treten funktional strukturierte Organisationen auf, die herkömmliche Begriffe staatlicher Souveränität in Frage stellen. Ihre bemerkenswerte Anpassungsfähigkeit und technisch-wirtschaftliche Effizienz bieten wesentliche Vorteile gegenüber einer starren staatlichen Bürokratie. Andererseits können sie sich gerade dadurch den Auswirkungen von Entscheidungen entziehen, die Ergebnisse demokratischer Willensbildungsprozesse sind. Der Beitrag von Sauvant in diesem Band behandelt anhand einer gründlichen Datenanalyse diese vielschichtige Problematik.

In dem Maße, in dem das Industriesystem wesentlicher Grundbestandteile moderner Gesellschaftssysteme geworden ist, wurden die Folgen dieses Prozesses Gegenstand unterschiedlichster Bewertungen, in denen sich die verschiedenen Interessenlagen sozialer Großgruppen widerspiegeln. Die Industriesoziologie hat es also auch mit der Ideologisierung der von ihr untersuchten Sachverhalte zu tun. Werden diese Phänomene außer acht gelassen, gerät die soziologische Forschung in die Gefahr, daß exakte Datensammlungen und deren Interpretation doch kein Bild von der Wirklichkeit vermitteln, weil deren Problemgehalt nicht thematisiert worden ist. Der Abschnitt ›*Ideologien des Industriesystems*‹ enthält verschiedene Beiträge, in denen die interessenbezogene Interpretation industriesoziologisch relevanter Sachverhalte deutlich wird. Im einzelnen werden leerformelartige Schlagworte wie die ›Konsumentengesellschaft‹, die ›Leistungsgesellschaft‹, das ›Wachstumsdenken‹, und Unternehmer-Ideologien mit Legitimationsfunktion analysiert (vgl. 6, 22, 44, 47).

In diesen Beiträgen wird deutlich, daß eine Ausweitung von Voraussetzungen und Funktionen des Industriesystems auf die Gesamtgesellschaft problematisiert werden muß. Die Industriesoziologie kann also nicht von der fraglos vertretenen Annahme ausgehen, die moderne Gesellschaft sei als ›industrielle Gesellschaft‹ bloße Widerspiegelung der mit dem Industriesystem geschaffenen sozialen Sachverhalte. Zumindest in historisch-soziologischer Analyse erweist sich, daß vorindustrielle Strukturen weiter fortwirken und daß man mit einiger Berechtigung auch bereits von entstehenden postindustriellen Strukturen sprechen kann (18, 62). So umfassend und komplex die Beziehungen zwischen Industrie und Gesellschaft sind, so wenig erschöpfen sie doch die Gesamtheit gesellschaftlicher Beziehungen in einem gegebenen Zeitabschnitt. Es ist sogar von besonderer Bedeutung, Art und Ausmaß der Widersprüche festzustellen, die zwischen Industriesystem und Gesamtgesellschaft bestehen.

Damit wird bereits auf den letzten in diesem Auswahlband behandelten Problemkreis hingewiesen: die *Entwicklungstendenzen der ›Industriegesellschaft‹*. Wenn auch von einer Dominanz der industriellen Produktionsweise, selbst im Dienstleistungsbereich, ausgegangen werden kann, so treten doch allmählich strukturelle Variationen und Veränderungen auf. Im Bereich der politischen Ökonomie werden sie im Rahmen der ›Kapitalismus-Diskussion‹ und in Auseinandersetzung mit der ›Konvergenz-These‹ (Angleichung privat- und staatskapitalistischer Systeme) thematisiert (42, 55, 59, 61, 65). Für den Industriesoziologen ergibt sich aber die zusätzliche Aufgabe, das Zusammenwirken technischer, wirtschaftlicher und sozialer bzw. politischer Faktoren bei der Ausprägung eines Gesellschaftssystems in seinem sozialen Wandel so zu untersuchen, daß nicht nur abstrakt deduzierte Interessen- und Soziallagen darstellbar, sondern konkret realisierte Verhaltensweisen von Personen, Gruppen, Organisationen und Institutionen erklärbar werden. Die hierbei auftretenden Schwierigkeiten, den Zusammenhang zwischen Tatsachenstruktur und Erkenntnisinteresse wissenschaftlich zu bewältigen, machen die Aufgabe nicht geringer.

Die im Kapitel 5 vereinigten Analysen zeigen verschiedene Ausgangspunkte und auch unterschiedliche Schlußfolgerungen hinsichtlich der Zukunft dessen, was gegenwärtig als kapitalistische oder industriewirtschaftliche Grundstruktur der Gesellschaft bezeichnet wird (vgl. auch 29, 48, 56, 59). Es handelt sich hierbei weniger um abgeschlossene Analysen als um Perspektiven, die als Teil eines fortdauernden Dialogs aufgefaßt werden können. Nicht zuletzt zeigt sich aber gerade in der Industriesoziologie der Wissenschaftscharakter auch darin, daß die für den Fortschritt des Problembewußtseins erforderlichen Zukunftsprojektionen grundsätzlich offen sein müssen.

Die Schwierigkeiten, die bei der Analyse von Wechselbeziehungen zwischen Industrie und Gesellschaft auftreten, spiegeln ein generelles Dilemma der gegenwärtigen Soziologie wider. Forschungsmethoden, die im Mikro-Bereich und auf mittlere Reichweite erfolgreich sind, eignen sich in der Regel nicht für die Untersuchung von Makro-Bereichen. Die Technik integrierter Mehrebenen-Analysen ist teilweise noch nicht weit genug entwickelt, teilweise noch nicht genügend erprobt, um hier entscheidend weiterhelfen zu können. Darüber hinaus ist gerade bei einer Verbindung von Mikro- und Makro-Analysen die historische Dimension, das Auftreten sozialer Veränderungen, besonders wichtig. So ist das Entwicklungsgefälle zwischen Arbeits- und Betriebssoziologie einerseits und umfassender Industriesoziologie andererseits keineswegs allein auf mangelndes Problembewußtsein zurückzuführen. Es handelt sich hierbei auch um sehr komplexe Fragen der Methodologie und Theoriebildung. Das Vermächtnis der frühen Industiesoziologie, die gesellschaftliche Zustände in der Industrie nicht allein isoliert beschreiben, sondern auch umfassend erklären wollte, um aus kritischer Sicht Handlungsspielräume zu schaffen, ist angesichts dieser Lage vielleicht wieder ein zeitgemäßer Ausgangspunkt.

Kapitel I
Arbeitnehmerstatus und Arbeitnehmerbewußtsein

Ralf Dahrendorf
Industrielle Fertigkeiten und soziale Schichtung [1]

I. Menschliche Fertigkeiten in der industriellen Entwicklung

Vorindustrielle Fertigkeiten und sozialer Status

Eines der auffälligsten Strukturphänomene des Überganges von vorindustriellen zu industriellen Gesellschaften liegt in der Ablösung zugeschriebener Kriterien der Status-Zuordnung durch erworbene. In einem allgemeinen (und idealtypischen) Sinne gilt, daß industrielle Gesellschaften Merkmale wie Alter, Geschlecht und Herkunft bzw. Geburt ersetzen durch das Prinzip der Leistung als Grundlage der sozialen Differenzierung. Nicht wer man ist, sondern was man kann, bestimmt den Platz, den man in der Gesellschaft einnimmt. Diese unwiderlegte Hypothese gilt auch für die Differenzierung von Status-Rollen innerhalb der institutionellen Sphäre der Güterproduktion.

Gewiß liegen auch der Sozialschichtung der handwerklichen Manufaktur schon Unterschiede erworbener Fertigkeiten zugrunde. Der Handwerksmeister genießt nicht nur höheres Prestige als der Geselle, er kann auch mehr, hat mehr gelernt. Diese Zuordnung von Fertigkeitsgrad und sozialem Status hat aber ein Kennzeichen, das sie von einer reinen Leistungsschichtung unterscheidet. Die Positionen von Meister, Geselle und Lehrling repräsentieren so wenig wie etwa die von Arzt, Assistenzarzt und Medizinstudent drei soziale Schichten. Obwohl ihnen unterschiedliches Prestige zukommt [2], fehlt den Gruppen der Gesellen bzw. Assistenzärzte und der Lehrlinge bzw. Medizinstudenten doch der Dauercharakter, den wir gemeinhin mit dem Begriff der sozialen Schicht verbinden. Normaltypisch hat der Lehrling die begründete Erwartung, Geselle, der Geselle die, Meister zu werden. W. L. Warner und J. O. Low haben daher das Verhältnis von handwerklichen Qualifikationen und sozialem Status in der vorindustriellen Manufaktur mit der Struktur der Alters-Graduierung (»age-grade structure«) etwa bei den Melanesiern verglichen [3]: Mit zunehmendem Alter erwirbt der Lehrling die Fertigkeiten des Gesellen, der Geselle die des Meisters. Höherer Status korreliert mit höherem Alter. [4] Der Fertigkeitsgrad bestimmt zwar den Status des Handwerkers; er ist aber seinerseits nur ein Ausdruck der beruflichen Entwicklungsstufe, nicht der Leistungsfähigkeit.

Industrielle Arbeitsteilung und mechanisierte Produktion haben hier einen grundlegenden Wandel geschaffen. Die Darstellung der Stufen dieses Wandels und seiner Widerspiegelung in der sozialwissenschaftlichen Literatur kann uns als Grundlage für die Beantwortung der beiden Fragen 1. nach dem eigentümlichen Charakter industrieller Fertigkeiten und 2. nach der Bedeutung der Qualifikationsstruktur für die soziale Schichtung der Arbeiterschaft in der entwickelten mechanisierten Industrie dienen.

These Nr. 1: Industrielle Arbeitsteilung heißt Gewinn an Fertigkeiten

Das Problem der industriellen Fertigkeiten und ihrer Differenzierung stellte sich den politischen Ökonomen des 19. Jahrhunderts vor allem als Problem der Arbeitsteilung. Viele Jahrzehnte hindurch bestimmte Adam Smiths Beispiel der Stecknadelfabrikation und sein Lob der Vorzüge der Aufsplitterung von Arbeitsvorgängen das Bild der Wissenschaft von der wachsenden Industrie: »Dieses große Anwachsen der Arbeitsmenge, die dieselbe Zahl von Leuten infolge der Arbeitsteilung leisten können, beruht auf drei verschiedenen Umständen: erstens auf dem Steigen der Geschicklichkeit jedes einzelnen Arbeiters; zweitens auf der Ersparnis der Zeit, die gemeinhin beim Wechsel von einer Art Arbeit zu einer anderen verloren wird; und schließlich auf der Erfindung einer großen Zahl von Maschinen, die die Arbeit erleichtern und abkürzen und einen Mann instandsetzen, die Arbeit von vielen zu tun.« [5]

Wenige politische Ökonomen des frühen 19. Jahrhunderts versäumten es, diese Sätze mit Zustimmung zu zitieren. Dennoch enthalten sie eine merkwürdig zweideutige Auslegung der Wirkungen der mechanisierten Fabrikproduktion auf die industrielle Arbeitsteilung, die dann auch zu zwei entgegengesetzten Thesen Anlaß gegeben hat. Ihrem Wortlaut nach enthält Adam Smiths Analyse die Behauptung, daß die Aufsplitterung von Arbeitsprozessen in der Fabrikmanufaktur eine Steigerung der Fertigkeiten der Arbeiter zur Folge hat. Da die Arbeiter in der Fabrik nicht mehr von einer Operation zur anderen überwechseln müssen (ein Zustand, der implicite als Dilettantismus abgetan wird), können sie sich auf eine Spezialoperation konzentrieren und so eine Kompetenz und Geschicklichkeit erwerben, die der des universelleren Handwerkers überlegen ist. Tatsächlich haben eine Reihe von Ökonomen Smith so verstanden. Malthus betont unter Bezug auf Smith die »Steigerung der Fertigkeiten« durch die »Arbeitsersparnis« in der mechanisierten Manufaktur [6]. Nassau Senior zitiert die obige Stelle aus Smiths Werk und fügt ihr weitere »Vorzüge« der Arbeitsteilung in der Manufaktur hinzu [7]. Charles Babbage zitiert die gleichen Sätze und preist die »Fertigkeit, die durch häufige Wiederholung desselben Prozesses erworben wird«. [8]

Erst in J. St. Mills Diskussion der Behauptungen von Smith wird ein leichter Verdacht spürbar, daß die Mechanisierung vielleicht doch auch weniger vorteilhafte Auswirkungen auf die Qualifikationen der Arbeiter haben könnte. Obwohl Mill im ganzen Smith noch zustimmt, fügt er doch die nachdenkliche Bemerkung hinzu: »Die Fertigkeiten werden natürlich nach kürzerer Praxis erreicht in dem Maße, in dem die Arbeitsteilung spezialisierter wird; und sie werden überhaupt nicht mehr in demselben Grade erreicht.« [9]

Aber als J. St. Mill seine »Principles of Political Economy« schrieb, kannte er die Zweifel an den Vorzügen der neuen Arbeitsteilung, denen einige seiner Vorgänger Ausdruck gegeben hatten. Schon 1821 hatte Ricardo in der dritten Auflage seiner »Principles« seine frühere Übereinstimmung mit Smith eingeschränkt und bemerkt, er sei nunmehr zu der Überzeugung gekommen, »daß die Ersetzung menschlicher Arbeit durch Maschinerie für die Interessen der Klasse der Arbeiter oft sehr schädlich« sei. [10] Ende der dreißiger Jahre des 19. Jahrhunderts entstand zuerst eine These, die Adam Smiths Behauptungen ganz anders verstand.

These Nr. 2: Auszug der Gelernten – Einzug der Ungelernten

Der erste Autor, der sich bewußt und deutlich von Adam Smith absetzte, war Andrew Ure in seiner »Philosophy of Manufactures«: »Als Adam Smith seine unsterblichen Elemente der Ökonomie schrieb, zu einer Zeit, die automatische Maschinen kaum kannte, kam er verständlicherweise dazu, die Arbeitsteilung als das große Prinzip der Produktionssteigerung anzusehen; und er zeigte am Beispiel der Stecknadelfabrikation, wie jeder Handwerker, nunmehr befähigt, sich durch Praxis in einem Punkt zu vervollkommnen, ein rascherer und billigerer Arbeiter wurde... Aber was zu Dr. Smiths Zeit ein Gegenstand nützlicher Illustration war, kann heute nicht verwendet werden, ohne Gefahr zu laufen, die Öffentlichkeit über das rechte Prinzip der industriellen Manufaktur irrezuführen. Tatsächlich spielt in der Fabrikarbeit die Teilung oder besser die Anpassung der Arbeit an die unterschiedlichen menschlichen Fähigkeiten eine geringe Rolle. Im Gegenteil wird, wo immer ein Prozeß besondere Geschicklichkeit und Sicherheit der Hand verlangt, dieser so bald wie möglich dem geschickten Arbeiter, der zu Unregelmäßigkeiten der verschiedensten Art neigt, entzogen und einem besonderen Mechanismus übertragen, der so selbst-regulierend ist, daß ein Kind ihn beaufsichtigen kann.« [11]

War Adam Smiths Analyse der Arbeitsteilung die unangefochtene Grundlage der politischen Ökonomie der ersten Jahrzehnte des 19. Jahrhunderts, so galt dasselbe später für Andrew Ures These: »Es ist tatsächlich ständiges Ziel und Tendenz jeder maschinellen Verbesserung, die menschliche Arbeit völlig auszuschalten, oder ihre Kosten zu verringern durch die Ersetzung männlicher Arbeit durch die von Frauen und Kindern, derer von ausgebildeten Handwerkern durch die von gewöhnlichen [lies: ungelernten – R. D.] Arbeitern.« [12]

»Maschinelle Verbesserungen«, sagt Ure an anderer Stelle noch deutlicher, »bewirken die Ersetzung von gelernter Arbeit durch vergleichsweise ungelernte Arbeit« [13].

Diese These findet sich in der sozialwissenschaftlichen Literatur der zweiten Hälfte des 19. Jahrhunderts allerorten wieder. »In der automatischen Fabrik«, berichten die englischen Fabrikinspektoren 1858, »wird gelernte Arbeit zunehmend ausgeschaltet« [14]. Der Ingenieur J. Nasmyth erklärt dem Trades' Unions Committee: »Die ganze von ihrer Geschicklichkeit ausschließlich abhängende Klasse von Arbeitern ist jetzt beseitigt« [15]. In Frankreich schreibt P.-J. Proudhon in seiner »Philosophie de la Misère«: »Maschinen. Der erwachsene Arbeiter wird wieder ein Lehrling, ein Kind; dieses Ergebnis ist bezeichnend für jene Phase der Arbeitsteilung, in der wir die Fertigkeiten der Arbeiter im gleichen Maße abnehmen sehen, in dem die Industrie sich vervollkommnet.« [16]

Proudhon zählt eine lange Liste von »Übeln« der mechanisierten Industrie auf und fügt hinzu: »Aber das ist nicht alles. Nachdem die Maschine oder die Fabrik den Arbeiter erniedrigt haben, indem sie ihm einen Meister gaben, demütigen sie ihn weiter, indem sie ihn vom Rang eines Handwerkers zu dem eines Hilfsarbeiters degradieren ...« [17]

Und in diesem Punkt konnte nicht einmal Marx in seinem »Elend der Philosophie« der »Philosophie des Elends« seines Gegners Proudhon widersprechen: »Alles in allem hat die Einführung der Maschinen die Teilung der Arbeit innerhalb der Gesellschaft gesteigert, das Werk des Arbeiters innerhalb der Werkstatt vereinfacht, das Kapital konzentriert und den Menschen zerstückelt.« [18]

Später führte Marx diesen Gedanken weiter aus: »Mit dem Arbeitswerkzeug geht auch die Virtuosität in seiner Führung vom Arbeiter auf die Maschine über. Die Leistungsfähigkeit des Werkzeugs ist emanzipiert von den persönlichen Schranken menschlicher Arbeitskraft. Damit ist die technische Grundlage aufgehoben, worauf die Teilung der Arbeit in der Manufaktur beruht. An die Stelle der sie charakterisierenden Hierarchie der spezialisierten Arbeiter tritt daher in der automatischen Fabrik die Tendenz der Gleichmachung oder Nivellierung der Arbeiten, welche die Gehilfen der Maschinerie zu verrichten haben, an die Stelle der künstlich erzeugten Unterschiede der Teilarbeiter treten vorwiegend die natürlichen Unterschiede des Alters und Geschlechts.« [19]

Auch Marx formuliert ausdrücklich die Prognose, daß die Entwicklung der Industrie dahin tendiere, alle Fertigkeiten überflüssig und damit alle Arbeiter zu Ungelernten zu machen. Es kennzeichnet die moderne Industrie für Marx die »Einführung von Weiber-, Kinder- und ungeschickter [ungelernter – R. D.] Arbeit als neuer Grundlage der Arbeitsteilung« [20].

In gewisser Weise erscheint auch diese These als bloße Interpretation der Behauptungen von Adam Smith. Smith hatte zwar von einem »Steigen der Geschicklichkeit jedes einzelnen Arbeiters« gesprochen. Aber hatte er nicht auch gesagt, daß Maschinen »die Arbeit erleichtern und abkürzen«? Hatte er nicht zumindest impliziert, daß der einzelne

Arbeiter durch die Mechanisierung auf eine Detailoperation beschränkt werde, so daß er keine Zeit mehr »verschwende« durch den »Wechsel von einer Art Arbeit zu einer anderen«? Bis zu einem gewissen Grade belegt der Gegensatz zwischen der These von Smith, Malthus und Babbage und der von Ure, Proudhon und Marx nur einen Unterschied in der Bewertung des neuen Phänomens der Industrie. Hatten Smith und seine unmittelbaren Nachfolger die Fabrikproduktion noch als einen Fortschritt enthusiastisch begrüßt, so war eine spätere Generation bereits nachdenklicher geworden. Die »Übel« der neuen Produktionsform schienen ihnen bemerkenswerter als ihre »Vorzüge«. Und zu diesen Übeln zählte auch die »Gleichmachung der Arbeit« zu Ungelerntenarbeit. [21]

Der Gegensatz zwischen der These von Smith und der von Ure läßt sich indes nicht allein durch Bewertungsunterschiede erklären. Was Smith als »Steigen der Geschicklichkeit« ansieht, die Aufsplitterung von Tätigkeiten zu kleinen Spezialoperationen, die ständig wiederholt werden, ist für Ure, Proudhon und Marx eher ein Anzeichen sinkender Qualifikationen. Der Begriff von »Fertigkeiten«, den Smith seiner These zugrundelegt, scheint ein durchaus anderer als der der späteren Autoren. Das hierin liegende Problem der sich wandelnden »Definitionen« von Fertigkeiten wird später wieder aufzunehmen sein.

Schließlich ist nicht zu übersehen, daß in den sechzig Jahren, die zwischen der Veröffentlichung des »Wealth of Nations« und der »Philosophy of Manufactures« liegen, auch eine reale Entwicklung stattgefunden hat. Seit Marx ist es üblich geworden, in der Entwicklung der industriellen Arbeitsteilung eine erste Phase der »Manufaktur« von einer zweiten der »modernen Industrie« zu unterscheiden. In der Manufaktur-Periode werden komplexe manuelle Tätigkeiten in eine Mehrzahl von spezialisierten manuellen Tätigkeiten aufgesplittert. Dies ist der Prozeß, um den es Adam Smith vor allem ging. In der Periode der modernen Industrie werden die Spezialtätigkeiten dem Arbeiter »aus der Hand genommen« und Maschinen übertragen. Der Arbeiter wird zum »Anhängsel der Maschine« und als solcher zum Fertigkeitslosen, Ungelernten.

These Nr. 3: Rückkehr der Gelernten

Wie ist nun die Entwicklung tatsächlich verlaufen, seit Ure, Proudhon und Marx ihre Prognose formulierten, daß mit fortschreitender Perfektion der Industrie alle Arbeiter Ungelernte würden? Ist die Arbeiterschaft von heute eine homogene Schicht von Ungelernten? Wenn wir Statistiken Glauben schenken dürfen, dann ist die Antwort ein bündiges Nein. Der Anteil der Ungelernten an der gesamten beschäftigten Bevölkerung schwankt heute in den entwickelten Industrieländern zwischen etwa zehn (Großbritannien, 1951) und zwanzig Prozenten (Vereinigte

Staaten, 1950). In keinem dieser Länder ist mehr als ein Drittel aller Arbeiter Ungelernte. Wo vergleichbare Statistiken vorliegen, zeigt sich im übrigen, daß der Anteil der Ungelernten in den letzten 40 Jahren eher zurückgegangen ist. In den Vereinigten Staaten z. B. waren 1910 noch 36% der erwerbstätigen Bevölkerung Ungelernte, 1930 waren es noch über 28% und 1950 knapp 20%. [22] Aber wir haben hier weniger als in vielen anderen Fragen Grund, uns auf Zahlen zu verlassen. Was sie uns nicht sagen, ist: Wer ist denn nun Ungelernter? Haben nicht vielleicht die Ungelernten von 1850 nur einen anderen Namen bekommen, ohne daß ihr Qualifikationsgrad sich wesentlich verändert hat?

Wenn wir die endgültige Klärung dieser Frage noch einen Augenblick verschieben und zunächst die Ergebnisse sozialwissenschaftlicher Analysen dort weiterverfolgen, wo wir den historischen Überblick abgebrochen haben, dann könnte es allerdings scheinen, als führten die erwähnten Zahlen in die Irre. Warner und Low zum Beispiel zeigen in ihrem schon zitierten Werk am Beispiel einer Schuhfabrik, wie »mehr und mehr gelernte Berufe in der Schuhherstellung eliminiert werden mit einer Tendenz, die technologischen Tätigkeiten in der Schuhfabrik auf einem einheitlichen niedrigen Fertigungsgrad einzuebnen« [23]. Mit G. Friedmann [24] zeigt auch H. Maus in jüngerer Zeit eine deutliche Skepsis gegen die »sog. ›Requalifizierung‹ des Arbeiters, die manchmal rühmend angeführt wird« [25]. Aber diese letztere Stellungnahme stellt sich bereits bewußt in einen Gegensatz zur Mehrzahl von Autoren, die spätestens seit den zwanziger Jahren immer wieder betont haben, »die ›Elimination der Fertigkeiten‹« in der modernen Industrie sei »mehr ein Mythos als eine Realität« [26].

Schon Max Weber hat – im Gegensatz zu Schmoller und Sombart – die These der Ersetzung der »Gelernten« durch die »Ungelernten« in der modernen Industrie eingeschränkt durch den Hinweis auf die »unmittelbar an der Maschine ›angelernten‹ Arbeiter« [27]. »Eine einfache Scheidung in ›gelernte‹ und ›ungelernte‹ Arbeiter ist auch faktisch keineswegs immer möglich« [28], bemerkte er und empfahl daher besonders angelegentlich das Studium der »Angelernten« in den Untersuchungen des Vereins für Sozialpolitik. Immer wieder wird seitdem hingewiesen auf die »Tendenz, daß alle Handarbeiter angelernte Maschinenarbeiter werden und gelernte sowohl wie auch ungelernte Arbeiter an Bedeutung verlieren« [29]. F. Fendt formuliert 1936 [30]: »Es ist ein Irrglaube, daß der mechanisierte Großbetrieb, gesamtwirtschaftlich gesehen, mit geringeren Arbeitsqualitäten auskomme als die mittlere Industrie. Die Dinge liegen vielmehr so, daß zwar auf der einen Seite der Bedarf nach vielseitig ausgebildeten »gelernten« Arbeitern, andererseits aber auch nach »ungelernten« Arbeitern zurückgeht und dafür die neue Kategorie des nur für Spezialaufgaben ausgebildeten »angelernten« Arbeiters stark in den Vordergrund tritt.«

Es wird heute selten bestritten, daß der dynamischen Anfangsphase industrieller Entwicklung etwa seit dem Ende des 19. Jahrhunderts eine Periode gefolgt ist, in der die Produktion sich vor allem auf Grund intensiver und rationaler Organisation der vorhandenen Möglichkeiten erhöhte. [31] Eine Begleiterscheinung dieses Strukturwandels ist die Wiederentwicklung menschlicher Fertigkeiten als eines nützlichen Produktionsfaktors. Frauen- und Kinderarbeit – der Prototyp der Ungelerntenarbeit in der Periode der Industrialisierung – verschwindet aus vielen Industriezweigen. Auch für männliche Arbeiter erweist es sich als sinnvoll, zumindest eine Zeit von einigen Wochen des »Anlernens« der eigentlichen Berufstätigkeit vorangehen zu lassen. Durch diese Entwicklung entsteht eine breite Schicht derer, die in Deutschland als »Angelernte« oder »Spezialarbeiter« bezeichnet werden.

Läßt sich im Fall der Angelernten noch darüber streiten, ob sie von den Ungelernten der frühen Industrie wirklich wesentlich unterschieden sind, so steht dies außer Zweifel bei der Entwicklung neuer Handwerksberufe, einer neuen Schicht von gelernten Arbeitern. »Die Mechanisierung bringt häufig neue Fertigkeiten hervor«, stellt F. Zweig auf Grund seiner englischen Erfahrungen fest [32], »die sich von den alten unterscheiden, aber nicht unbedingt weniger interessant sind«. Konkreter schreibt G. Friedmann – sonst durchaus kein Advokat der »Requalifizierungs«-These: »Neben [der] weltweiten Tendenz des Verfalls ganzheitlicher Berufe . . . besteht jedoch noch eine andere Tendenz. Ohne ihre Berücksichtigung könnte man kein genaues Bild der Berufsstrukturen gewinnen. Die Fortschritte der Technik und der Rationalisierung verstärken und vergrößern den Bedarf der Industrie an immer vollkommeneren Maschinen . . . Diese großartigen Maschinen brauchen neue Fachberufe (Maschinenbauer, Einsteller, Reparaturmechaniker) und vermehren in manchen Fällen die Zahl der Werkzeugmacher, welche die Vorrichtungen für die Arbeit der Angelernten vorzubereiten haben.« [33]

So läßt sich die Entwicklung der industriellen Fertigkeiten mit Th. Geiger zusammenfassen: »Die Industrie bedurfte in ihrer ersten Phase nur unqualifizierter, mechanischer Arbeitskräfte . . . In späteren Stadien machte die fortschreitende Technik die ausgestückte Arbeit zusehends fool-proof und schien so den Arbeiter zum mechanischen Robot herabzudrücken. Aber die Entwicklung hatte einen Doppelverlauf in entgegengesetzten Richtungen. Während ein Teil der Arbeit immer schematischer und die entsprechende Belegschaft immer leichter auswechselbar wurde, forderten die verfeinerten Erzeugungsmethoden auf der anderen Seite einen Stab hochqualifizierter Arbeitskräfte. Komplizierte, mit höchster Präzision arbeitende Maschinen wollen von intelligenten, wohlgeschulten Arbeitern gehandhabt sein. Die hochentfaltete Technik hat nicht einfach die Warenherstellung automatisiert und den Arbeiter degradiert, sondern zur Spaltung der Arbeitsprozesse in untergeordnet mechanische und (gelernt oder angelernt) qualifizierte Leistungen geführt.« [34]

These Nr. 4: Auszug der Ungelernten

Vor hundert Jahren nahm die Mehrzahl der sozialwissenschaftlichen Autoren an, daß den Ungelernten die Zukunft gehöre. Seither sind zunächst die Angelernten, dann die »neuen Handwerker« entdeckt worden, so daß es nicht mehr überrascht, wenn heute das genaue Gegenteil dessen vorhergesagt wird, was Ure, Proudhon und Marx glaubten. »Da ungelernte Muskelarbeit am leichtesten durch die Maschine ersetzt werden kann«, stellen D. C. Miller und W. H. Form fest [35], »wird der Anteil der ungelernten Arbeiter in städtischen und ländlichen Bezirken weiter abnehmen«. Ähnlich schreibt H. Kluth: »Die moderne Industrie hat in der Tat immer weniger Raum für den ›Ungelernten‹ [36].« Noch radikaler – und aus der amerikanischen Perspektive – formuliert N. N. Foote [37], daß »der gelernte und der angelernte Arbeiter durch Ingenieure ersetzt werden, die Ungelernten durch komplexe automatische Maschinen unter der Aufsicht von ›dial- watchers‹, die auch Ingenieure sind«. Als letzter Beleg für diese These sei noch P. F. Druckers zukunftsfrohe Analyse zitiert, in der es heißt: »Innerhalb der Arbeiterklasse hat eine neue Verschiebung von ungelernter zu gelernter Arbeit eingesetzt, die den Trend der letzten 50 Jahre umkehrt. Der ungelernte Arbeiter ist tatsächlich eine technische Unvollkommenheit, da Ungelerntenarbeit zumindest theoretisch stets besser, rascher und billiger von Maschinen geleistet werden kann. Aber je mehr Ungelernte durch Maschinen ersetzt werden, desto mehr Männer sind nötig, um diese Maschinen zu entwerfen, zu bauen, für die Produktion zu arrangieren, zu bedienen und reparieren.« [38]

II. Was heißt »Fertigkeit« in der entwickelten mechanisierten Industrie?

Das Problem der »Definition«

Die Darstellung der Entwicklung industrieller Fertigkeiten von Adam Smith bis zu P. F. Drucker war eher dogmenhistorisch als empirisch. Orientiert nicht an der Sozialgeschichte, sondern an deren Widerspiegelung in der sozialwissenschaftlichen Literatur, konnte sie zwar merkwürdige Widersprüche der Interpretation hervorheben, vielleicht auch auf die Tendenzen tatsächlicher Vorgänge hindeuten – aber die beiden entscheidenden Sachfragen mußte sie jeweils übergehen: 1. Was sind denn eigentlich jene menschlichen »Fertigkeiten«, die offenbar nacheinander gesteigert, beseitigt und neugeschaffen worden sind? Meinen alle zitierten Autoren dasselbe, wenn sie von »gelernten«, »angelernten« und

»ungelernten« Arbeitern sprechen? Und 2. welche Bedeutung hat der Besitz oder Nichtbesitz von Fertigkeiten für den sozialen Status von Arbeitern? Besteht hier überhaupt eine Verbindung oder bleiben die dargestellten Analysen rein im Bereich technologischer Prozesse? Gehen wir zunächst der ersten dieser Fragen ein wenig nach.

Als das Internationale Arbeitsamt 1948 die Frage nach der »Definition« von Fertigkeitsgraden stellte, kam es zu einer beunruhigenden Antwort: »Keine Autorität ist in der Lage, definitiv zu bestimmen, welche Berufe gelernt, welche angelernt und welche ungelernt sind.« [39] Ist diese Feststellung richtig? Und wenn sie es ist – was bedeutet sie für den Begriff industrieller »Fertigkeiten«?

Auf den ersten Blick hat es den Anschein, als sei die Feststellung des Internationalen Arbeitsamtes zumindest übertrieben. In den meisten Industrieländern existieren klassifizierte Berufskataloge, die es durch einfaches Nachschlagen ermöglichen, einen gegebenen Beruf als »gelernt«, »angelernt«, oder »ungelernt« zu identifizieren. Am leichtesten ist dies in England, wo eine offizielle »Klassifizierung von Berufen« des Statistischen Amtes (General Register Office) alle bekannten Berufe ordnet und mit einer Signatur versieht, die – im Falle industrieller Berufe – die Einordnung nach dem Fertigkeitsgrad anzeigt. [40] Es gibt also so etwas wie eine tatsächliche Bestimmung des Qualifikationsgrades von Berufen, die sich erkunden und in einem Berufskatalog niederlegen läßt, und in diesem Sinne ist eine informierte »Autorität« sehr wohl »in der Lage, definitiv zu bestimmen, welche Berufe gelernt, welche angelernt und welche ungelernt sind«.

Die Tatsache, daß es technisch nicht schwierig ist, gegebene Berufe unter Zuhilfenahme einer klassifizierten Liste als gelernt, angelernt oder ungelernt zu bestimmen, darf aber nicht darüber hinwegtäuschen, daß sich in dieser Bestimmung ein Sachproblem, und zwar ein soziologisches Problem verbirgt. Die Berufsliste ermöglicht es uns, den Beruf des Gynäkologen als Arztberuf, den des Studienrats als Lehrerberuf und den des Nietenanwärmers als ungelernten Arbeiterberuf zu bestimmen. Aber während diese Bestimmung in den Fällen des Gynäkologen und des Studienrats nahezu tautologisch und daher universell gültig (und ziemlich bedeutungslos) ist, schließt sie im Fall des Nietenanwärmers eine empirische Aussage ein: In einer gegebenen Gesellschaft werden vom Nietenanwärmer keine Qualifikationen verlangt; der Beruf wird daher als »ungelernt« klassifiziert. Th. Caplow hat festgestellt, daß, »obwohl die meisten Berufskataloge eine Kategorie der Ungelernten einschließen, es schwierig ist, diesem Begriff eine genaue Bedeutung zuzuschreiben« [41]. Diese Feststellung läßt sich verallgemeinern. Die Einordnung von Berufen als Arzt- oder Lehrerberufe ist ein Problem der Definition im strengen Sinne der Angabe von genus und differentia specifica. Die Einordnung von Berufen als gelernten oder angelernten oder ungelernten Berufen dagegen ist allenfalls ein Problem der »Definition« (in Anführungsstrichen), d. h. sie setzt empirisch-soziologische Aussagen voraus.

Diese Tatsache wirft ein neues Licht auf das oben entworfene Entwicklungsbild. Es ist (logisch) keineswegs dasselbe, ob wir eine Verschiebung der sozialen Schichtstruktur von Arbeiter- zu Angestelltenberufen oder eine solche von gelernten zu ungelernten Arbeiterberufen konstatieren. Im ersten Fall stellen wir einen verifizierbaren Übergang von Menschen aus einem Berufstyp zu einem anderen fest. Im zweiten Fall dagegen besteht zumindest die Möglichkeit, daß sich die Berufe selbst und ihre Einordnung gewandelt haben und die Menschen in diesen Berufen am gleichen Platz geblieben sind. Wir haben es hier möglicherweise mit einem Wandel der Berufsbewertung und nicht, oder nicht in erster Linie, mit einem Wandel der Berufsschichtung zu tun. Wenn wir die Bedeutung solcher Feststellungen wie eines Überganges von oder zu Ungelerntenberufen bestimmen wollen, dann »neigen wir dazu«, wie A. Marshall schon vor mehr als 60 Jahren feststellte [42], »die Tatsache zu übersehen, daß der Begriff des ›Ungelerntenberufes‹ seine Bedeutung ständig ändert«. Voraussetzung einer sinnvollen Bestimmung der Fertigkeitsgrade in der modernen Industrie ist eine Untersuchung der sich wandelnden Formen und »Definitionen« des Begriffes der »Fertigkeit« selbst.

Der Begriff der »Fertigkeit«

»Qualifikation ist ein Attribut einer Person, aber durch Übereinkunft wird das Wort auch auf Berufe angewendet. Der Gebrauch des Begriffes als Attribut von Berufen mag verwirrend sein. Offenkundig kann ein Beruf an sich nicht qualifiziert sein. Die Idee der Qualifikation beinhaltet seine Ausführung; die Ausführung setzt ein Individuum voraus. Es ist das Individuum, das die Qualifikation besitzt. Streng genommen kann man nicht einmal sagen, daß ein Beruf Qualifikation verlangt. Der Beruf kann in irgendeiner Weise getan oder zumindest begonnen werden von einer unqualifizierten Person. Die einzige bestimmte Bedeutung, die der Begriff in einem Ausdruck wie ›ein qualifizierter Beruf‹ haben kann, ist, daß der Beruf bei seiner Ausführung eine Gelegenheit bietet für den Gebrauch der Qualifikation. Ein Beruf ist qualifiziert, wenn die Person, die ihn ausübt, ihre Qualifikation in dieser Ausübung anwenden kann.« [43]

Qualifikationen oder Fertigkeiten (engl.: skill; franz.: qualification [44]) in diesem Sinne können zunächst verstanden werden als menschliche Fähigkeiten, die im Hinblick auf die technologischen Erfordernisse gegebener Arbeitsprozesse entwickelt worden sind. Wenn gesagt wird, daß die Mechanisierung gewisse Fertigkeiten überflüssig macht und allgemein das Qualifikationsniveau senkt, dann setzt diese Behauptung einen fixierten Fertigkeitsbegriff voraus, nach dem die vom Arbeiter, der eine Maschine bedient, verlangten Fertigkeiten quantitativ geringer sind als die des Handwerkers. Ebenso impliziert die Behauptung eines erneuten Bedarfes für qualifizierte Arbeiter in der automatischen Produktion, daß gewisse Arbeitsvorgänge ein hohes Maß von meßbaren Fertigkeiten voraussetzen. Obwohl es technisch schwierig sein mag, Natur und Grad der für die erfolgreiche Ausführung eines Arbeitsvorganges erforderlichen Fertigkeiten sowie Art und Entstehung der entsprechenden psychischen Bildungen zu bestimmen, scheint es doch, als seien 1. Fertigkeiten in diesem Sinne durch eine Korrelation von technischen Erfordernissen und psychischen Formationen bestimmt, und als seien 2. die technischen Erfordernisse wie ihre psychischen Korrelate im Prinzip meßbar und quantitativ fixierbar. In der Tat zielen ja Zeit- und Bewegungsstudien wie auch andere »wissenschaftliche« Arbeitsstudien in der Industrie auf eine solche Bestimmung hin. [45]

In diesem Sinne gilt die experimentell gestützte Feststellung, daß »Leistung, die als qualifiziert bezeichnet werden kann, drei Merkmale zu besitzen scheint:

A. Sie ist wesentlich der Aufbau einer organisierten und koordinierten Tätigkeit in bezug auf einen Gegenstand oder eine Situation . . .

B. Sie ist gelernt, indem das Verständnis der Situation und die Form des Handelns allmählich im Verlauf wiederholter Erfahrung entstanden sind.

C. Sie ist serienhaft und »dynamisch«, insofern innerhalb der Gesamtform der Qualifikation sich ein ständiger Wechsel zwischen rezeptiven und effektiven Funktionen und umgekehrt abspielt.« [46]

In diesem Sinne schließlich können industrielle Fertigkeiten als objektiv und universell bestimmbare Qualifikationen bezeichnet werden. Ein gegebener Arbeitsprozeß verlangt zu seiner erfolgreichen Ausführung gewisse Qualifikationen, die sich quantitativ angeben lassen. Solange der Prozeß selbst der gleiche bleibt, bleibt auch der ihm zugeordnete Fertigkeitsgrad unverändert – was immer in der sozialen Umsphäre geschieht.

Es wäre evidenterweise unsinnig, einen Begriff von »Fertigkeiten« zu entwickeln, der diese ihre objektiven und unveränderlichen Elemente außer acht läßt. Nun läßt sich aber zeigen — und soll im folgenden gezeigt werden –, daß die quantitativ durch eine Korrelation technischer Erfordernisse und psychischer Formationen bestimmbaren Fertigkeiten keineswegs eine zureichende Erklärung für die tatsächlich in der Industrie vorfindlichen Fertigkeitsgrade und -formen abgeben können. Der objektive und unveränderliche Begriffe der Fertigkeit bezeichnet nur das Minimum an Differenzierung, das der Qualifikationsstruktur zugrundeliegt. Darüber hinaus aber haben industrielle Fertigkeiten und Fertigkeitsstrukturen eine von allen technischen Bedingungen unabhängige soziale Dimension. »Der jedem einzelnen Beruf zugeschriebene Fertigkeitsgrad ist Resultat einer Vielzahl von Faktoren. Obwohl diese

Einflüsse in allen Gesellschaften mit einem Mindestmaß an wirtschaftlicher Entwicklung vorhanden sein mögen, sind die Weisen, in denen sie einzeln bewertet und verknüpft werden, Funktionen der Sozialauffassungen und der wirtschaftlichen und technischen Organisation der Gesellschaft. Der Fertigkeitsgrad eines gegebenen Berufes ist stets relativ zu besonderen sozialen und wirtschaftlichen Bedingungen.« [47]

Die soziale Dimension industrieller Fertigkeiten

Wir wollen zu bestimmen versuchen, welche typischen Qualifikationsstrukturen die Arbeiterschaft der entwickelten mechanisierten Industrie kennzeichnen und wie diese sich auf die soziale Schichtung auswirken. Dazu ist es zunächst erforderlich, den Gedanken der »Fertigkeit« begrifflich und empirisch abzugrenzen. Der Begriff der »Fertigkeit« hat stets eine Komponente, die ihn an die meßbaren Qualifikationsanforderungen bestimmter Arbeitsprozesse bindet. Aber es wäre ein Irrtum zu glauben, daß Fertigkeiten und Fertigkeitsgrade nur von technischen Anforderungen geprägt sind. Vielmehr greift die Gesellschaft an vielen Stellen in die »Definition« von Fertigkeiten hinein. Autonom soziale Faktoren beeinflussen die je gültige »Definition« von Fertigkeiten und damit von dem, was den »gelernten« Arbeiter vom »angelernten«, den »angelernten« vom »ungelernten« Arbeiter unterscheidet. Unter diesen Faktoren sind vier von besonderer Bedeutung:

1. Das allgemeine Fertigkeitsniveau von Bevölkerungen. – Schon Alfred Marshall wies im Zusammenhang mit seiner zitierten Bemerkung über die Wandelbarkeit von Begriffen wie »Ungelerntenberuf« auf die Abhängigkeit der »Definition« der Fertigkeiten von dem allgemeinen Kulturniveau einer Gesellschaft hin. »Wir neigen dazu«, so stellte er im Widerspruch zu der Behauptung, daß die Mechanisierung alle Arbeiter in Ungelernte verwandelt, fest, »diejenigen hervorragenden Fähigkeiten als Gemeinplätze anzusehen, die in unserer eigenen Zeit allgemein sind, und die Tatsache zu übersehen, daß der Begriff des ›Ungelerntenberufes‹ ständig seine Bedeutung ändert ... Wo Schulbildung allgemein ist, kann ein Beruf gerechterweise als ungelernt eingestuft werden, obwohl er die Kenntnis des Schreibens und Lesens voraussetzt. Ähnlich wird in Bezirken, in denen Fabriken seit langem ansässig sind, eine Gewohnheit der Verantwortung, der Sorgfalt und Genauigkeit in der Behandlung teurer Maschinen und Materialien die Eigenschaft aller ... [48]«. A. J. Jaffe und C. D. Stewart bemerken ganz ähnlich, daß »der Qualifikationsgrad eines Berufes kein absoluter Wert, sondern ein relativer« ist, relativ nämlich zu dem »Niveau allgemeiner Grundqualifikation und Kenntnis in der gesamten Bevölkerung« [49]. Was in einer Gesellschaft eine exklusive Fertigkeit ist, die nur wenige in langer Ausbildung erlernen – etwa Schreiben und Lesen –, kann in einer anderen »Gemeinplatz« sein. Das allgemeine Fertigkeitsniveau einer Gesellschaft bestimmt also die

Grundlage, auf der die Qualifikationsstruktur sich erhebt. Berufe, die nur diese allgemeinen Grundfertigkeiten verlangen, sind Ungelerntenberufe; aber dieselben Berufe können in einem anderen Kulturbereich oder einer früheren kulturellen Entwicklungsstufe desselben Bereiches als »angelernte« oder gar »gelernte« gelten. »Ein Steigen des allgemeinen Kenntnis- und Fertigkeitsniveaus, das ein Bewerber zu seiner Stellung mitbringt, ... kann daher sowohl die Zeit abkürzen, die erforderlich ist, um einen Beruf zu erlernen, als auch die Zahl der Personen erhöhen, die für die Ausbildung zu solcher Arbeit befähigt sind. Dies« – ein wichtiger Gedanke im Hinblick auf die eingangs dargestellten Thesen zur Entwicklung industrieller Fertigkeiten! – »wird seinerseits den Anschein eines Qualifikationsverlustes oder einer Verschiebung von gelernter zu ungelernter Arbeit erwecken.« [50]

2. Die Status-Funktion industrieller Fertigkeiten. – Das allgemeine Fertigkeitsniveau von Gesellschaften bestimmt zwar die Grundlage, aber nicht die Differenzierung von Qualifikationen. Doch greifen auch in diesen Prozeß soziale Faktoren hinein. Es ist bekannt, daß einige Berufe noch heute als »gelernte Berufe« angesehen werden, obwohl zu ihrer Ausübung dank der Einführung von Maschinen rein technisch keineswegs mehr eine lange Lehrzeit erforderlich ist. Am häufigsten zitiert sind die Beispiele von Drehern, Schlossern und Monteuren in der Metallindustrie. [51] »Der Fertigkeitsgrad, der einem Beruf zu einer gegebenen Zeit zukommt, ist nicht notwendig eine Funktion der spezifischen Bedingungen zu dieser Zeit. Viele Berufe werden heute als gelernt angesehen, weil die Verhältnisse in der Vergangenheit so waren, daß diese Einstufung angemessen war. Würden sie heute aufs neue bewertet werden, dann gälten sie nicht mehr als gelernt; historische Einflüsse und gewisse institutionelle Formen können die alte Auffassung verewigen.« [52]

Die Möglichkeit der Erhaltung eines Fertigkeitsgrades über das Bestehen seiner technischen Grundlage hinaus bezeugt an sich schon die Wirksamkeit nichttechnischer Faktoren. Das erwähnte Beispiel weist aber noch auf ein weiteres hin. Es hat den Anschein, als gelte für das »Überlebsel« (survival) der Dreher- und Monteur-Qualifikationen in besonderem Maße, was Malinowski für alle solchen Fälle behauptet hat, nämlich daß »das Überlebsel fortbesteht, weil es eine neue Bedeutung, eine neue Funktion gewonnen hat« [53]. Wir finden hier bereits einen Hinweis auf einen Sachverhalt, der unten noch näher zu betrachten sein wird: Industrielle Fertigkeitsstrukturen symbolisieren eine Status-Hierarchie. Da aber Status-Hierarchien ein funktionales Erfordernis aller sozialen Organisationen sind, wird es immer verschiedene Fertigkeitsgrade geben – gleichgültig darum, ob diese durch technische Bedingungen erfordert werden oder nicht. [54]

3. Die Möglichkeit extra-funktionaler Fertigkeiten. – Ein weiterer Beleg für den Eingriff sozialer Faktoren in die »Definition« industrieller

Fertigkeiten liegt in der Tatsache, daß je gültige »Definitionen« von qualifizierter oder nichtqualifizierter Arbeit Elemente einschließen können, die sich aus dem rein technischen Arbeitsvollzug keineswegs ergeben und daher auch nicht in derselben Weise erlernbar sind wie technisch-funktionale Fertigkeiten im engeren Sinn. Wenn wir uns die Prinzipien moderner »Arbeitsplatzbewertung« ansehen und diese als Index der herrschenden Auffassung industrieller Fertigkeiten verstehen, so finden wir hier fast durchweg neben funktionalen Qualifikationsanforderungen wie »Fachkenntnissen« und »Geschicklichkeit« auch gewissermaßen meta-technische oder extra-funktionale (wie wir sie nennen wollen) Fertigkeiten wie »Verantwortung für Betriebsmittel und Erzeugnisse« oder »für Sicherheit anderer« [55]. Diese galten durchaus nicht immer als Bestandteile industrieller Fertigkeiten – B. Lutz unterscheidet sie ausdrücklich von den Faktoren der »klassischen Lohngruppeneinteilung« [56]. Daß sie dazu werden konnten, belegt aber, daß bei der Bestimmung von Fertigkeitsgraden stets auf Grund gesellschaftlicher Setzung eine Auswahl von relevanten Faktoren aus einer Fülle von möglichen Faktoren getroffen wird.

4. Das Wirken von Angebot und Nachfrage. – Als letzter Beleg für unsere These sei noch auf die Einwirkung der Arbeitsmarktsituation auf die Bestimmung von Fertigkeitsgraden verwiesen. J. Froomkin und A. J. Jaffe haben vor einigen Jahren eine vergleichende Analyse des Fertigkeitsgrades einiger Berufe in den Vereinigten Staaten und in der Sowjetunion durchgeführt. Ihr Ergebnis war, daß »ein gelernter Beruf ein Beruf ist, der ein Spezialwissen oder eine handwerkliche Geschicklichkeit verlangt, für die die Nachfrage relativ groß und das Angebot relativ begrenzt ist« [57]. Der Beruf des Lastwagenfahrers z. B. gilt in den Vereinigten Staaten bei großem Angebot als angelernt, in Rußland dagegen wegen des geringen Angebots als gelernt. Auch innerhalb der Entwicklung einer Gesellschaft läßt sich ähnliches (z. B. für Bergarbeiter nach dem letzten Kriege) zeigen.

Die soziale Dimension industrieller Fertigkeiten erweist sich in der Tatsache, daß die Auswahl von Faktoren, die jeweils als relevant für die Bestimmung von Qualifikationsgraden betrachtet werden, aus einer großen Zahl möglicher Elemente vorgenommen wird. Bestimmend für diese Auswahl sind vor allem soziale Gegebenheiten. Gewiß gibt es eine »objektive«, eine technische Basis für die »Definition« von Fertigkeiten. Aber selbst bei gleichbleibender Basis können die Abgrenzungen der industriellen Fertigkeitsstruktur sich wandeln. Von hier aus werden Irrtum und Wahrheit der gegensätzlichen Auffassungen des Verhältnisses von Qualifikationsstruktur und Mechanisierung deutlich. Insofern diese unwandelbare, technische »Definitionen« von Fertigkeiten voraussetzen, irren sie. Sie sind aber richtig, insofern sie absichtlich oder unabsichtlich auf eine bedeutsame Begleiterscheinung der industriellen Entwicklung hinweisen, nämlich auf die Entstehung und Institutionalisierung sich wandelnder Formen der Qualifikation. In der Mitte des 20. Jahrhunderts sind wir selbst Zeugen eines solchen Wandels.

Die Entstehung einer neuen Form: Funktionale und extra-funktionale Fertigkeiten

In Form einer Hypothese kann der Wandel, der unter unseren Augen vor sich geht, etwa so beschrieben werden: Die entwickelte mechanisierte Industrie [58] ist gekennzeichnet durch die Entstehung und Institutionalisierung einer neuen Form industrieller Fertigkeiten. Im Verlauf dieser Entwicklung werden funktionale Fertigkeiten in zunehmendem Maße ersetzt durch extra-funktionale Fertigkeiten als Basis der industriellen Qualifikationsstruktur. Extra-funktionale Fertigkeiten werden institutionalisiert, insofern sie zu erwarteten Vorbedingungen für bestimmte Berufe werden und ihr Besitz in der Ausbildung wie bei der Entlohnung von Arbeitern eine Rolle spielt.

Unter funktionalen Fertigkeiten im Sinne dieser Hypothese sollen Fertigkeiten verstanden werden, die 1. durch die rein technischen Anforderungen von Arbeitsprozessen verlangt werden. Sie umfassen die elementaren Kenntnisse bzw. das elementare Können, die ein Arbeiter braucht, um seine Aufgabe zu erfüllen. Dem Monteur, der das Fließband, an dem er arbeitet, im Fall eines Schadens nicht reparieren kann, fehlen die funktionalen Fertigkeiten zu einer solchen Reparatur. Funktionale Fertigkeiten sind also streng »spezifisch«, insofern sie bestimmt werden können durch die »Trennung eines instrumentalen Vollzuges ... von der Verantwortung für dessen Kontext von Voraussetzungen und Auswirkungen, so daß vom Handelnden keinerlei Anpassungsentscheidungen in diesem Bereich verlangt werden« [59]. 2. Zugleich sind funktionale Fertigkeiten für die erfolgreiche Ausführung von Arbeitsprozessen unbedingt erforderlich. Ohne ihren Besitz können gegebene Aufgaben nicht erfolgreich erfüllt werden.

Extra-funktionale Fertigkeiten sind im Gegensatz hierzu 1. eher »diffus«. Sie »vereinigen die besondere Komponente mit den anderen Komponenten, die ihren Bezugsraum ausmachen« [60]. Sie sind also nicht in erster Linie auf die rein technischen Ansprüche von Arbeitsprozessen bezogen, sondern auf deren organisatorischen und sozialen Zusammenhang. Sie bezeichnen Entscheidungen ihres Trägers, ein gewisses Maß an Unabhängigkeit und Übersicht. 2. Damit sind sie auch streng genommen nicht unbedingt erforderlich für den Produktionsvollzug. Diese Bestimmung darf jedoch nicht dahingehend mißdeutet werden, daß extra-funktionale Fertigkeiten etwa produktionstechnisch überflüssig seien. Die Produktion ist möglich, auch wenn solche Qualifikationen nicht gegeben sind; sind sie aber gegeben, dann geht die Produktion besser, reibungsloser, sicherer vonstatten. Diese Fertigkeiten sind also nur insoweit »extra-funktional«, als der bare Vollzug der Produktionsfunktionen auch ohne ihre Anwendung möglich ist.

Es ist oft behauptet worden, daß der Handwerkslehrling neben den (funktionalen) Fertigkeiten, die er für seine spätere Arbeit braucht, noch etwas anderes lernen muß – oder zur Blütezeit des Handwerks lernen mußte. »Die Fertigkeiten, die das Individuum während der Lehrzeit erwarb, waren ... von zweierlei Art: Sie waren einerseits mechanisch und technisch, andererseits sozial. In gewöhnlichen Worten ausgedrückt: Der Lehrling lernte, ein guter Arbeiter zu sein, und er lernte auch, mit seinen Kollegen ›gut auszukommen‹. Diese zweite Erwerbung wurde eindeutig als ein wesentlicher Teil seiner Ausbildung verstanden.« [61] Mayos Unterscheidung von »sozialen« und »technischen Fertigkeiten« stimmt nicht mit unserer von »extra-funktionalen« und »funktionalen« überein. [62] Dennoch kann seine Bemerkung als ein Hinweis auf die Richtung verstanden werden, in die wir bei dieser Unterscheidung zu blicken haben.

In der Entwicklungsphase, die sich als die der Industrialisierung oder der frühen mechanisierten Industrie beschreiben läßt, übernahmen Maschinen das Werk menschlicher Fertigkeiten. Die von Adam Smith und seinen Nachfolgern im 19. Jahrhundert beschriebene Entwicklung kann jetzt als Ausschaltung oder Überflüssigmachung funktionaler Fertigkeiten bezeichnet werden. Daß auch die extra-funktionalen Fertigkeiten der Handwerkslehre dabei in Vergessenheit gerieten, steht wohl außer Zweifel. Vor allem aber beseitigte die maschinelle Produktion die Notwendigkeit für in langer Ausbildung erworbene funktionale Qualifikationen. Es erwies sich als möglich, Arbeiter – auch Frauen und Kinder – nach kurzer Einführung schon an die Arbeitsplätze zu stellen, ohne daß Qualität oder Volumen der Produktion unter dieser »Ersparnis« litten.

Für die Mehrzahl der Arbeiter hat sich an diesem Zustand bis heute wenig geändert. Vom Standpunkt ihrer funktionalen Qualifikationen zerfällt die heutige Arbeiterschaft in nur zwei sehr ungleiche Gruppen. Auf der einen Seite finden wir die qualifizierten gelernten Arbeiter mit meist handwerklicher Ausbildung. Sie arbeiten vorwiegend als Werkzeugmacher, in Reparaturberufen usw. und nur selten innerhalb des eigentlichen Produktionsprozesses. Auf Grund ihrer funktionalen Fertigkeiten stehen sie häufig den Ingenieuren näher als den eigentlichen Arbeitern. Der Bedarf für diese Industriehandwerker mag sich mit zunehmender Komplizierung der technischen Apparatur erhöht haben – aber selbst heute übersteigt ihr Anteil an der gesamten Arbeiterschaft nur in wenigen Industrien 15%. Ihnen gegenüber steht die große Zahl der funktional nichtqualifizierten Arbeiter, genauer: derer, die für den rein technischen Vollzug ihrer Arbeitsaufgaben funktionale Fertigkeiten nicht oder nur in geringem Maße benötigen. Sie haben typisch spezialisierte Aufgaben, die sie ständig in kurzem Rhythmus wiederholen und die sich oft in wenigen Handgriffen an Maschinen oder produzierten Teilen erschöpfen.

Obwohl nun diese große Mehrzahl der heutigen Industriearbeiter nach ihren funktionalen Qualifikationen eine relativ einheitliche Schicht bildet, tritt sie uns tatsächlich als eine auch im Hinblick auf ihre Qualifikationen vielfach abgestufte Schicht entgegen. Das Prinzip ihrer Qualifikationsstruktur also liegt nicht mehr in funktionalen Fertigkeiten. In einer seiner scharfsinnigsten Analysen bemerkte der mehrfach zitierte englische Nationalökonom Alfred Marshall schon vor 60 Jahren: »Maschinen ersetzen und beseitigen ständig jene rein handwerklichen Fertigkeiten, deren Erlernung noch zu Adam Smiths Zeit der Hauptvorzug der Arbeitsteilung war.« Aber: »Je delikater die Kraft der Maschine, desto größer ist die Urteilskraft und Sorgfalt, die von denen verlangt ist, die sie beaufsichtigen.« [63] »Urteilskraft und Sorgfalt«, extra-funktionale Fertigkeiten sind es also, die an die Stelle der funktionalen, »jener rein handwerklichen Fertigkeiten«, treten als Unterscheidungsmerkmal für Berufe und ihre Träger.

Unter den extra-funktionalen Fertigkeiten, die diese Funktion der Differenzierung von Qualifikationsgruppen innerhalb einer funktional homogenen Qualifikationsschicht erfüllen, sind vor allem drei Gruppen von Bedeutung:

1. Die entwickelte mechanisierte Industrie kennt eine Reihe von Fertigkeiten, die sich auf die in gegebenen Berufen verlangte *Anpassung* an die Gegebenheiten beziehen. Dabei ist zunächst a) die Anpassung an die Fabrikatmosphäre überhaupt zu erwähnen, deren Besitz oder Nichtbesitz eine scharfe Grenzlinie zwischen Zuwanderern aus nichtindustriellen Gegenden und industriellen Stammbelegschaften zieht; b) ist von erheblicher Bedeutung (z. B. für die Altersstruktur der Arbeiterschaft, also die industrielle »Lebenschance«) die Anpassung an einen gegebenen Arbeitsrhythmus; das gleiche gilt c) von der Anpassung an besonders schwierige Arbeitsbedingungen wie Hitze, Staub, Schmutz usw.
2. Eine ganze Reihe von extra-funktionalen Fertigkeiten rankt sich um die *Verantwortung* für den weiteren Zusammenhang einzelner Arbeitsvollzüge. Dies kann a) eine Verantwortung für Maschinen und Materialien, es kann aber auch b) eine Verantwortung für die Sicherheit anderer oder c) für ganze Arbeitsabläufe sein.
3. Als extra-funktionale Fertigkeit ist schließlich auch der für viele »angelernte Berufe« in zunehmendem Maße verlangte *Besitz latenter funktionaler Fertigkeiten* zu betrachten. Der Arbeiter, von dem a) über seinen eigenen Aufgabenbereich hinausgehende (funktionale) Kenntnisse seines Arbeitsbezirks oder b) funktionale Qualifikationen für eine Reihe verwandter Prozesse verlangt werden, wendet jeweils nur einen Ausschnitt seiner Fertigkeiten an; die weitergehenden bleiben latent, extra-funktional.

Fertigkeiten dieser Art also – es ließe sich noch eine Reihe weiterer aufzählen – bestimmen in zunehmendem Maße die Abstufungen der industriellen Qualifikationsstruktur. Dabei werden diese Fertigkeiten nicht etwa bloß als nützliche Tugenden Einzelner bewertet, sondern instutionalisiert, d. h. bestimmten Berufen als erforderliche Vorbedingungen zugeordnet. Daß dies überhaupt geschehen konnte, mag als Hinweis darauf verstanden werden, daß extrafunktionale Fertigkeiten zwar für den Produktionsprozeß nicht unbedingt erforderlich sind, daß ihre Anwendung sich aber in einer Wirtschaft, die um intensivste Ausnutzung aller vorhandenen Produktionsmittel bemüht ist, selbst in Produktions- und Umsatzziffern niederschlägt.

Tendenzen und Gegentendenzen

Es kann nicht oft genug betont werden, daß jeder Versuch, in der vielgestaltigen Wirklichkeit der heutigen Industrie eindeutige Strukturlinien aufzufinden, dem Vorfindlichen um ein paar Längen vorauseilt. Die angedeutete Hypothese der Entstehung einer neuen Form industrieller Fertigkeiten läßt sich aus dem empirischen Material weder eindeutig belegen noch widerlegen. Sie bezeichnet zweifellos eine Tendenz, aber es gibt auch Gegentendenzen. Einige wenige Hinweise seien erlaubt, um beide anzuzeigen.

Als Beleg dafür, daß extra-funktionale Fertigkeiten, daß »auch Anforderungsarten wie ›Verantwortung‹ oder ›Nachdenken‹ ... direkt als Qualifikationsfaktoren angesprochen werden können« [64], lassen sich vor allem zwei Tatbestände aufweisen. Der erste dieser Tatbestände bezieht sich auf die Ausbildungsweise der heutigen Industriearbeiterschaft. Schon aus der Beschreibung extra-funktionaler Fertigkeiten dürfte deutlich sein, daß diese nicht auf die gleiche Weise systematisch gelehrt und gelernt werden können wie funktionale Fertigkeiten. [65] Verantwortlichkeit oder Anpassungsfähigkeit (oder ganz allgemein Intelligenz, die auch in diesen Bereich gehört) sind Fähigkeiten, die sich nicht durch ein Diplom, sondern nur durch ihre Ausübung beweisen lassen. Gewiß können auch sie erworben werden; doch werden sie typisch nicht durch eine formelle Lehre, sondern durch Erfahrung gewonnen. Tatsächlich ist denn auch Erfahrung am Arbeitsplatz die charakteristische Methode der »Ausbildung« für die (extra-funktional) qualifizierteren »Angelerntenberufe« der entwickelten Industrie. Wenn trotz der funktional überlegenen Eignung junger Arbeiter für viele Berufe Anzeichen dafür vorhanden sind, daß Aufstieg zu qualifizierteren Positionen in der heutigen Industrie von der »Anciennität«, dem Berufsalter des Arbeiters, abhängig ist [66], dann kann dies als Zeugnis für die Durchsetzung extra-funktionaler Fertigkeiten gewertet werden – denn welche Fähigkeiten erwirbt sich der Arbeiter durch Erfahrung, wenn nicht eben diese?

Deutlicher noch ist der Einfluß extra-funktionaler Qualifikationen bei der Lohnfindung in der entwickelten mechanisierten Industrie. Den zahllosen komplizierten Punktwertsystemen, die heute Anwendung finden, ist eines gemeinsam: Sie alle bewerten neben – und zuweilen vor – den funktionalen Fertigkeiten auch Qualifikationen, die über den unmittelbaren technischen Vollzug von Arbeitsprozessen hinausgehen. [67]

Während solche Tendenzen die Hypothese zu bestätigen scheinen, daß eine neue Abstufung der Arbeiterschaft nach extra-funktionalen Qualifikationen im Werden ist, darf doch nicht übersehen werden, daß die industrielle Wirklichkeit auch Tendenzen aufweist, die in ganz andere Richtungen führen. Nach meiner eigenen Erfahrung wird in vielen Betrieben der Begriff der »Fertigkeitsstruktur« als etwas Künstliches, den tatsächlichen Verhältnissen wenig Entsprechendes empfunden. An seine Stelle treten ganz andere Strukturlinien, wie sie sich etwa aus der Schichtung der Reallöhne, aus der Art der Lohnzahlung, aus der Unterscheidung von Schicht- und Tagesarbeitern und ähnlichen Gesichtspunkten ergeben. Zuweilen wird ganzen Produktionsgruppen, ungeachtet der Qualifikationsgrade ihrer Mitglieder, auch technisch eine größere strukturelle Bedeutung zugeschrieben als den Fertigkeitsgraden. Der Unterschied zwischen »privilegierten« und »unterprivilegierten« Betrieben und Industriezweigen ist hier auch zu erwähnen. Schließlich wird die Struktur fixierter Qualifikationsanforderungen heute in Ausbildungsdauer und Lohnfindung vielfach durchbrochen durch die Rücksicht auf individuelle Begabungen und Leistungen. Es bleibt abzuwarten, ob und in welchem Maße solche neuen Strukturlinien die Relevanz der industriellen Fertigkeitsstruktur auf die Dauer einzuschränken vermögen. Zur Einschränkung der hier vorgebrachten Thesen aber muß bemerkt werden, daß vieles sich in der gegenwärtigen Industrie noch im Fluß befindet und jede definitive Aussage der Wirklichkeit bis zu einem gewissen Grade Gewalt antut.

III. Fertigkeitsstruktur und Sozialschichtung der heutigen Arbeiterschaft

Status und Fertigkeiten

Die Autoren der Studie »Arbeiter, Management, Mitbestimmung« führen zu Recht eine begriffliche Unterscheidung ein zwischen »Qualifikation« und »Status«. »Der Platz im Statusgefüge gibt den sozialen Wert wieder, den der Arbeiter innerhalb eines Betriebes besitzt, der Platz im Qualifikationsgefüge seinen technisch-organisatorischen Wert.« [68] Genau genommen ist es sogar nötig, drei Strukturkriterien zu unterscheiden: a) den Fertigkeitsgrad oder die Qualifikation, b) den Prestige-Status und c) den sozio-ökonomischen Status als Funktion vor allem des

Einkommens, dann auch der Arbeitsplatzsicherheit, Grundsätzlich stellt sich die Frage nach der Schichtstruktur der Arbeiterschaft unter jedem dieser Gesichtspunkte neu. Das Zusammengehen von Fertigkeitsgrad, Prestige und Einkommen kann nur empirisch ermittelt und nicht vorausgesetzt werden. In diesem strengen Sinne ist es daher unvertretbar, wenn in der erwähnten Studie gesagt wird: »Wir können ... im Rahmen unserer Untersuchungen Qualifikation und Status als weitgehend identisch voraussetzen und uns damit begnügen, die durch die beiden Begriffe gekennzeichneten Sachverhalte gemeinsam unter dem Begriff der Position zu erfassen.« [69]

Tatsächlich läßt sich allerdings die Auffassung vertreten, daß das verfügbare soziologische Wissen es unnötig macht, stets diesen strengen Maßstab anzulegen. Was zunächst den Zusammenhang von Fertigkeitsgrad und Berufsprestige angeht, so sind eine Reihe unwiderlegter Hypothesen vor allem von Ch. I. Barnard im Hinblick auf den Industriebetrieb formuliert worden. Barnard geht aus von der Behauptung, daß »[Prestige-] Statussysteme in formellen Organisationen nötig sind auf Grund der Bedürfnisse von Individuen« [70]. Diese individuellen Bedürfnisse aber richten sich vor allem auf die Anerkennung von »Unterschieden individueller Fähigkeiten«, »Unterschieden in der Schwierigkeit, verschiedene Arbeitsarten auszuführen« und »Unterschieden in der Bedeutung verschiedener Arbeitsarten« [71] – also sämtlich Faktoren, die in den Begriff der »Fertigkeit« Eingang finden. Empirische Untersuchungen der Faktoren, die bei der Bewertung von Berufsprestige Berücksichtigung finden, haben überdies wiederholt gezeigt, daß Ausbildungszeit und Fertigkeitsgrad hier stets eine wesentliche Rolle spielen. Daneben darf allerdings nicht übersehen werden, daß Qualifikation keineswegs das einzige Kriterium der Zuordnung von Status ist. W. L. Warner und J. O. Low weisen auf die Bedeutung der »Arbeitsart« (reine Handarbeit, Arbeit mit Werkzeugen, Arbeit an Maschinen) hin. [72] W. E. Moore betont die Rolle der Aufstiegschancen für das Berufsprestige. [73] Eine Reihe von Autoren schließlich stellen fest, daß Lohnunterschiede »als Etikette für industriellen Status funktionieren« [74]. Hinsichtlich des Zusammenhanges von Qualifikation und Status können wir also nur formulieren, daß wahrscheinlich eine relativ hohe Korrelation zwischen beiden besteht, deren Vorhandensein aber empirischer Überpfüfung bedarf.

Dieser vorsichtige Schluß wird unterstrichen durch die Tatsache, daß Übereinstimmung zwischen sozio-ökonomischem Status, insbesondere dem Reallohn, und dem Fertigkeitsgrad einerseits wie auch dem Prestige-Status andererseits keineswegs vorausgesetzt werden kann. Das bekannte Problem des Facharbeiters, der zwar höher angesehen ist als der Angelernte, aber nicht selten weniger verdient, kann hier als Warnung dienen. Daß zwischen Qualifikationsgrad und Lohnniveau oft sogar eine negative Korrelation besteht, zeigt im übrigen auch die Studie »Arbeiter, Management, Mitbestimmung« [75].

Eine Untersuchung wäre wünschenswert, in der für eine Reihe ausgewählter Berufe ihre Fertigkeits-, Prestige- und Lohnstruktur getrennt ermittelt werden. Eine solche Untersuchung würde möglicherweise einige Gründe für Spannungen und Konflikte im industriellen Gefüge aufdecken. Solange sie aber nicht durchgeführt ist, sind wir darauf angewiesen, getrennte Forschungen im Rahmen des Möglichen zu vergleichen und daraus vorsichtige Schlüsse zu ziehen. Zumindest für die Frage des Verhältnisses von Fertigkeits- und Prestigeschichtung in der entwickelten mechanisierten Industrie soll zu einem solchen Vergleich noch ein Ansatz versucht werden.

Wie viele Schichten?

Als Marx in der zweiten Hälfte des vorigen Jahrhunderts der von anderen vor ihm schon formulierten Prognose zustimmte, daß die fortschreitende Industrialisierung alle Arbeiter auf dem Niveau der Ungelernten »gleichmachen« würde, hatte er auch ein sozialpolitisches Ziel im Auge: Die »Gleichmachung« der Arbeiter, ihre Einschmelzung in eine einzige Schicht werde, so glaubte Marx, die Solidarität dieser Schicht als Klasse verstärken und den Klassenkampf vorantreiben. Heute wissen wir, daß diese zweite Prognose auch darum nicht eingetroffen ist, weil die erste sich als falsch erwiesen hat. Weder vom Standpunkt ihrer Qualifikationen noch von dem ihres Prestige- oder Lohnniveaus ist die heutige Arbeiterschaft eine »gleichgemachte« einheitliche Schicht. Es gibt Schichten innerhalb der Arbeiterschaft. Darüber allerdings, wie viele Schichten hier unterschieden werden müssen, gehen die Meinungen sehr auseinander.

Es ist zunächst festzuhalten, daß sich dem empirischen Soziologen die Hierarchien von Qualifikation, Prestige und Lohn keineswegs als säuberlich geschichtetes Gefüge darstellen. Wir finden vielmehr unter jedem dieser Gesichtspunkte ein Kontinuum, das ohne scharfe Grenzen vom Niedrigst- zum Höchstplacierten führt. Die Unterscheidung abgegrenzter Schichten innerhalb dieses Kontinuums ist daher stets bis zu einem gewissen Grade ein analytischer Gewaltakt, der auf vorausgesetzten Kriterien für größere oder geringere Kohärenz von Gruppen beruht. Das heißt auch, daß man in dieser Frage verschiedener Meinung sein kann – genau wie man darüber streiten kann, ob es sich empfiehlt, zwischen kalten, kühlen, warmen und heißen oder nur zwischen kalten und warmen Temperaturen zu unterscheiden und wie die einzelnen Temperaturbereiche auf der Thermometerskala abzugrenzen sind. Trotz dieser Einschränkung bleibt das Unterfangen einer Schichtabgrenzung sinnvoll; denn wie der Unterschied von kalt und warm, so kann auch der etwa von gelernten und ungelernten Arbeitern selbst ohne genaue Abgrenzung der beiden Schichten einen empirisch ermittelbaren Tatbestand widerspiegeln.

Die Fertigkeitsstruktur der heutigen Arbeiterschaft

Die gesamte Problematik der Einteilung und Benennung von Fertigkeitsgraden in der heutigen Industrie wird in der schon mehrfach zitierten Studie »Arbeiter, Management, Mitbestimmung« deutlich. Die Autoren verwerfen zunächst die »klassische . . . Einteilung der Arbeiter in Facharbeiter, Angelernte und Hilfsarbeiter« als durchaus ungenügend für eine »einigermaßen genaue Erfassung der Qualifikation« [76]. Zugleich aber erklären sie, daß sie diese Einteilung in einem der von ihnen untersuchten acht Werke zugrundelegen mußten und in einem zweiten Werk als offizielle Einteilung vorfanden. Tatsächlich ist diese (oder die entsprechende Einteilung in skilled, semi-skilled und unskilled labour in England, in craftsmen, operatives und servicers in den USA) in vielen Ländern noch heute durchaus üblich. In anderen Werken nun fanden die Autoren der genannten Studie – nach ihrer Meinung befriedigendere – Einteilungen in fünf, sechs, sieben, acht und sogar neun Gruppen, wobei gewöhnlich etwa zwischen »qualifizierten Facharbeitern«, »Spezialarbeitern«, »Facharbeitern«, »angelernten Facharbeitern«, »angelernten Arbeitern« und »Hilfsarbeitern« bei zum Teil noch weitergehenden Untergruppierungen und auffällig wechselnder Terminologie [77] unterschieden wird.

Entgegen der Meinung der Autoren dieser Studie scheint mir nun eine soziologisch (nicht lohnpolitisch) relevante Bestimmung der Fertigkeitsstruktur nicht dadurch zu gewinnen, daß sie eine möglichst differenzierte Einteilung vorsieht. Es dürfte nach dem Gesagten deutlich sein, daß man der Wirklichkeit eines Kontinuums umso näher kommt, je mehr Grade man unterscheidet. Dies kann aber nicht im Interesse soziologischer Analyse liegen, bei der es mehr auf die Eindeutigkeit des Unterscheidungskriteriums als auf die Zahl der unterschiedenen Grade ankommt. Wenn wir nun einer solchen Einteilung die oben eingeführten Fertigkeitstypen – funktional und extra-funktional – zugrundelegen, dann ergibt sich ein Bild der Fertigkeitsstruktur, das im Groben doch noch der »klassischen« Dreiteilung entspricht.

Die entwickelte mechanisierte Industrie kennt zunächst eine Schicht derjenigen Arbeiter, von denen ein hohes Maß sowohl an funktionalen als auch an extra-funktionalen Fertigkeiten verlangt wird, der »gelernten« oder »Facharbeiter«. Es sind dies die Arbeiter, die in einer längeren, meist formalisierten Lehrzeit auf die erheblichen technischen Anforderungen ihres Berufes vorbereitet worden sind und von denen zudem Verantwortungsgefühl, Entscheidungsfähigkeit und andere extra-funktionale Fertigkeiten verlangt werden. Vielleicht wäre es sinnvoll, innerhalb dieser Gruppe zwischen den Handwerkern alten Stils und den qualifizierten Facharbeitern neuen Stils weiter zu scheiden, wobei die Handwerker durch ein größeres Maß an selbständiger Entscheidungsbefugnis innerhalb ihres Arbeitsbereiches gekennzeichnet werden könnten.

Eine zweite – die bei weitem umfangreichste – Gruppe besteht aus den Arbeitern, deren funktionale Qualifikationen sich auf einem relativ niedrigen Niveau halten, weil ihre Aufgaben begrenzt und spezialisiert sind und sich oft auf die Bedienung von Maschinen oder Montage beschränken, von denen aber Anpassung an oft schwierige oder anstrengende Bedingungen, Verantwortlichkeit und andere extra-funktionale Fertigkeiten in größerem Umfange verlangt werden. Vom Standpunkt ihrer Arbeitsaufgaben könnten sie als »Spezialarbeiter« bezeichnet werden. Auf Grund der Tatsache, daß sie meist keine formalisierte Ausbildung genossen haben, sondern »an Ort und Stelle« die Erfahrung gewonnen haben, die sie zu ihrer Arbeit befähigt, ließe sich auch der Ausdruck »angelernte Arbeiter« rechtfertigen. Innerhalb dieser Gruppe gibt es natürlich zahlreiche Abstufungen der funktionalen wie der extra-funktionalen Qualifikation.

Nach ihren funktionalen Fertigkeiten ist die dritte Gruppe der »ungelernten« oder »Hilfsarbeiter« von der der »Angelernten« kaum unterschieden. Im Hinblick auf diesen Tatbestand gilt die häufig gehörte Feststellung, daß »die Grenze zwischen Hilfsarbeitern und angelernten Arbeitern nicht genau zu ziehen ist« [78]. Ein Unterschied besteht aber im Hinblick auf die verlangten extra-funktionalen Fertigkeiten. Ungelerntenberufe können typisch ohne jede über das allgemeine Kulturniveau hinausgehende Qualifikation ausgeübt werden. Sie verlangen weder technische Kenntnisse noch denselben Grad von Anpassung oder Verantwortung wie Angelerntenberufe.

Die Prestigeschichtung der heutigen Arbeiterschaft

Die Frage nach der Zahl der zu unterscheidenden Schichten stellt sich aufs neue bei der Bestimmung der Prestigeschichtung der heutigen Arbeiterschaft. Und obwohl in der Literatur zu diesem Thema ein weit größeres Maß an Übereinstimmung zu herrschen scheint als im Falle der Qualifikationsstruktur, ist die Antwort hier noch schwieriger. Nahezu sämtliche empirischen Studien der Prestigestruktur von Berufen – in England wie in Deutschland, in den Vereinigten Staaten wie in Australien und Neuseeland – verfallen im Hinblick auf die Status-Schichtung der Arbeiterschaft einer gefährlichen petitio principii: In die Liste der von den jeweils befragten Personen zu klassifizierenden Berufe werden zwar (wenn schon häufig völlig einseitig ausgewählte oder unzureichend definierte [79]) Arbeiterberufe aufgenommen. Bei der Auswertung jedoch werden diese Berufe wie selbstverständlich den drei »klassischen« Schichten der Gelernten, Angelernten und Ungelernten zugeordnet – wenn nicht sogar Kategorien wie »ungelernter Arbeiter« oder »Hilfsarbeiter« schon in der Befragungsliste auftauchen.

Wie irreführend eine solche Prozedur sein muß, zeigt zumindest andeutungsweise schon R. B. Cattells Umfrage über das Prestige von Berufen unter Arbeitern [80], bei der z. B. ungelernte Industriearbeiter keineswegs – wie sonst üblich – am Fuß der Berufspyramide rangierten. K. M. Boltes Unterscheidung von »angelernten technischen« und »angelernten nicht-technischen Tätigkeiten« geht ebenfalls in einem Punkt über das übliche Schema hinaus. [81] Die tatsächlich zu unterscheidende Zahl von Prestige-Schichten innerhalb der Arbeiterschaft und die diesen zuzuordnenden Berufe werden jedoch aus keiner Untersuchung deutlich.

Dies gilt auch von dem über die Dreiteilung hinausgehenden Vorschlag der Autoren der Studie »Arbeiter, Management, Mitbestimmung«. Hier werden vier »Positionsgruppen«, durch den Begriff »Status« charakterisiert, unterschieden: »hochqualifizierte Arbeiter mit Führungsfunktionen«, »hochqualifizierte Arbeiter mit weitgehender Selbstverantwortlichkeit ohne Führungsfunktionen und Arbeiter aus ›privilegierten‹ Betrieben«, »die Masse der Arbeiter in den ›normalen‹ Betrieben, seien sie Angelernte oder Facharbeiter«, »unqualifizierte Arbeiter in den normalen Betrieben und die Masse der Belegschaft in den ›unterprivilegierten‹ Betrieben« [82]. Im Lichte sonst verfügbaren Materials erscheint diese Gruppierung – zumal sie mit der »Privilegiertheit« von Betrieben auch die Lohnstruktur berücksichtigt – sehr viel sinnvoller als die bloße Übernahme der Qualifikationseinteilung in Gelernte, Angelernte und Ungelernte. Sie beruht jedoch nicht auf einer Prestige-Befragung und kann daher vorerst nur als Vorschlag, bestenfalls als Hypothese gewertet werden.

Für die direkte und empirische Bestimmung der Status-Struktur der heutigen Arbeiterschaft hat bislang nur H. Kluth einen Ansatz geliefert. Seine Untersuchung über die Arbeiterjugend [83] enthält einige Hinweise auf die Einschätzung von Arbeiterberufen durch befragte junge Arbeiter. Drei Ergebnisse dieses Teils der Untersuchung von Kluth sind in unserem Zusammenhang von besonderer Bedeutung: 1. Ein klarer Grenzstrich wird im allgemeinen gezogen zwischen den Arbeitern, die eine formelle Ausbildung (Lehre) genossen haben und allen anderen. Die »Gelernten« in diesem Sinn haben eindeutig höheres Prestige. 2. Ein ebenso klarer Grenzstrich wird nach unten hin gezogen zwischen allen Arbeitern, die einen »Beruf« (z. B. auch eine Berufsbezeichnung) haben und den »Ungelernten« oder »Hilfsarbeitern«, die nur »arbeiten«. 3. Für die breite, die Mehrheit der Arbeiterschaft umfassende Zwischenschicht aber zeigt sich eine merkwürdige Unbestimmtheit und Unsicherheit der genauen Einordnung, die Kluth zu dem Schluß führt: »Diese ›neue‹ Form – der ›Angelernte‹ oder der ›Fabriklehrling‹ – aber war und ist bis heute . . . noch nicht vollständig und vollwertig in das Sozialbewußtsein der Menschen aufgenommen worden.« [84]

Die Annahme dürfte nicht unberechtigt sein, daß die zweite Gruppe der »berufslosen« Hilfsarbeiter nur einen Teil derer einschließt, die ihrer Qualifikation nach als »Ungelernte« eingestuft werden, da ja viele Ungelernte wie die Angelernten eine spezialisierte Tätigkeit und Berufsbezeichnung haben. Damit ergibt sich ein Bild der Status-Schichtung der Arbeiterschaft, das Zeugnis ablegt für den Übergangscharakter vieler Strukturen der heutigen Industrie. Nur die Extreme der Statusskala sind bislang einigermaßen fixiert. Dazwischen wirken Lohnunterschiede, Unterschiede der Betriebs-»privilegiertheit«, Verbrauchsgewohnheiten und Fertigkeitsgrade als häufig widersprüchliche Faktoren der Status-Bestimmung und verbieten vorerst die Fixierung einer eindeutigen Struktur. Auf Grund des vorgelegten Materials bleibt nur die Möglichkeit, diesen Schluß als Annahme vorzuschlagen und seine Bestätigung oder Verwerfung zukünftigen empirischen Forschungen vorzubehalten.

Rückkehr zur Alters-Graduierung?
Wenn wir versuchen, aus den Bemerkungen zur Fertigkeitsstruktur und zur Prestigeschichtung einen vergleichenden Schluß zu ziehen, so läßt sich an Hand des unzureichenden Materials mit aller Vorsicht nur folgendes feststellen: Es hat den Anschein, als gäbe es in der heutigen Arbeiterschaft sowohl unter dem Gesichtspunkt der Qualifikation als auch unter dem des Berufsprestiges im wesentlichen drei Schichten. Eine obere Schicht von Facharbeitern mit meist formeller, systematischer Ausbildung genießt auch das höchste Prestige. Sie ist aber ebenso schmal wie eine untere Schicht von prestigelosen Ungelernten, von denen keinerlei Qualifikationen verlangt werden. Dazwischen finden wir die vielfach abgestufte, aber weder in ihren Qualifikationen noch vor allem in ihrem Status bislang übersichtlich gegliederte breite Schicht der Angelernten oder Spezialarbeiter. Dem Studium ihrer Merkmale und ihrer Struktur wird zukünftige soziologische Forschung vor allem gewidmet werden müssen.

Damit bleibt nur eine letzte Frage noch zu stellen und zumindest andeutungsweise zu beantworten: die Frage nach dem Personal der so unterschiedenen Schichten. Haben wir es hier mit drei echten sozialen Schichten zu tun in dem Sinne, daß Mitgliedschaft in jeder von ihnen gewissermaßen »lebenslänglich« ist? Oder handelt es sich nur um drei Stationen der typischen Karriere eines Industriearbeiters? Gilt der in England oft gehörte Satz »Einmal Ungelernter, immer Ungelernter« analog für alle drei unterschiedenen Schichten? Oder bezeichnen die Prestige- und Qualifikationsgrade der Berufe nur drei Stufen, die jeder Arbeiter im Verlauf seiner beruflichen Entwicklung durchschreitet?

Einiges vorliegende Material könnte in der Tat den Anschein erwekken, als sei das letztere der Fall. So berichten die Autoren der Studie »Arbeiter, Management, Mitbestimmung«, in den von ihnen untersuchten Werken der Stahlindustrie könne »von einer durchgehenden Beziehung zwischen sinkendem Alter und sinkender Qualifikation gesprochen werden«, wobei sich durchschnittliche Altersunterschiede von 12 bis 15 Jahren zwischen der höchsten und der niedrigsten Qualifikationsgruppe zeigten. [85] Eine ähnliche Altersstruktur ist für die gesamte Arbeiterschaft der Vereinigten Staaten festgestellt worden, wo die Ungelernten im Durchschnitt erheblich jünger sind als die Gelernten. Diese Tatsache versuchen D. C. Miller und W. H. Form dann auch mit dem Hinweis zu erklären: »Junge Handarbeiter beginnen gewöhnlich am Fuß der Berufshierarchie. Nach einer Periode des Prüfens und Lernens können sie zu angelernter und gelernter Arbeit aufsteigen.« [86] Ein genau entgegengesetztes Bild ergibt sich indes in England. Hier zeigen die Tafeln der Volkszählung von 1951, daß die Gruppe der »gelernten Arbeiter« die im Durchschnitt jüngste, die der »ungelernten Arbeiter« die im Durchschnitt älteste aller unterschiedenen Berufsgruppen ist, wobei die »Angelernten« etwa in der Mitte zwischen beiden liegen. [87] Welchen Schluß erlauben diese widersprüchlichen Daten?

Zumindest für den europäischen Bereich darf zunächst mit einiger Gewißheit behauptet werden, daß die Kategorie der gelernten Arbeiter bislang insofern eine Schicht darstellt, als der Zutritt zu ihr im allgemeinen an eine abgeschlossene Lehre gebunden ist und daher nur in Ausnahmefällen nach dem 25. Lebensjahr erreicht wird. Das gleiche gilt aber nicht für die Angelernten. Vielmehr mehren sich die Belege dafür, daß zukünftige Spezialarbeiter häufig in Ungelerntenberufen angelernt werden, so daß diese für viele Arbeiter nur ein Durchgangsstadium darstellen und kaum zum Anlaß einer Schichtenbildung werden können. [88] In einigen Fällen wird diese Methode auch schon für die Ausbildung zum gelernten Arbeiter angewandt. Auch hier besteht schon die Möglichkeit, durch Erfahrung in Angelerntenberufe aufzusteigen. Wie in mancher anderen, so sind auch in dieser Hinsicht noch keine eindeutigen Tendenzen erkennbar. Aber es scheint nicht ausgeschlossen, daß eines Tages die Berufe der Gelernten, Angelernten und Ungelernten in der Industrie in derselben Weise eine Struktur von der Form der Alters-Graduierung – und nicht der Sozialschichtung – aufweisen werden, wie dies für die Meister, Gesellen und Lehrlinge des Handwerks galt. Eine solche Entwicklung würde bis zu einem gewissen Grade das Leistungsprinzip als alleiniges Kriterium der Zuordnung von sozialer Position durchbrechen und vielleicht bedeuten, daß auch in diesem Bereich die industrielle Gesellschaft neue Formen der Geschlossenheit hervorbringt.

Anmerkungen

1 Der vorliegende Aufsatz beruht zum Teil auf Materialien, die ich in meiner englischen Dissertation über *»Unskilled Labour in British Industry«* (Ph. D. Thesis, London 1956) im Zusammenhang dargestellt und ausgewertet habe. Eine empirische Analyse im Sinne der hier vorgeschlagenen theoretischen Überlegungen stellt mein Aufsatz *»La situation de la classe ouvrière en Angleterre«* (La Revue Socialiste, Nrn. 88 u. 89, Juni u. Juli 1955) dar.

2 Auch dies ist keineswegs erwiesen, sondern wird zumeist (in der englischen Untersuchung von J. Hall, C. A. Moser und D. C. Jones, wozu vgl. unten Anm. 78, sogar ausdrücklich) vorausgesetzt. Hier scheint eine Unterscheidung von Prestige innerhalb eines Berufsuniversums (etwa der Ärzte, der Handwerker) und im Bereich einer gesamten Gesellschaft nötig, wobei möglicherweise in letzterer Hinsicht zumindest Arzt und Assistenzarzt sowie Meister und Geselle auf einer Stufe stehen.

3 W. L. Warner and J. O. Low: *The Social System of the Modern Factory* (New Haven 1947), S. 88.

4 Hier liegt aber auch die Grenze der Analogie: Es handelt sich bei der handwerklichen Qualifikationsstruktur nur um eine Korrelation mit dem Alter, nicht um eine Kausalbeziehung. Der Meister ist nicht etwa Meister, *weil* er alt ist.

5 A. Smith: *An Inquiry into the Nature and Causes of the Wealth of Nations* (Neue Ausg., New York 1937), S. 7. – Die Übersetzungen fremdsprachlicher Zitate stammen hier wie im folgenden, wenn nicht anders angegeben, von mir.

6 R. Malthus: *The Principles of Political Economy* (Neue Ausg., London 1936), S. 74.

7 N. W. Senior: *An Outline of the Science of Political Economy* (Neue Ausg., London 1938), S. 73.

8 Ch. Babbage: *On the Economy of Machinery and Manufactures* (London 1832), S. 134.

9 J. St. Mill: *Principles of Political Economy* (Neue Ausg., London 1926), S. 125.

10 D. Ricardo: *On the Principles of Political Economy and Taxation* (3. Aufl., London 1821), S. 468.

11 A. Ure: *The Philosophy of Manufactures* (London 1835), S. 19.

12 A. Ure: a. a. O., S. 23.

13 A. Ure: a. a. O., S. 30.

14 Zitiert bei K. Marx: *Das Kapital*, Bd. I (Neue Ausg., Berlin 1953), S. 455.

15 Zitiert bei K. Marx: a. a. O., S. 459.

16 P.-J. Proudhon: *Système des Contradictions Economiques ou Philosophie de la Misère* (3. Aufl., Paris 1867), Bd. I, S. 153.

17 P.-J. Proudhon: a. a. O., Bd. I, S. 162.

18 K. Marx: *Das Elend der Philosophie* (Neue Ausg., Berlin 1947), S. 156.

19 K. Marx: *Das Kapital*, Bd. I (a. a. O.), S. 441.

20 K. Marx: a. a. O., S. 509/10.

21 Die Frage der Bewertung der industriellen Arbeitsteilung bei den Autoren des 19. Jahrhunderts ist ohnehin ein interessantes Thema. Während Proudhon die »Erniedrigung« und »Zerstückelung« des Arbeiters als »Übel« beklagt, begrüßt Marx denselben Prozeß als Anfang eines Zeitalters, das »das Teilindividuum, den bloßen Träger einer gesellschaftlichen Detailfunktion, [ersetzt]

durch das total entwickelte Individuum, für welches verschiedene gesellschaftliche Funktionen einander ablösende Betätigungsweisen sind« (a. a. O., S. 513). Ure, der Unternehmer, sieht andererseits bei aller Sorge um eine mögliche »soziale Frage« in der Arbeitsteilung vor allem den Gewinn an Produktivität.

22 Vgl. Th. Caplow: *The Sociology of Work* (Minneapolis 1954), S. 299.

23 W. L. Warner and J. O. Low: a. a. O., S. 82.

24 Vgl. vor allem sein Werk: *Problèmes humains du Machinisme Industriel.*

25 H. Maus: *Arbeiter,* im HdSW (5. Lieferg., Stuttgart–Tübingen–Göttingen 1953), S. 237.

26 P. F. Drucker: *The New Society* (London 1951), S. 22.

27 M. Weber: *Der Sozialismus,* Ges. Aufsätze zur Soziologie und Sozialpolitik (Tübingen 1924), S. 502.

28 M. Weber: Methodologische Einleitung für die Erhebungen des Vereins für Sozialpolitik; a. a. O., S. 12.

29 A. M. Carr-Saunders and D. C. Jones: *A Survey of the Social Structure of England and Wales* (2. Aufl., Oxford 1937), S. 61.

30 F. Fendt: Der ungelernte Industriearbeiter (München–Leipzig 1936), S. 5.

31 Vgl. für eine etwas ausführlichere Darstellung dieses Prozesses meine: Industrie- und Betriebssoziologie (Berlin 1956), S. 52–57.

32 F. Zweig: *The British Worker* (Penguin Books 1952), S. 111.

33 G. Friedmann: *Zukunft der Arbeit* (übers. v. B. Lutz, Köln 1953), S. 269/70.

34 Th. Geiger: *Die Klassengesellschaft im Schmelztiegel* (Köln–Hagen 1949), S. 87/88.

35 D. C. Miller and W. H. Form: *Industrial Sociology* (New York 1951), S. 136.

36 H. Kluth: *Arbeiterjugend – Begriff und Wirklichkeit,* in: Arbeiterjugend – gestern und heute, hrsg. v. H. Schelsky (Heidelberg 1955), S. 67.

37 N. N. Foote: *The Professionalization of Labour in Detroit* (American Journal of Sociology LVIII/4, 1952), S. 372.

38 P. F. Drucker: a. a. O., S. 42/43.

39 International Labour Office: International Standard Classification of Occupations (Genf 1948), S. 48.

40 General Register Office: Classification of Occupations 1950 (London 1951).

41 Th. Caplow: a. a. O., S. 172.

42 A. Marshall: *Principles of Economics* (8. Aufl., London 1952), S. 171.

43 W. L. Warner and J. O. Low: a. a. O., S. 73.

44 Die Termini in den verschiedenen Sprachen sind offenkundig nicht ebenbürtig. Von dem Terminus »Fertigkeit«, der in vieler Hinsicht die Bedeutung von »skill« trifft, lassen sich keine Adjektive bilden. »Qualifikation« (und »qualification« im Französischen) geht über »Fertigkeit« und »skill« insofern hinaus, als es den Voraussetzungscharakter bestimmter »Fertigkeiten« für gegebene Anforderungen schon enthält. Noch unterschiedlicher sind die englischen, französischen und deutschen Termini für die nach ihrer Qualifikation unterschiedenen Schichten: skilled, semi-skilled, unskilled workers; ouvriers qualifiés, semi-qualifiés, non qualifiés; gelernte, angelernte, ungelernte Arbeiter. Jede dieser Formen trägt das ihre zur Sachbestimmung der Gruppen bei, wobei im Grunde die Rede von der »Qualifikation« am neutralsten und daher am genauesten ist. Sie läßt die jeweilige »Definition« dessen, was für gegebene Berufe »qualifiziert«, offen. Im vorliegenden Aufsatz habe ich terminologische

Fragen indes bewußt ausgeklammert und mich an die gebräuchlichen Bezeichnungen gehalten.

45 Dieses Ziel liegt auch den einschlägigen Partien von Max Webers »Psychophysik der industriellen Arbeit« zugrunde. Daß Weber nicht nach der sozialen Dimension von »Leistung«, »Übung«, »Gelerntheit« und »Qualifikation« gefragt hat, begrenzt die Bedeutung dieser seiner Schrift.

46 A. T. Welford, and others: *Skill and Age* (Oxford 1950), S. 11. Unter »rezeptiven Funktionen« ist hier die Auffassung von Stimuli, unter »effektiven« das resultierende Handeln zu verstehen.

47 J. Froomkin and A. J. Jaffe: *Occupational Skill and Socio-economic Structure* (American Journal of Sociology LIX/1, 1953), S. 42.

48 A. Marshall: a. a. O., S. 171.

49 A. J. Jaffe and C. D. Stewart: *Manpower Resources and Utilization* (New York 1951), S. 193/94.

50 A. J. Jaffe and C. D. Stewart: a. a. O., S. 193/94.

51 Vgl. für eine besondere illustrative Diskussion dieser Fälle M. L. Yates: *Wages and Labour Conditions in British Engineering* (London 1937), S. 17 ff. u. S. 22 ff. Auch Yates kommt zu dem Schluß, daß »eine ständig revidierte Auslegung der Begriffe ›gelernt‹, ›angelernt‹ und ›ungelernt‹ im Hinblick auf Metallarbeiter erforderlich ist« (a. a. O., S. 16).

52 J. Froomkin and A. J. Jaffe: a. a. O., S. 43.

53 B. Malinowski: *A Scientific Theory of Culture* (Chapel Hill 1944), S. 28.

54 Vgl. zur Frage des Verhältnisses von Qualifikation und Status unten S. 558 f.

55 Hier zitiert nach Th. Pirker, S. Braun, B. Lutz, F. Hammelrath: *Arbeiter, Management, Mitbestimmung* (Stuttgart–Düsseldorf 1955), S. 195.

56 B. Lutz in: Th. Pirker usw.: a. a. O., S. 176.

57 J. Froomkin and A. J. Jaffe: a. a. O., S. 43.

58 Unter »entwickelter mechanisierter Industrie« soll hier die Industrie in ihrer (in England, Amerika, Deutschland und Ländern ähnlicher Entwicklungsstufe) gegenwärtigen Entwicklungsphase verstanden werden, zum Unterschied von einer früheren Phase der »Industrialisierung« oder »frühen mechanisierten Industrie«.

59 T. Parsons and E. A. Shils: *Values, Motives and Systems of Action;* in: Toward a General Theory of Action, hrsg. v. T. Parsons and E. A. Shils (Cambridge Mass. 1951) S. 216.

60 T. Parsons and E. A. Shils: a. a. O., S. 216.

61 E. Mayo: *The Social Problems of an Industrial Civilization* (London 1952), S. 13.

62 Beide Begriffe sind bei Mayo wesentlich weiter, also nicht auf den begrenzten Zusammenhang des Vollzugs von Arbeitsprozessen bezogen. Dies gilt vor allem für Mayos Begriff der »social skills« als »Fähigkeit, von anderen Kommunikationen zu empfangen und in einer solchen Weise auf die Haltungen und Ideen anderer zu reagieren, daß die gemeinschaftliche Teilnahme an einer gemeinsamen Aufgabe gefördert wird« (a. a. O., S. 12).

63 A. Marshall: a. a. O., S. 212/13, S. 214.

64 B. Lutz in: Th. Pirker usw.: S. 176.

65 Dies gilt – ein Hinweis, für den ich Herrn Professor Dr. R. König verpflichtet bin – nicht für die oben als »allgemeine Grundqualifikation« bezeichneten Fertigkeiten, die man auch »latente extra-funktionale Fertigkeiten« nennen

könnte. Diese können in der Tat gelehrt werden, und in unseren Schulen bleibt noch vieles zu tun, um das Niveau allgemeiner technischer Kenntnis zu heben – was sich dann auch auf die industrielle Produktivität auswirken würde.

66 Vgl. dazu Th. Pirker usw.: an vielen Stellen. S. auch unten S. 564.

67 Vgl. die Beispiele S. 555 f.

68 B. Lutz in: Th. Pirker usw.: a. a. O., S. 68.

69 Th. Pirker usw.: a. a. O., S. 69. Bis zu einem gewissen Grade wird diese »vorausgesetzte Identifizierung« dann später doch wieder rückgängig gemacht. Vgl. a. a. O., S. 179; s. auch unten S. 562 f.

70 Ch. J. Barnard: *Functions and Pathology of Status Systems in Formal Organizations*, in: Industry and Society, hrsg. v. W. F. Whyte (New York–London 1946), S. 47.

71 Ch. I. Barnard: a. a. O., S. 53.

72 W. L. Warner and J. O. Low: a. a. O., S. 70.

73 Vgl. W. E. Moore: *Occupational Structure and Industrial Conflict* (Princeton 1952).

74 T. H. Marshall: *Citizenship and Social Class* (Cambridge 1950), S. 82.

75 Vgl. z. B. Th. Pirker usw.: a. a. O., Tabellengruppe 5, S. 494 ff.

76 Th. Pirker usw.: a. a. O., S. 69.

77 Vgl. etwa die entgegengesetzte Einordnung von »Spezialarbeitern« und »qualifizierten Facharbeitern« in den Werken H 3 und H 4; Th. Pirker usw.: a. a. O., S. 495.

78 Th. Pirker usw.: a. a. O., S. 172.

79 In der englischen Studie von J. Hall, C. A. Moser and D. C. Jones (vgl. vor allem C. A. Moser and J. Hall: *The Social Grading of Occupations;* in: Social Mobility in Britain, hrsg. v. D. V. Glass, London 1954) z. B. waren die folgenden »Arbeiter«-berufe in der Befragungsliste: ungelernte Berufe – Hilfskellner, Hafenarbeiter, Straßenkehrer; angelernte Berufe – Traktorfahrer, Bergmann (!), Gepäckträger (!), Landarbeiter, Barkellner; gelernte Berufe – Polizist, Routine-Angestellter, Monteur, Zimmermann, Verkäufer, Maurer. Also nur ein industrieller Beruf (Monteur) – und der in völlig ungenügend allgemeiner Bezeichnung!

80 R. B. Cattell: *The Concept of Social Status* (Journal of Social Psychology 15, 1942).

81 Vgl. K. M. Bolte: *Prestigestrukturen in der industriellen Gesellschaft* (Die neue Gesellschaft II/4, 1955), S. 29.

82 Th. Pirker usw.: a. a. O., S. 179 f.

83 H. Kluth: a. a. O.

84 H. Kluth: a. a. O., S. 67.

85 Th. Pirker usw.: a. a. O., S. 148.

86 D. C. Miller and W. H. Form: a. a. O., S. 359.

87 Vgl. Census 1951, One Per Cent Sample Tables (London 1952), T. II. 10.

88 Das hohe Durchschnittsalter der Ungelernten in England erklärt sich vor allem aus der Tatsache, daß in den höheren Altersstufen (nach dem 45. Lebensjahr) eine wachsende Zahl von Angelernten zu Ungelernten »degradiert« wird. Dieser in England (wie schon eine genauere Analyse der Altersstruktur der Ungelernten zeigt) allgemeine Prozeß dürfte auch in Deutschland und den USA . . . eine gewisse Rolle spielen. – Überhaupt bleibt die hier angebotene Analyse der Altersstruktur der Arbeiterschaft ganz an der Oberfläche.

Serge Mallet
»Amerikanische« Arbeiter in der Gironde: Die »Caltex«-Raffinerie in Ambès [1]

Die Halbinsel von Ambès ernährte im Jahre 1930 mit knapper Not eine Bevölkerung von dreihundert Seelen. Begeisterte Leute aus Bordeaux kamen im Sommer trotz Myriaden von Mücken dorthin, um junge Aale zu fangen, die in dem Grabennetz, das diese morastige Erde durchzieht, reichlich vorhanden waren, und legten sich im Winter im Schilf auf die Lauer, um Gänse und Wildenten aufzuspüren.

Aber der Hafen von Bordeaux war damals in vollem Betrieb; es war der drittgrößte französische Hafen. An seinen Quais wurden Erdnüsse aus dem Senegal und Zuckerrohr von den Antillen ausgeladen, während jeden Tag Weinfässer aus Médoc und Hölzer aus den Landes nach Amerika und England gebracht wurden. Und Tag und Nacht baggerten die Schlammräumer die Wasserrinne aus, die den Hafen mit dem Ozean verbindet.

Seltsamerweise wählte eine amerikanische Mineralölgesellschaft, die »Texaco«, mitten in der Wirtschaftskrise des Jahres 1931 diese Landzunge aus, um dort ihre französische Raffinerie zu bauen. Allerdings kam die Wahl des Zeitpunktes nicht so unerwartet: als der Mineralölmarkt sich noch als besonders geschlossen erwies, kämpften die Gesellschaften noch erbitterter um die Eroberung der Absatzmärkte als heute. Die mit der mächtigen anglo-französischen Shell verbundene Jupiter-Mineralölgesellschaft hatte soeben im Vorhafen von Bordeaux, zwölf Kilometer unterhalb der Landzunge auf dem linken Ufer, eine Raffinerie bescheidenen Ausmaßes gebaut, die aber für eine schnelle Ausdehnung geeignet war.

Die Lage der Halbinsel bot zahlreiche Vorteile: sie war zu allen Gezeiten für die größten Tankschiffe leicht zugänglich. [2]

Sie war nur etwa zehn Kilometer von der Linie Bordeaux–Paris entfernt und lag im Ballungsgebiet der Stadt Bordeaux mit ihren Industrien. Der Standort erlaubte außerdem die nahezu vollständige Ausnutzung des Gebietskaufes. Die kaum oder noch gar nicht entwickelte Landzunge von Ambès war in der Tat eine terra nullius. Die »Erdölraffinerien der Gironde« verbanden die Landzunge mit einer benachbarten Sandbank durch einen Damm, füllten die Zwischenräume mit dem aus dem Girondekanal gebaggerten Sand und errichteten auf dreißig Hektar Moor und Schlamm ihre Stahlkonstruktionen.

Im Juli 1931 wurde der erste, mit amerikanischem Rohöl beladene Tanker in Ambès entladen. Die Raffinerie hatte damals eine Kapazität von 300 000 Tonnen. Die »Texaco« wandte die schon in zahlreichen Ländern benutzten Verfahren an und nahm ihre Arbeiterschaft aus der

Umgebung: viele Arbeiter aus Bordeaux (auf den Schiffswerften und in den Fabriken der Metallindustrie der Gironde wütete noch die Arbeitslosigkeit), aber auch zahlreiche Hilfsarbeiter des benachbarten Landes und des rechten Gironde-Ufers – die Weinbaukrise hatte zu dieser Zeit Tausende von kleinen Eigentümern aus Bourgeais und Blayais ins Elend gestürzt. Nachdem die Eröffnung der Raffinerie in der Gegend zunächst heftige Proteste hervorgerufen hatte – man fürchtete die Auswirkungen der Ölausdünstungen auf die Weinberge und Obstgärten –, erlaubte sie nun zahlreichen Bauern, »mit ihrem Auskommen notdürftig auszukommen«. Jedoch gestatteten die zu jener Zeit schon stark vorangeschrittenen Raffinerieverfahren nicht, zahlreiches Personal einzustellen. Es war in der Gegend eine Art fester Gewohnheit geworden, daß die Söhne von Eigentümern eine Zeitlang in der Raffinerie arbeiteten und auf diese Weise einen willkommenen und regelmäßigen Teil zum Familieneinkommen beitrugen. Wenn der Vater älter wurde, übernahmen sie wieder den bäuerlichen Betrieb. In der Gegend findet man kaum Männer über vierzig, die nicht irgendeinmal in ihrem Leben in der Raffinerie gearbeitet haben. Aber ebenso selten sind zu dieser Zeit die Fälle, in denen die Landwirtschaft endgültig aufgegeben wurde, um dauernd in der Raffinerie zu bleiben. Vielmehr wählte das Unternehmen seine feste Belegschaft aus der nicht-ländlichen Bevölkerung: Fischer, Handwerker.

Die Raffinerie von Ambès nahm mit ihrer ersten Destillationseinheit, zwei *Kracking*-Einheiten und einer *Reforming*-Einheit vor dem Kriege einen beachtenswerten Platz unter den französischen Raffinerien ein. Ihre Rohöllieferungen kamen aus dem Mittleren Osten – hauptsächlich aus dem Irak – und den USA. Dennoch lag sie mit ihren 238 000 Tonnen Jahresproduktion zu jener Zeit weit hinter der Konkurrenzraffinerie von Pauillac zurück, die 439 000 Tonnen verarbeitete. Der englische Einfluß auf die Gegend von Bordeaux, der seit Jahrhunderten durch ein Warenaustauschsystem sowie durch Kapital- und Familienbande verstärkt wurde, die das Bürgertum von Bordeaux mit seinen Londoner Vettern verband, bestimmte den Ölmarkt wie die übrige Wirtschaft. Mit dem Kriege kamen die Versorgungsschwierigkeiten. Als die Royal Air Force am 19. Juli 1940 die Ölbehälter und Anlagen von Ambès wie die von Pauillac und von Blaye zerbombte, nahmen die Schilfrohre und die Weißhölzer wieder ihren Platz ein. [3]

Die Raffinerie von Ambès wurde erst ab 1948 wieder aufgebaut. Ihre Situation blieb in der Tat lange verworren: die französische Regierung ließ sich lange nötigen, den Raffinerien am Atlantik Kriegsentschädigung zu gewähren, da sie meinte, daß die Mittelmeerküste mehr der Orientierung der französischen Einfuhren entspreche, die gänzlich vom Mittleren Osten abhängig waren. 50% der Wiederaufbaukredite wurden außerhalb der Gegend vergeben. So konzentrierte Shell alle seine Anstrengungen auf die Raffinerie von Berrois, zum Schaden von Pauillac.

Mittlerweile aber waren wesentliche Veränderungen in der Struktur der Erdölmonopole eingetreten. Die »Texaco«, Eigentümerin der Raffinerie von Ambès, hatte sich 1936 mit der »Standard Oil of California« vereinigt, um die »Caltex« zu bilden. Die »Texaco« war ein Vertriebsunternehmen und besaß keine Konzession; die »Standard Oil of California« dagegen baute auf der Bahreininsel die ersten Ölvorkommen Arabiens ab. Durch diese Verschmelzung entstand die mächtige »Arabian-American-Oil Co.«, die sich durch den Herrscher von Riad eine Konzession von 281 Morgen Landes in Saudi-Arabien geben ließ. Der Boom der arabischen Ölvorkommen bestimmte den gewaltigen Aufschwung des Trusts; da die Caltex 42% der Erdölreserven des Mittleren Ostens kontrollierte, baute sie ihr Verarbeitungs- und Verteilernetz in der ganzen Welt aus. Während eine Raffinerie in Breda (Holland) ihr das westdeutsche Absatzgebiet sicherte, brachte sie die Raffinerie von Mailand in dem »Industriedreieck« Norditaliens in eine marktbeherrschende Stellung. Der Wiederaufbau ihrer einzigen französischen Raffinerie erschien angesichts der gigantischen Anlagen der Shell in Bern und in Petit-Couronne und deren amerikanischer Konkurrenz, Esso-Standard (Tochtergesellschaft der Standard von New Jersey) in Port-Jérôme, zweifelsohne als eine gebieterische Notwendigkeit.

Die Raffinerie von Ambès wurde ohne Marshallhilfe in zwei Jahren fertiggestellt. Dreieinhalb Milliarden Privatinvestitionen trugen zum Bau einer der modernsten Anlagen Europas bei. Ursprünglich für eine Jahresproduktion von 600 000 Tonnen geplant, verarbeitete die Raffinerie vor der Suezkrise bereits 200 000 Tonnen.

Abmachungen zwischen Ölgruppen bilden immer nur einen Waffenstillstand, um die von den Gruppen in einem bestimmten Augenblick errungenen Positionen zu bestätigen. Die Jahresberichte der Raffinerie von Ambès zeigen deutlich den von den Trusts entfachten harten Kampf um die Kontrolle der Vorkommen und der Verteilung. Die heftige Rivalität der Mineralölfirmen von San Francisco (California und Texas) und von New York (New Jersey, Esso-Gruppe) gräbt sich seit zwei Jahren in die Landschaft der Gironde ein. [4] Infolge der Entdeckung der Vorkommen von Parentis, einer Konzession der französischen Ölstandard, baut die Esso-Standard unmittelbar hinter den Anlagen der Caltex eine viel größere Raffinerie, die bei ihrer für 1959 vorgesehenen Inbetriebnahme 2,5 Millionen Tonnen Rohöl verarbeiten kann.

Daher entsprechen die von S.A.F.-Caltex erzielten Gewinne bei weitem nicht denen anderer französischer Raffinerien. 1957 zeigte die Bilanz einen Gewinn von 50 Millionen – doch gab die Leitung zu, daß es sich dabei um einen weitgehend überschätzten Gewinn handle, während die Bilanz von 1955 500 Millionen und die von 1956 174 Millionen aufwies. Zur selben Zeit (1956) hatte die französische Shell einen Gewinn von 3 Milliarden und Esso-Standard einen von 6 Milliarden 900 Millionen. Der Umfang der verarbeiteten Produktion kann einen solchen Unterschied keinesfalls rechtfertigen: Esso-Standard 4 250 000 Tonnen; Shell-Berre 6 800 000 Tonnen; Caltex 1 100 000 Tonnen.

In der Tat haben die von den Verarbeitungs- und Verteilerfilialen der Mineralölmonopole erzielten Gewinne keinen wirtschaftlichen Wert. Eine Gruppe kann eine verlustbringende Raffinerie vollkommen in Betrieb halten, wenn ihr Besitz bei Verhandlungen mit ihren Konkurrenten nur Vorteile gewährt.

Diese Situation ist wohlbekannt und interessiert nur wenig; es ist dagegen nicht möglich, sie in den Beziehungen zwischen Arbeitern und Direktionen der Raffinerien unberücksichtigt zu lassen.

Dazu müssen wir zwei Feststellungen machen:

1. Die Kapitallage der Mineralölgesellschaften wirkt sich auf die wirtschaftliche Lage der Ölarbeiter nicht eigentlich aus. Im Gegensatz zu dem gemeinsamen Schicksal der meisten rein staatlichen und selbst der bedeutenden Unternehmen ist bei den Ölarbeitern sowohl ihre Weiterbeschäftigung als auch die Erhaltung der errungenen Vorteile relativ gesichert, gleichgültig wie die Wirtschaftslage der Gesellschaft ist, der sie angehören. Eine Raffinerie macht nicht bankrott.

2. Die Rivalität der Trusts trägt dazu bei, die »Familien«-Politik der Mineralölunternehmen zu bestimmen. Wie die meisten Großunternehmen veröffentlicht die »Caltex« eine Zeitschrift, »France-Caltex«, die kostenlos an ihre Angestellten verteilt wird. Der Leitartikel der Juliausgabe 1958, der vom stellvertretenden Generaldirektor der Vertriebsabteilung unterzeichnet ist, forderte die Angestellten auf, den Vertriebsabteilungen bei der Errichtung der Kundendienste zu helfen: »Sie sind 1500, die an Caltex, ans Caltex-Netz, an die Caltex-Route denken müssen. Vergessen Sie nicht, daß die Route unsere Lebenslinie ist.«

Wie man sieht, handelt es sich hierbei nicht um den traditionellen Paternalismus, mit dem Ziel, die Forderungen des Personals einzuschränken, sondern rundweg darum, die Arbeiter zu überzeugen, sich als »Bürger« zu betrachten, die voll verantwortlich am Leben der Gesellschaft teilzunehmen haben.

Da die Gefahr besteht, daß die Arbeiter der Konkurrenzfirmen die Produktion der Firma beträchtlich hemmen, besteht eine »Kollaboration« mit der Gewerkschaft – und kein offener Kampf.

Aber noch einmal, eine solche »innere Struktur« ist nur indirekt durch die besondere Stellung der Öltrusts bestimmt. In dem Maße, wie sich die kapitalistische Konzentration verschärft, wird auch der Wettstreit zwischen den Unternehmen schärfer. Und diese Rivalität tendiert dazu, über die gemeinsamen Interessen der Kapitalistenklasse zu triumphieren. Die »Integration der Arbeiter in die Fabrik« erscheint hier unter dem neuen

Aspekt der Integration der Arbeiter in dem Kampf der kapitalistischen Unternehmen untereinander. Der entscheidende Faktor dieser unerwarteten Form der Aufwertung der Arbeiter ist der technische Fortschritt. Die stetige Erhöhung der organischen Zusammensetzung des Kapitals – insgesamt und pro Arbeiter – erhöht die Bedeutung der Produzenten im kapitalistischen Unternehmen. Sie gibt dem Lohnkampf eine neue Wirksamkeit und untergräbt gleichzeitig das kollektive Klassenbewußtsein der Arbeiter. Wir wohnen hier also der Entstehung einer technischen Arbeiteraristokratie bei. Da diese soziale Schicht sich in einer wirtschaftlich zurückgebliebenen Gegend schnell zu bilden vermag, bietet sie in einer Zeit, in der die »Entflechtung« an der Tagesordnung ist, wertvolle Aufschlüsse.

Arbeitskräfte für 76 000 Francs pro Tag! [5]

Im Jahre 1957 zeigte die Bilanz des Rechnungsjahres der S.A.F. Caltex (einschließlich der Geschäfte der Raffinerie von Ambès und der Schmierölabteilung von Rouen) einen Umsatz von 45 Milliarden 319 Millionen Francs – von denen 26 Milliarden aus dem direkten Benzinverkauf stammten. Zieht man von dieser Ziffer 14 Milliarden 692 Millionen Zollgebühren und 148 Millionen Steuern ab, teilt sich der Umsatz folgendermaßen auf:

Einkauf von Rohprodukten, Fertigprodukten und Fracht	23 985 Millionen
Einkauf von Gütern und Dienstleistungen	3 108 Millionen
Kapitalbelastungen	409 Millionen
Personal	1 965 Millionen
Gesellschaft	1 012 Millionen
davon	
Amortisationen	968 Millionen

Wir stellen also fest, daß die Personalausgaben – Löhne, Prämien, Sozialabgaben und Betriebsratzuwendungen – 4,2% des Umsatzes ausmachen. Die organische Zusammensetzung des Kapitals der Caltex (konstantes und variables Kapital) setzt sich folgendermaßen zusammen: Jährliches Gesamtkapital: 30 Milliarden 433 Millionen, und zwar: (C = Einkauf von Rohprodukten, Gütern und Dienstleistungen, Kapitalbelastungen, Amoritsationen)

$$\frac{C = 28\,468}{V = 1965} = \frac{93{,}5\%}{6{,}5\%}$$

Das heißt, daß theoretisch jeder der 1100 Arbeiter der Caltex jeden Tag 76 000 Francs Produktionsmittel in Bewegung setzt!

Zum Vergleich wollen wir festhalten, daß für die gesamte Werkzeugmaschinenindustrie die Personalkosten 29% des Produktionswertes ohne Taxe ausmachen. Man kann gegen die Ungenauigkeit dieser statistischen Angaben gewiß viel einwenden:

Die außergewöhnliche Höhe der Rohstoffkosten, die für eine Verwertungsindustrie charakteristisch ist; genau genommen produzieren und fabrizieren die Raffinerien nicht. Der Hauptwert des Erzeugnisses beruht also auf dem Rohprodukt, und der Selbstkostenpreis der Rohtonne plus Frachtkosten bestimmt den Wert des raffinierten Erzeugnisses.

Der wahrscheinlich künstliche Charakter der Amortisationen [6], die immer häufiger reinvestierten Gewinne und finanziellen Lasten, die in den Monopolindustrien meistens eine einfache Mehrwertübertragung sind, verschleiern alle Operationen, die dahin tendieren, dem konstanten Kapital einen Teil des erzielten Mehrwertes zuzuführen. Und es liegt keinesfalls in unserer Absicht, von diesem Standpunkt aus der lächerlichen Ziffer der angegebenen Nettogewinne – 44 Millionen – zu trauen, die dem Investitionsfond restlos zugeführt werden.

Die wirkliche Buchführung der Caltex findet in den Wolkenkratzern von New York statt, und wahrscheinlich denkt auch niemand daran, dem französischen Direktor dieser amerikanischen Gesellschaft die geringe Rentabilität seines Unternehmens vorzuwerfen, obwohl er sich viel Mühe gibt, sie vor seinem Betriebsrat zu rechtfertigen. [7]

Aber wenngleich der Begriff des Gewinns sich hier in den außergewöhnlich verwickelten Angelegenheiten des Welterdöltrusts verliert, so bleibt doch bestehen, daß 1100 Arbeiter, deren Gesamtlohn 1 965 000 000 Francs beträgt, die Herstellung und den Verkauf von 1 100 000 Bruttotonnen ermöglicht haben.

So ist es unserer Meinung nach unnötig, die Gründe für die »Sozialpolitik« der Mineralölindustrie noch weiter zu suchen.

Da die Raffinerie Caltex mit einem beschränkten Personal arbeitet, dessen Rolle allerdings entscheidend ist, kann sie kein Fernbleiben vom Arbeitsplatz dulden. Nun besteht aber bei Arbeitern, die auf dem Lande leben und ihre Berufsfähigkeiten – besonders, was die Wartungsarbeiter betrifft – für Handwerksarbeiten in Kleinbetrieben verwenden können, der einzig mögliche Schutz gegen diese »Landplage« in einer hohen Lohnpolitik. Und darüber hinaus zwingen sehr häufig technische Störungen oder unvorhergesehen angekommene Tanker, die durch Wetterbedingungen und Meeresverhältnisse verspätet eintreffen, die Arbeiter der Raffinerie außerhalb ihrer Arbeitsstunden herbeirufen zu lassen – trotz der Existenz von Ersatzgruppen.

Die Direktionswagen holen sie mitten in der Nacht von zu Hause ab, und es hängt weitgehend von ihrem guten Willen ab, ob sie sich zur Raffinerie begeben oder nicht. Natürlich »vergilt« man es ihnen, dennoch ist es besser, auf sie zählen zu können. Erwähnen wir schließlich noch, daß das *turnover* [8] hier mehr als anderswo als Unheil gilt. Die Ausbildung des *Operating*-Personals [9], eine Ausbildung »am Arbeitsplatz«, dauert hier lange. Der Operateur-Assistent muß lange bei derselben Produktionseinheit bleiben, bevor er die Kontrollapparate richtig kennt. Bei den Wartungsarbeitern, die sich auf Grund ihrer früheren Berufsausbildung ziemlich leicht wieder in andere Industriezweige eingliedern können, ist das Problem noch schwieriger. Zur Kenntnis der Anlagen der Raffinerien muß bei ihnen noch die Kenntnis des Raffinerieprozesses hinzukommen. Man erwartet oft vom Leiter der Wartungsgruppe ein entscheidendes Urteil über die Möglichkeit, diese oder jene Reparatur auszuführen, ohne die Produktion der Einheit zu stoppen – was sehr teuer käme –, aber auch ohne Explosionsgefahren oder allgemeine Verschlechterung der beschädigten Anlagen hervorzurufen – was noch teurer käme.

Qualität der Arbeit und Sozialbeziehungen

Die Verantwortlichkeit jedes Arbeiters auf einem Gebiet, das keine Einzel-»Maschinen« kennt, dessen Rentabilität im Gegenteil hauptsächlich auf dem Dauerbetrieb der Anlagen beruht, spornt die Direktion an, die »besten psychologischen Bedingungen« zu schaffen, die es dem Arbeiter gestatten, seine Aufgabe angemessen zu verrichten. Gleichgültig, ob es sich um Operating-Personal oder um Reparaturarbeiter handelt – der Arbeiter ist Herr seiner Arbeit. Er sichert gewissermaßen eine »Funktion«, innerhalb deren er allein seine Entscheidungen trifft. Allein oder fast allein an seinen Arbeitsplatz gestellt, trägt er die volle Verantwortung für seine Arbeit.

Niemand kann willkürlich in seinen Bereich eindringen; die Ingenieure werden häufig zur Ordnung gerufen, wenn sie diese strenge Teilung der Verantwortlichkeit übertreten.

Die Direktion der Caltex hat übrigens das System der »Arbeitsanalyse« eingeführt, das gestattet, diese ständige Sorge kalkulatorisch zu erfassen. Es ist praktisch unmöglich, dieses Privileg »in Ziffern« anzugeben. Wenn die ehemaligen Bauern für die leichte körperliche Arbeit, für deren Sauberkeit und für die ihnen gewährten materiellen Vorteile besonders empfänglich sind, so empfinden die Fabrikarbeiter, die den entwürdigenden Kreislauf der Mechanisierung, die Robotisierung des Fließbandes erlebt haben, bei der das menschliche Denken abstumpft, diese »Rehabilitierung der Arbeit« in vollem Maße.

Dieses Maß an Souveränität hat die Haltung der Arbeiter gegenüber ihrer Direktion durchaus nicht unberührt gelassen. In den industriellen Gefängnissen der Fließbandarbeit werden ihre Forderungen fast immer heftig vorgebracht; sie sind mehr ein Zornesausbruch als eine organisierte Bewegung, und alle aktiven Gewerkschaftler kennen den Begriff des »Klimas« sehr gut. Es kommt vor, daß das »Klima der Bude« überhitzt ist, obwohl es in diesem Augenblick keinen speziellen Streikgrund geben mag; und doch »geht's« dann »los«. Wenn das »Klima« nicht vorhanden ist, haben demgegenüber die ernsthaftesten Forderungen keine Chance, die Belegschaft zur Aktion voranzutreiben. Bricht der Streik dann aus, nimmt er einen Charakter revolutionärer Heftigkeit an, der oft bis zur Zerstörung und Verwüstung geht. Mehr eine Selbstbestätigung als ein politischer Akt, gibt der Arbeiter sich durch die Arbeitsverweigerung als Mensch zu erkennen; durch Stillegung der Maschinen, die das ganze Leben lang seine Bewegung regeln, gibt er sich und den anderen die Illusion, deren Demiurg zu sein. Der Streik ist die dialektische Negation der Entmenschlichung der Arbeit. In den Raffinerien gibt es das nicht.

Die Arbeitsbedingungen »entspannen« unbestreitbar das soziale Klima mehr, als es die Lohnbedingungen tun, so interessant diese auch sind. Jedoch kann man deshalb nicht vom »Fehlen des Klassenbewußtseins« sprechen. Die Beziehungen zwischen Arbeitern und Direktion sind im Gegenteil durch ein überaus bemerkenswertes Selbstgefühl gekennzeichnet. Die starke Gewerkschaftsorganisation wird stark respektiert, und die Direktion hat praktisch darauf verzichtet, etwas über deren Kopf hinweg zu unternehmen – was doch in einem Unternehmen mit fünfhundert Arbeitern, die sehr verstreut arbeiten, relativ leicht wäre. Man hat aber den Eindruck einer »friedlichen Koexistenz« der beiden Lager, mit allem, was an Spannungen, Reibungen und ständiger Rivalität darunter befaßt ist – aber auch mit Fair-play im Kampf.

Wir haben es hier mit einem einzigartigen Phänomen zu tun – zumindest in Frankreich –, und dies um so mehr, als die äußeren Einflüsse nur sehr wenig zur Bildung dieser Haltung beigetragen haben, da der Betrieb sozusagen auf unberührtem Boden errichtet worden ist.

Die Produktionsgemeinschaft Caltex

Die Belegschaft der Raffinerie besteht aus fünfhundertsechzig Arbeitern und Angestellten; der Rest des Caltex-Bestandes verteilt sich auf die Schmierölfabrik in Rouen (200), die Führungskräfte, Verwaltungs- und Handelsangestellten des Pariser Sitzes (800, einschließlich Vertreter) und auf das Tankstellenpersonal, das direkt der Verwaltung des Trusts unterstellt ist. Die Belegschaft von Ambès ist fast vollständig auf drei Abteilungen verteilt – Büros, Wartung und Operating. Die Arbeiter des Wartungsdienstes kommen zum größten Teil aus den Fabriken von Bordeaux; jedoch ist eine gewisse Anzahl von ihnen, besonders die Hilfsarbeiter und die »kleinen Arbeiter« – eine Klassifikation, die praktisch der Gruppe der angelernten Arbeiter der Metallindustrie entspricht – aus den bäuerlichen Schichten des Bourgeais und des Entre-deux-Mers hervorgegangen; sie wurden in die feste Belegschaft der Fabrik »integriert«, nachdem sie an den Aufbauarbeiten der neuen Raffinerie teilgenommen hatten.

Die Operating-Abteilung ist komplexer zusammengesetzt. Etwa die Hälfte stammt aus der Stadt, hauptsächlich aus Groß-Bordeaux, und kommt aus sehr verschiedenen Berufen. Ehemalige Friseure, Studenten, die ihr Studium aufgegeben haben, kleine bankrottgegangene Kaufleute und Arbeiter der Kleinindustrie sind dort in einem neuen Beruf aufgegangen, in dem sie nichts von ihren alten Fachkenntnissen gebrauchen können. Die andere Hälfte wurde an Ort und Stelle angeworben; zu ihr gehören die Söhne der kleinen Eigentümer und die landwirtschaftlichen Arbeiter des linken Ufers der Gironde.

In den ersten Jahren traten zwischen diesen verschiedenen Gruppen erhebliche Mentalitätsunterschiede zutage. Während die Arbeiter aus Bordeaux, die meist ihre alten Wohnungen in den »roten« Vorstädten der Gironde – Cenon, Lormont, La Bastide – behielten, in der traditionellen Haltung des fortgeschrittenen Proletariats in der Raffinerie auftraten und dabei ihre Gleichgültigkeit nicht verhehlten, machten sich die Bauern durch ihren Arbeitseifer und ihre Unterwürfigkeit bemerkbar. Vielen von ihnen erschien ihre Tätigkeit als recht provisorische Angelegenheit; man verwies sogar auf den Fall zahlreicher Eigentümer, die, angezogen von den relativ hohen Löhnen der Raffinerie, landwirtschaftliche Arbeiter für 15 000 Francs pro Monat einstellten, um ihre Weinberge weiterhin zu betreiben; jede Überstunde bedeutete für sie die Möglichkeit, ihren Flecken Land ein wenig schneller zu vergrößern, das Pferd oder den Motorpflug, den sie brauchten, zu kaufen oder das Dach ihrer Weinlager oder Weinkeller auszubessern. Aber diese Situation, die man klassisch nennen darf, da sich seit 1840 fast die gesamte französische Arbeiterklasse dank solcher Wanderung gebildet hat, hielt kaum einige Jahre an, dann gaben etwa 15% der vom Lande kommenden Arbeiter die Arbeit in der Raffinerie wieder auf. Alle andern aber verließen nach und nach die Weinberge, da sie durch die von der Caltex gebotene Sicherheit angelockt wurden. Dieser Faktor wirkt in dieser Monokulturgegend, die allzusehr vom Klima und von Zufällen eines starken Konkurrenzmarktes abhängig ist, entscheidend. Zudem sicherte die Ausbildung am Arbeitsplatz die schnelle Umwandlung der sozio-technischen Bedingungen der Bauern. Im Gegensatz zur Maschinenbauindustrie, die von den Arbeitern ein besonders schnelles und den gewöhnlichen Regeln des Landlebens wenig angepaßtes Arbeitstempo verlangt, fordern die Anlagen der Raffinerie von ihrem Personal Nachdenken, großes technisches Verantwortungsgefühl und ein gewisses Verständnis des Produktionsprozesses – also Eigenschaften, die den im Weinbau verlangten ziemlich ähnlich sind –, zwingen sie aber gleichzeitig leicht, ihre physiologischen Reflexe wesentlich zu verändern. So fiel ihnen die allgemeine Anpassung relativ leicht, ausgenommen die psychologische Anpassung, die länger dauerte. Aber die »Integrationssorge« veranlaßte die Caltex schon seit 1950, eine intensive Ausbildung zu entwickeln. Die Einrichtung der »Vorschlagkästen«, die kostenlose Ausleihe technischer Bücher, die Herausgabe einer sehr gut dokumentierten und recht interessanten Betriebszeitschrift – »Franco-Caltex« –, insbesondere die Teilnahme junger Leute der Operating-Abteilung an Lehrgängen in den europäischen Raffinerien der Caltex, sogar in den USA, trugen sehr schnell dazu bei, den Lehm abzukratzen, der noch an den Stiefeln der Arbeiter klebte. Es bedarf keiner großen Phantasie, um sich die Veränderung vorzustellen, die ein Aufenthalt von drei oder sechs Monaten in einer der großen Raffinerien in Deutschland, Italien oder an der Pazifikküste bei einem jungen Bauern hervorrufen kann, dessen Horizont bis dahin kaum über die Hauptstadt seines Departements hinausging!

Diese Anpassung erlaubte der Caltex-Direktion die Heranbildung einer festen Belegschaft, die technisch recht fortgeschritten und durch tausend Bande mit der Firma verbunden war, deren Existenz gleichzeitig eine so bemerkenswerte Verbesserung der Lebensbedingungen sicherte und den Gesichtskreis erweiterte.

Erscheinungen wie Fehlschichten, Arbeitsplatzwechsel, Trunksucht – die klassischen Plagen aller ländlichen Arbeitskräfte – sind bei der Caltex radikal verschwunden. Dagegen folgten der Zerrüttung der bäuerlichen Mentalität der Wunsch nach Überstunden, der Übereifer und die Absage an die Arbeitersolidarität und die gewerkschaftliche Praxis.

Gleichzeitig suchten die städtischen Arbeiter Wohnungen in der Nähe des Arbeitsplatzes. Das auf der Halbinsel recht angespannte Wohnungsproblem existierte an der Küste praktisch nicht. Da man zu Beginn des Jahrhunderts mit dem Abbau der Steinbrüche der Felsenküste begonnen hatte, ist das linke Ufer der Dordogne und der Gironde eine der am besten »bebauten« landwirtschaftlichen Gegenden Frankreichs. Hier hat der kleinste Eigentümer – der etwa einen Weinberg von einem Hektar besitzt – ein einstöckiges Steinhaus. Aber die Dauerkrise, in der sich der Weinbau seit der Vorkriegszeit befindet, hat die Bevölkerungsdichte beträchtlich vermindert (fast um 25% in fünfzig Jahren). Heute sind die gegenüber der Raffinerie liegenden Küstendörfer, die übrigens besonders günstig liegen und in denen vor fünfundzwanzig Jahren zahlreiche kleine Rentner aus Bordeaux ihren Lebensabend verbrachten, praktisch Mineralölstädte geworden. Ein Bootsdienst sichert jeder Abteilung die Überfahrt über den Fluß, während die Arbeiter, die ihren Landwohnsitz behalten haben, in Wagen, die von der Direktion gemietet wurden, zur Raffinerie gebracht werden.

Ihren Wohnsitz in der Stadt für die schönen Wohnungen oder die von der Caltex auf der Halbinsel gebauten Häuser aufzugeben, wurden die Arbeiter aus Bordeaux sicher hauptsächlich durch die materiellen Vorteile bestimmt, die sie dort fanden: neben der kürzeren Fahrstrecke vom Wohnort zum Arbeitsplatz, insbesondere dadurch, daß sie die feuchten und ungesunden Elendsquartiere der Vorstadt von Bordeaux verlassen konnten und dafür die schönen und gesunden Häuser und das milde Klima dieses Küstenstriches eintauschten. Damit verzichteten sie gleichfalls auf die spezifische eigene Disponibilität, die den Facharbeiter der Großstädte kennzeichnet. Indem die Caltex ihrer Belegschaft mit Hilfe zinsloser Darlehen ermöglichte, sich in der Umgebung der Raffinerie niederzulassen, integrierte sie die Arbeiter »auf Lebenszeit« in die Fabrik.

Die Einrichtung einer Altersversorgungskasse im Jahre 1949 garantierte dann, daß die Arbeiter der Caltex die Hauptbedingung ihrer proletarischen Existenz endgültig aufgaben: nämlich die Freiheit, ihre Arbeitskraft dem Meistbietenden zu vermieten.

Auf diese Weise entstand in wenigen Jahren eine autonome und homogene Arbeiterschaft. Die Besonderheiten der Arbeitsbedingungen, die besonderen Auswahl- und Ausbildungsprozesse der Arbeitskräfte, die relative Isolierung der Raffinerie und des Wohnortes von der Großstadt mußten unausweichlich ein Arbeiterkollektiv neuen Typs erzeugen, das innerhalb seiner Sozialbeziehungen eine Haltung einnahm, die sich von der des Proletariats der städtischen Großbetriebe unterschied.

Spitzenlöhne

Im Gegensatz zu der allgemein verbreiteten Meinung scheint mir der Lohntarif für diese Entwicklung nicht bestimmend gewesen zu sein. Gegenwärtig erfreuen sich die Arbeiter in Ambès im Vergleich zu ihren Kollegen von Bordeaux unbestreitbar eines bevorzugten Lebensstandards. Das praktizierte Lohnsystem, das durch den Tarifvertrag für die Mineralölindustrie festgelegt wurde, beruht auf einer Einstufung, die unter anderen Benennungen die Tarifgruppen der Metallindustrie reproduziert; sie beruht zur Zeit der Erhebung auf einer Punktbasis von 1,37 Francs pro Punkt Höchstsatz, der gemeinsamen Grundlage für die gesamte Raffinerieindustrie. Der so erhaltene abgestufte Grundlohn dient ausschließlich zur Berechnung der Prämien, da der Anfangslohn heute den Grundlohn überschreitet.

Eine von den Gewerkschaften kürzlich aufgestellte Wertung gibt uns für 1957 die unten aufgeführte Tabelle (es handelt sich hier ausschließlich um das Wartungspersonal):

Gruppe [10]	Verrechnungs-schlüssel (S. B. H.)	Anfangs-lohn	Durchschnitts-lohn
Einfacher Handlanger	115	150	171,14
Spezialisierter Handlanger	130	164,45	180,56
Hilfsarbeiter	140	177,10	202,55
»Kleiner Arbeiter«	145	196,08	201,09
Spezialisierter Arbeiter	155	196,08	216,73
Hochqualifizierter Arbeiter, Gruppe 1	170	215,05	236,01
Hochqualifizierter Arbeiter, Gruppe 2	185	234,03	260,08

(Löhne im Juni 1958)

Zu diesen Löhnen, die für die Operating-Abteilung höher liegen und für die »Reserve«-Beschäftigungen mit einer Erhöhung von zehn Punkten verbunden sind – es handelt sich hier um polyvalentes Personal, das sich ständig bereithält, um die Ablösung der aus zufälligen Gründen unbesetzten Posten zu sichern –, kommen noch zahlreiche soziale Vorteile wie volle Lohnfortzahlung im Krankheitsfall, Ruhegeld, Kindergeld, Sterbegeld, verbilligtes Kantinenessen, verschiedene Jahresabschlußprämien, Urlaubsgeld usw. und schließlich eine 33 bis 66%ige Berechnung der außerhalb der normalen Arbeitszeit geleisteten Überstunden.

Es ist anzunehmen, daß kein Monatslohn bei der Caltex – einschließlich der Handlangerlöhne – unter 50 000 Francs liegt, und das bei einer 48-Stunden-Woche. Ein Vergleich mit den Durchschnittslöhnen der Gegend von Bordeaux ist beredt. Was den Lebensstandard betrifft, steht die Gironde einschließlich Bordeaux an 26. Stelle der französischen Departements. Das Durchschnittseinkommen eines landwirtschaftlichen Betriebes beträgt 191 000 Francs pro Jahr, liegt also 25% niedriger als das französische Durchschnittseinkommen. Die Industrielöhne sind ebenfalls sehr niedrig. Zum Vergleich findet der Leser unten eine Lohntabelle der Gegend von Bordeaux (Stadtgebiet):

	Anfangs-Mindestlohn	Garantierter Lohn Metallindustrie	Dassault [11]	Caltex
Einfacher Handlanger	134,25	145,70	148	171,14
Angelernter Arbeiter, Gr. 2 Kleiner Arbeiter	145	155,10	170	201,09
Facharbeiter Gr. 2	170	182,80	238	236,01 Willkürliche Angleichung
Facharbeiter Gr. 3	185	200,60	247	260

Allerdings hatten die Arbeiter von Ambès nicht immer einen so hohen Lebensstandard. Noch im Januar 1955 war der Anfangslohn in der Raffinerie niedriger als der garantierte Mindestlohn im Departement (S.M.I.G.) (112 Francs pro Stunde gegenüber 120). Gewiß, die Vorteile der Vollbeschäftigung, die materiellen Sicherheitsgarantien und die eigentlichen Produktionsbedingungen genügten, die Mineralölarbeiter über die Durchschnittsbedingungen ihrer Kollegen aus der Gironde zu stellen. Und da der Bestand der Raffinerie sich während dieser ganzen Zeit nicht merklich veränderte, führt uns diese Feststellung zu der Überlegung, daß diese Gründe für die Bindung der Arbeiter an ein Unternehmen viel entscheidender sind als die Lohnhöhe.

Ab 1955 jedoch steigen die Löhne der Caltex sehr schnell; der Durchschnittslohn – ohne die Sonderzulagen für die Qualifikation – erreicht im Januar 1956 den garantierten Mindestlohn (S.M.I.G.), um ihn 1958 deutlich zu überschreiten (184 Francs Stundenlohn gegenüber 149 Francs).

Zwei Gründe von unterschiedlicher Bedeutung haben dazu geführt. 1955 kommt mit der industriellen Auswertung der Vorkommen von Landes (Gas von Lacq und Erdöl von Parentis) eine gewisse Konkurrenz innerhalb der Mineralölindustrie der Gironde auf. Etwa zwanzig Arbeiter der Operating-Abteilung und einige Wartungsarbeiter fingen mit interessanten Arbeitsverträgen in Lacq an. Gegenwärtig sind ihre Löhne jedoch niedriger als die, die sie bei der Caltex bekommen würden. Die Direktion der Firma reagiert übrigens sehr empfindlich auf das Problem der Konkurrenz. So wird alle drei Monate eine Untersuchung der Lohnstruktur der gesamten französischen Mineralölindustrie durchgeführt und vom Betriebsrat überwacht. Daher tendiert die Mineralölberufskammer dahin, die Auswirkungen der Konkurrenz auf dem Arbeitsmarkt auszuschalten, die durch die hohe Spezialisierung der Arbeiter und den gleichförmigen Charakter der Raffinerien besonders gefährlich wird.

Ein neuer Streiktypus

Aber die Lohnerhöhungen bei der Caltex sind vor allem auf die Forderungen der Arbeiter selbst zurückzuführen. Zwischen 1955 und 1957 beruhigte sich der »Schmelztiegel« von Ambès; Neueinstellungen wie Abgänge hörten auf. Die vom Lande kommende Arbeiterschaft hat ihre Arbeitsbedingungen angenommen; die Arbeiter aus Bordeaux sind fest mit dem Unternehmen verbunden. Schließlich hat sogar das Büropersonal mit der Einführung der I.B.M.-Rechenmaschinen eine eigenständige Gestalt annehmen können.

Und diese von der Direktion der Fabrik gewünschte und geförderte Integration führte zur Stärkung der Gewerkschaftstätigkeit. Während man noch fünf Jahre vorher Arbeitern kündigte, die als Streikführer galten, üben die Gewerkschaften – und besonders die in der Raffinerie weitaus stärkste C. G. T. – heute ihren Einfluß auf die Einstellung von Arbeitskräften aus. Wenn die Gewerkschaftsführung mit Vorrang Kandidaten für freigewordene Posten vorschlägt, dann garantiert das der Gewerkschaft gewährte »Vertrauen« dem Unternehmen, daß wirklich zuverlässige Leute gewählt werden, und gibt ihm die Gewähr für die schnelle Anpassung des Bewerbers an die Arbeitsgewohnheiten des Unternehmens; aber gleichzeitig verleiht sie damit der Gewerkschaftsorganisation eine gewaltige Macht, die mit der der mächtigen Industriegewerkschaften der USA vergleichbar ist.

Der schon oben erwähnte Konflikt vom März 1957 zeigt deutlich die Art der Beziehungen zwischen der Direktion und den Gewerkschaften. Als die Gewerkschaftsführer damals nach Beratungen zum Streik aufriefen, kannten sie die Lage des Unternehmens genau; sie wußten, daß es den Streik nicht »durchstehen« konnte. Deshalb ergriffen sie auch in verantwortungsvoller Weise alle zur Sicherheit der Anlagen erforderlichen Maßnahmen. Während die Wartungsarbeiter die Arbeit niederlegten, sich aber für etwaige Vorfälle bereithielten, verlangsamte die Operating-Abteilung den Zirkulationsfluß, ohne ihn jedoch völlig zu unterbrechen. Es handelte sich eigentlich nicht um Arbeitsniederlegung, sondern um Produktionsverminderung, die einen geringeren Produktionsstand zur Folge hatte. Während des Streiks wurden sogar Tanker entladen.

Die drohende totale Arbeitsniederlegung, die den Stillstand aller Anlagen zur Folge gehabt hätte – und vielleicht Ersatzpflichtbeschränkung der Versicherung –, lastete für mehrere Wochen auf den Gesprächen der Gewerkschaftsdelegierten und der Direktoren. Dagegen bewahrten die Gewerkschaften – auf die ausdrückliche Bitte der Direktion – Stillschweigen über die eingeleitete Streikbewegung, sobald die Verhandlungen in Gange gekommen waren. So gab es keine geschäftliche Einbußen, die bei offizieller Streikausrufung zweifelsohne eingetreten wären – Umleitung der Tanker zu anderen Raffinerien, Verzögerung der Lieferungen, sogar Rückwirkungen an der Börse. Drei Tage später kapitulierte die Direktion vor allen Arbeiterforderungen: 15% Lohnerhöhung, Anpassung der Einzellöhne, wovon 90% der Belegschaft betroffen waren, Überstundenzuschläge, Erhöhung der Sozialleistungen usw. Der Personaldirektor wurde von der Generaldirektion für eine Streikbewegung verantwortlich gemacht, die den Öltrust in drei Tagen einige Zehnmillionen kostete. Die Streiktage wurden bezahlt – zumal die Arbeit nie vollständig eingestellt worden war und die Arbeiter ihre Arbeitsplätze sozusagen nie aufgegeben hatten. Der Einfluß der Gewerkschaften wurde durch diesen sensationellen Sieg noch verstärkt. Heute sind, von einigen Ausnahmen abgesehen, fast *alle Arbeiter der Raffinerie* gewerkschaftlich organisiert – ein Phänomen, das, wie man zugeben muß, des Nachdenkens wert ist.

Wir benutzen daher die Gelegenheit, das soziale Bewußtsein dieses aus so verschiedenen Kräften gebildeten homogenen Arbeiterkollektivs näher zu untersuchen. Man hat wiederholt die Entwicklung einer Landarbeiterschaft untersucht, die den Bedingungen der Maschinenarbeit unterworfen wurde. Dabei zeigte sich, daß mit der Abstumpfung durch die Maschinen auch das Streikbewußtsein, die Kenntnis der elementarsten Rechte und das Interesse für Fragen der Produktion dort vollständig fehlten.

In der Raffinerie beobachten wir genau die entgegengesetzte Entwicklung. Die hochqualifizierten Arbeiter waren zu Anfang in der Minderheit; unter den neuen Bedingungen, die sie antrafen, konnten sie ihre beruflichen Fähigkeiten nicht verwenden; sie mußten, wie die andern, die komplexen Mechanismen der Raffinerie erlernen.

Das Klassenbewußtsein in der »integrierten« Fabrik

Der geographische Standort des Unternehmens führte dazu, diese Arbeiter vom Rest der Arbeiterklasse zu isolieren. Der besondere Charakter dieses Industriezweiges und der dort auftretenden Probleme entmutigen die Führungsspitzen der Gewerkschaften. An der Arbeiterbörse von Bordeaux werden die Arbeiter der Mineralölbranche als »Sonderlinge«, als Enten betrachtet, die das proletarische Huhn ausgebrütet habe.

Das Unternehmen bietet ihnen Arbeitsbedingungen, die weit besser sind als diejenigen, die sie in einer wirtschaftlich unterentwickelten Gegend finden könnten, wo die Industriearbeit – mit Ausnahme weniger metallverarbeitender Großbetriebe, einiger in Schwierigkeiten steckender Schiffbauunternehmen und einiger Fabriken der kränkelnden chemischen und Nahrungsmittelindustrie – sich in kleinen Handwerksbetrieben ohne Auslandsabsatz oder Inlandskundschaft abspielt.

Die Tätigkeit in der Mineralölindustrie gewährt ihnen Sicherheit des Arbeitsplatzes, ihre technischen Eigentümlichkeiten saubere und leichte Arbeit.

Auf den ersten Blick scheint es, als könne unter solchen Bedingungen nicht der geringste Gedanke an Klassenkampf aufkommen. Nun ist aber das Klassenbewußtsein – *wenn man darunter das Gefühl für den dauernden Interessenkonflikt* [12], *zwischen Arbeitgebern und Arbeitnehmern versteht* – gerade hier entwickelter als anderswo; übt die Gewerkschaft hier einen Einfluß aus, den sie in andern Unternehmen selten hat.

Die Mineralölarbeiter von Ambès haben das Bewußtsein ihrer Stärke, weil sie sich der Bedeutung ihrer Funktionen in der Produktion und der ihres Unternehmens im Wirtschaftsganzen bewußt sind; sie laufen nicht Gefahr, sich von der Mitleid erregenden Woge des Caltex-Paternalismus mitreißen zu lassen, weil die Tatsachen ihnen bewiesen haben, daß sie ihre Direktion zum Nachgeben zwingen können. Ist die Direktion zudem nicht anonym? Ist der Direktor der Raffinerie, der Generaldirektor der S.A.F. Caltex selber etwa etwas anderes als ein leitender Angestellter der mysteriösen Bankiers, die von San Francisco oder New York aus dieses Netzwerk des Erdöls gewoben haben? Herr Boussac ist ein Mensch, den man manchmal in seinen Fabriken und noch häufiger auf den ersten Seiten der Sensationsblätter sieht. Wer aber ist Herr Caltex?

Die Entpersönlichung der Eigentümer wirkt sich im doppelten Sinne aus: der Arbeiter kann sich nicht mehr mit diesen anonymen Phantomen wie auch immer verbunden fühlen; er kann sie auch nicht hassen. Das Klassenbewußtsein wird von seinen Gefühlsaspekten befreit. Es ist nur noch der kalte und methodische Ausdruck einer bestimmten, rechtlichen Beziehung, die in einen Produktions-Organisationsplan integriert ist. Während der Zeit der alten Champagner-Firma, die für ein Jahrhundert das einzige industrielle Unternehmen von Bourg-sur-Gironde war, haßten die Arbeiter den Chef und mußten Hungerlöhne annehmen; die Ölarbeiter von Ambès dagegen kennen den Chef nicht und lassen ihn »bezahlen«. Aber das ist nur ein Aspekt des Problems.

Denn die Tatsache, daß es den Arbeitern unmöglich ist, die Eigentümer des Unternehmens mit einem Namen, mit irgendeinem menschlichen Zeichen in Verbindung zu bringen, ist andererseits von einem sehr klaren Bewußtsein der Bindungen begleitet, die sie mit der Firma verknüpfen. Berufliche, soziale und materielle Bindungen: der in der Raffinerie erlernte Beruf, die Gewöhnung an die im Betrieb bestehenden Produktionsverhältnisse, die zahlreichen sozialen Vorteile, die im Falle plötzlichen Todes, schwerer Krankheit, Arbeitsunfähigkeit und schließlich des Alters den Arbeitern auf Grund der bloßen Betriebszugehörigkeit sicher sind und die ihnen auch im Alter Sicherheit garantieren. Daher führt sie dieser lebendige und dauernde »Kontrakt« mit der Caltex dahin, sich mit Aufmerksamkeit und unerwarteter Klarheit mit der Finanzführung des Unternehmens zu beschäftigen. Die Betriebsratsdelegierten prüfen die Buchführung der Gesellschaft mit der eifersüchtigen Aufmerksamkeit gewissenhafter Aktionäre. Die Direktion der Caltex kann sich gewiß die Hände reiben, wenn die Gewerkschaften auf ihre Lohnforderungen angesichts neuer Investitionen verzichten. Sie zeigt aber »legitime« Besorgnis, wenn die Gewerkschaften die frisierten Bilanzen der französischen Filiale beim Wort nehmen, sich um »unvorteilhafte« Märkte kümmern und die Kühnheit soweit treiben, die Selbstkosten anzuzweifeln und eigene Vorschläge zu machen!

Solch ein Interesse zeigt sich nicht nur bei den Gewerkschaftsführern. Die Sitzungsberichte des Hauptbetriebsrates werden meistens auch von den Arbeitern sorgfältig studiert; über die Finanztätigkeit des Unternehmens wird diskutiert, man wundert sich über die Wichtigkeit gewisser »Finanzbelastungen«, über die Wareneinkaufspreise. Zweifellos handelt es sich dabei erst um Anfangsentwicklungen. Die Zeit, wo die Söhne der Weinbauern von Bourgeais mit aller Klarheit die Parole der »Arbeiter-Mitbestimmung« [13] formulieren werden, ist noch nicht gekommen – zumal niemand es ihnen bisher klargemacht hat, und sie sich der außergewöhnlichen Komplexität des Produktionsprozesses, an dem sie teilnehmen, bewußt sind.

Das Unternehmen und die Klasse

Ich wollte mit den verantwortlichen Gewerkschaftlern von Ambès diesen Fragen auf den Grund gehen. Denn diese Verantwortlichen, militante C.G.T.-Leute, die oft Mitglieder oder ehemalige Mitglieder der kommunistischen Partei sind, fühlen sich in ihrer Isolierung von vielen Fragen bedrängt.

Alle geben zu, *daß es ihnen unmöglich ist, den allgemeinen Parolen ihrer Gewerkschaft sklavisch zu folgen*, wenn sie nicht das Risiko einer kurzfristigen Liquidation eingehen wollen. Sie sind von sich aus zu einer bestimmten Auffassung des Klassenkampfes und der Rolle der Gewerkschaft gekommen, die sich aus der schon erwähnten Tatsache ihrer lebenslangen Verbundenheit mit der Raffinerie ableitet. Das heißt, ihr Kampf findet unter allen Umständen *innerhalb* der Raffinerie statt. Man könnte fast sagen, daß sie ihre Beziehungen zu ihrem »Chef« als »eine Familienangelegenheit« betrachten, jedoch unter Berücksichtigung der Tatsache, daß diese unpersönliche Familie keinen Platz für irgendwelche

Gemütsempfindungen mehr läßt. Das beunruhigt sie übrigens; denn wenngleich nichts in dieser Gewerkschaft die geringste Abstumpfung der Kampfeslust, den geringsten Versuch zum »Vergleich« mit der Direktion verrät, wenngleich die Gewerkschaft den vereinigten, gegen die Unternehmer gerichteten Block der Arbeiter fest verkörpert – viel mehr als gewisse große Gewerkschaften, sagen wir, der Automobilindustrie, wo das »Schreien« und die demagogischen Lohnüberbietungen der führenden Gewerkschaftsbürokraten immer damit enden, jedes Gehör bei den Arbeitern zu verlieren –, so bleibt schließlich doch bestehen, daß sie faktisch, wenn nicht rechtlich, die Klassensolidarität gebrochen hat. Die Kämpfe der Metallarbeiter auf den Werften der Gironde, wo Maschinenschrauben auf die C.R.S.-Helme fliegen, und die erhebenden Versammlungen, die regelmäßig mit schimpflichen »Rückzügen« enden, scheinen offenbar einer ganz anderen Welt anzugehören.

»Unsere Probleme stellen sich anders«, wiederholen die Gewerkschaftsführer. Gewiß, aber habt ihr dann nicht jede Bindung mit dem Proletariat gebrochen, zu dem ihr gehört? Fügt ihr euch nicht in dem Augenblick in die kapitalistische Struktur ein, wo sie jedem von euch ein warmes Haus, Beschäftigungssicherheit und den Lebensunterhalt fürs Alter sichert? Das würde nach allem natürlich erscheinen. Aber warum ist dann die C.G.T. die stärkste Gewerkschaft? Und warum hat nach dem 28. Mai 1958 ein von einigen Funktionären gemachter Versuch zur Gründung einer »autonomen Gewerkschaft«, einer »Caltex-Gewerkschaft«, so dürftige Ergebnisse gehabt?

In diesem festen Haus aus Quadersteinen, das durch die festliche Beleuchtung der Nachtarbeit der Raffinerie weithin erleuchtet ist, hatten wir alle den recht beklommenen Eindruck, auf die ganze künftige Entwicklung der westlichen Arbeiterbewegung zu stoßen, weil es nicht den geringsten Zweifel gab, daß die petrochemischen Industrien, die in drei, in fünf Jahren sich hier auf beiden Ufern des Flusses niederlassen werden, mehr dem hellen Baustil der Raffinerie ähneln werden als den düsteren Fabrikdächern von »Motobloc« oder den Werften der Gironde und weil die Probleme, die wir hier aufwerfen, die der französischen Industrie von morgen sein werden.

Die Rede von der »Atomisierung der Gewerkschaften«, die ein Oberflächenphänomen der strukturellen Umwandlung der französischen Industrie – und ihres diskontinuierlichen Charakters – ist, beschönigt folgende gefährliche Realität: weil es kaum noch eine Verbindung gibt zwischen den Produktionsbedingungen der fortgeschrittensten Industrie (wie der Mineralölindustrie, der Industriechemie, der Elektromechanik und einiger Bereiche der Eisen- und Stahlindustrie), zwischen jenen der mechanisierten Großindustrie, wo der Taylorismus – mit Ausnahme einiger fortgeschrittener Betriebe wie Renault in Flins, Chausson in Reims – weiterhin die Hauptform der Produktionsbeziehungen darstellt, und jenen der verarbeitenden Kleinindustrie, die noch Zehntausende von Arbeitern beschäftigt, kann es keine wirklichen Beziehungen, keine echte Solidarität zwischen den verschiedenen Arbeiterkollektivitäten geben. Nur die großen verstaatlichten öffentlichen Dienste können durch den Ausgleich der Arbeitsbedingungen und durch Statuten, die deren soziale Struktur festlegen, den Begriff der Arbeitersolidarität noch anders als formell begreifen. Aber man muß versuchen weiterzugehen.

»Keine Politik in der Gewerkschaft«

Die Arbeiterklasse kommt niemals unmittelbar vom Klassenbewußtsein, wie es sich im Streik äußert, zum revolutionären Bewußtsein, zur Anschauung, das Prokuktionssystem selbst zu verändern. Diese Entwicklung wird meistens in zufälligen Streiks sichtbar und in Gang gesetzt – wobei die Intervention des Staates im Dienst der Unternehmer in den Augen der Arbeiter die Frage nach diesem Staat konkret stellt. Die Gewalt dient hier als revolutionäre Schule. Nun ändern sich aber die Methoden der Kapitalistenklasse, den Staatsapparat zu benutzen, mit den Produktionsbeziehungen selber.

Polizeiliche oder wirtschaftliche Macht kann gegenüber fluktuierenden, ersetzbaren »Massen«-Arbeitskräften mit konkreten Ergebnissen ausgeübt werden.

Sie ist aber unter den Bedingungen der automatisierten Fabrik überhaupt nicht anwendbar. Der Weg des revolutionären Denkens wird daher komplexer. Der Arbeiter des automatisierten Betriebs, der mit Hilfe des Unternehmens in der nächsten Umgebung eine Wohnung bekommen hat, findet bei der Verteidigung seiner wirtschaftlichen Interessen kaum Gelegenheit, mit dem bürgerlichen Staat in Konflikt zu kommen. Daher wird er sich unvermeidlich gegen jede allzu klare politische Stellungnahme sträuben, besonders wenn sie ihm in ihren Motivierungen unklar und seine Hauptsorgen gegenüber fremd erscheint. Daraus erklärt sich der Erfolg der Parole »Keine Politik in der Gewerkschaft«.

Aber gleichzeitig kommt der Arbeiter durch immer vollkommenere Anpassung an den technisch-wirtschaftlichen Mechanismus, in den er integriert ist, ebenso unvermeidlich dazu, in seiner Streikaktion über den »bloßen Kampf ums Beefsteak« hinauszugehen und die Probleme der Stellung der Arbeiter innerhalb dieses Mechanismus selbst aufzuwerfen. Indem der Sinn für seine individuelle Verantwortung als Produzent gestärkt wird, begünstigen die Arbeitsbedingungen selbst sein wirtschaftliches Bewußtsein – nicht minder wie in allen vorindustriellen Gesellschaften aus den Handwerkern der Städte und Dörfer das aktivste Element des historischen Fortschritts wurde.

Dadurch – und nur dadurch – kann der Kampf der Arbeiter unter den neuen Bedingungen der fortgeschrittensten Industrie in der sozialistischen Forderung nach einer »freien Gesellschaft von Produzenten« münden. Aber dadurch kann diese Forderung auch – *zum ersten Mal in der Geschichte* – als die Logik des technisch-wirtschaftlichen Entwicklungsprozesses erscheinen, dessen Bedingungen nicht nur eine Angelegenheit der Arbeiter, sondern auch der Techniker und der Funktionäre des Produktionsapparates werden kann.

Die alte dogmatische Unterscheidung zwischen »politischem Kampf« und »Lohnkampf« verliert hier jeden konkreten Sinn; sie läuft in der Praxis darauf hinaus, die »kleinen Forderungen« dazu zu benutzen, die Arbeiterklasse zu größeren Aktionen zu bewegen, die durch politische und d. h. oft parlamentarische Überlegungen bestimmt sind, die ihr fremd bleiben.

Dagegen ist in den von den Betriebsgewerkschaften benutzten Kontrollen, die sie über die Unternehmungsleitung gewonnen haben – *und mehr noch in der Anwendung der Druckmittel, die ihnen die Produktionsverhältnisse selbst an die Hand geben* –, eine neue Form des Arbeitskampfes zu erblicken, die dahin tendiert, *die tatsächliche Beteiligung des Proletariats und seiner Organisation an der Leitung des Wirtschaftsapparates selbst täglich zu erweitern und die Widersprüche, die ständig aus der rechtlichen Struktur der Produktionsverhältnisse und ihrem sozialen Charakter entstehen, von innen her ausbrechen zu lassen.* Daß eine solche Kampfform, die in verschleierter Form schon die Entwicklung der amerikanischen Gewerkschaften bestimmt, im Augenblick nur Angelegenheit einer Minderheit der Arbeiterklasse sein kann, ist unbestreitbar. Daß sie Gefahr läuft, durch relative Isolierung der wenigen Arbeiter, die allein in der Lage sind, sie voranzutreiben und ihr die volle Wirksamkeit zu sichern, von ihren revolutionären Perspektiven abgelenkt zu werden, ist ebenso einsichtig.

Aber anstatt sich schon jetzt darauf vorzubereiten und alle verfügbaren theoretischen, politischen, finanziellen und kulturellen Mittel zur Ausbildung der leitenden Funktionäre für diesen Kampf einzusetzen, Kräfte, die nichts mit den Agitatoren der »heroischen Zeit« gemein haben, läuft die Arbeiterbewegung Gefahr, sich *nur noch auf den zurückgebliebensten Teil der Arbeiterklasse zu stützen*, der meistens mit Grenzunternehmen verbunden und deshalb recht bedeutungslos für die Nation ist.

Weil die Arbeiterbewegung sich bisher nicht auf die Arbeiter der fortgeschrittensten Industrie stützt, verzichtet sie darauf, den Prozeß der gesellschaftlichen Entwicklung voranzutreiben, und sucht statt dessen Allianzen mit den reaktionärsten Schichten der Bevölkerung.

Anmerkungen

1 Nach dem Erscheinen dieser Studie wurde die Caltex von Ambès und ihr Handelsnetz im Jahre 1960 vom staatlichen Mineralölsektor aufgekauft und bildet heute eine der Produktionsbasen der Union Générale des Pétroles (U.G.P.), einer nationalen Gesellschaft mit staatlichen Mehrheitsanteilen. Diese Entwicklung hat dennoch nichts an der Situation des Arbeiters geändert, die nicht nur für diese Raffinerie, sondern für die gesamte Mineralölindustrie signifikant bleibt. Siehe zu diesem Punkt die Untersuchung von Alain Touraine, *La Conscience*. Ed. du Seuil 1966, S. 280 f., der, von einem umfassenderen Gesichtspunkt ausgehend, diese Beobachtungen bestätigt.

2 Diese bevorzugte geographische Lage, die Tanker von über 16 000 Tonnen mehr als 70 Kilometer innerhalb des Landes aufzunehmen gestattete, hat weitgehend zur Entwicklung der Mineralölindustrie in der Gironde beigetragen – trotz der Bescheidenheit des regionalen (aquitanischen) Marktes. Seit dem Kriege jedoch hat sich diese Situation weitgehend verändert. Die Unterbrechung der Flußausbaggerung von 1940 bis 1946 führte zur Verschlammung des Flußbettes und damit zur Begrenzung der Schiffbarkeit. Andererseits lenkt die Orientierung der Reeder auf den Bau von Riesentankern von über 30 000 Tonnen – besonders seit der Suezkrise – den Erdölstrom auf tiefere Häfen wie La Pallice und die Loire-Mündung ab. Diese Tankschiffe haben einen Tiefgang von 12 Metern, während die Reede von Ambès nur 9,50 m erreicht (10,5 m in Pauillac).

3 Die Zerstörung der Raffinerien der Gironde im Juni 1940 und dann im Juli 1944 erscheint übrigens als eines jener »guten Geschäfte«, die der Krieg ermöglichte. Die Seeblockade des Jahres 1940, und mehr noch die nahe Befreiung im Juli 1944, machten die Bombardierung dieser Einrichtungen strategisch völlig überflüssig. Aber wenn sie nicht zerstört worden wären, hätten die Raffinerien von Pauillac und Ambès völlig neu ausgestattet werden müssen, da die technische Entwicklung die Instrumente inzwischen unrentabel gemacht hatte. Die Öltrusts haben auf diese Weise mehrere Milliarden Kriegsentschädigung erhalten. Die »Caltex« scheint jedoch von dieser »List« nicht besonders profitiert zu haben. Aber es ist nicht ausgeschlossen, daß es sich dabei um eine Absprache innerhalb der amerikanischen Öltrusts handelt.

4 Trotz der Abmachung, die seit 1945 die amerikanischen Mineralöltrusts veranlaßte, die Ausbeutung der Vorkommen Saudi-Arabiens und des Persischen Golfs untereinander aufzuteilen. Diese Rivalität war wahrscheinlich der Grund, warum die Caltex ihre französische Raffinerie und deren Geschäftsnetz aufgab und an den staatlichen Mineralölsektor (M.G.P.) verkaufte.

5 Alle monetären Zahlen dieser Untersuchung, die 1959 vorgenommen wurde, geben »alte Francs« wieder.

6 So betrachtet die Direktion der Firma die 120 Millionen Amortisationen, die 1957 beschleunigt geleistet wurden, als eine »empfindliche Verringerung des Nettogewinnes«.

7 Es ist in der Tat klar, daß der Selbstkostenpreis des von der Caltex S.A.F. raffinierten und aus Arabien kommenden Rohöls von den Frachtkosten bestimmt wird und daß das irakische Öl billiger sein würde. Ebenso ist die Unvollkommenheit des Verteilernetzes der Caltex, das die Produktionskapazität begrenzt, eine Folge von Monopolvereinbarungen, die die Einflußzonen aufteilen. Und

schließlich sind die Rohölverkaufspreise an die Raffinerien und die Frachtsätze (Caltex besitzt eine eigene Tankerflotte) vom Trust im Zusammenhang mit seinen allgemeinen Wirtschaftsinteressen willkürlich festgelegt.

8 *Turnover:* amerikanischer Begriff der Arbeitsorganisation. Bedeutet: Wechsel (des Personals). Rhythmus der Anwesenheit der Arbeiter in einem Betrieb. Eine geringe Wechselrate wird als Zeichen einer gewissen Zufriedenheit der Arbeiter hinsichtlich ihrer Arbeitsbedingungen gewertet; eine starke Rate als das Gegenteil. Die schnelle Erneuerung des Personals kann im übrigen auch durch die Unternehmenspolitik herbeigeführt werden (z. B. bei Citroën, wo die Mehrzahl der Arbeiter nicht länger als 2 oder 3 Jahre bleiben).

9 *Operating:* Operating-Personal an der Maschine. In Wirklichkeit handelt es sich hier eher um Überwachungs- als Operating-Personal.

10 Die Handlanger-Gruppen sind dieselben wie in der Metallindustrie. Die Gruppen Hilfsarbeiter, Kleiner Arbeiter, Spezialisierter Arbeiter entsprechen den »Angelernten Arbeitern« der Gruppen 1,2 und 2«; die Gruppen »Hochqualifizierter Arbeiter« I und II entsprechen denen der Facharbeiter 1 und 2.

11 Dassault: es handelt sich um die Flugzeugfabrik Dassault in Mérignac, die die »Mystères« herstellt und in der Umgebung von Bordeaux die höchsten Löhne in der Metallindustrie zahlt.

12 Einige amerikanische und französische Autoren, besonders Alain Touraine in *»Sociologie de l'action«*, Ed. du Seuil 1965, S. 390 f., definieren diese Bewußtseinsform als »syndikalistisches Bewußtsein«, dem sie den Begriff »Klassenbewußtsein« gegenüberstellen, der jenen bestimmt durch den Willen, die Macht der bürgerlichen Klasse zu zerschlagen. In der Tat unterscheidet Engels, wie Lenin, in *»Was tun?«* immer ein elementares »Klassenbewußtsein«, das sich gründet auf die Einsicht in den unaufhaltbaren und permanenten Widerspruch von Arbeiterklasse und Kapitalismus, und ein »politisches Klassenbewußtsein«, das diesen Konflikt in den revolutionären Willen umsetzt. Mit einem Wort, es gibt ein »defensives«, »positives« Klassenbewußtsein, das sich darin beschränkt, die kollektiven Interessen der Arbeiter als soziale Klasse (und nicht als sozio-professionelle Individuen oder Gruppen) zu verteidigen, und ein revolutionäres, offensives, aktives Klassenbewußtsein, das die herrschende Form der Klassenverhältnisse umzuwälzen beabsichtigt.

13 Es bedurfte des Streiks vom Mai 1968, bis die Selbstbestimmungsparole manchmal explizit (die Raffinerie Hutar in Donges, die C.S.F. in Brest), meistens aber implizit als Forderung ins Bewußtsein treten konnte. Eine der Schwierigkeiten dieser Formulierung besteht ohne Zweifel in dem Rest an veralteter Symbolik (die Mine den Minenarbeitern), mit dem die Parole der »Selbstbestimmung« noch behaftet ist, und die den Gegebenheiten der modernen Produktion nicht entspricht. Alain Touraine stellt in *Le Mouvement de mai*, Ed. du Seuil 1968, S. 166 fest, daß der Wille zu bestimmen, nicht mehr in der Form einer Verteidigung des Arbeitsbereiches, der produktiven Handarbeit gegen die Verwaltung und das Geld auftritt, sondern sich direkt auf das ganze Unternehmen bezieht: »Die Arbeiter denken nicht mehr daran, den kapitalistischen Unternehmern Produktionskooperativen der Arbeiter entgegenzusetzen, sondern daran, jene in sozialistische Unternehmen umzuwandeln, die von den Arbeitern selbst geleitet werden.«

Friedrich Fürstenberg
Angestellte und Gesellschaft

Wer nach dem Standort der Angestellten in der modernen Gesellschaft fragt, trifft auf eine anscheinend widersprüchliche Sachlage: Zunächst gibt es zwei Entwicklungstendenzen, die den insbesondere von Otto Neuloh vertretenen Standpunkt nahelegen, wir befänden uns im Übergang zu einer »Angestelltengesellschaft« [1]. Hauptargumente sind:

1. Der Angestelltenanteil an den unselbständig Beschäftigten wächst in allen Industriestaaten unaufhaltsam sowohl absolut als auch relativ gegenüber anderen Arbeitnehmergruppen. In Österreich vermehrte er sich von 33 Prozent im Jahr 1963 auf 43 Prozent im Jahr 1971, wobei der Frauenanteil unter den Angestellten (1971: 41 Prozent) etwas überproportional zunahm.
2. Empirische Untersuchungen verweisen auf ein fortdauerndes Sonderbewußtsein in Teilen der Angestelltenschaft, das sich insbesondere an den Leitbildern der beruflichen Qualifikation und des Aufstiegs innerhalb einer hierarchisch geschichteten Leistungsorganisation orientiert. [2]

Diesen Sachverhalten stehen aber Faktoren gegenüber, aus denen manche Autoren eine Nivellierung der Angestelltenschaft und schließlich deren Absorption innerhalb einer allgemeinen »Arbeiterklasse« herleiten. Wichtigste empirische Belege hierfür sind:

1. die Tendenz zur Statusangleichung von Angestellten und Arbeitern, zumindest in arbeits- und sozialrechtlicher Sicht, aber auch auf Grund der Initiative privatwirtschaftlicher Unternehmer [3];
2. die bei allen empirischen Untersuchungen festgestellten Qualifikationsüberschneidungen zwischen den Bereichen von Arbeiter- und Angestelltentätigkeiten. [4]

So stehen sich auch in der öffentlichen Diskussion des »Angestelltenproblems« zwei Auffassungen gegenüber. Die Vertreter der »Angleichungsthese« behaupten, die Angestelltenschaft befinde sich in einem Angleichungsprozeß, und das noch festzustellende Sonderbewußtsein sei im wesentlichen ein Traditionsrest ohne funktionale Grundlage im Arbeitsprozeß. Demgegenüber behaupten die Vertreter der »Differenzierungsthese«, daß sich die Angestelltenschaft ebenso wie die gesamte Arbeitnehmerschaft in einem umfassenden Differenzierungsprozeß befinde. Das Auftreten neuer Grenzschichten, die sich nur schwer einordnen lassen, sei hierfür ein Indikator. Während einige Angestelltengruppen Hilfstätigkeiten verrichten, würden anderseits Arbeitergruppen zu typischen Angestelltentätigkeiten aufsteigen. Unberührt davon bleibe aber ein eigenständiger funktionaler Sektor für den Hauptteil der Angestelltenschaft, der weiterhin die Grundlage für ein Sonderbewußtsein innerhalb der Arbeitnehmerschaft biete.

Selbstverständlich ist es für jede weiterreichende Analyse des gesellschaftlichen Standorts der Angestellten ausschlaggebend, an welcher dieser Thesen man sich orientiert. Bevor hierzu Stellung genommen wird, sollen aber einige Mißverständnisse aufgeklärt werden, die die öffentliche Diskussion immer wieder belasten. Zunächst einmal geht es bei der Klärung des Standorts der Angestellten schon lange nicht mehr um die Frage, ob Angestellte Arbeitnehmer oder nicht seien. Lederer und Marschak stellten schon 1925 fest: »Das Moment der unselbständigen Berufstätigkeit siegt über die ständisch-traditionellen Hemmungen.« [5] Es besteht kein Zweifel mehr darüber, daß die Angestellten als unselbständig Beschäftige Teil der Arbeitnehmerschaft sind und deren Gesamtinteressen teilen. Deshalb kann es auch seitens der Angestelltenschaft keine grundlegenden Einwände gegen die Bestrebungen geben, eine arbeits- und sozialrechtliche Gleichstellung der Arbeiter gegenüber den Angestellten zu erreichen. Im wesentlichen wird der absehbare Erfolg dieser Bemühungen lediglich dokumentieren, daß es rechtliche Mindestgarantien für einen humanen Arbeitnehmerstatus in unserer Gesellschaft geben muß.

Das zweite Mißverständnis betrifft die Gleichsetzung von Qualifikation und Funktion. Wenn zum Beispiel im Rahmen der analytischen Arbeitsbewertung ein Arbeiter-Arbeitsplatz den gleichen Punktwert erhält wie ein Angestellten-Arbeitsplatz, so kann daraus nicht gefolgert werden, daß es sich um strukturell gleichartige Tätigkeiten handle. Auch eine gleiche Bezahlung auf Grund der Ergebnisse dieser Arbeitswertanalyse wäre noch kein Indikator für Funktionsgleichheit. Unberührt davon bleibt allerdings die Frage, ob nicht bei ähnlicher Qualifikation und ähnlicher Bezahlung auch ein ähnliches Statusbewußtsein entsteht. Wahrscheinlich ist anzunehmen, daß dies je nach den näheren Umständen in einem Falle eine Angestelltenmentalität, im anderen Falle eine Arbeitermentalität begünstigt. Jedenfalls läßt sich aus Qualifikationsüberschneidungen nicht auf Funktionsangleichung schließen.

Wir wollen uns nun der Frage zuwenden, welche Grundlagen eine Sonderstellung der Angestellten im Rahmen der Arbeitnehmerschaft hat und auf welchem Sachverhalt die Fortdauer ihres Sonderbewußtseins beruht.

Die Soziallage der Angestelltenschaft

Es gibt zwei grundlegend verschiedene Auffassungen über die Bestimmungsgründe der Soziallage der Angestelltenschaft. Eine Gruppe von Theoretikern versucht sie aus technisch-wirtschaftlichen Entwicklungen, also letztlich aus der Funktion im Arbeitsprozeß, abzuleiten. Hauptvertreter dieser Richtung ist Fritz Croner, dessen Delegationstheorie besagt, die Angestelltenschaft sei gleichsam durch Aufspaltung der Unternehmerfunktionen entstanden. [6] Aus dieser Sicht stellt diese Arbeitnehmergruppe in der Gegenwart gewissermaßen den »Gesamtunternehmer« dar. Es ist nur folgerichtig, wenn dementsprechend Ernst Lakenbacher von einer »Unternehmerfunktion der Angestelltenschaft« als Merkmal ihrer Position innerhalb der Arbeiterklasse spricht. [7] Eine andere Richtung wird von denjenigen vertreten, die Entstehung und Entwicklung der Angestelltenschaft von sozialen Faktoren abhängig machen. Diesen Standpunkt vertraten schon Lederer und Marschak mit ihrer Feststellung: »Die Zusammensetzung dieser so heterogenen Gruppen kann ... nicht auf eine ihnen gemeinsame *technische* oder *wirtschaftliche* Funktion zurückgeführt werden, sie ist durch die allen Gruppen gemeinsame *soziale* Position gegeben.« [8] Aus dieser Sicht wäre die Angestelltenschaft gleichsam Produkt besonderer Arbeitsverhältnisse.

Bei der Würdigung beider Standpunkte kann man davon ausgehen, daß jede gesellschaftliche Großgruppe selbstverständlich bestimmten funktionalen Gegebenheiten entspricht und darauf aufbauend auch einen bestimmten sozialen Status beansprucht. Insofern handelt es sich eher um einander ergänzende als einander widersprechende Aspekte. Gegenüber denjenigen Theoretikern, die der Angestelltenschaft nur eine soziale, keineswegs aber eine funktionale Eigenständigkeit zusprechen wollen, muß folgendes betont werden: Eine soziale Großgruppe wie die Angestelltenschaft, die in den höchstentwickelten Industriestaaten bereits mehr als die Hälfte der Arbeitnehmerschaft stellt, kann unmöglich nur als Produkt sozialer Prozesse, womöglich noch sozialer Ideologien begriffen werden. Sie ist schließlich keine Fiktion im Bewußtsein von Interessenten, sondern eine reale Tatsache. Als eine solche kann sie über so viele Jahrzehnte nur fortbestehen, wenn eine funktionale Basis vorhanden ist. Sie ergibt sich aus der Entwicklung der Produktivkräfte unter dem Gesetz fortschreitender Rationalisierung. Dies soll näher ausgeführt werden.

Der Industrialisierungsprozeß wird auch in seinen fortgeschrittenen Phasen dadurch gekennzeichnet, daß der Wirkungsgrad wirtschaftlicher Tätigkeit durch zweckmäßigen Einsatz der Produktionsfaktoren planmäßig erhöht wird. Dies geschieht dadurch, daß traditionale Routine und intuitives Probieren immer stärker durch zweckrationale Grundhaltungen ersetzt werden. Die Rationalisierungsbemühungen erstreckten sich zunächst auf das unmittelbare Arbeitsfeld des Menschen im Produktionsbereich, später aber auch auf die den einzelnen Arbeitsplatz übergreifende Organisationsstruktur und damit auf alle Phasen des Wirtschaftsprozesses. Die Verzahnung aller Rationalisierungsbemühungen führte dazu, daß Rationalisierung gegenwärtig als umfassender Prozeß zur Umgestaltung menschlicher Arbeit begriffen werden muß.

Der Prozeß, den Werner Sombart einmal als »Vergeistung der Betriebe« gekennzeichnet hat, ließe sich ebensogut auch als »Vergeistung der Arbeit« bezeichnen, und zwar in dem Sinne, daß die Arbeitsproduktivität immer stärker von geistigen Investitionen, vom Kennen und Können der Beteiligten abhängt. Unter bestimmten Voraussetzungen zeigt sich dieser Prozeß allerdings zunächst weniger im Bereich der unmittelbar »produktiven« Arbeit als in den vor- und nachgelagerten Bereichen mit Dienstleistungsfunktionen.

Wenn wir nach den Trägern dieses Rationalisierungsprozesses fragen, so stellen wir fest, daß es sich hiebei gegenwärtig im wesentlichen um Angestellte handelt. Man kann sogar die These aufstellen, daß die Angestelltenschaft geradezu Produkt des Rationalisierungsprozesses sei und in ihrer zeitlich unterschiedlichen Zusammensetzung auch die verschiedenen Phasen des Rationalisierungsprozesses widerspiegle.

Wenn wir die Anfänge der Angestelltenschaft sozialgeschichtlich untersuchen, gewinnen wir zwar zunächst den Eindruck, als ob es sich tatsächlich um Berufspositionen handle, die zur Entlastung der Unternehmensführung geschaffen worden sind. Der klassische Handlungsgehilfe paßt etwa noch in dieses Schema. Untersuchen wir jedoch die Verhältnisse in der Großindustrie, die bahnbrechend auch für andere Wirtschaftszweige wurden, so hat hier die Angestelltenschaft von Anfang an die Aufgabe gehabt, Rationalisierungsprozesse sowohl im Bereich der Produktion als auch im Bereich des Vertriebes und der Verwaltung zu steuern und in Gang zu halten. Die hiezu erforderliche Fachlichkeit als funktionale Basis der Privatangestellten in der Industrie bildete sich erst allmählich mit dem technisch-wirtschaftlichen Fortschritt heraus. Sie konnte schon deswegen nicht durch Delegation von Unternehmerfunktionen entstehen, weil es sich um neuartige Funktionen handelt, die erst auf einer bestimmten Entwicklungsstufe der Großindustrie auftreten. Die Privatangestellten zumindest der Großindustrie sind also von der Funktion her auch qualitativ eine neuartige soziale Großgruppe. Ihre Fortentwicklung korrespondiert mit dem rasch wachsenden Einsatz theoretisch geschulter Fachleute. Erst sind es vorwiegend die Ingenieure, dann die Betriebswirte, dann insbesondere in der Zeit der Planwirtschaft die Juristen und schließlich insbesondere nach dem Zweiten Weltkrieg auch Spezialisten für die verschiedensten Aspekte der bürokratischen Handhabung von Informationsmaterial, Verwaltungsfachleute und neuerdings immer stärker auch Fachleute für die Lösung sozialer und personeller Organisationsaufgaben. Zusammen mit den erforderlichen Hilfskräften konstituieren diese Fachleute, abgestuft nach unterschiedlicher Qualifikation und Verantwortung, die industrielle Angestelltenschaft.

Typisch sowohl für die technischen Angestellten als auch die im Büro und im Außendienst tätigen Angestellten ist die *mittelbare* Stellung im Produktionsprozeß. Es handelt sich in der Regel um Funktionen, die dem unmittelbaren Produktionsprozeß vor-, neben- oder nachgelagert sind. Dies ist auch ein Indikator dafür, daß die industrielle Angestelltenschaft aufs engste mit dem Rationalisierungsprozeß verbunden ist. Denn je stärker die unmittelbare Produktion durch komplexe Mensch-Maschine-Systeme charakterisiert wird, desto wichtiger werden die nicht unmittelbar »produktiven« Dienstleistungen, die diese Systeme in Gang halten. Träger dieser Dienstleistungen sind aber die Angestellten.

Diese Überlegungen ermöglichen es uns auch, den die besondere Soziallage der industriellen Angestelltenschaft bestimmenden Faktor näher zu kennzeichnen. Es handelt sich um die Entstehung, die Verwertbarkeit und schließlich die relative Abwertung von Rationalisierungswissen. Jede Angestelltenposition verdankt ursprünglich ihre Entstehung der Versachlichung und Verfachlichung von Arbeit im Rahmen eines umfassenden Rationalisierungsprozesses. Zu Beginn einer bestimmten »Rationalisierungswelle« sind die erforderlichen Fachleute in den betroffenen Arbeitsbereichen sehr selten. Dementsprechend werden ihre Positionen hoch bewertet. Allmählich werden diese im Verlauf der Rationalisierung aufgetretenen »Differentialgewinne« jedoch neutralisiert. Dies geschieht durch grundlegende Anpassungen des Qualifikationsniveaus der Arbeitskräfte an die neuen Anforderungen, die zur Auflösung des jeweiligen Wissensmonopols führen. Ein typisches Beispiel aus neuester Zeit ist die Entwicklung der Berufschancen der Programmierer. Das relative Absinken gehobener Angestelltenpositionen wird allerdings durch neue Rationalisierungswellen mit neuen Fachpositionen überlagert. Es hängt von der Flexibilität der vorhandenen Qualifikation ab, ob die betroffenen Angestellten die mit den Rationalisierungswellen wechselnden Berufschancen und -anforderungen für ihren Aufstieg nützen können.

Neben dieser allgemeinen Bedeutung des Rationalisierungsprozesses für die Konstituierung und die relative Positionszuordnung der industriellen Angestelltenschaft ist noch die spezielle Aufstiegsdynamik von Angestelltenpositionen zu betrachten. Diesem Faktor kommt auch deshalb eine besondere Bedeutung zu, weil nachgewiesenermaßen die Angestelltenschaft über ein relativ hohes Aufstiegsbewußtsein immer noch verfügt. Wie steht es mit den tatsächlich gegebenen Aufstiegchancen im Rahmen des Rationalisierungsprozesses? Hier sind zwei grundlegende Tendenzen mit unterschiedlichen Auswirkungen gesondert zu betrachten. Herrscht im Rahmen einer Rationalisierungswelle die *Funktionsspezialisierung* vor, so wird die Zahl der Aufstiegssektoren vermehrt. Je weiter die Spezialisierung vorangetrieben wird, desto stärker werden auch die Schranken zwischen diesen Bereichen. Die Ausübung einer Funktion hängt ja von der jeweils geforderten Fachlichkeit ab, die sich nicht beliebig übertragen läßt. Dadurch wird der betroffene Personenkreis an die Aufstiegschancen seines engeren Arbeitsfeldes gebunden, die meist recht begrenzt sind. So ist für den hochrationalisierten Großbetrieb die große Zahl von Spezialisten und entsprechenden Hilfskräften in allen Bereichen kennzeichnend, die zwar angesehene Positionen in unteren und mittleren Ranggruppen bekleiden, aber keine Chance zum Aufrükken in umfassendere Führungspositionen haben. Gleichzeitig bedeutet dies, daß sich die betriebliche Angestelltenschaft stark differenziert und daß zum Beispiel zwischen den Angestellten im Produktionssektor und denen des Vertriebssektors nur geringe Kommunikationsmöglichkeiten bestehen.

Führt der Rationalisierungstrend hingegen zu *Funktionszusammenlegungen*, entstehen Positionen, auf denen man einen Überblick über große Funktionsbereiche erhält. Sie sind in der Regel typische Aufstiegspositionen mit erheblichem Machtpotential. Da aber derartige Funktionszusammenlegungen relativ selten sind, herrscht gewöhnlich ein großer Mangel an »Allround-Leuten«, die allein für gehobene Funktionen in Frage kommen. Hierin liegt eine wesentliche strukturbedingte Ursache des Mangels an Nachwuchs für derartige Positionen.

Von entscheidender Bedeutung für die Zahl der Aufstiegspositionen ist es also, ob die Rationalisierungstendenz in Richtung einer Dezentralisierung oder Zentralisierung von Funktionen und Vollmachten geht. Während bei einer Dezentralisierung die Chancen einer Vermehrung relativ hoch bewerteter Positionen wachsen, ist die Zentralisierung stets mit der Zusammenlegung, also Verminderung derartiger Stellungen verbunden. Dafür wächst die Zahl der Stäbe, in denen Spezialisten ohne Verfügungsmacht zwar ein relativ hohes Ansehen, aber nur geringe Aufstiegschancen in wirklich leitende Positionen haben. In Zeiten mit hohem Wirtschaftswachstum wird diese grundlegende Gesetzmäßigkeit dadurch überlagert, daß ein mit der Geschäftsausdehnung wachsender Bedarf an qualifizierten Angestellten entsteht. Dieser ist jedoch stark konjunkturabhängig. [9]

Zusammenfassend läßt sich also feststellen, daß die Soziallage der industriellen Angestelltenschaft vom Rationalisierungsprozeß und den durch ihn jeweils ausgelösten spezifischen Funktions- und Vollmachtenveränderungen im Unternehmen bestimmt wird. Je nach dem Ausmaß des Anteils an nicht beliebig oder doch zumindest nicht kurzfristig vermehrbarer Fachlichkeit haben die Angestellten die Möglichkeit, aufzusteigen oder wenigstens im Rahmen eines zeitlich begrenzten Quasimonopols ihre Soziallage zu verbessern.

Natürlich schafft der gleiche Rationalisierungstrend, der Aufstiegschancen eröffnet, auch die Gefährdung des Abstiegs. Hier wirken allerdings verschiedene soziale Barrieren, die bisher die Lage der Angestelltenschaft in der Industrie etwas günstiger erscheinen ließen als diejenige der Arbeiterschaft. Zunächst einmal gibt es mit wachsender Rationalisierung den Trend zur Vermehrung von Angestelltenpositionen, auf den bereits hingewiesen wurde. Zum anderen besteht wenigstens kurz- beziehungsweise mittelfristig ein Interesse der Unternehmensleitung daran, die betriebliche Hierarchie und das ihr zugrunde liegende Bewertungssystem der Funktionen nicht allzu radikal zu verändern. Das bedeutet konkret, daß sich im Angestelltensektor die »Verwässerung« der Qualifikation zumindest in den gehobenen Positionen nicht sofort negativ auf die Soziallage ihrer Träger auswirkt, sondern erst allmählich. Häufig werden erst beim Positionsnachfolger die erforderlichen Konsequenzen gezogen.

Man könnte nun die Auffassung vertreten, daß gegenüber den Privatangestellten der Industrie die Angestellten des Dienstleistungsbereichs im engeren Sinne sowie des öffentlichen Dienstes ihre Entstehung und die Chancen sowie Risiken ihrer Soziallage weniger dem Rationalisierungsprozeß und seiner jeweiligen Struktur verdanken. Dem ist jedoch die Tatsache entgegenzuhalten, daß gerade Handel, Banken und Versicherungen sowie die wachsenden Staatsaufgaben, die von Angestellten erledigt werden, in engster Beziehung mit Dienstleistungsfunktionen für eine hochentwickelte Industriegesellschaft stehen. Es handelt sich um Aufgaben, ohne deren Erfüllung die moderne arbeitsteilige Wirtschaft nicht existieren könnte, die also gleichsam Vorbedingungen für ein Wirtschaftswachstum unter stabilen gesellschaftlichen Bedingungen schaffen. Es besteht durchaus ein nachweisbarer Zusammenhang zwischen dem Rationalisierungspotential des Privatsektors und der Funktionserweiterung des öffentlichen Sektors. Gerade in der Gegenwart wird uns besonders bewußt, wie sehr die zukünftige Wirtschaftsentwicklung von strukturverändernden und strukturverbessernden Maßnahmen der öffentlichen Hand abhängen wird. Eine Erweiterung der Gruppe der Angestellten im öffentlichen Dienst wird zweifellos die Folge sein. Aber auch die interne Struktur dieses Teils der Angestelltenschaft entwickelt sich nach ähnlichen Gesetzmäßigkeiten wie diejenige der Privatangestellten in der Industrie. Nur ist der Prozeßverlauf etwas starrer und zeitlich dadurch verzögert, daß die in Gesetzen und Verordnungen festgelegte Rahmenordnung ein größeres Maß an Immobilismus bedingt. Dies zeigt sich darin, daß Angestellte einesteils die durch neue Fachanforderungen gegebenen Aufstiegschancen weniger nützen können, anderseits aber auch besser gegen die nachteiligen Folgen von Qualifikationsverlusten abgesichert sind. So wird ihre Soziallage gegenüber derjenigen der Privatangestellten durch weniger Chancen, aber mehr Sicherheit gekennzeichnet.

Ein Einwand gegen die bisherige Darstellung könnte darin bestehen, daß ja auch die Arbeiterschaft von Rationalisierungsmaßnahmen auf das nachhaltigste betroffen werde und die in ihrem Bereich auftretenden Funktionen ebensosehr dem Rationalisierungstrend entsprechen. Dies ist durchaus richtig. Der Unterschied gegenüber der Angestelltenschaft besteht jedoch darin, daß jene auf der Basis spezieller Fachlichkeit die

Rationalisierungsprozesse planen, steuern und kontrollieren hilft, während die Arbeiterschaft sie im großen und ganzen im Bereich der Produktion *vollzieht.* Die Einflußmöglichkeiten auf den Rationalisierungsprozeß über den Faktor »Fachlichkeit« sind für einen Arbeiter geringer als für einen Angestellten. Dies gilt insbesondere für männliche Arbeitnehmer. Selbstverständlich gibt es innerhalb der Angestelltenschaft auch viele, vorwiegend weibliche Hilfskräfte, deren »Rationalisierungswissen« sehr gering ist. In ihrer ausführenden Tätigkeit sind sie jedoch immer noch so sehr mit den strategischen Zentralen zur Steuerung des Rationalisierungsprozesses verbunden, daß ihr Sozialstatus aufgewertet wird. Für diese Gruppe der Hilfskräfte gilt am ehesten die keineswegs für die gesamte Angestelltenschaft zutreffende Beobachtung, daß eine an sich mit Arbeitertätigkeiten vergleichbare Funktion durch überhöhtes Sozialprestige aufgewertet wird.

Die Interessenlage der Angestelltenschaft

Bevor die sich aus der Soziallage der Angestelltenschaft ergebende Interessenlage im einzelnen untersucht wird, ist auf eine viel diskutierte Besonderheit zu verweisen. Es handelt sich um die Feststellung, daß die Angestelltenschaft gegenüber der Arbeiterschaft durch quasi-bürgerliche Bewußtseinselemente gekennzeichnet werde. Dies treffe insbesondere auf eine individualistische Lebenshaltung, ein traditionelles Berufsbewußtsein und einen ausgeprägten Konsum von Bildungsgütern zu. Die Ursachen hierfür scheinen weniger in den Auswirkungen spezifischer Arbeitsverhältnisse als in den Auswirkungen differentieller Sozialisation, das heißt unterschiedlicher Erziehungseinflüsse zu liegen. Ein wichtiges Merkmal der Angestelltenschaft im Vergleich zu den Arbeitern liegt nämlich in dem längeren Schulbesuch. Einem Großteil des Personenkreises, aus dem sich zukünftige Angestellte rekrutieren, werden nicht nur Grundfertigkeiten vermittelt, sondern auch eine Aneignung des traditionellen Bildungsgutes ermöglicht. Auf diese Weise entsteht in der Angestelltenschaft eine typische sozialkulturelle Spannungslage: Der Berufsinhalt und die Berufswirklichkeit sind sachlich-rational und stark von technisch-wirtschaftlichen Veränderungen geprägt. In das Arbeits- und Berufs*bewußtsein* sind jedoch durch den Erziehungsprozeß Elemente humanistischer Bildung eingegangen, die auch auf vorindustrielle Lebensverhältnisse Bezug nehmen. [10] Wie keine andere Großgruppe unserer gegenwärtigen Gesellschaft erlebt die Angestelltenschaft die Spannungen zwischen tradierter Bildung und praktizierter Sachrationalität in hochorganisierten Zweckgebilden. Für die Arbeiter ist die Spannung insofern geringer, als sie in die industrielle Arbeitswelt weniger stark vorgeprägt eintreten. Für die Selbständigen, insbesondere die freiberuflich Tätigen hingegen ist die Lage ebenfalls einfacher, weil sie mehr Möglichkeiten haben, den auch in ihrem Beruf auftretenden Sachzwang zu manipulieren.

Die Spannung zwischen tradierten Bildungsinhalten und der gegebenen Arbeitswirklichkeit führt nun in der Angestelltenschaft zu einer teilweisen ideologischen Überformung, zu dem Versuch, wenn nicht die moderne Arbeitswirklichkeit, so doch die moderne Lebenswirklichkeit außerhalb der Arbeit durch Rückgriff auf bürgerliche Kulturgehalte zu überhöhen. Dies ist natürlich nur begrenzt möglich. Es darf aber nicht vergessen werden, daß aus dieser Lage heraus ganz wesentliche Impulse zur Kritik an den bestehenden Arbeitsverhältnissen und zur Humanisierung der modernen Arbeitswelt ausgelöst werden. Es ist durchaus möglich, daß sich die freigesetzten Energien, die sich gegenwärtig insbesondere in gehobenen Freizeitbeschäftigungen äußern, auch eines Tages in einer Veränderung des Rationalisierungsprozesses im Bereich der Arbeit selbst auswirken, wenn sich hiezu die Gelegenheit bietet. Anderseits wird mit den verstärkten Bemühungen um eine Verringerung des Bildungsdefizits insbesondere innerhalb der Arbeiterschaft sicherlich manche auf Erziehungs- und Bildungsunterschiede zurückführende Eigenart des Angestelltenbewußtseins allmählich verringert werden.

Es ist nun zu untersuchen, welche speziellen Interessenlagen sich aus dem sozialen Standort der Angestelltenschaft ergeben und in welcher Beziehung sie zu den allgemeinen Interessen der Arbeitnehmerschaft stehen. Wenn wir uns an den Grundbedürfnissen des arbeitenden Menschen orientieren, wie sie etwa in der Bedürfnishierarchie von Maslow [11] formuliert wurden, können wir die folgenden fünf Interessenschwerpunkte unterscheiden:

1. physiologische Bedürfnisse die sich insbesondere auf physische und psychische Belastungen beziehen;
2. das Sicherheitsbedürfnis, das sich insbesondere hinsichtlich der Absicherung gegen persönlich nicht beeinflußbare Lebensrisiken äußert;
3. soziale Bedürfnisse, die sich auf die zwischenmenschlichen Beziehungen und ihre möglichst harmonische Ausgestaltung beziehen;
4. das Bedürfnis nach Achtung und Anerkennung, das sich aus der Notwendigkeit sozialer Kontakte herleitet, aber insbesondere durch seine enge Beziehung zum Aufbau einer persönlichen Haltung des Selbstvertrauens und der Zuversicht bedeutungsvoll ist; und schließlich
5. das Bedürfnis nach Selbstverwirklichung auch im Berufsleben, das wesentlich an das Bestehen von Chancen für die Erfahrung, Erweiterung und Nutzung persönlicher Wirkungsmöglichkeiten gebunden ist.

Dementsprechend können wir folgende grundsätzlich denkbare Strategien zur Verbesserung der Soziallage der Angestelltenschaft formulieren:

1. Verbesserung der unmittelbaren Arbeitsbedingungen. Hierbei geht es vor allem darum, den Menschen von übermäßigem psychophysischem Streß zu entlasten und die objektiven Arbeitsanforderungen zumutbar zu machen.
2. Einschränkung der Risiken des Arbeitslebens. Sie bestehen insbesondere in der Arbeitslosigkeit, in der Beeinträchtigung der Leistungsfähigkeit durch Berufskrankheiten und Frühinvalidität und in der Abwertung des individuellen Wissens und Könnens durch Anforderungsänderungen.
3. Förderung der sozialen Teilhabe durch Mitwirkungsmöglichkeiten auf allen Ebenen, auf denen Angestellteninteressen auftreten, also am Arbeitsplatz, im betrieblichen Leistungszusammenhang, auf Unternehmensebene, im Branchenbereich und schließlich auch im gesamtwirtschaftlichen Raum. Diese soziale Teilhabe soll nicht allein individuelle Erfahrungs- und Gestaltungsmöglichkeiten verbessern, sondern über den Prozeß solidarischer Selbsterfahrung der Angestelltenschaft zu einer Mitwirkung an der Gestaltung ihrer Lebensverhältnisse und Lebenschancen führen. Deshalb gehören in diesen Rahmen auch alle Bemühungen um eine Teilhabe an den Ergebnissen des Wirtschaftswachstums, die den relativen Standort der Angestelltenschaft im Konkurrenzkampf sozialer Großgruppen nicht verschlechtert.
4. Für die Verbesserung der Chancen zur Selbstverwirklichung ist die Strategie der Qualifikationsverbesserung besonders geeignet. Sie führt zu einer direkten Beeinflussung der Knappheitsrelationen am Arbeitsmarkt und verleiht damit dem einzelnen ebenso wie der Gruppe mehr Spielraum.

Es ist offensichtlich, daß eine derartige Übersicht von grundlegenden Interessenlagen und Strategien zu ihrer Durchsetzung ganz im Rahmen der Überlegungen bleibt, die auch hinsichtlich einer allgemeinen Arbeitnehmerpolitik anzustellen wären. Es besteht also kein Gegensatz zwischen den Interessen der Angestelltenschaft und denjenigen der Arbeiterschaft. Es handelt sich lediglich um unterschiedliche Akzentsetzungen und Schwerpunktbildungen. Der durch Berufs- und Bildungsbewußtsein geprägten Angestelltenmentalität entsprechend, liegen diese besonderen Schwerpunkte vor allem bei den zuletzt genannten Strategien der Teilhabe und der Qualifikation. Die Ideen der Mitwirkung und des Aufstiegs durch Leistung sind in der Angestelltenschaft weit verbreitet und geradezu unabdingbar für ihr Selbstverständnis.

Während die soziale Teilhabe der Angestelltenschaft in der Form der Berücksichtigung von Angestellteninteressen in den zentraleren Entscheidungsbereichen einigermaßen funktioniert, bringt der oligarchische Charakter dieser Interessenrepräsentanz auch Probleme mit sich. Denn die wachsende Abhängigkeit in den unteren und mittleren Schichten der betrieblichen Angestelltenschaft kann dadurch nur begrenzt gemildert werden. Es geht aber gerade um die Gewinnung eines neuen sozialen Spielraums im technisch-wirtschaftlich determinierten Arbeitsvollzug. Dies kann nur durch eine allmähliche Veränderung der hierarchischen Strukturen im Arbeitsleben geschehen. Wichtigste Hilfsmittel sind die funktionale Anreicherung der Arbeitsaufgaben im Sinne eines Spielraumes für Eigeninitiative, der Übergang zum kooperativen Führungsstil und schließlich die Stärkung der Rechte und Pflichten des einzelnen Arbeitnehmers sowie die Delegation bestimmter Rechte zur Interessenwahrnehmung an teilautonome Funktionsgruppen.

Alle Bemühungen in dieser Richtung wären jedoch erfolglos, wenn es der Angestelltenschaft nicht gelänge, ihre funktionale Position zumindest zu bewahren, das heißt ihr Qualifikationsniveau aufrechtzuerhalten, wenn nicht zu verbessern. Die Chancen für eine verantwortungsbewußte Mitwirkung im Wirtschaftsleben hängen direkt vom möglichen produktiven Beitrag auf der Basis hinreichender Qualifikation ab. Hier treten nun außerordentlich schwerwiegende Probleme auf. Qualifikation entsteht ja nicht allein durch Aus- und Fortbildung. Sie entsteht vor allem auch durch Übung und Anwendung. Deshalb sind Schulungsmaßnahmen in sehr differenzierter Form, wie sie verstärkt durchgeführt und im Rahmen der Diskussion um einen möglichen Bildungsurlaub geplant werden, allein nicht hinreichend. Es kommt ebenso darauf an, daß Situationen geschaffen werden, in denen sich Menschen in praktischer Tätigkeit qualifizieren können und zur Höherqualifizierung motiviert werden. Damit treffen wir aber wieder auf die Zusammenhänge im Ablauf von Rationalisierungsprozessen. Letztlich entscheiden nicht Aus- und Fortbildungsmaßnahmen über mögliche Qualifikation, sondern die Struktur des Rationalisierungsprozesses.

Es ist also festzustellen, daß es ein *grundlegendes Interesse der Angestelltenschaft sein muß, den Rationalisierungsprozeß so gestaltend zu beeinflussen, daß Mitwirkung und Qualifikation auf vielleicht sogar höherem Niveau als gegenwärtig möglich werden.* Die Angestelltenschaft als Träger und Objekt des Rationalisierungsprozesses muß noch mehr als bisher ihre Anstrengungen auf eine Humanisierung dieses Prozesses lenken, die mit einer Humanisierung ihrer eigenen Arbeitsbedingungen identisch ist. Hiezu gehört zunächst die Abwehr eines technizistischen Determinismus, der den Rationalisierungsprozeß als ein unausweichliches, von unbeeinflußbaren technisch-wirtschaftlichen Sachzwängen gesteuertes Phänomen versteht. Rationalisierung ist ein historischer Prozeß, der in soziale Zusammenhänge eingebettet ist. Er kann deshalb auch im historischen Ablauf gestaltet werden. Wenn der Wille hierzu vorhanden ist, kann die Rationalisierung von einem Mittel des Zwangs zu einem Mittel der Befreiung des arbeitenden Menschen werden. In dieser dialektischen Umfunktionierung spiegelt sich dann die

Emanzipation der Angestelltenschaft wider. Sie wird vom bloßen Vollzugsorgan, vom Gegenstand der Rationalisierung zu ihrem Träger und Vollender. Nur unter dieser Bedingung erscheint der technisch-wissenschaftliche Fortschritt als sinnvoll, mit dessen Hilfe auch Angestelltenarbeit die natürliche Welt in eine kulturgebundene Umwelt verwandelt. So zeichnet sich als umfassendes gesellschaftspolitisches Konzept für eine Angestelltenpolitik aus soziologischer Sicht die Strategie ab, die *Angestelltenschaft zum Träger eines humanisierten Rationalisierungsprozesses* werden zu lassen und damit auch in einem entscheidenden Punkt Solidarität mit anderen Teilen der Arbeitnehmerschaft zu bekunden. Dies setzt voraus, daß die eigenen Funktionen im Arbeitsprozeß kritisch unter diesem Aspekt durchdacht und gewertet werden. Es setzt voraus, daß neue Konzepte, neue Möglichkeiten sozialer Teilhabe im Arbeitsprozeß diskutiert und erprobt werden. Es setzt schließlich voraus, daß über den Sorgen und Nöten des Alltags, über dem Kampf um unmittelbare materielle Vorteile nicht die große Aufgabe vergessen wird, die in der Emanzipation der Angestellten zu qualifizierten, verantwortungsbewußten, mündigen Wirtschaftsbürgern liegt.

Anmerkungen

1 Vgl. Otto Neuloh, *Die weiße Automation*, Köln 1966.
2 Vgl. unter anderen S. Braun und J. Fuhrmann, *Angestelltenmentalität*, Neuwied 1970, sowie W. F. Neubauer, *Sozialpsychologie junger Angestellter*, Wien–New York 1972, S. 118 f.
3 Vgl. L. Henze, *Die Gleichstellung von Arbeitern und Angestellten*, Opladen 1961.
4 Vgl. zum Beispiel K. G. Specht und Mitarbeiter, *Arbeiter und Angestellte*, Nürnberg 1969.
5 G. Lederer und J. Marschak, *Grundriß der Sozialökonomik*, Tübingen 1926, Band IX, 1, S. 141.
6 Vgl. Fritz Croner, *Soziologie der Angestellten*, Köln–Berlin 1962.
7 In seiner grundlegenden Darstellung *Die österreichischen Angestelltengewerkschaften*, Wien 1967, S. 23.
8 Lederer und Marschak, a. a. O., S. 123.
9 Zur Aufstiegsproblematik vergl. auch mein Buch *Das Aufstiegsproblem in der modernen Gesellschaft*, Stuttgart 1969, 2. Auflage.
10 Vgl. hierzu meinen Aufsatz *Soziale Werte im Berufsleben*, in: *Die Deutsche Berufs- und Fachschule*, 1970, Band 66, S. 119–125.
11 Vgl. A. H. Maslow, *Motivation and Personality*, New York 1954.

André Gorz

Technologie, Techniker und Klassenkampf

I

Noch bis zu Beginn des letzten Jahrzehnts waren die meisten Marxisten der Ansicht, die Produktivkräfte – vor allem Wissenschaft und Technik – seien ideologisch neutral und ihre Entwicklung schon an sich positiv. Sie gingen meistens davon aus, daß mit dem Heranreifen des Kapitalismus eine materielle Basis geschaffen würde, auf der man um so leichter den Sozialismus errichten könne, je höher die Produktivkräfte des Kapitalismus entwickelt seien. Dabei galten insbesondere die Produktivkräfte Wissenschaft, Technik, Qualifikation der lebendigen Arbeit und Überfluß an toter Arbeit (fixes Kapital) als Trümpfe, die den Übergang zum Sozialismus erheblich erleichtern würden.

Diese Auffassungen gründeten sich ziemlich mechanisch auf die Marxsche These, wonach die Produktivkräfte mit fortschreitender Entwicklung immer stärker in Widerspruch zu den gesellschaftlichen Produktionsverhältnissen des Kapitalismus geraten. Die meisten kommunistischen Parteien Europas vertraten die These, daß die kapitalistischen Produktionsverhältnisse die Entwicklung der Produktivkräfte hemmen und unterdrücken und daß der Sozialismus mit einem Mal ein gigantisches – bis dahin lediglich neutralisiertes – ökonomisches und gesellschaftliches Expansions- und Entwicklungspotential freisetzen könne, indem er den Überbau des kapitalistischen Staates und seiner gesellschaftlichen Verhältnisse beseitigt. Entsprechend dieser These sehen die europäischen kommunistischen Parteien in allen verfügbaren Produktionskapazitäten und allen manuellen, technischen, intellektuellen und beruflichen Fähigkeiten Kräfte, denen in der Übergangsperiode hohe Bedeutung zukommt und die es folglich nach ihren spezifischen, sprich korporativen Interessen zu berücksichtigen gilt: denn der Sozialismus vermag diese menschlichen Arbeitsvermögen zum Wohle der gesamten Gesellschaft zu nutzen und angemessen zu entlohnen, während der Kapitalismus sich ihrer in destruktiver und parasitärer Weise bedient oder sie sogar völlig ungenutzt läßt.

Bei einer solchen These ist die *ideologische* Analyse jener »Technisierung« und »Verwissenschaftlichung« des Produktionsprozesses, die Marx vorausgesehen hatte, untrennbar mit einer politischen Entscheidung verbunden. Man geht von der politischen Hypothese aus, daß sich der Übergang zum Sozialismus etappenweise und auf friedlichem Wege vollziehen muß und daher keineswegs zu einer Umwälzung der materiellen Produktionsmethoden und der durch sie bedingten Arbeitsorganisation und Arbeitsteilung führen darf. Diese gilt es, im Gegenteil, zu erhalten und weiterzuentwickeln, nur müssen sie in den Dienst »demokratischer« gesellschaftlicher Ziele gestellt werden. Mit anderen Worten, man glaubt, daß alle in der kapitalistischen Produktion zusammenwirkenden Berufe, Kompetenzen und Arbeitsvermögen in ihrer Artikulation und hierarchischen Strukturierung von der Übergangsgesellschaft zum Sozialismus übernommen werden können, ohne daß es notwendig sei, einen ideologischen Bruch zu vollziehen, »Kulturrevolutionen« zu durchlaufen und einen Wandel in beruflicher, geistiger und moralischer Hinsicht herbeizuführen. Alles, was vom Standpunkt des Kapitals im Rahmen der kapitalistischen Produktionsweise produktiv sei, könne auch in der Übergangsgesellschaft zum Sozialismus weiterhin produktiv bleiben (ja sogar noch produktiver werden). Diese muß sich auf ein »antimonopolistisches« Bündnis all jener Arbeiter stützen, die innerhalb des Monopolkapitalismus den »produktiven Gesamtarbeiter« bilden und deren gesellschaftlich kombinierte Teilarbeiten »konkurrieren und die gesamte produktive Maschine bilden«: die Handarbeiter, ihre Vorarbeiter und Aufseher ebenso wie der »manager, engineer, Technolog etc.«, die, wie es an einigen Stellen bei Marx heißt, »unter den unmittelbaren Begriff der produktiven Arbeiter, direkt vom Kapital ausgebeuteter und seinem Verwertungs- und Produktionsprozeß überhaupt untergeordneter Arbeiter einrangiert werden« [1]. Und hat man erst all diese Leute (einschließlich der »Unteroffiziere der Produktion«) auf Grund einer selektiven Marxlektüre unter den Begriff des »produktiven Gesamtarbeiters« subsumiert und als integrierenden Bestandteil der Arbeiterklasse zitiert, ist das Kunststück schon halb vollbracht: die Arbeiterklasse umfaßt so gut wie jeden, sie verliert ihre Konturen, ihre ideologischen und kulturellen Merkmale, sie erstreckt sich beinahe über die gesamte Betriebshierarchie und tritt als Ordnungskraft auf, deren politische Macht, sollte sie je in ihrem Namen ausgeübt werden, nur für die Monopolbourgeoisie (und für das Proletariat) eine Gefahr darstellt.

Es muß daher versucht werden, die kapitalistischen Produktivkräfte und die kapitalistische Entwicklung einer Kritik zu unterziehen. Das ist nichts Neues, sofern es darum geht zu zeigen:

1. Daß der Kapitalismus die Produktivkräfte in der Weise entwickelt, daß ihr befreiendes Potential zerstört, verschleiert oder negiert wird. Die Entwicklung von Produktiv- und Destruktivkräften ist im Kapitalismus unlösbar miteinander verbunden, denn was auf der Ebene des Einzelkapitals produktiv ist, kann auf der Ebene der Ökonomie (des Kapitals) insgesamt durchaus destruktiv sein, vor allem aber auch destruktiv hinsichtlich der Möglichkeiten einer Überwindung des Kapitalismus, die in seiner Entwicklung enthalten sind. [2]

2. Daß ein immer größerer Teil der vom Kapitalismus in Gang gesetzten Arbeitskraft unproduktive oder im wahrsten Sinne parasitäre Arbeiten verrichtet. Diese Arbeiten erfordern Fähigkeiten (oder »Kompetenzen«)

und gewähren einen sozialen Status, der mit dem kapitalistischen System verschwinden müßte, ihm aber, obgleich er dessen Irrationalität demonstriert, eine ziemlich breite gesellschaftliche Basis (insbesondere in den neuen parasitären Mittelschichten) verschafft. [3]
3. Daß sich die kapitalistische Entwicklung insgesamt so vollzieht, daß der Widerspruch zwischen Produktivkräften und Produktionsverhältnissen – weit davon entfernt, sich *spontan* zu äußern – eingedämmt und verschleiert werden kann: die sterilisierten Produktivkräfte und Arbeitsvermögen bleiben der Logik des Systems unterworfen und funktionell in bezug auf dieses System gerade auf Grund der Deformation, der es sie unterzieht. Auch kann die Kritik dieser Deformation nicht mehr *aus dem Innern* des Systems heraus und ebensowenig vom Standpunkt der *vorhandenen* Arbeitsvermögen und Produktivkräfte geleistet werden, sondern nur vom Standpunkt *jenseits des Systems*, vom Standpunkt der *möglichen* Überwindung, die als ständig verborgene und negierte Möglichkeit faktisch heranreift. Daraus ergibt sich die Notwendigkeit des ideologischen Bruchs und der ideologischen Subversion, des frontalen Kampfes – auf allen Ebenen – gegen alle Erscheinungsformen der kapitalistischen Ideologie. [4]

Doch dies ist alles noch recht allgemein: die Kritik der kapitalistischen Entwicklung der Produktivkräfte bezog sich bisher im wesentlichen auf die Sterilisierung der Arbeitskraft und die durch die Kapitalverwertung erforderliche Destruktion von Kapital. Eine zentrale Frage aber ist offengeblieben: wie verhält es sich mit der Produktivkraft von Wissenschaft und Technik, das heißt mit den Produktionsmitteln, denen sie einverleibt sind, wie auch mit den Arbeitsformen und der Arbeitsteilung, die sich notwendig aus der »Technisierung« und »Verwissenschaftlichung« der Produktion ergeben? Läßt sich nachweisen – wie es die chinesische Kulturrevolution konkret vorschlug –, daß Wissenschaft und Produktionsmethoden in ihrer Zielsetzung, Aufgliederung, Spezialisierung, Praxis und bis in ihre Sprache hinein den Stempel der *kapitalistischen* Produktionsverhältnisse und der *kapitalistischen* Arbeitsteilung tragen? [5]

Wenn ja, muß man daraus schließen, daß jeder Versuch, die Produktionsverhältnisse zu revolutionieren, gleichzeitig eine radikale Umgestaltung der Produktionsmittel und Produktionsmethoden (und nicht nur ihrer Bestimmung) erfordert, denn ihre Erhaltung würde die Produktionsverhältnisse durch die kapitalistische Arbeitsteilung wieder zum Vorschein bringen. [6]

Ebenso müßte man daraus folgern, daß die Arbeiter der Bereiche Wissenschaft und Technik *innerhalb* ihrer technisch-wissenschaftlichen Funktion die Aufgabe haben, *die Bedingungen und Formen der Herrschaft des Kapitals über die Arbeit* zu reproduzieren. [...]

In einigen amerikanischen und britischen Unternehmen, die durch ständige Arbeitsniederlegungen, Leistungsstreiks, versteckte und permanente Sabotage der Produkte oder chronische Ausschußproduktion erhebliche Schwierigkeiten hatten, entschlossen sich die Unternehmer auf Anraten von Psychologen, alle Arbeitszwänge zu beseitigen und es weitgehend dem Arbeiterkollektiv zu überlassen, die Arbeit nach eigenem Ermessen zu organisieren, die Zeiten und Arbeitsrhythmen selbst zu bestimmen und die technischen Einrichtungen zu modifizieren und auszubauen. Das Kontrolluhrsystem wird abgeschafft; die Kantine wird von Arbeitern und leitenden Angestellten gemeinsam benutzt; die Kontrolleure, Aufseher, Spitzel und die anderen »Unteroffiziere der Produktion« verschwinden; die Arbeiter bestimmen selbst, wie oft und wie lange sie Pause machen. Die bis dahin parzellierte Arbeit wird wieder zusammengefügt, so daß jeder einzelne oder jede Gruppe für ein komplexes Produkt verantwortlich ist und selbst dafür Sorge trägt, daß es den technischen Normen entspricht. Alle von den Arbeiterkollektiven vorgeschlagenen technischen und organisatorischen Änderungen und Innovationen müssen von der Betriebsleitung berücksichtigt und auf den Versammlungen der Werkstattkollektive diskutiert werden; kein Vorschlag darf abgelehnt werden, wenn das Arbeiterkollektiv nach der Diskussion weiterhin daran festhält. Techniker und Ingenieure haben keine Kommandogewalt mehr: sie müssen den Arbeitern ihre technisch-wissenschaftlichen Kenntnisse zur Verfügung stellen und ihnen so bei der Lösung technischer Probleme helfen; sie *stehen* den Arbeitern *zur Verfügung*, und nicht umgekehrt. Und schließlich steigen die Löhne proportional zur Arbeitsproduktivität. [7]

In den etwa zehn Unternehmen (bis auf den britischen I.C.I.-Konzern handelt es sich zumeist um mittlere Unternehmen), in denen ein solches System eingeführt wurde, kam es nach einer gewissen Anlaufzeit zu spektakulären Produktivitätssteigerungen, die mehrere Jahre hintereinander bei jährlich ungefähr 20% lagen, *wobei sich gleichzeitig* – durch einen optimalen Einsatz der Arbeitskraft – *die physische Belastung der Arbeiter verringerte.* Das häufige Fernbleiben vom Arbeitsplatz war in allen Fällen verschwunden; der Ausschuß ging erheblich zurück oder wurde, wie in einigen Präzisionsbetrieben, sogar völlig eliminiert; dasselbe galt für Betriebspannen und Ausfall von Maschinen und Werkzeug; die Lohnhierarchie wurde zerschlagen; aus den Werkstätten kam ein anhaltender Zustrom von Ideen, technischen Innovationen und Verbesserungen.

Mit einem Wort: die technische Selbstverwaltung (oder Arbeiterkontrolle) des Arbeitsprozesses hat die technische Irrationalität und die politisch-kulturelle Willkür der kapitalistischen Arbeitsteilung enthüllt. Die genannten Experimente haben auch gezeigt, daß es *technisch* keineswegs erforderlich ist, die Arbeiter zu dequalifizieren und zu Robotern zu machen; es ist, im Gegenteil, möglich, den Arbeitsprozeß so zu gestalten, daß er gleichzeitig ein ständiger Lernprozeß ist: die Arbeit in der Produktion und der ständige Erwerb von neuen Fähigkeiten und neuem Wissen können miteinander verschmelzen; niemand muß mehr ungelernte, stupide und subalterne Arbeit ausführen; das Arbeitsleben (oder die »Karriere«) kann sich weiterentwickeln und die Arbeit kann progressiv bereichert werden, so daß jeder Arbeiter imstande ist, seine Fähigkeiten und seine Kreativität immer stärker zu entfalten. [8]

Die Vorteile eines solchen Systems sind so eklatant, daß naive Leute – so auch einige Initiatoren der beschriebenen Experimente – sich fragen mögen, warum es sich nicht nach und nach durchsetzt. Die Gründe liegen auf der Hand:

1. Das System beruht auf der technischen Selbstverwaltung des Arbeitsprozesses durch die Arbeiter. Diese sind nur dann bereit, Initiativen und Kreativität zu entfalten, wenn sie die Gewißheit haben, daß der Unternehmer nicht versucht, sich der Resultate ihrer Arbeit zu bemächtigen, um ihre Ausbeutung zu verschärfen: wenn die Löhne nicht mehr den Produktivitätssteigerungen folgen oder wenn es zu Entlassungen kommt, weil die wachsende Produktion nicht mehr abgesetzt werden kann, bricht das ganze Experiment zusammen. Nun können im kapitalistischen System die Garantie des Arbeitsplatzes und die produktivitätsorientierte Lohnbemessung nur von einzelnen Unternehmen und nur für einen begrenzten Zeitraum gewährt werden. In den Vereinigten Staaten konnten einige dieser Unternehmen rezessionsbedingte Entlassungen nur deshalb verhindern, weil es ihnen auf Grund außergewöhnlicher Anstrengungen ihrer Belegschaften möglich war, ihre Konkurrenten aus dem Felde zu schlagen und sich ihren Marktanteil zu erobern. Um ihre Arbeitsplätze zu sichern, mußte die Belegschaft dieser Betriebe also erst das Kapital eines Konkurrenzunternehmens zerstören und dessen Personal zur Arbeitslosigkeit verurteilen. Eine Verallgemeinerung der technischen Arbeiterselbstverwaltung wäre also, selbst wenn die Mehrzahl der Unternehmer von ihren Vorteilen überzeugt wäre, mit dem kapitalistischen System an sich unvereinbar. Die Garantie des Arbeitsplatzes und die Gewißheit, daß die Arbeiter selbst vom Produktivitätszuwachs profitieren (in Form von direktem Lohn, gesellschaftlichem Lohn, kostenlosen kollektiven Dienstleistungen, Freizeit, etc.) setzt eine gesellschaftliche Verwaltung der gesellschaftlichen Produktion in ihrer Gesamtheit voraus. Die technische Selbstverwaltung kann nur im Rahmen der gesellschaftlichen Selbstverwaltung funktionieren und ihre volle Effizienz entfalten. Sie ist mit *privater* kapitalistischer Verwaltung ebenso unvereinbar wie mit *bürokratischer* Verwaltung (ob zentralisiert oder nicht): die eine wie die andere erfordert dieselbe Art von hierarchischer Arbeitsteilung, und beide stehen einer Optimierung der materiellen Produktivität entgegen, weil beide gleichermaßen die Arbeit dem Kapital unterordnen und, durch die Trennung von Arbeit und Produktionsmitteln, die kapi-

talistischen Produktionsverhältnisse ständig reproduzieren.
2. Die in den genannten Betrieben erzielten Produktivitätssteigerungen sind zum großen Teil auf die Ausschaltung zahlreicher Aufseher, Kontrolleure, Prüfer und kleiner Vorgesetzter zurückzuführen, die, in einem »normalen« kapitalistischen Betrieb, die Aufgabe haben, die Arbeiter zur Arbeit zu zwingen, die Teilarbeiten von außen her zu kombinieren, die Einhaltung der technischen und der Leistungsnormen zu überwachen, etc. Nachdem sie die Verwaltung des Arbeitsprozesses weitgehend selbst in die Hand genommen hatten, haben die Arbeiter entdeckt (und damit die Marxsche These widerlegt), daß die »Unteroffiziere der Produktion« Parasiten sind. Kleine Parasiten. Aber warum sich nicht ebenso die großen vornehmen? Diese Frage wurde von einem angelernten Arbeiter und Werkstattdelegierten der Nylonspinnerei der I.C.I. in Gloucester zwei Jahre nach Einführung der technischen Arbeiterselbstverwaltung aufgeworfen, als er sagte: »Die Soziologen haben nicht ganz unrecht: die Arbeit macht uns jetzt mehr Spaß. Aber dabei kann man es nicht einfach bewenden lassen: man kann den Leuten nicht die Augen öffnen und ihnen gleichzeitig Grenzen setzen. Sie wissen, daß sie noch viel Schlamperei und noch so manchen Schmarotzer beseitigen könnten, wenn man sie nur ließe. Wir wissen, daß wir in der Lage sind, diese Fabrik selbst in Gang zu halten und zu kontrollieren. Wir müssen einfach noch mehr Entscheidungsgewalt bekommen, und das ist unser nächstes Ziel.« [9]
3. Das System der technischen Selbstverwaltung setzt immer die Zerstörung der hierarchischen und autoritären Beziehungen voraus. Dabei stößt es zunächst auf den Widerstand der »kleinen Chefs«, und wenn die Hierarchie der Löhne in Frage gestellt wird, auf den Widerstand der technischen und Verwaltungsangestellten, der bis zur Revolte und zur Sabotage gehen kann. Man stelle sich nur vor, daß Arbeiter mit einem Mal genauso viel (und in einigen Fällen sogar mehr) verdienen wie Techniker und die untere Gruppe der Ingenieure und kaufmännisch-technischen Angestellten. Mit dem Angriff auf die Hierarchie werden die Klassenverhältnisse in Frage gestellt und damit auch die Herrschaft der Unternehmer und der Bourgeoisie. Wenn Produktivität und Profite auch steigen, so werden sich die Vertreter der herrschenden Klasse doch fragen, ob der Preis nicht zu hoch ist, wenn sie sich ihrer Macht über die Fabrik nicht mehr sicher sind und sie die Erfolge nicht mehr für sich verbuchen können. Im Grunde hängen sie ebenso an ihrem Rang und an ihrer Macht, deren Symbol das Geld ist, wie am Geld selbst.

Damit sind wir wieder am Ausgangspunkt angelangt. Die kapitalistische Arbeitsteilung, mit ihrer Trennung von Hand- und Kopfarbeit, Ausführung und Entscheidung, Produktion und Verwaltung ist ebenso eine Herrschaftstechnik wie eine Produktionstechnik. Es wird behauptet, daß Herrschaft für die Maximierung der Produktion notwendig sei. Das ist falsch. Herrschaft ist notwendig, um die Ausbeutung zu maximieren, das heißt, um ein Maximum an Arbeit für Ziele nutzbar zu machen, die nicht die der Arbeiter sind, sondern die des Kapitals. Und das Ziel des Kapitals ist seine eigene Vermehrung. Um es zu erreichen, trennt man die Produzenten von ihren Produkten, von den Produktionsmitteln und von der Arbeit selbst, die ihnen als eine vorher festgelegte, in die abstrakten Erfordernisse des Arbeitsprozesses eingeschlossene, vorgegebene Quantität von außen aufgezwungen wird. Daraus ergibt sich folgender circulus viciosus:

1. Da das Ziel der Produktion nicht die Bedürfnisbefriedigung der Arbeiter sondern das Herauspressen eines Maximums an Mehrarbeit ist, kann sich die kapitalistische Produktion nicht auf die Arbeitsbereitschaft der Arbeiter verlassen.
2. Je weniger sich das kapitalistische Management auf die Arbeitsbereitschaft der Arbeiter verläßt, desto stärker wird die Arbeit reglementiert, stupide und fremdbestimmt.
3. Je stärker die Arbeit reglementiert, stupide und fremdbestimmt ist, desto weniger kann sich das kapitalistische Management auf die Arbeiter verlassen.

Da die Arbeitsverhältnisse von vornherein auf der Grundlage antagonistischer Klassenverhältnisse entstehen, erscheinen die hierarchische Organisation und die Kontrolle der Arbeit dem Kapital notwendig als Bedingung jeder Produktion und als Ziel an sich. [10] Sie sind Bestandteil der Produktionsmethoden und -instrumente und *erscheinen* so als *technische* Notwendigkeiten des Produktionsprozesses selbst.

Deshalb tragen all diejenigen, die unter dem Deckmantel ihrer technischen Kompetenzen für den reibungslosen Ablauf der Produktion sorgen, faktisch zur Aufrechterhaltung der hierarchischen Arbeitsteilung und der kapitalistischen Produktionsverhältnisse bei. Das gilt für subalterne Techniker (Zeitnehmer, Prüfer, etc.) wie für höher gestellte Ingenieure und Techniker und andere leitende Angestellte, die mit Kommando- und Kontrollfunktionen betraut sind. Ihre Rolle in den arbeitsintensiven Industrien besteht darin, die Unterordnung der lebendigen Arbeit unter die mechanischen Prozesse (tote Arbeit) und somit unter das Kapital zu gewährleisten. [11] Sie verfügen als einzige über die für den Arbeitsprozeß erforderliche technische und intellektuelle Qualifikation. Sie monopolisieren diese Qualifikation und *verbieten sie dadurch den Arbeitern.* Sie sind für die Dequalifizierung und Unterdrückung der Handarbeit verantwortlich, die dazu verurteilt ist, ausschließlich Handarbeit zu sein. Sie repräsentieren in den Augen der Arbeiter all das technische Können und Wissen, das man diesen vorenthält, die Trennung zwischen Hand- und Kopfarbeit, Gedanke und Ausführung. Sie besitzen bedeutende finanzielle, gesellschaftliche und kulturelle Privilegien. Sie sind der unmittelbarste Feind der Arbeiter. In der Maschinenbauindustrie kann jeder neueingestellte Techniker die Dequalifizierung von zehn bis zwanzig Facharbeitern zu angelernten Arbeitern bedeuten (unter der Bedingung natürlich, daß gleichzeitig halbautomatische Maschinen eingeführt werden).

Um zu verdeutlichen, welche Rolle Techniker bei der Dequalifizierung der Handarbeiter und der *willkürlichen* Trennung zwischen der auf die reine Ausführung reduzierten Handarbeit und der mit Überwachungs- und Kommandoaufgaben verbundenen technischen Arbeit spielen, will ich im folgenden einen Auszug aus einem Gespräch mit einem jungen subalternen Techniker (der sich übrigens als »Maoist« bezeichnete) in einer Werkzeugmaschinenfabrik wiedergeben. Dieser Mann hatte drei Jahre lang Fortbildungskurse besucht und war sehr stolz auf seine Kenntnisse. Er verdiente doppelt so viel wie die Arbeiter, deren Arbeit er vorbereitete und überwachte. Auf die Frage, was er an Wissen den Arbeitern voraus habe, gab er zur Antwort:

– Ich habe Differentialrechnung und Maschinenbau gemacht und bin außerdem ein guter Konstruktionszeichner.
– Brauchst du die Differentialrechnung denn bei deiner Arbeit?
– Nein. Aber ich bin trotzdem froh, daß ich das gemacht habe, man lernt dabei wirklich denken.
– Und das technische Zeichnen, hilft dir das viel?
– Ja, natürlich. Wie soll einem denn ein Konstruktionsteil gelingen, wenn man keine Blaupause lesen kann? Das ist unser ABC.
– Aber wenn alle Arbeiter aus deiner Werkstatt eine Blaupause lesen können, was hast du ihnen dann, abgesehen von der Differentialrechnung, voraus?
– Ich habe einen besseren Gesamtüberblick. Meine Leute kennen nur die Maschine, an der sie arbeiten. Ich kenne alle Maschinen und ihre Möglichkeiten, ich mache die Vorbereitung und Organisation der Arbeit, und wenn es ein Problem gibt, erkläre ich ihnen, was zu tun ist.
– Könnten auch Arbeiter, die nicht deine Schule besucht haben, sich dieses Wissen aneignen?
– Ja, bei den älteren Kollegen in meiner Werkstatt gibt es einige, die wirklich eine Menge wissen. Aber es dauert ganz schön lang, bis man soweit ist.
– Wie lange?
– Na ja, mindestens fünf bis sechs Jahre.

Dieser Techniker hatte drei Jahre lang Kurse besucht. Es wird dem Leser nicht entgangen sein, daß ihm vor allem seine Kenntnisse in Differentialrechnung ein Gefühl der Überlegenheit gaben. Seine Privilegien und seine Autorität in der Betriebshierarchie beruhten auf dieser »Denkschulung«, obgleich er die Differentialrechnung bei seiner Arbeit überhaupt nicht anwenden konnte. Differentialrechnung war das *kulturelle Statussymbol*, das ihn über die Arbeiter erhob: dies war von seinem

Wissen das einzige, das die Arbeiter sich nicht in ihrer Praxis aneignen können.

Hier zeigt sich ganz deutlich, wie mit Hilfe des Schulsystems gesellschaftliche Rangordnungen aufgebaut werden. Die privilegierte Stellung unseres jungen Technikers, das Bewußtsein seiner Überlegenheit gegenüber dem einfachen Arbeiter beruhten nicht auf der Überlegenheit seines *anwendbaren* Wissens. Wie er selbst zugab, konnte das nützliche Wissen, über das er verfügte, auch von den Arbeitern – ohne Schulbesuch – in fünf bis sechs Jahren praktischer Arbeit erworben werden. Seine übergeordnete Stellung in der Hierarchie gründete sich vielmehr auf das, was er den Arbeitern an *nutzlosem* Wissen voraus hatte. Er hatte Differentialrechnung nicht gelernt, um in seiner Arbeit *effektiver* (oder produktiver) als ein Arbeiter zu werden, sondern *um den Arbeitern überlegen zu sein.* Die Arbeiter aber hatten Differentialrechnung nicht etwa deshalb nicht gelernt, weil sie zu dumm dazu gewesen wären, sondern weil man sie, ungeachtet ihres tatsächlichen Könnens, »kulturell«, und damit auch in der gesellschaftlichen Rangordnung auf einer niedrigeren Stufe halten wollte.

Jedoch zeigen die Äußerungen des jungen Technikers auch, daß der sozio-kulturelle Unterschied zwischen unmittelbar produktiven Arbeitern und subalternen Technikern kein *Klassen*unterschied ist. Wir müssen sie –mit Marx – »objektiv« der Arbeiterklasse zurechnen: obwohl sie die Arbeiter auf Grund ihrer Stellung innerhalb der Betriebshierarchie unterdrücken, werden sie selbst unterdrückt, ausgebeutet und ihrer Arbeit entfremdet; ihr Verhältnis zu ihren Vorgesetzten und den Vertretern des Kapitals entspricht dem der Arbeiter zu ihnen selbst. Diese objektive Klassenlage bedeutet indessen nur, daß die unteren technischen Angestellten auf Grund ihrer Stellung im Produktionsprozeß *keineswegs zwangsläufig* einer anderen als der Arbeiterklasse angehören: sie *können* sich als integralen Teil der Arbeiterklasse verstehen, weil sie es objektiv sind. Es ist unmöglich, sie a priori davon auszuschließen, wenn die marxistische Klassenanalyse noch einen Sinn bewahren soll. Aber es ist ebenso unmöglich, sie ohne weiteres in sie einzubeziehen: denn, wenn sie auch »objektiv« zu keiner anderen Klasse gehören, hat ihre privilegierte Schulbildung doch bewirkt, daß sie sich *nicht* als Teil der Arbeiterklasse fühlen. Sie sind Opfer einer Verschleierung, die durch die Privilegierung der Techniker innerhalb der Betriebshierarchie aufrechterhalten wird.

Nun ist es aber für eine Verschleierung charakteristisch, daß sie als solche wahrgenommen und durch eine Bewußtseinsbildung, eine »ideologische Konversion«, in akuten Krisensituationen enthüllt werden kann: im Verlauf einer revolutionären Krise oder eines Streiks mit Massenbesetzungen, eines »selbstorganisierten« Streiks, etc. Wenn die Arbeiter, bei einem gewaltsamen Ausbruch, der kapitalistischen Arbeitsteilung den Kampf ansagen, indem sie zur Selbstorganisation der Arbeit übergehen, wenn sie jede Hierarchie abschaffen und gleichen Lohn für alle (oder zumindest gleiche Lohnerhöhungen) fordern, gelingt es ihnen nicht selten, in dem ansteckenden Klima eines Streiks die technischen Arbeiter zu einem Klassenstandpunkt zu bringen, und häufig findet sich ein Teil von diesen sogar in den vordersten Reihen des Kampfes wieder. Das hat sich im Mai 1968 in Frankreich und während des »heißen Herbstes« in Italien gezeigt.

Wenn ein solcher Zusammenschluß oder ideologischer Wandel auch möglich ist, so bedeutet das noch nicht, daß es zwangsläufig dazu kommen muß. Es bedeutet ganz sicher nicht, daß die technischen Arbeiter dazu bestimmt sind, die Rolle einer Avantgarde zu spielen. Ganz im Gegenteil: die Art ihrer Funktion treibt sie nicht dahin und bereitet sie nicht darauf vor, die Klassenauseinandersetzung zu suchen und darin eine Führungsaufgabe zu übernehmen. Ihr Verhalten in Zeiten der Auseinandersetzung hängt im wesentlichen von ihrer politisch-ideologischen Erziehung ab. Diese Erziehung läßt sich nicht in Kursen erwerben, sondern nur dadurch, daß die Techniker im Kampf und unter dem Druck der radikalisierten Arbeiter erkennen, daß sie durch die Abschaffung der hierarchischen Arbeitsteilung mehr zu gewinnen als zu verlieren haben: Edoarda Masi [12] zufolge können sie erst dann einen Klassenstandpunkt beziehen und für die proletarische Revolution kämpfen, wenn sie beginnen, *sich selbst* in Frage zu stellen und damit allen (einschließlich den Arbeitern) die politisch-ideologische Dimension ihrer *scheinbar* rein technischen Funktion sichtbar machen. Das bedeutet, daß sie:

1. in ihrer Arbeit zwischen ihren besonderen technischen Fähigkeiten einerseits und ihrer Rolle innerhalb der hierarchischen Arbeitsteilung andererseits unterscheiden lernen müssen;
2. sich um die »Vergesellschaftung« ihrer Fachkenntnisse bemühen, d. h. Mittel und Wege finden müssen, wie ihr Wissen allen zugänglich gemacht werden kann, damit es aufhört, *professionelles* [13] Privileg zu sein, das einige wenige auf Kosten aller innehaben. Voraussetzung dafür sind der Kampf gegen die unnötig esoterische Fachsprache der Spezialisten, eine Neubestimmung der Qualifikationen sowie die radikale Umgestaltung des Ausbildungsprozesses (Schulsystem) und der Arbeitsteilung;
3. sich weigern müssen, die gesellschaftlichen Privilegien und Machtpositionen zu akzeptieren, die in der kapitalistischen Arbeitsteilung mit der *professionellen* Ausübung technischer und intellektueller Funktionen verbunden sind.

Mit anderen Worten, man muß eine scharfe Trennungslinie zwischen Spezialisierung, Professionalismus und Privilegien ziehen. Spezialisierung kann in unmittelbarer Zukunft nicht abgeschafft werden, Professionalismus und Privilegien dagegen sehr wohl (das war eine der Neuerungen der chinesischen Kulturrevolution). Es besteht keinerlei technische Notwendigkeit, bestimmte Fachkenntnisse und Funktionen – wie z. B. die des Ingenieurs oder des Lehrers – zu professionalisieren; keinerlei technische Notwendigkeit, bestimmte Qualifikationen mit Status-, Macht- und Geldprivilegien zu verbinden. Die Existenz dieser Privilegien kann nicht mit der Knappheit an technischen und intellektuellen Qualifikationen oder der Fähigkeit, diese zu erwerben, erklärt werden, Es ist fraglich, ob diese Knappheit jemals existiert hat, mit Sicherheit aber spielt sie heute keine Rolle mehr: im Gegenteil, es gibt heute ein potentielles Überangebot an intellektuellen Qualifikationen. Die noch bestehenden Engpässe darf man nicht mangelnder »Begabung« oder Lernfähigkeit zuschreiben; sie resultieren vielmehr aus dem Klassencharakter unseres Erziehungssystems: wie das Beispiel des jungen Technikers zeigt, der so stolz auf seine mathematischen Kenntnisse war, zielt die Schulbildung darauf ab, einer kleinen Minderheit ein Elitebewußtsein zu geben, und trägt so dazu bei, jene durch die kapitalistische Arbeitsteilung erforderliche hierarchische Schichtung der Arbeitskräfte hervorzubringen. Dieses Ergebnis wird durch einen begrifflichen und abstrakten Unterricht erzielt, der Kindern weniger gebildeter Eltern den Erwerb intellektueller Qualifikationen besonders schwer macht und gute Schulleistungen mit dem Recht auf eine privilegierte gesellschaftliche Stellung gleichsetzt. Das Schulsystem ist daher das Schlüsselinstrument für die Bildung gesellschaftlicher Hierarchien: es gibt vor, Begabungs- und Leistungsunterschiede zu *ermitteln,* die es in Wirklichkeit selbst *produziert.* [14]

Auf den ersten Blick scheinen die hier genannten hierarchischen und gesellschaftlichen Privilegien auf die ständig wachsende Schicht der technischen und wissenschaftlichen Arbeiter, die bei der Arbeit in Forschungszentren, in großen Maschinenbauunternehmen und in den sogenannten Spitzenindustrien selbst der kapitalistischen Arbeitsteilung unterworfen sind, nicht zuzutreffen. In den letzten Jahren kam es in den wissenschaftlichen Industrien, in »soft-ware«-Unternehmen, großen Laboratorien etc. häufig zu Streiks von technischen Zeichnern, Kalkulatoren, Technikern und Planungsingenieuren. In vielen Fällen waren der Grund für ihren Protest und ihre Revolte die Frustration und ihr Unwille darüber, daß sie bei ihrer Arbeit ebenso wie manuelle Arbeiter dem System der Arbeitsplatzbewertung, der Parzellierung der Aufgaben und der Kontrolle durch Vorgesetzte unterworfen waren. Wo also intellektuelle Arbeiter keine Führungsaufgaben mehr wahrnehmen, sondern selbst nicht-materielle Waren wie Pläne und Projekte, Systeme, Verfahren, etc. produzieren oder selbstgesteuerte Prozesse überwachen, scheinen sie ihrerseits durch die Parzellierung ihrer Arbeit proletarisiert und entfremdet.

Wir sollten uns jedoch davor hüten, in ihrem Protest bereits das Zeichen für die Entstehung eines proletarischen Bewußtseins zu sehen.

Ein solcher Schluß wäre nur gerechtfertigt, wenn sie sich tatsächlich mit den manuellen Arbeitern vereinigen und mit diesen auf einer Klassenbasis für gemeinsame Ziele kämpfen würden. Obwohl es mehrere Fälle gibt, wo dies geschehen ist (in der chemischen und elektronischen Industrie), sind sie doch noch lange nicht die Regel. Meistens hat die Revolte der intellektuellen Arbeiter stark ambivalenten Charakter: sie rebellieren nicht *als* Proletarier, sondern *gegen* die Behandlung als Proletarier: gegen die hierarchische Teilung, die Parzellierung und den Stumpfsinn ihrer Arbeit; gegen den gesamten oder teilweisen Verlust ihrer gesellschaftlichen Privilegien.

Nun mag man einwenden, daß dies doch eine völlig normale Reaktion sei, daß jeder bewußte Proletarier sich weigere, die proletarischen Lebens- und Arbeitsbedingungen hinzunehmen. Gewiß. Entscheidend aber sind die Art dieser Weigerung und die damit verbundenen Ziele. Der »bewußte Proletarier« kann sich seine persönliche Befreiung nicht ohne die Befreiung des gesamten Proletariats und die Revolutionierung aller gesellschaftlichen Verhältnisse vorstellen. In den Revolten der intellektuellen Arbeiter dagegen gingen die Intentionen zumeist in eine andere Richtung. Ihr antihierarchischer und antiautoritärer Protest war in den meisten Fällen eng mit der Forderung nach Wiederherstellung bestimmter Privilegien verbunden, über die sie verfügten, als sie beruflich noch zur Mittelklasse gehörten. Sie lehnten die proletarischen Lebens- und Arbeitsbedingungen ab, aus der Illusion heraus, daß sie ihnen erspart bleiben könnten, ihnen allein, als einer Schicht außerhalb der Arbeiterklasse. Daraus ergibt sich der ambivalente Charakter ihrer Protestbewegung; einer Bewegung, deren Stoßrichtung viel eher antimonopolistisch als antikapitalistisch ist.

Um diese ambivalente Haltung verstehen zu können, müssen wir die Art der Ausbildung untersuchen, die die meisten Techniker erhalten, und die Gründe, die sie dazu veranlassen, diese Ausbildung zu akzeptieren.

Das auf die Schule aufbauende Unterrichtswesen ist in fast allen kapitalistischen Ländern in zwei deutlich voneinander getrennte Bereiche aufgegliedert: auf der einen Seite die Hochschule »humanistischer« und liberaler Prägung (die traditionelle Universität) und auf der anderen Seite die Techniker- und Ingenieurschulen. [15] Während der Unterricht an den Universitäten eher liberal und informell ist, herrscht an den Techniker- und Ingenieurschulen eine strenge, para-militärische Disziplin. Während die Universitäten Wissen vermitteln und die Studenten zu selbständiger geistiger Arbeit erziehen sollen, zielen die Techniker- und Ingenieurschulen, neben der Vermittlung von Wissen und dessen praktischer Anwendung auch darauf ab, die Persönlichkeit des Studenten so zu formen, daß dieser sich von Anfang an der hierarchischen und autoritären Ordnung der Fabrik, des Laboratoriums oder der Bürokratie anpaßt. Universitätsstudenten sollen kritische Intelligenz entwickeln, die sie befähigt, später in freien Berufen, als Forscher, Unternehmer oder Lehrer selbständig zu arbeiten; ihr Diplom bereitet sie nicht auf eine bestimmte Berufstätigkeit vor, was dazu führen kann, daß nach Abschluß ihrer Ausbildung eine Phase des Suchens oder der Inaktivität folgt. Techniker und Ingenieure dagegen werden für bestimmte Berufe ausgebildet, mit denen jeweils eine bestimmte Position innerhalb der gesellschaftlichen Rangordnung und Arbeitsteilung verbunden ist. Sie haben diese spezielle Ausbildungsart und diesen speziellen Beruf aus zwei Gründen gewählt:

– Aufgrund ihrer sozialen Herkunft haben sie kaum Aussichten, etwas anderes als Lohnempfänger zu werden; sie haben weder genug Zeit noch Geld, um das Risiko einzugehen, nach dem Examen nicht sofort eine Stellung zu finden;

– Sie wollen »sozial aufsteigen« und streben nach einer Anstellung, die sie »über« gewöhnliche Arbeiter und Angestellte erhebt, die ihnen aber kaum Zugang zu den der Oligarchie vorbehaltenen Spitzenpositionen verschafft.

Es liegt in der Natur ihrer Ambitionen, daß sie diese nur innerhalb der bestehenden Ordnung realisieren können, indem sie deren Werteskala akzeptieren, ihre Ziele nicht zu hoch stecken und die Mächtigen respektieren. Und genau das wird ihnen in den Techniker- und Ingenieurschulen beigebracht. Man vermittelt ihnen direkt anwendbares Spezialwissen und trainiert sie darauf, die geeigneten Mittel zur Realisierung vorgegebener Ziele zu bestimmen, ohne die Ziele selbst zu hinterfragen. So erhalten sie eine typisch subalterne »Bildung«, die sich im Unterschied zur bürgerlichen akademischen »Bildung« nicht mit dem Zweck und dem Sinn der Dinge befaßt, sondern mit der wirksamen Anwendung gegebener Mittel. Diese Trennung zwischen bürgerlicher Universitätsbildung und technischer Spezialisierung trägt wesentlich zur Reproduktion der gesellschaftlichen Arbeitsteilung bei. [16]

Techniker- und Ingenieurschulen sind somit geeignet, einen besonderen Typ von »integrierten« Individuen zu produzieren. Oder, um es anders auszudrücken, diejenigen, die sich mit der repressiven Disziplin und den absichtlich unattraktiven Lehrplänen der Technikerschulen widerspruchslos abfinden, besitzen genau die Persönlichkeitsstruktur, die die kapitalistische Industrie braucht. Sie sind eine sorgfältig ausgewählte Minderheit in der Masse der jungen Arbeiter, die davon träumen, eine technisch-wissenschaftliche Qualifikation zu erlangen, weil sie den Strapazen und der Langeweile einer einförmigen Arbeit entfliehen wollen. Sie könnten eine vielseitige praktisch-theoretische Ausbildung erhalten, wenn die Ausbildungsprogramme und Lehrmethoden attraktiv gestaltet würden. Jedoch werden Lehrpläne und Lehrmethoden ganz bewußt so konzipiert, daß sie 50–75% der Schüler (die selbst nur einen kleinen Teil der möglichen Kandidaten darstellen) entmutigen, abstoßen und eliminieren.

Die Gründe für die strenge Selektion und den erheblichen »Ausschuß«, den diese Schulen produzieren, liegen auf der Hand: solange ein großer Bedarf an Handarbeit und ungelernter Arbeit besteht, müssen die Schulen einen entsprechenden Prozentsatz von »Versagern« produzieren, denen keine andere Wahl bleibt, als diese Arbeit zu akzeptieren. Die Produktion von »Versagern« ist für die Reproduktion der hierarchischen gesellschaftlichen Verhältnisse genauso wichtig wie die Produktion von Diplomierten: ein bestimmter Prozentsatz von Jugendlichen muß durch den *scheinbar* objektiven Selektionsprozeß der Schule davon überzeugt werden, daß sie nur zum ungelernten Arbeiter taugen. Sie müssen davon überzeugt werden, daß ihr schulischer Mißerfolg nicht auf ein *Versagen der Schule*, sondern auf ihre eigene persönliche und soziale Minderwertigkeit zurückzuführen ist: »Ihnen fehlt einfach die Begabung zum Lernen«. Umgekehrt muß man denen, die in der Schule Erfolg haben, das Gefühl geben, daß ihre guten Leistungen auf Begabung, Fleiß und Zielstrebigkeit beruhen und daß sie verdienen, »sozial aufzusteigen«. Technikerschulen müssen dafür sorgen, daß ihre Absolventen sich Arbeitern gegenüber herablassend und Vorgesetzten gegenüber unterwürfig geben. Mit dieser systematischen Selektion soll die Arbeiterklasse in verschiedene Schichten gespalten und die technisch qualifizierteste Schicht davon überzeugt werden, daß sie mehr gemeinsame Interessen mit den Mittelklassen verbinden als mit dem Proletariat.

Dieser Versuch, die technischen Arbeiter auf die Seite der Mittelschichten zu bringen, ist nicht nur ein Relikt von früher, als die Techniker noch keine subalterne und unmittelbar produktive Arbeit zu verrichten hatten, sondern als Aufsichtspersonal fungierten. Er entspricht auch dem Bedürfnis des Kapitals, die Überwachung der automatisierten Produktion ideologisch zuverlässigen Leuten anzuvertrauen, von denen man weiß, daß sie aus ihrer technischen Macht kein politisches Kapital zu schlagen versuchen oder sie gar zur Waffe in den Händen der Arbeiterklasse machen. Diejenigen, die die automatisch gesteuerten Prozesse in den Schlüsselsektoren der Produktion kontrollieren, müssen in irgendeiner Form in die privilegierten Schichten des Systems integriert und blind für ihre Klassenzugehörigkeit gemacht werden.

Die Wirksamkeit dieser Integrationsstrategie hängt jedoch ab von den Privilegien, die tatsächlich gewährt werden können. Solange die Schicht der technisch-wissenschaftlichen Arbeiter nur eine kleine Minderheit darstellt, dürfte es in dieser Hinsicht keine unüberwindbaren Schwierigkeiten geben. Wenn sich jedoch das numerische Verhältnis von gelernten und ungelernten Arbeitern umkehrt, drängen die Widersprüche zur Entladung. Diese Situation finden wir potentiell in den Vereinigten Staaten und – wenn auch vorläufig noch in geringerem Maße – in Westeuropa vor:

Technologisch gesehen befinden sich gegenwärtig die fortgeschrittenen kapitalistischen Gesellschaften in einer Übergangsphase (der »dritten industriellen Revolution«) von der mechanisierten zur automatisierten Produktion. Die höheren Schulen müssen weiterhin einen erheblichen Prozentsatz von Versagern produzieren, damit die Industrie (und der Dienstleistungssektor) ihren Bedarf an wenig qualifizierten Arbeitskräften decken kann. Aber es ist schon jetzt deutlich, daß die Zahl der erforderlichen ungelernten Arbeiter abnimmt und daß eine Fachschulausbildung sehr rasch zur Grundvoraussetzung dafür werden wird, überhaupt eine Beschäftigung zu finden, mag sie auch noch so spezialisiert und stupide sein. Die Willkür des Selektionssystems unserer Schule wird damit deutlich: es verbietet einem bestimmten Prozentsatz von Jugendlichen – etwa zwei Dritteln in Westeuropa und einem Drittel in den USA – ihre Ausbildung fortzusetzen, nicht weil die Schulen sie nicht ausbilden könnten, sondern weil sie es nicht für wünschenswert erachten: sie würden dadurch für die Berufe der untersten Kategorie »ungeeignet«.

Andererseits aber kann mit zunehmender Verbreitung der Fach- und Hochschulausbildung *die frühere Verbindung zwischen einer solchen Ausbildung und bestimmten Privilegien nicht mehr aufrechterhalten werden.* Nach neuesten amerikanischen Statistiken liegt das voraussichtliche Lebenseinkommen eines Jugendlichen mit ein- bis dreijähriger Hochschulausbildung (college) nur um 6,25% (d. h. 119 000 gegenüber 112 000 Dollar über dem eines high-school-Absolventen. Daraus ergibt sich folgender Widerspruch: die Fachschulausbildung beruht nach wie vor auf dem Selektions- und Konkurrenzprinzip und zwingt die jungen Leute, sich so konform zu verhalten, wie man es von ihnen verlangt, wenn sie sozial »aufsteigen« und »Erfolg haben« wollen; die angeblich qualifizierten Berufe aber, zu denen die Techniker- und Fachhochschulen (und in Frankreich und Italien die verkürzte zweijährige Hochschulausbildung (premier cycle) hinführen, sind kaum noch mit finanziellen, sozialen oder beruflichen Privilegien verbunden: die meisten Absolventen sind dazu verurteilt, als subalterne technische Arbeiter in den hochentwickelten Industrien und im Dienstleistungssektor (der seinerseits industrialisiert ist) tätig zu sein und die entfremdete und frustrierende Arbeit der »nach-industriellen Gesellschaft« zu verrichten. [17] Noch ist diese Arbeit weniger unerträglich als die Arbeit in mechanisierten Industrien. Diese Tatsache aber ist nur für die Arbeiter in diesen Industrien relevant, für die jungen Techniker der »nach-industriellen Gesellschaft« bedeutet sie keinen Trost.

Die jungen Techniker stehen daher vor folgenden Alternativen:

– Entweder sie haben sich dem repressiven und selektiven Schulsystem, das ihnen Aufstieg und Privilegien versprach, völlig angepaßt und rebellieren, wenn sie sehen, daß ihre subalterne und stumpfsinnige Arbeit in keiner Weise den Versprechungen des Systems und ihrem Wunsch nach Ansehen und persönlicher Entfaltung entspricht. Dieser Protest ist politisch ambivalent (er kann sowohl faschistische als auch reformistische Formen annehmen);

– oder sie erkennen schon während ihrer Ausbildung, daß die Versprechungen und Werte dieses Schulsystems ein einziger Betrug sind, und lehnen sich zunächst gegen die Disziplinierung in der Schule und später gegen die Disziplinierung im Beruf auf. Denn weshalb sollen sie sich mit repressiven und autoritären Lehrmethoden abfinden, wenn ihnen die schulische »Ausbildung« weder gesellschaftlichen Aufstieg noch eine interessante und kreative berufliche Tätigkeit garantiert? Wenn sie von einem erfolgreichen Schulabschluß ohnehin nichts erwarten können, warum dann nicht gleich auf die ganze Schule und das System pfeifen und den eigenen Bedürfnissen nachgehen?

Nur die letztere dieser beiden Haltungen ist potentiell revolutionär; weil hier deutlich aufgezeigt wird, weshalb sich die Erwartungen, die jemanden dazu veranlassen, sich der Disziplinierung von Schule, Fabrik und Administration zu unterwerfen, objektiv als trügerisch erweisen müssen. Hier ist erkannt worden, daß die Ablehnung (und die Krise) des Schulsystems Hand in Hand gehen muß mit der Ablehnung des Gesellschaftssystems und seiner hierarchischen Arbeitsteilung. Damit wird die Zwiespältigkeit der ersten Haltung überwunden, deren Vertreter gegen die Entfremdung der technischen Arbeit rebellierten, weil sie deren Proletarisierung ablehnten im Namen einer kleinbürgerlichen Hierarchievorstellung, die zwar vom System noch aufrechterhalten wird, von der Entwicklung der Technik und der Produktivkräfte aber bereits überholt ist.

Als Serge Mallet und andere vor zehn Jahren über die »neue Arbeiterklasse« schrieben, haben sie diese Zwiespältigkeit nicht beachtet. Sie unterschieden (was damals noch legitim war) zwischen der »alten« Arbeiterklasse, die sich im wesentlichen auf »quantitative« Forderungen beschränkte, und der »neuen Arbeiterklasse«, die vor allem »qualitative« Forderungen stellte. Doch mit der Verallgemeinerung der nach-schulischen Ausbildung und der Technisierung (oder »Intellektualisierung«) der Arbeit wird diese Unterscheidung zwischen »alter« und »neuer« Arbeiterklasse – zumindest bei den jüngeren Arbeitern – hinfällig. Diese wissen oder ahnen, daß die technischen Arbeiter die Proletarier der »technotronischen Gesellschaft« sein werden. [...]

Damit werden die objektiven Grundlagen für eine politische und ideologische Vereinigung von technischen und manuellen Arbeitern im gemeinsamen Kampf gegen die kapitalistische Arbeitsteilung und die kapitalistischen Produktionsverhältnisse sichtbar. Jedoch muß die objektive Möglichkeit dieser Vereinigung noch durch die Bestimmung des Kampfterrains und der Kampfziele deutlich gemacht werden. Die Ziele müssen zwangsläufig die einer »Kulturrevolution« sein. Zerstörung der Unterscheidung, Hierarchisierung und Trennung von manueller und intellektueller Arbeit, von Planung und Ausführung; Freisetzung der kreativen Fähigkeiten aller Arbeiter. Das Kampfterrain muß die Fabrik sein, wo die Arbeiter unterdrückt und geistig verstümmelt werden, und zugleich die Schule, in der das für die Fabrik erforderliche »Menschenmaterial« geformt wird.

Der Kampf gegen die Hierarchie in der Fabrik muß als Kampf gegen die Matrix dieser Hierarchie – das Schulsystem – fortgeführt werden, weil erst dadurch auch die Grundlagen für die Reproduktion der gesellschaftlichen Verhältnisse des Kapitalismus und seiner hierarchischen Arbeitsteilung erschüttert werden. Umgekehrt kann der Kampf gegen das repressive und selektive Schulsystem erst dann wirklich erfolgreich geführt werden, wenn er sich mit dem Kampf gegen Hierarchie und Klassifizierung im Betrieb verbindet. [18] Unterricht und Produktion, Ausbildung und Arbeit haben sich voneinander getrennt, weil Theorie und Wissen von der Praxis getrennt worden sind und der Arbeiter von den Produktionsmitteln, der Kultur und der bürgerlichen Gesellschaft. Daher ist eine wesentliche Forderung aus kommunistischer Perspektive die Wiedervereinigung von Erziehung und Produktion, von Arbeit und Kultur.

Anmerkungen

1 Die Stellen, auf die ich hier Bezug nehme, könnten in der Tat für reformistische oder »revisionistische« Theoretiker sehr wertvoll sein. Doch muß, bevor ich sie zitiere, daran erinnert werden, daß dort die Unterscheidung zwischen produktiver und unproduktiver Arbeit immer vom Standpunkt des Kapitals gemacht wird, sie also hinsichtlich des »immanenten« Interesse und Nutzens, den eine produktiv genannte Tätigkeit für den Nicht-Kapitalisten haben mag, keinerlei Werturteil beinhaltet und daß sie keine Bestimmung dessen zu sein beansprucht, was im Rahmen einer anderen Produktionsweise produktiv ist.
Für Marx ist die Arbeit produktiv, die Mehrwert produziert und somit direkt dazu beiträgt, das Kapital zu reproduzieren, mit dem ihre eigene Reproduktion (ihr Lohn) bezahlt wird. Unproduktiv ist demnach jede Arbeit, die keinen Mehrwert produziert, auch wenn sie mit Lohnabhängigkeit und Unterdrükkung verbunden ist, auch wenn sie für die Realisierung des Mehrwerts (Verkäufer, Werbeagenten etc.) oder die Zirkulation des Kapitals (Bankangestellte) unerläßlich ist oder die Bedingungen der kapitalistischen Produktion schafft, was zum Beispiel für die unabhängige Forschung und das Schulwesen zutrifft. Bezüglich des »produktiven Gesamtarbeiters« schreibt Marx: »Da mit der Entwicklung der reellen Subsumtion der Arbeit unter das Kapital oder der spezifisch kapitalistischen Produktionsweise nicht der einzelne Arbeiter, sondern mehr und mehr ein sozial kombiniertes Arbeitsvermögen der wirkliche Funktionär des Gesamtarbeitsprozesses wird, und die verschiedenen Arbeitsvermögen, die konkurrieren, und die gesamte produktive Maschine bilden, in sehr verschiedener Weise an dem unmittelbaren Prozeß der Waren- oder besser hier Produktbildung teilnehmen, der eine mehr mit der Hand, der andre mehr mit dem Kopf arbeitet, der eine als manager, engineer, Technolog etc., der

andre als overlooker, der dritte als direkter Handarbeiter, oder gar bloß Handlanger, so werden mehr und mehr Funktionen von Arbeitsvermögen unter den unmittelbaren Begriff der produktiven Arbeit und ihre Träger unter den Begriff der produktiven Arbeiter, direkt vom Kapital ausgebeuteter und seinem Verwertungs- und Produktionsprozeß überhaupt untergeordneter Arbeiter einrangiert. Betrachtet man den Gesamtarbeiter, aus dem das Atelier besteht, so verwirklicht sich materialiter seine kombinierte Tätigkeit unmittelbar in einem Gesamtprodukt, das zugleich eine Gesamtmasse von Waren ist, wobei es ganz gleichgültig, ob die Funktion des einzelnen Arbeiters, der nur ein Glied dieses Gesamtarbeiters, ferner oder näher der unmittelbaren Handarbeit steht.« *Resultate des unmittelbaren Produktionsprozesses*, Frankfurt 1969, S. 65 f.
»Zum Beispiel die (...) Handlanger in einer Fabrik haben nichts direkt mit der Bearbeitung des Rohstoffs zu tun. Die Arbeiter, die die Aufseher der direkt mit dieser Arbeit zu tun Habenden bilden, stehn einen Schritt weiter ab; der Ingenieur hat wieder ein andres Verhältnis und arbeitet hauptsächlich nur mit seinem Kopfe etc. Aber *das Ganze dieser Arbeiter*, die Arbeitsvermögen von verschiedenem Werte besitzen (...), sind die lebendige Produktionsmaschine dieser *Produkte*, wie sie, den gesamten Produktionsprozeß betrachtet, ihre Arbeit gegen Kapital austauschen und das Geld der Kapitalisten als Kapital reproduzieren (...). *Es ist ja eben das Eigentümliche der kapitalistischen Produktionsweise, die verschiedenen Arbeiten, also auch die Kopf- und Handarbeiten (...) zu trennen und an verschiedene Personen zu verteilen, was jedoch nicht hindert, daß das materielle Produkt das gemeinsame Produkt dieser Personen ist (...).«* (Hervorhebungen von mir, A. G.) *Theorien über den Mehrwert*, 1. Teil, Berlin 1965, S. 386–387.
Man beachte, daß der von mir hervorgehobene letzte Satz die Möglichkeiten einer »revisionistischen« Auswertung der ihm vorangehenden Analysen erheblich einschränkt.

2 Dies ist eine zentrale These von Herbert Marcuse. Ich halte sie für grundsätzlich richtig, ohne deshalb allen Analysen, mit denen Marcuse sie stützt, und den politischen Schlußfolgerungen, die er daraus zieht, zustimmen zu können.

3 Eine der Hauptthesen im *Monopolkapital* von Paul Baran und Paul Sweezy, Frankfurt 1967.

4 Diese Position wird von allen Teilen der revolutionären Linken vertreten, selbst wenn dabei jeweils verschiedene Ebenen bevorzugt werden: »konkrete Utopie«, Gegenkultur, »Veränderung des Lebens«; ideologischer Kampf, bewaffneter Kampf; Übergangsprogramm oder kommunistisches Programm.

5 *Der eindimensionale Mensch* ist in diesem Punkt insofern ambivalent, als Marcuse dort unvermittelt von der *historischen* Kritik der Technisierung zur Kritik der Technologie in ihrer *Substanz* und der wissenschaftlich-technischen Grundhaltung im allgemeinen übergeht. Es wird dort beschrieben, wie sich Kapitalismus und Technologie gegenseitig zur Entfaltung bringen und die Herrschaft und Ideologie der Mittel erzeugen, ohne daß die nach unserer Ansicht zentrale Frage gestellt wird: ist die Indifferenz gegen die Zwecke für die technisch-wissenschaftliche Tätigkeit *im allgemeinen* charakteristisch, auf Grund der spezifischen Grundhaltung (»Objektivität«, »Wertfreiheit«), die sie erfordert? Oder ist die Indifferenz gegen die Zwecke – auf der Ebene der technisch-wissenschaftlichen Tätigkeit *unter anderen* – determiniert durch die Trennung zwischen Tätigkeit, Mittel und Zweck, Theorie und Praxis, Wissen-

schaft und Volk innerhalb der *kapitalistischen* Arbeitsteilung; und durch die systematische Produktion (durch *Selektion* und *Dressur*) dieses »zweckfrei« denkenden Menschentyps, der sicherlich mehr der *Vorstellung* entspricht, die sich das Kapital von der technisch-wissenschaftlichen Tätigkeit macht, als ihrer internen Logik?

6 Zu dieser Schlußfolgerung kommt Charles Bettelheim in *Ökonomischer Kalkül und Eigentumsformen*, Berlin 1970. Siehe auch Jean Daubier, *Histoire de la Révolution culturelle chinoise*, Maspero, 1970.

7 Es handelt sich hier um die wichtigsten Merkmale, die wir – in unterschiedlicher Weise – in verschiedenen amerikanischen Konzeptionen wiederfinden. Diese Konzeptionen werden im allgemeinen von sozio-psychologisch geschulten »consultants« propagiert, die, weil sie ihre Karriere auf persönlichen Erfolg aufbauen, die Besonderheit ihrer Konzeption (und ihrer »Philosophie«) hervorheben und nicht die alle Konzeptionen dieser Art verbindenden Merkmale. Doch sind sie sich zumeist darin einig, daß die Zerstörung der hierarchischen Schranken, die Entspezialisierung der Aufgaben, die Abschaffung der Befehlsgewalt von Vorgesetzten, die Selbstorganisation der Produktionskollektive und die zumindest scheinbare Transparenz der gemeinsamen Ziele und der dazu erforderlichen Mittel wesentliche – und mit den »Vorrechten der Unternehmer« schwer vereinbare – Voraussetzungen des Erfolgs sind.

8 Dies ist natürlich ein weiteres Argument *für* (und nicht gegen) solche Experimente oder Ansätze zu technischer Arbeiterselbstverwaltung, weil sich damit auch neue *Kampfformen* anbieten (Streiks mit Selbstverwaltung des »Arbeitsinstruments«, Selbstbestimmung des Arbeitsprozesses, der Bandgeschwindigkeiten, etc.).

9 In *Business Week* vom 17. Oktober 1970, S. 59. Es versteht sich von selbst – und darüber macht sich dieser Delegierte sicherlich keine Illusionen –, daß der Kampf nur gewonnen werden kann, wenn er über den Rahmen des einzelnen Betriebs und sogar über den Rahmen des Konzerns hinausgeht.

10 Am Ende einer Betriebsmonographie, in der William Foote Whyte den unüberwindbaren Widerstand einer großen Abteilung von Werkzeugmachern und Fräsern gegen verschiedene Versuche, ihnen Leistungsnormen aufzuzwingen, beschreibt, heißt es: »Man hat hier den Eindruck, daß die Betriebsleitung so sehr um die Sicherung ihrer Kontrolle über die Arbeiter besorgt ist, daß sie darüber den ursprünglichen Zweck einer solchen Kontrolle aus den Augen verliert. Ein unvoreingenommener Besucher der Fabrik wäre überrascht zu erfahren, daß der Zweck die *Sicherung der Produktion* sei. Wenn es möglich gewesen wäre, einige der oben genannten Vorschriften durchzusetzen, hätte das mit Sicherheit zu einem Produktionsrückgang geführt.« *Money and Motivation*, Harper Torchbooks, New York, 1970, S. 65–66.

11 Ich betone noch einmal, daß es sich hier nur um mechanisierte Industrien handelt, in denen technische Arbeiter und manuelle Arbeiter in einem hierarchischen Verhältnis stehen, und nicht um automatisierte Industrien, wo die technischen Arbeiter nur eine komplexe »Maschinerie« überwachen.

12 *Di alcuni dei molti problemi nondifferibili*, in: Quaderni Piacentini Nr. 42; deutsch demnächst in: E. Masi, *Kritik und Selbstkritik der Neuen Linken*, Berlin 1973 (Internationale Marxistische Diskussion).

13 Der Begriff »professionell« wird hier, wie bei Edoarda Masi, im Sinne von »Professionalismus« gebraucht: eine Qualifikation wird professionell, wenn

derjenige, der sie besitzt, darauf einen besonderen Status gründet, und den Besitz oder *meistens* die Anerkennung derselben all denen verweigert, die nicht den Ausbildungsabschluß oder die Stellung haben, welche erst die Ausübung der Qualifikation institutionalisieren.

14 Vgl. Bourdieu und Passeron, *La Reproduction*, éditions de minuit, 1970.

15 Die Ingenieurschulen dürfen nicht mit technischen Universitäten verwechselt werden, aus denen nach strenger Selektion eine Führungselite hervorgeht. Die französischen Eliteschulen (»Grandes Ecoles«) muß man auf Grund ihrer Funktion mit technischen Universitäten vergleichen: strenge Selektion, langes Studium, elitärer Korpsgeist ... Sie sind in Frankreich aus historischen und nicht aus funktionellen Gründen von der Universität getrennt. Mit Ingenieurschulen sind hier Höhere Technische Lehranstalten und Fachhochschulen gemeint, die nur ein kurzes Studium erfordern, deren Diplom ein geringeres Prestige hat als das einer Universität und deren Lehrplan im allgemeinen von den Arbeitgeberverbänden kontrolliert wird.

16 Eckhard Kanzow gibt von den deutschen Ingenieurschulen folgende Beschreibung, die ebenso für die Schulen anderer Länder zutrifft: Pflichtveranstaltungen bis zu 40 Stunden pro Woche, rasches Vorlesungstempo, zahlreiche obligatorische Hausarbeiten; um all das zu tun, was von ihm verlangt wird, brauchte der Student mehr als 24 Stunden am Tag. Rigide Disziplin, eine Vielzahl von Prüfungen und autoritäres Verhalten der Professoren tragen zur Nivellierung von Verhaltensweisen und Leistungen bei. Der Lernerfolg in diesem System besteht allenfalls in der Fähigkeit zu überleben. »Das Studium selbst besteht aus einem Konglomerat verschiedenster, relativ beziehungslos nebeneinander herlaufender, jeweils am Einzelfach orientierter Ausbildungsvorgänge. Eine sinnvolle Didaktik ist nie entwickelt worden. Inhaltlich gesehen geht es fast ausschließlich um das Erlernen von Fakten, Formeln und die Fähigkeit, sich kurzfristig Präsenzwissen anzueignen. Folge: die Unmöglichkeit, über das Fachwissen hinaus zu verstehendem Studieren zu gelangen; die Unfähigkeit, sich selbst neue Wissensgehalte anzueignen; völliges Fehlen von Kritikfähigkeit gegenüber dem eigenen Fach, Selbständigkeit im Denken und Entscheiden und der Fähigkeit, Rezepte selbst zu machen (Formeln, Lösungsmuster für technische Probleme).

Diese Form der Ausbildung erzieht den einzelnen zu Verhaltensweisen, wie sie von ihm im Betrieb erwartet werden ... Ergebnis: ein kritikloser, angepaßter, kontaktarmer ›Unteroffizier der Produktion‹, der sehr gut die Fähigkeit beherrscht, sich kurzfristig einzuarbeiten und das zu tun, was ihm von den ›Oberoffizieren der Produktion‹ befohlen wird.

Die Ingenieurstudenten stammen zum großen Teil aus den traditionell an den Hochschulen unterrepräsentierten Sozialschichten. Eine zunehmende Verschiebung der sozialen Herkunft der im Hochschulsektor Lernenden zugunsten der unterprivilegierten Klasse hätte dieser bei gleichzeitiger rigoroser Straffung und Verschulung der Hochschule die gesellschaftliche Funktion der Hochschule unmittelbar verdeutlicht. Das aber konnte sich die herrschende Klasse unter keinen Umständen leisten: die Hochschule wäre zu einem sozialen Konfliktherd geworden. So gesehen stellt die Expansion der Ingenieurschulen einen brauchbaren Kompromiß dar, weil das Bildungsprivileg in einem Bereich gelockert wird, den man fest im Griff hat (überschaubare Größen der Schulen und Klasseneinheiten; vereinzelte Studenten, die jeglicher alternativer Erfahrungen entbehrten). Zudem repräsentieren die Studenten der Ingenieurschulen eine Gruppe im Ausbildungswesen, die man mit dem Versprechen eines raschen sozialen Aufstiegs korrumpieren kann.«

An anderer Stelle geht E. Kanzow auf die Höheren Fachschulen (zweiter Bildungsweg) ein, die unter der Kontrolle der Bundesvereinigung der deutschen Arbeitgeberverbände (BDA) durch die Förderung von Arbeitern mit »praktisch-wissenschaftlicher Begabung« die »Chancengleichheit« verwirklichen sollen. In diesem Zusammenhang zitiert Kanzow folgende höchst aufschlußreiche Aussage eines Vertreters der Unternehmerseite: »Die Erfüllung betrieblicher Rationalisierung durch die Erfüllung bildungsmäßiger Produktionsanforderungen wird stets als verbunden gesehen mit dem Beibehalten der betrieblichen Hierarchie. Die durch technischen Fortschritt sich verändernde betriebliche Hierarchie soll stabilisiert werden durch einen ZBW als differenzierter Stufenleiter, als System von aufeinander aufbauenden Abschlüssen, deren jeder den Zugang zu bestimmten betrieblichen Positionen vermittelt ... Da mit Klassenlosigkeit Nivellierung mitgedacht wird, kann außer der Beseitigung einiger restlicher sozialer Trennungslinien (sic) das Problem der Durchsetzung von Gleichheit nur noch in der Beseitigung ideologischen Bewußtseins bestehen (resic).« Aus K. H. Roth und E. Kanzow, *Unwissen als Ohnmacht*, Berlin 1970, S. 224–226 und 171.

17 Daher die von Antonio Lettieri vertretene These, daß das Studium *erzwungene unproduktive Arbeit* ist, die (unter anderem) die Arbeitslosigkeit der Jugendlichen verschleiern soll.

18 Unter diesem Gesichtspunkt sind die Studenten der Berufs-, Techniker- und Ingenieurschulen viel eher in der Lage, die Entstehung einer revolutionären Massenavantgarde zu unterstützen, als Oberschüler und Universitätsstudenten. Für diese galten sie lange als der Typ des folgsamen und apathischen Schülers. In der Tat ging die politische Radikalisierung eindeutig von den Universitäten und Oberschulen aus und griff erst danach auf die Höheren Technischen Lehranstalten und Berufsschulen über. Dieser zeitliche Unterschied ist leicht erklärbar. Die ideologische Artikulation eines neuen Radikalismus entsteht nie zuerst in den Schichten, die der stärksten Unterdrückung und der größten materiellen Unsicherheit ausgesetzt sind; sie beginnt immer in den Schichten, die über eine gewisse intellektuelle und materielle Autonomie verfügen: d. h. bei Pächtern und Kleinbauern eher als bei Landarbeitern, bei mehr oder weniger qualifizierten Arbeitern eher als bei Hilfsarbeitern und angelernten Arbeitern, etc.

Dieser zeitliche Unterschied bedeutet jedoch keineswegs, daß sich bei der Schicht, die erst später radikalisiert wurde, die Radikalisierung langsamer und weniger tiefgreifend vollzieht, wenn sie erst einmal eingesetzt hat. Das beste Beispiel dafür lieferten – im studentischen Bereich – die Studenten der Höheren Technischen Lehranstalten und »Ingenieurschulen« in der Bundesrepublik. Ihre stärkste Organisation, der S.V.I. (Studentenverband deutscher Ingenieurschulen), löste im März 1968 und im April 1969 Protestbewegungen aus, als die Revolte der Universitätsstudenten ihren Höhepunkt erreicht hatte. Beide Male war die Bewegung an den Ingenieurschulen massiver (70% bis 90% aller Studenten) und radikaler als in den Universitäten: unbefristeter Vorlesungsstreik, Examensboykott, Besetzung öffentlicher Gebäude, Eliminierung leitender Bürokraten, kollektive Ausarbeitung andersartiger Lehrpläne und Lehrmethoden in Arbeitsgruppen, Organisierung von »Gegenschulen« und vor allem – was, den Universitätsstudenten nur selten gelang – Eindringen in die Betriebe, um den Arbeitern den Streik zu erklären und mit ihnen über seine Ziele zu diskutieren. [...]

Kapitel II
Industrie und gesellschaftliche Umwelt

Otto Neuloh

Sozialisation und Schichtarbeit

I. Die Sonderstellung der Schichtarbeit in der Anpassungsproblematik ›Industrie und Gesellschaft‹

Das Problem der Schichtarbeit ist bisher in der arbeits- und sozialwissenschaftlichen Literatur nur sehr einseitig untersucht worden, und zwar vornehmlich unter betriebswirtschaftlichen, technischen, organisatorischen sowie in geringem Umfang unter arbeitsphysiologischen und arbeitspsychologischen Aspekten. Dabei hat sich die Arbeitsphysiologie vor allem mit der Störung der individuellen biologischen Rhythmik durch Wechselschichten und mit ihren Einflüssen auf bestimmte Krankheitssymptome, z. B. Magengeschwüre, befaßt. Die Arbeitspsychologie beschränkte sich, soweit wir sehen, auf die Untersuchung der psychischen Veränderungen, Hemmungen und Neurosen, die aus der Umstellung der Probanden von der traditionellen Einteilung von Arbeit, Entspannung und Ruhe auf den Wechselschicht-Rhythmus und aus den damit verbundenen inneren Spannungen entstehen.

Für die soziologische Forschung ist die Schichtarbeit bisher nur im Zusammenhang mit anderen Arbeitszeit- und Leistungsproblemen, also als sekundäre Frage, interessant gewesen, z. B. als Problem der durchlaufenden Arbeitsweise und Sonntagsarbeit. [1] Dabei sind auch die Auswirkungen derartig abweichender Arbeitszeitdifferenzierung der modernen Produktionswelt auf die betriebliche und außerbetriebliche Umwelt, insbesondere die Familie, untersucht worden, aber immer unter dem Gesichtspunkt der Annahme oder Ablehnung solcher Arbeitszeitregelungen. Somit bedeutet die Gegenüberstellung von Sozialisation und Schichtarbeit eine neue Fragestellung und zugleich einen neuen Beitrag zur Theorie der Sozialisation überhaupt. Für einen solchen Beitrag bildet die Schichtarbeit ein besonders geeignetes Demonstrationsfeld, denn sie bereitet – wie hier schon hypothetisch gesagt werden kann – der Sozialisation besondere Hemmungen und Schwierigkeiten, sowohl für den Schichtarbeiter als Person und Umweltobjekt, wie auch für seine Familie, ihre Binnenstruktur und ihre Beziehungen zur Außenwelt.

Beim augenblicklichen Stand der Forschung läßt sich dazu nur Material verwenden, das bei anderen soziologischen Untersuchungen über Arbeitszeitfragen angefallen ist. Für den hier vorgelegten Beitrag werden einige Ergebnisse von zwei langfristigen Untersuchungen über die ›durchlaufende Arbeitsweise in der Eisen- und Stahlindustrie‹ und über ›Arbeitszeit und Produktivität‹ in anderen Industriezweigen und Regionen zugrunde gelegt.

1. *Die Sonderstellung der Schichtarbeit gegenüber der Normalarbeitszeit*

Unter Schichtarbeit verstehen wir das Gegenteil von Normalarbeitszeit, nämlich eine im Tages- und Wochenrhythmus wechselnde Verteilung von Arbeitszeit und Nichtarbeitszeit (Freizeit und Schlafzeit). Schichtarbeit bedeutet damit die Aufhebung der traditionellen Zeiteinteilung von Arbeit, Entspannung und Schlaf, also eine Neuverteilung dieser Elemente. Da die außerbetriebliche Umwelt des Schichtarbeiters (eigene Familie, Elternfamilie, Nachbarschaft, Freundschaft und Vereinigungen) im allgemeinen in dieser traditionellen Zeiteinteilung bleibt, lebt der Schichtarbeiter in zwei verschiedenen Zeitordnungen, wodurch Spannungen psychischer und sozialer Natur entstehen können.

2. *Schichtarbeit und ›Feierabend‹*

Regelmäßig wiederkehrende normale Freizeitvorstellungen sind ›Feierabend‹ und Wochenende. Der Begriff ›Feierabend‹ ist in der Umgangssprache eindeutig festgelegt. Er bedeutet, daß etwa die Zeit von 18–24 Uhr als allgemeiner Feierabend gilt, d. h. jene Zeit, in der die Bevölkerung mit Normalarbeitszeit sich der Erholung, der Unterhaltung und der Freizeitbeschäftigung widmen kann. Die gegenwärtige Tagesordnung des gesellschaftlichen Lebens geht von dieser Feierabendvorstellung aus. Die Veranstaltungen der Massenmedien (Rundfunk, Fernsehen), des kulturellen Lebens (Theater, Konzerte, Vorträge), des sportlichen Bereichs und der sonstigen Gelegenheiten zu einer sozialen, d. h. in Zusammenarbeit mit anderen zu gestaltenden Freizeit, beziehen sich auf den Feierabend. Das erstreckt sich auch auf das Zusammenleben innerhalb der eigenen Familie, mit der Großfamilie und mit der Nachbarschaft, denn die sogenannten privaten ›Abendgesellschaften‹ – wenn man das in einem sehr weiten Sinn verstehen darf – finden eben am traditionellen Feierabend statt: Insofern kann man die heute noch bestehende Vorstellung vom ›Feierabend‹ mit dem Begriff der ›Abendgesellschaft‹ gleichsetzen.

Der Schichtarbeiter wird von dieser ›Abendgesellschaft‹ weitgehend ausgeschlossen. In dem Turnus von Früh-, Mittags- und Nachtschicht besteht für ihn keine Möglichkeit, nach der Rückkehr von der Mittagsschicht, d. h. gegen 22.30 oder 23 Uhr, je nach der Wegezeit, und vor der Nachtschicht, bei der er gegen 21 Uhr das Haus verlassen muß, die Vorteile der gegenwärtigen Tagesordnung des gesellschaftlichen Lebens in Anspruch zu nehmen. So geraten im Leben des Schichtarbeiters zwei grundverschiedene Ordnungsvorstellungen in Kollision: die allgemeinen Sozialnormen von Feierabend, Freizeit und ihrer Gestaltung einerseits, die technisch-organisatorisch genormte Sozialordnung des Industriebetriebes andererseits.

Denn der Begriff ›Industriegesellschaft‹ oder ›industrialisierte Gesellschaft‹ bedeutet, daß eine solche Gesellschaft sich im Prozeß der Industrialisierung und damit des ständigen Wandels befindet und nicht an tradierte Lebens- und Denkgewohnheiten gebunden sein kann, weil die Produktionsbedingungen bestimmter Industriezweige und andere Umstände es nicht zulassen, daß zu dieser Zeit die Arbeit ruht. Insofern ist auch die Arbeitszeit ›industrialisiert‹ worden, d. h. sie wurde dem Rhythmus industrieller Produktion angepaßt. In der Schichtarbeit stehen sich industrialisierte Arbeitszeit und vorindustrielle Ordnungsvorstellungen der Gesellschaft gegenüber. Der Schichtarbeiter ist einbezogen in den produktionstechnischen circulus vitiosus; für ihn ist der natürliche Dreitakt des Wechsels zwischen Arbeit, Erholung und Schlaf aufgehoben. Die durch den Schichtwechsel eintretende Rotation des Lebensrhythmus bedeutet einen vielseitigen Zwang zur Anpassung an einen völlig neuen Lebensstil. Hier beginnt die eigentliche Problematik der Synchronisierung der unterschiedlichen Lebensrhythmen von Person, Gesellschaft Kultur und damit eines der tiefsten und immer mehr Menschen erfassenden Probleme der Sozialisation überhaupt. Nicht nur der Rhythmus der physischen Umwelt – mit dem Wechsel von Tag und Nacht durch die Umdrehung der Erdkugel und mit ihren Jahreszeiten durch den Umlauf der Erde um die Sonne –, sondern auch der Rhythmus der gesellschaftlichen und kulturellen Umwelt, in der die Grundstruktur der sozialkulturellen Persönlichkeit geformt wird, werden durch die Wechselschicht unterbrochen. Die Schichtarbeit bedeutet in der herrschenden Ordnung des gesellschaftlichen Lebens eine ständige Auseinandersetzung zwischen industriellen Arbeits- und Produktionsbedingungen und herkömmlichen gesellschaftlichen Normen. Bei der Aufgabe, in dieser Auseinandersetzung zwischen zwei grundverschiedenen Lebenssphären, der Arbeitszeit im Betrieb und der Freizeit in der Gesellschaft, sein eigenes Leben und das der Familie, sowie seinen Kontakt mit der Umwelt zu ordnen, muß der Schichtarbeiter seinen eigenen Standort finden.

In diese spezielle Auseinandersetzung wird auch das Wochenende einbezogen, wenn die Schichtarbeit in durchlaufender Arbeitsweise verrichtet wird. Nach der gegenwärtig geltenden Regelung werden dem Schichtarbeiter in der durchlaufenden Arbeitsweise 26 Wochenendfreizeiten ermöglicht, von denen aber die Hälfte mit angeschnittenen Sonntagen beginnt, d. h. er kommt nach seiner Schicht am Sonntag früh gegen 6.30 Uhr oder 7 Uhr heim. An den übrigen 26 Wochenenden hat er die normale Wechselarbeit; an die Stelle des Wochenendes tritt die wochentägliche Freizeit, die ihn über die normale Schichtarbeit hinaus aus dem Rhythmus der gesellschaftlichen Lebensordnung ausschaltet. Allerdings verändert sich an diesen Wochentagsfreizeiten für ihn der Wert des Feierabends insofern, als er zur allgemeinen Ordnung zurückfinden kann.

4. *Schichtarbeiter – soziale Unterschicht?*

Da die Schichtarbeit somit eine nach Zeit und Inhalt vom normalen gesellschaftlichen Leben abweichende Arbeitszeit ist, ist die Frage gestellt worden, ob es sich bei den Schichtarbeitern nicht ebenso vorwiegend um abweichende Verhaltensstrukturen handelt. Verhaltensmuster solcher Art liegen z. B. bei denjenigen Bevölkerungskreisen vor, die in verschiedener Weise die Nacht zum Tage machen und die man, teilweise wenigstens, mit dem Begriff ›Unterwelt‹ bezeichnet. Dazu ist allen Ernstes die Frage aufgeworfen worden, ob sich in der Schichtarbeit nicht in besonderem Maße eine soziale Unterschicht sammle, in der ohnehin die Neigung zu abweichendem Verhalten und Isolierungsmerkmale vorliegen. Hinzu kommt, daß auch notorische Berufswechsler, Gelegenheitsarbeiter und ähnliche Gruppen dazu gehören.

Diese Frage ist zunächst einmal mit dem Hinweis zu beantworten, daß die Wechselschichtarbeit, wie quantitativ noch nachzuweisen ist, hauptsächlich in den Bereichen der Grundstoffindustrie vertreten ist (also Bergbau, Eisen- und Stahlindustrie, Chemie, Papier). Darüber hinaus gibt es Tagesschichtwechsel in fast allen Industriezweigen, je nach dem Beschäftigungsgrad und der Konjunktur. Saisongewerbe, wie z. B. die Zuckerindustrie, Teile der Bauindustrie haben nur zu bestimmten Zeiten und in bestimmten Phasen der Produktion Mehrschichtarbeit, vielfach auch Nachtarbeit. Wir wollen damit nur sagen, daß technische und wirtschaftliche Erfordernisse Art und Verbreitung der Schichtarbeit bestimmen und nicht die individuelle Verhaltensweise. Dabei gehen immer mehr Betriebe zur Schichtarbeit über, die früher nie daran gedacht haben. Diese Ausbreitung der Schichtarbeit hängt nicht nur mit der Konjunktur und in deren Folge mit der Erledigung dringender Aufträge zusammen, sondern auch mit der fortschreitenden Automatisierung in Betrieb und Büro. Sowohl die Technik als auch die Rentabilität automatisierter Produktionsprozesse lassen eine durchlaufende Arbeitsweise oder mindestens ein Zwei-Schichten-System als vorteilhaft erscheinen. So kommt es, daß besonders im Bereich von Angestelltentätigkeiten, z. B. bei Banken, Versicherungsgesellschaften und großen Verwaltungen, Zwei- oder Drei-Schichten-Systeme mehr und mehr eingeführt werden.

Es besteht also keinerlei Beziehung zwischen der besonderen Verhaltensform der sozialen Unterschicht und der technisch und ökonomisch bedingten Schichtarbeit, abgesehen davon, daß, rein quantitativ gesehen, eine solche Gleichsetzung ad absurdum geführt werden kann.

II. Art und Umfang der Schichtarbeit

Folgende Arten der Schichtarbeit lassen sich unterscheiden:

Zweischichtige Arbeitszeit, bei der in der Regel von 6–14 Uhr in der ersten und von 14–22 Uhr in der zweiten Schicht gearbeitet wird. Nach

Einführung der Fünftagewoche mit 45 Wochenstunden ergaben sich zwei Schichten von 6–15 Uhr und von 15–24 Uhr.

Dreischichtige Arbeitszeit (Früh-, Mittag- und Nachtschicht) in einem in der Regel wöchentlichen Wechsel, aber mit einheitlicher Wochenendfreizeit. Da dreischichtige Arbeitszeit nur achtstündig verfahren werden kann (24 : 3 = 8), ergibt sich bei einer wöchentlichen Arbeitszeit von mehr als 40 Stunden ein Arbeitszeitüberhang, der durch 14tägige oder monatlich angelegte Samstagsschicht abgeleistet wird.

Durchlaufende Arbeitsweise mit dreischichtigem Wechsel und variierenden Freizeiträumen, d. h. Sonntagsfreizeiten und wochentäglichen Freizeiten. Hier kann ein Schichtwechselrhythmus sich auf 4, 6, 12 oder 16 Wochen erstrecken, so daß dieselbe Schichtfolge entweder zwölfmal, achtmal, viermal oder dreimal in einem Jahre vorkommt.

Regelmäßige Abend- und Nachtarbeit (Hotel- und Gaststättengewerbe, Bundesbahn, Bundespost, Polizei).

Über den Umfang der Schichtarbeit in den vorstehend angeführten Arten und Formen gibt es bisher keine umfassende Statistik, sondern nur Berechnungen oder Schätzungen. [2] Aus diesem Grunde sind wir auf Teilerhebungen angewiesen, wie sie von dem Verfasser während einer Untersuchung über die durchlaufende Arbeitsweise und für besondere Fragen des Westdeutschen Rundfunks durchgeführt wurden. Während die erstgenannte Untersuchung sich auf eine Berechnung der Anzahl der Arbeiter in durchlaufender Arbeitsweise und damit der potentiellen Sonntagsarbeiter beschränkt, ist die zuletzt genannte Umfrage bei allen Wirtschaftszweigen, Verwaltungsstellen und Organisationen in Nordrhein-Westfalen erfolgt, die Schichtarbeiter beschäftigen oder Abend- und Nachtdienst haben. Das vorläufige Ergebnis dieser Erhebung beläuft sich auf rund 1,4 Millionen. Hierbei ist der Begriff der Schichtarbeit allerdings auf alle vier Gruppen, die oben angeführt wurden, bezogen, einschließlich der vierten Gruppe, des Hotel- und Gaststättengewerbes und der verschiedenen Beamten und Angestellten, die regelmäßig Abend- und Nachtarbeit verrichten. Was diese Zahlen bedeuten, zeigen folgende Überlegungen:

Das Land Nordrhein-Westfalen hatte 1961 etwa 7,2 Millionen Erwerbstätige, davon gehörten etwa 0,7 Millionen = 10 Prozent zu dem Bereich der Selbständigen (Bauern, Handwerker, Kaufleute, mithelfende Familienangehörige und Hauspersonal). Den größten Anteil an dieser Erwerbstätigkeit haben die Arbeiter, Angestellten und Beamten mit ungefähr 5,7 Millionen. Der Rest von 0,8 Millionen umfaßt mithelfende Familienangehörige, Heimarbeiter, Lehrlinge und Sonstige. Die 1,4 Millionen Schichtarbeiter, die wir in Nordrhein-Westfalen durch unsere Erhebung festgestellt haben, bilden – gemessen an den 5,7 Millionen Arbeitern, Angestellten und Beamten – einen Anteil von etwa *25 Prozent.* Auch dieser rein quantitative Aspekt zeigt deutlich, wie bedenklich es ist, ohne Kenntnis solcher Verhältnisse von ›sozialer Unterschicht‹ zu sprechen.

Das Gros der Betroffenen befindet sich in der Industrie, vor allem beim Bergbau und in der eisenschaffenden Industrie. In diesen Bereichen ist der dreischichtige Betrieb am stärksten verbreitet, zum Teil auch die durchlaufende Arbeitsweise, vor allem in den Hochofen-, Stahl- und Walzwerksabteilungen. In der Textilindustrie herrscht der zweischichtige Betrieb vor, d. h. Morgen- und Mittagsschicht. Die Angaben über Hotel- und Gaststättengewerbe, Bundesbahn, Bundespost und Polizei sind mit der Schichteinteilung der Industrie nicht ohne weiteres gleichzusetzen, sondern betreffen den ebenfalls wechselnden Abend- und Nachtdienst, z. B. des Fahrpersonals, des Bahnpostbegleitpersonals usw. In diesen Bereichen konnten bisher nur einzelne Bezirke erfaßt werden.

III. Methodisches Vorgehen

Für das methodische Vorgehen zur Untersuchung des Problems ›Sozialisation und Schichtarbeit‹ waren folgende Gesichtspunkte maßgebend:

1. Die Differenzierung der Fragestellung

Die Differenzierung beginnt mit der Erfassung der potentiellen Sozialisationsbereiche, d. h. derjenigen Zeiträume, in denen der Schichtarbeiter für seine eigene Personalisation in außerbetrieblichen Verbundenheitsformen (wie eigene Familie, Nachbarschaft, Vereinigungen usw.) leben kann. Dabei darf allerdings nicht die Bedeutung der Arbeit und der betrieblichen Situation als Personalisations- und Sozialisationsbereich übersehen werden. Für die außerbetrieblichen Sozialisationsbereiche ist seine Doppelposition und -funktion entscheidend, nämlich die Erfassung des Zeitraums, in dem der Schichtarbeiter nicht nur selbst Objekt von Sozialisationsprozessen ist, sondern auch Sozialisationsfaktor für Familie und außerfamiliale Bereiche.

Mit der vorläufigen Angabe der Beziehungspartner des Schichtarbeiters ist schon der Geschehenszusammenhang angedeutet, in dem sich die Rollenerwartung, die sozialen Kontrollen und die entsprechenden Verhaltensweisen des Schichtarbeiters auswirken. Hierbei handelt es sich ganz konkret um die Fragen, wie die Schichtarbeit die Funktionsstruktur seiner Familie beeinflußt, welche Bedeutung die abweichende Zeitordnung der Schichtarbeit für seinen sozialen Entfaltungsspielraum z. B. in nachbarlichen Gemeinschaftsformen, in Vereinigungen usw., hat und – allgemein gesprochen – welche Hemmungen und Hindernisse für die Personalisation und Enkulturation des Schichtarbeiters daraus entstehen.

Den Abschluß bildet die Aufgabe der Erfassung der funktionalen und dysfunktionalen Wirkungen der Schichtarbeit, kurz gesagt, des sozialen

Wandels in den Lebens- und Denkgewohnheiten des Schichtarbeiters und seiner Umwelt.

2. *Methodische Überlegungen*

Schon die angegebenen Fragen lassen erkennen, daß die Erfassung des Personalisations- und Sozialisationsprozesses unter dem Einfluß der Schichtarbeit nicht durch quantifizierende Methoden möglich ist. Ein Nachweis etwa über Alter, Beruf und Arbeitsstellen der Schichtarbeiter in der Bundesrepublik oder über die Struktur ihrer Familien bringt uns keinen Schritt weiter. Denn bei der Sozialisation handelt es sich nach der gegebenen Definition um die Ausformung und Umformung der Grundstruktur der menschlichen Persönlichkeit, die einerseits durch die Arbeitssituation, andererseits durch die Freizeitsituation und die in diesen beiden Bereichen agierenden Verhaltenserwartungen und Verhaltenskontrollen der Beziehungspartner erfolgt. Diese Vorgänge können nur durch qualitative Analyse von Einzelfällen erfaßt werden. Aus diesem Grunde bildet die Gegenüberstellung von typischen Schichtarbeiterfamilien und Familien mit Normalarbeitszeit und der durch Befragung erfaßten Aussagen und Stellungnahmen das Hauptmaterial. Aus 281 befragten Familien von Schichtarbeitern und etwa ebenso vielen Familien mit Normalarbeitszeit werden im folgenden je drei dargestellt.

Um trotz der Individualität der ausgesuchten Fälle eine Vergleichbarkeit und ein Minimum an repräsentativer Bedeutung zu erreichen, wurden dabei einige Gesichtspunkte zugrunde gelegt, von denen die wichtigsten kurz erläutert werden sollen. Das angegebene Material enthält Familien verschiedener Größe (nämlich von Familien mit einem Kind bis zu solchen mit sechs Kindern). Da aber die kinderreiche Familie mit drei und mehr Kindern nur neunmal unter den Schichtarbeitern vorkommt, haben wir uns auf Familien mit je einem bzw. zwei Kindern beschränkt, d. h. im statistischen Sinne auf die sogenannte ›Normalfamilie‹, und zwar haben wir dabei unterschiedliche Strukturen einbezogen, nämlich ältere Ehepaare (über 50 Jahre alt) mit berufstätigen Kindern, sowie jüngere Ehepaare mit Kleinkindern und Schulpflichtigen. Außerdem sind unterschiedliche Wohnorte, Wohngegenden und Wohnarten (Rheinland, Ruhrgebiet, Berlin, Hamburg – Hauptverkehrsstraße, Seitenstraße, Kleinsiedlung) berücksichtigt worden. Schließlich ist auch die regionale und soziale Herkunft verschieden: es sind Mitteldeutschland, Norddeutschland, Berlin und Westpreußen, sowie verschiedene Berufe der Väter der Schichtarbeiter (Landwirt, Handwerker etc.) in der Auswahl enthalten.

Wir haben es also bei der Auswahl mit sehr unterschiedlichen Familienstrukturen zu tun, die in einer ziemlich breiten Streuung vertreten sind; dabei kann jeder Einzelfall als repräsentativ für eine größere Zahl von Familien aus unseren Untersuchungen angesehen werden. In keinem

Falle liegen – das sei besonders betont – irgendwelche den Sozialisationsprozeß beeinflussenden Abnormitäten oder asoziale Verhaltensweisen vor, d. h. weder in medizinischer noch psychologischer Hinsicht sind Hemmungen und Hindernisse für die Sozialisationsfähigkeiten vorhanden, die zu abweichendem Verhalten führen können.

IV. Der Einfluß der Schichtarbeit auf die Sozialisationsprozesse

1. Der Wirkungszusammenhang der Schichtarbeit

Der Wirkungszusammenhang der Schichtarbeit setzt sich rein zeitlich gesehen aus zwei Teilen zusammen: der Arbeitszeit und der Nichtarbeitszeit. Ausgangspunkt für alle im Arbeitszeitbereich zu beobachtenden Wirkungen ist die Feststellung, daß die für jede Arbeitssituation zutreffenden Sozialisationsprobleme auch für den Schichtarbeiter gelten. Nach den von *Heinz Schmidtke* [3] in seinem Beitrag ›*Arbeitswissenschaftliche Aspekte einer Theorie des Sozialisationsprozesses*‹ dargestellten Problemen handelt es sich dabei zunächst um den Charakter der Berufsarbeit überhaupt, d. h. in unserem Falle um die spezifischen Berufsprägungen, die von der Schwere der Arbeit (Bergbau, eisenschaffende Industrie, Textilindustrie usw.), den Auswirkungen von Hitze, Staub, Lärm und den dadurch hervorgerufenen physischen und psychischen Anpassungsnotwendigkeiten ausgehen. Ferner sind die im industriellen Arbeitsprozeß festzustellenden spezifischen Leistungsanforderungen und die damit verbundenen Wirkungen einer periodischen oder permanenten Überforderung einbezogen sowie die mit den technischen Faktoren verbundenen berufsprägenden Wirkungen. Alle genannten Sozialisationsfaktoren gelten sowohl für die Arbeiter mit Normalarbeitszeit wie für die Schichtarbeiter. Bei dem Vergleich der beiden Gruppen kommt es darauf an, die darüber hinaus wirksamen Einflüsse der Schichtarbeit auf die Sozialisationsprozesse herauszuarbeiten.

In der Nichtarbeitszeit des Schichtarbeiters setzt sich der Wirkungszusammenhang aus drei Bereichen zusammen: der eigenen Familie, der Großfamilie und dem außerfamilialen Bereich (Nachbarschaft, Vereine usw.). Auch hierbei geht es um das Herausstellen der spezifischen Veränderungen der Sozialisationsbereiche durch die Schichtarbeit und der Chancen, die der Selbstentfaltung und Sozialisation im außerbetrieblichen Leben verbleiben. Schon die zeitlichen Unterschiede, die vor allem mit der Mittags- und Nachtschicht gegenüber der normalen Arbeitzeit verbunden sind, lassen tiefgreifende Verschiedenheiten dieser Chancen erwarten.

2. *Sozialisationsbereiche unter dem Einfluß der Schichtarbeit im Vergleich zur Normalarbeitszeit*

Grundlegend für die Untersuchung der unterschiedlichen Sozialisationsbereiche ist also die schematische Darstellung der Verteilung auf Arbeitszeit bzw. Schichtzeit, Nichtarbeitszeit und Schlafzeit der ausgesuchten Familien, aus der die Abweichungen zwischen den beiden Gruppen hervorgehen. Dabei können wir die Familie mit Normalarbeitszeit auch als Normalfall verstehen, in dem der Familienvater nur Frühschicht hat, die Kinder nur vormittags Unterricht bzw., soweit sie berufstätig sind, ebenfalls nur Frühschicht haben, die Frau nur Hausfrauen- und Mutterpflichten erfüllt. In diesen Normalfällen läuft mit anderen Worten die Zeit außerhalb der Arbeit bzw. außerhalb der Schule für die Familie parallel und gibt die Chance der Selbstentfaltung und eines Familienlebens mit natürlichen Sozialisationsprozessen. Um den Normalfall möglichst anschaulich zu machen, sei zunächst die Zeitstruktur der ausgewählten drei Normalfamilien dargestellt.

Erster Normalfall:

Bei der Analyse eines solchen Normalfalles (Vater 29 Jahre, Mutter 30 Jahre alt, zwei Töchter von sieben und einem Jahr. Wohnung: Stadtmitte norddeutscher Großstadt, Mietskaserne, $1\frac{1}{2}$ Zimmer mit Küche; Beruf des Vaters: Werkzeugmacher) ergaben sich folgende Aussagen über die Sozialisationsbereiche. Der Mann hat jeden zweiten Sonnabend frei, dadurch wird nach seinen Angaben die Frau sehr entlastet. »Das ergibt für die gesamte Familie mehr Freizeit«. Dazu die Aussage der Frau: »Der freie Samstag ist sehr schön, sonnabends gehen wir auf den Markt einkaufen. Um 16.00 Uhr gehen wir regelmäßig zur Oma zum Kaffeetrinken, um 18.30 Uhr sind wir zu Hause und bringen die Kinder zu Bett, und dann sind wir frei und lassen die Kinder auch mal abends allein.« »Auch bei der täglichen Freizeitverwendung betätigt sich der Mann mit im Haushalt. Er trocknet mit ab, wäscht die Kinder, und samstags badet er sie, und wenn wir damit fertig sind, gehen wir zwei Häuser weiter zu Verwandten.« Die Anschaffung eines Fernsehapparates wird abgelehnt. »Das stört das Familienleben.«

Die Umweltoffenheit dieser Familie zeigen folgende Aussagen: »Jetzt kommen mal Betriebskollegen, jüngere, die nicht mit sich selbst zurechtkommen, oder ausgeschiedene aus dem Betrieb. Ich berate mit, wenn sie mit ihren Sorgen zu meinem Mann kommen. Nicht nur berufliche, auch private Sorgen. – Wir gehen auch mal mit Betriebskollegen ins Theater oder in die Oper.«

Die Intensität der Sozialisation in dieser Familie zeigen folgende Fragen:

1. »Interessiert sich Ihr Mann für die Erziehung der Kinder? Sprechen Sie mit Ihrem Mann darüber?«
   Antwort: »Er überläßt sie mir, er ist zu weich. Klapse bekommen sie

von ihm nicht, manchmal schnauzt er sie an. Ich bin auch dafür, daß es auf gute Art besser geht. Bei der Großen versuche ich es lieber, sie zu überzeugen. Man muß sie hart erziehen, daß sie sich durchsetzen lernen. Aber es ist schwierig, wie man es machen soll.«

2. »Beschäftigt er sich regelmäßig mit den Kindern?«
Antwort: »Ja, er liest ihnen aus Mickymaus-Büchern vor und geht mit ihnen an der Elbe spazieren. Die Große hat eine sehr gute Lehrerin. Es wird ihr auch nicht so stur beigebracht, wie uns früher, sondern mit Fingerspielen und Bewegungen. Sie werden in der Schule auch zur Selbständigkeit erzogen und viel freier wie wir.«

3. »Meinen Sie, daß eine verheiratete Frau mitverdienen kann?«
Antwort: »Bis 1950 habe ich mitgearbeitet, bis die Große geboren wurde. Aber man darf es nur tun, wenn es wirklich notwendig ist. Nicht für den Luxus, die Ehe leidet darunter. Mein Mann will es auch nicht, daß ich arbeite. Für meine Stellung in der Familie spielt es keine Rolle, das kommt ganz auf den Partner an.«

Zweiter Normalfall:
Eine Familie aus einer norddeutschen Kleinstadt (Vater 54, Mutter 45 Jahre alt, ein 22jähriger Sohn, eine 20jährige Tochter. Wohnung: Eigenheim der Schwiegereltern am Stadtrand; Beruf des Vaters: Tischler) lebt in folgenden außerbetrieblichen Sozialisationsbereichen: Der Vater, mit Normalschicht von 7–16 Uhr, verläßt um 6.30 Uhr das Haus und kehrt gegen 17.00 Uhr zurück. Der Sohn arbeitet als Schriftsetzer in der Kleinstadt, verläßt um 7.45 Uhr das Haus und kehrt 17.30 Uhr zurück. Die Tochter, als kaufmännische Angestellte in Hamburg tätig, verläßt um 7.00 Uhr das Haus und kehrt um 19.00 Uhr zurück. Die Familie ist also weder zum Frühstück, noch zum Mittagessen zusammen, sondern nur am Abend und zum Wochenende. Dadurch, daß die Eltern des Vaters im gleichen Haus wohnen, daß zwei von vier Brüdern auch in der Kleinstadt als Handwerker tätig sind und ebenso die Eltern der Frau sowie drei Schwestern im gleichen Ort wohnen, ist das Kontaktfeld und damit der Sozialisationsbereich einer Großfamilie gegeben. Über die Kleinfamilie und die Großfamilie hinaus besteht eine Offenheit, insbesondere des Mannes, zur Außenwelt (Sportvereine, Gewerkschaft, Kegelabend).

Zu diesen drei Bereichen entnehmen wir aus der Befragung folgende Aussagen: »Früher haben wir immer mittags zusammen gegessen, jetzt essen wir erst abends gemeinsam, aber wir haben mehr Zeit, und das ist besser. Wenn mein Mann nach Hause kommt, legt er sich hin, dann lesen wir Zeitung, dann spielt mein Mann mit den Kindern mal Karten oder Skat. Außerdem haben wir den ... Lesering und hören ›schöne Musik‹. Die beste Erholung für meinen Mann ist Ruhe und ein gemütliches Familienleben.«

Der zweite Sozialisationsbereich, die Großfamilie, hat in diesem Normalfall besonderes Gewicht, vor allem für die Frau durch häufige Besuche bei den Eltern und ihren Schwestern. Auch zu den Eltern des Mannes geht die Familie gelegentlich gemeinsam.

Im dritten Sozialisationsbereich haben Beruf und Betrieb des Mannes keinen unmittelbaren Einfluß. Aus den Familiengesprächen wird dieses Thema auf Wunsch des Mannes ausgeschaltet, obwohl die Frau schon einmal den Betrieb besichtigen konnte. Ärger im Betrieb läßt sich der Mann in der Regel nicht anmerken. Allerdings spürt die Frau, wenn der Mann im Betrieb unter Zeitdruck steht. Betriebskollegen kommen nicht in den Familienbereich hinein, sie wohnen alle weit verstreut an verschiedenen Orten. Um so wichtiger ist die Beziehung des Mannes zum Kegelklub und anderen Vereinen. Dieser Klub lädt auch die Frauen mit zu besonderen Veranstaltungen ein, organisiert Fahrten nach Hamburg zum Theater usw. Im Sportverein ist der Mann nur zahlendes Mitglied und Zuschauer, in der Gewerkschaft seltener Teilnehmer an Versammlungen.

Die Intensität der Sozialisation in der Familie läßt sich durch folgende Antworten andeuten:

Auf die Frage: »Hat sich durch die Arbeitszeitverkürzung etwas am Wochenende geändert?« antwortet die Frau: »Man kann dann eher mal weggehen, wenn man z. B. einkaufen gehen will, kann man zusammen gehen.« Die Hilfe des Mannes und der Kinder im Haushalt ist eine Selbstverständlichkeit. Das gemeinsame Kartenspiel, Lesen, Hören ›schöner Musik‹, Entscheidungen über Anschaffungen, Fernsehen beim Nachbarn sowie das normale Familiengespräch (»wir erzählen uns was«) bilden regelmäßige Kontakte. Die Kinder tragen zum Haushaltsgeld bei.

Auf die Frage, ob eine verheiratete Frau mitverdienen soll, kommt die Ablehnung: »Das ist nicht so einfach, wenn Kinder da sind, verlottert der Haushalt, und die Kinder leiden darunter. Außerdem muß dann der Mann alles allein kochen, wenn die Frau Schicht hat, oder der Mann geht in die Wirtschaft, und das ist für die Familie schlecht.«

Dritter Normalfall:

Die Familie eines Vorarbeiters aus dem Rheinland (Vater 48, Mutter 43 Jahre alt, zwei Töchter im Alter von 15 und 10 Jahren; Wohnung in einem Miethaus an einer der großen Ausfahrtsstraßen; kleiner Garten für Gemüseanbau); Vater: Normalarbeitszeit 5.30 bis 15.45 Uhr einschließlich Wegezeit; Mutter: Hausfrau; ältere Tochter: Lehrstelle als Kontoristin mit Normalarbeitszeit (mit Wegezeit) von 7.10 Uhr bis 18.30 Uhr; jüngere Tochter: vormittags Schule von 7.30 Uhr bis 13.50 Uhr (mit Schulweg). Mit Ausnahme der älteren Tochter hat die Familie gemeinsame Freizeit am Nachmittag und Abend, abgesehen vom Wochenende. Die Mutter war früher selbst berufstätig, als Verkäuferin und in einer Kalenderfabrik – »dann keine Stunde mehr«. Aus der Familie der Frau leben die meisten Geschwister in einer nahegelegenen Stadt. Aus der Familie des Mannes leben noch die Mutter und fünf

Geschwister. Ein Bruder und zwei Schwäger sind im gleichen Betrieb wie der Mann tätig, die anderen sind Polsterer, Schneider, Elektrotechniker. Die gemeinsame Freizeit hat für den familialen, außerfamilialen und darüber hinausgehenden Bereich folgende Kontaktmöglichkeiten und Verhaltensweisen: Auf die Frage: »Wann haben Sie selbst Freizeit, was machen Sie am liebsten?« antwortet die Frau: »Ich teile mir die Zeit so ein, daß ich frei bin, wenn mein Mann nach Hause kommt, dann gehen wir spazieren. Am Feierabend, wenn alle zusammen sind, sitzen wir wohl eine Stunde zusammen. Der Mann liest über den Fußball und die Kinder Tiergeschichten. Wir hören Konzerte und Tonbänder mit ostdeutschen Liedern der Heimatvertriebenen. Ganz selten gehen wir ins Kino, manchmal mit der großen Tochter ins Theater, manchmal machen wir auch einen Ausflug zusammen. Die Mahlzeiten nehmen wir abends gemeinsam ein. Die Kinder haben noch kein Interesse daran, allein zu gehen. Die Erziehung der Kinder besprechen wir ebenfalls gemeinsam. Die Kinder sollen für ihren Beruf sorgen. Mein Mann geht viel mit ihnen spazieren.«

»Eine verheiratete Frau«, meinte sie, »kann nicht mitverdienen, wenn Kinder da sind. Da sind z. B. die Schlüsselkinder in der Schule, bei denen sieht keiner die Schularbeiten nach, aber ich tue das immer.«

Sie bedauert besonders, daß der Mann noch Sechstagewoche hat – »samstags frei, das wäre schön, man könnte gemeinschaftlich mehr unternehmen.«

Als Gesamteindruck von der Familie heißt es im Schlußwort des Befragenden: »Ein Freizeitproblem gibt es in keiner Weise. Es scheint ein ausgezeichnetes, fast problemloses Familienleben zu sein, durch Arbeit, verdiente Ruhe und Erholung charakterisiert, Aufstiegswille für die Töchter, die nicht Arbeiterinnen, sondern Büroangestellte werden sollen, ›weil sie den Kopf dazu haben‹.«

In der Beurteilung heißt es weiterhin: »Das Haus stand den Freunden jederzeit offen, von denen der Mann eine große Anzahl durch sein Einsetzen in der Gewerkschaft, im Betriebsrat und durch seine sportliche Tätigkeit hat.«

Damit ist gleichzeitig die Erweiterung des Rollenspielraums und der Rollenerfahrungen gegenüber der Umwelt angedeutet. Obwohl der Mann »sehr müde und abgespannt nach der Arbeit ist, viel Arbeit im Haus und Garten hat«, kommen häufig Kriegskameraden und Sportfreunde, Verwandte oder auch Betriebskollegen ins Haus. »Wir trinken eine Flasche Wein und machen es uns gemütlich, oder wir fahren mal mit einem Kollegen, der einen Wagen hat, raus. Im vorigen Jahr waren wir alle zusammen bei einem Kriegskameraden in Thüringen, da sind wir gewandert und spazierengegangen. Wir haben auch viele Familien hier in der Umgebung.«

Vergleichen wir nun drei Schichtarbeiterfamilien mit diesen Normalfällen, so werden als erstes die rein zeitlichen Abweichungen sehr eindrucksvoll deutlich. Wir werden deshalb in den folgenden Darstellungen zunächst die zeitdifferenzierende Wirkung der Schichtarbeit behandeln und sodann aus den Aussagen die für die Sozialisationsprozesse charakteristischen Schlußfolgerungen ziehen.

Erste Schichtarbeiterfamilie

Das Ruhrgebiet ist durch das Vorherrschen von Bergbau und eisenschaffender Industrie der Raum mit dem höchsten Anteil von Schichtarbeitsverhältnissen an der Gesamtzahl der erwerbstätigen Bevölkerung. Hier wohnt auch die erste Familie in der Hauptverkehrsstraße einer Industriestadt in einem Miethaus (Vater 50, Mutter 39 Jahre alt – Zweitehe; 11jähriger Sohn; Beruf des Vaters: Schmelzer). Nach der regionalen und sozialen Herkunft stammt der Vater als Sohn eines Landwirts aus Westpreußen, die Mutter als Tochter eines Arbeiters aus Oberschlesien. Der 11jährige Sohn ist Mittelpunkt der Familie. Die Eltern wünschen, daß er einmal Marineoffizier oder Verwaltungsbeamter wird. Deshalb geht er zur Realschule.

Während die Frau als eine Art ruhender Pol in der Familie nur Hausfrauen- und Mutterpflichten erfüllt, wechselt die Schichtarbeit des Mannes von der Frühschicht zur Mittagsschicht und auf die Nachtschicht. Der elfjährige Sohn hat abwechselnd vormittags und nachmittags Schule. Das bedeutet, daß Arbeitszeit des Mannes und Schulzeit des Sohnes häufig auseinanderfallen und die Frau zwischen den Ansprüchen der beiden anderen Familienmitglieder ständig hin und her lavieren muß. Wenn der Mann Mittagsschicht hat, d. h. um 13 Uhr das Haus verlassen muß, und der Sohn vormittags Schule hat und um 13.30 Uhr nach Hause kommt, so ist weder am Mittag noch am Abend eine gemeinsame Mahlzeit möglich, weil die Mittagsschicht mit Weg erst gegen 22.30 Uhr endet. Wenn der Mann Nachtschicht hat und der Sohn nachmittags Schule, so entsteht eine ähnliche Situation der sozialen Distanz, weil die Schlafzeit des Mannes von 7 bis 14 Uhr mit der Freizeit des Sohnes zusammenfällt und dementsprechend die Nichtarbeitszeit des Mannes mit der Schulzeit des Sohnes. Auch in diesem Falle ist höchstens ein gemeinsames Abendessen möglich, weil der Mann kurz nach 21 Uhr das Haus verlassen muß, um seine Nachtschicht anzutreten.

Welche Folgerungen ergeben sich aus diesen Störungen der Zeiteinheit der Familie dieses Schichtarbeiters? Der Vater hat sieben Schichten hintereinander (Früh-, Mittags- und Nachtschicht) und dann zwei freie Tage. Die beste Erholung von der Arbeit ist nach Aussage der Frau für ihn Ruhen und Schlafen. »Beschäftigen kann er sich schon, auch wenn er den ganzen Tag im Bett liegt.«

Auf die Frage, was der Mann nach der Frühschicht tue, heißt es: »Dann können Sie ihn erst mal lange liegen sehen, dann gehen wir jeden Tag heraus, wir brauchen frische Luft«. Neben dem Ausruhen ist das Spazierengehen für ihn und die ganze Familie das Wichtigste. »Unsere Freizeit besteht nur aus Spazierengehen, wir haben ja keinen Garten.« Das gilt auch für die Wochentage, an denen er ganztägig frei hat. »Wenn's nicht gerade Stricke regnet, sind wir draußen, sonst gehen wir mal zu Bekannten hin und viel spazieren.« In der Woche mit Mittagsschicht schläft der Mann lange, »dann guckt er mal ums Haus herum, und dann muß er schon gehen.« Im Anschluß an eine Nachtschicht ist die freie Zeit des Mannes für die Familie noch begrenzter, denn dann schläft er von 7 bis 14 Uhr und von 15 bis 20 Uhr, d. h. nur zu den Mahlzeiten ist er mit der Familie zusammen. Die Frau betont dazu, daß der Mann lärmempfindlich ist und in der Hauptverkehrsstraße in dem Neun-Familien- Haus beim Tagesschlaf wenig Ruhe bekommt. Dabei ist der Mann mit seiner Berufstätigkeit sehr zufrieden. »Er kommt mit der Hütte genauso klar wie mit uns – er geht geduldig zur Arbeit wie ein Hammel zur Schlachtbank – unser Vater ist für den Frieden.« In der Zeit, in der die Freizeit des Vaters mit der des Sohnes zusammenfällt, d. h. im Laufe eines Monats höchstens an acht halben Tagen, »macht er mit ihm Schularbeiten und geht mit ihm spazieren.« Der gemeinsame Feierabend beschränkt sich ebenfalls auf acht Tage im Monat, nämlich auf die Zeit, in der der Vater seine freien Tage bzw. Frühschicht hat. Dann wird Radio gehört, gelesen und spazierengegangen. Der Kontakt mit der Umwelt, mit Nachbarn, Bekannten, Verwandten oder auch Betriebskollegen, ist äußerst gering und selten. Die Familie lebt ausgesprochen introvertiert, zumal der Vater »Betrieb und Familie grundsätzlich trennt«. Für alle Sozialisationsprozesse innerhalb der Familie sind die Schichtarbeitszeit des Vaters und sein Ruhebedürfnis die entscheidenden Hemmnisse, aber die daraus sich ergebenden Probleme werden nicht gesehen. Obwohl der elfjährige Sohn als Mittelpunkt der Familie angesehen wird, ist die Zeit, die der Vater ihm widmen kann, auf das vorher gekennzeichnete Maß begrenzt, während die Mutter zwischen der Versorgung des Mannes und der Betreuung des Sohnes ihren Kräftehaushalt verteilen muß. Trotzdem ist die Autorität des Vaters anscheinend nicht gestört, wenn man die Aussage der Frau: »zu ihm kann man voller Vertrauen hochgucken« wörtlich nehmen kann. Man könnte das Ergebnis der Sozialisation in dieser Familie in dem einen Satz zusammenfassen: Die durch Schichtarbeit und Ruhebedürfnis eingetretene Reduzierung der Umweltoffenheit der Familie und damit der exogenen Sozialisation sowie die Einengung der Familienkontakte durch längeres Nichtsehen zwischen Vater und Sohn führt zwar nicht zu Spannungen psychischer oder sozialer Natur, aber zu einer Einengung des Entfaltungsspielraumes; sie verkürzt damit die soziale Perspektive.

Zweite Schichtarbeiterfamilie

Im Gegensatz zur ersten Familie stellt der zweite Typ ein ausgesprochenes Matriarchat dar. Als äußere Gründe dafür können das höhere Alter der Frau (sie ist 45, der Mann 40 Jahre) und ihre größere Lebenserfahrung angesehen werden. Die Frage, von wem besondere Dinge (z. B. Kino, Theater, Ausflüge usw.) geplant und entschieden werden, findet die selbstverständliche Antwort: »Ich, das ist doch wohl Sache der Mutter.« Dabei ist die Mutter durch die unterschiedlichen Schichten des Vaters und des älteren Sohnes sehr belastet; die Tages- und Wochenzeiteinteilung von Vater und Sohn fällt fast regelmäßig auseinander. Wenn der Vater Frühschicht hat, hat der Sohn in der Regel Mittags- oder Nachtschicht. Dadurch wird nicht nur der Kontakt zwischen dem Vater und diesem älteren Sohn auf geringe Restzeiten beschränkt, sondern auch die Mutter wird in ihrem Pflicht- und Versorgungsbewußtsein hin- und hergerissen. Sie sagt selbst: »Dadurch, daß die Schichten von meinem Mann und meinem Sohn nicht gleich sind, bekomme ich keinen ruhigen Schlaf. Wenn ich mich nur nach meinem Mann zu richten brauchte, wäre das besser, so bin ich sehr nervös geworden.« In der Gesamtbeurteilung dieses Falles wird zum Ausdruck gebracht, daß die Frau zwar sehr freundlich, aber kurz in der Beantwortung der Fragen war und der von der Arbeit zurückkommende Sohn ihr oft eine Gedankenstütze geben mußte. Die Familienmitglieder scheinen sich aber gut zu verstehen. Der Vater selbst hilft in seiner Freizeit im Hause und entlastet seine Frau, wo er kann. Seine sonstige Haupttätigkeit ist Spazierengehen, »für mehr langt die Zeit ja nicht. Früher war er aktiver Fußballspieler, jetzt hat er kein Interesse mehr daran.«

Auch mit der Schulzeit des achtjährigen Sohnes (regelmäßige Abwesenheit vormittags von 7.30 Uhr bis 12.30 Uhr) gibt es für den Vater nur eine teilweise Übereinstimmung der Freizeit, und zwar dann, wenn er Frühschicht hat. Die günstigste Kombination gemeinsamer Freizeit liegt vor, wenn der Mann Frühschicht und der Sohn Nachtschicht hat. Dann kann die gesamte Familie einen gemeinsamen Nachmittag verleben. Bei der Mittagsschicht des Vaters ist ein Kontakt mit dem jüngeren Sohn unmöglich, weil der Sohn vormittags zur Schule geht; bei Nachtschicht des Vaters, weil Vor- und Nachmittag zum Schlaf notwendig sind.

Aber er kümmert sich um den jüngeren Sohn, sieht ab und an die Schulsachen durch und geht mit ihm spazieren. »Spazierengehen ist seine beste Erholung.« Auch für ihn sind Familie und Werk völlig getrennte Bereiche. Er spricht nie über seine Arbeit oder über den Betrieb. Darüber hinaus ist der Kontakt der Familie mit der Außenwelt, mit sekundären Sozialisationsbereichen dadurch erleichtert, daß sie ein Auto hat, mit dem sie Tagesfahrten auch zu Bekannten machen kann, die weiter weg wohnen. »Man will doch mal was anderes hören.« »Wir gehen auch schon mal zu Sportveranstaltungen.«

Als allgemeine Schlußfolgerung läßt sich in diesem zweiten Falle feststellen, daß die primäre Gruppe der Familie – und innerhalb dieser Familie die Frau – eine dominierende Bedeutung für alle Assoziationsvorgänge hat, daß aber die Introvertiertheit dieser Gruppe durch die aus eigener Kraft und Initiative geschaffene Chance begrenzt ist, daß diese Familie, mit anderen Worten, durch ihre Umweltoffenheit Sekundär-Gruppen-Erfahrungen mitwirken läßt. Dabei ist die Rollenstruktur der Familie durch unterschiedliche Schichtzeiten von Vater und älterem Sohn und die dadurch bedingte Vielzahl der Pflichten der Mutter gestört und im Innenraum der Familie verengt.

Dritte Schichtarbeiterfamilie

Die dritte Familie wohnt im Ruhrgebiet (Vater 34, Mutter 32 Jahre alt, ein 6jähriges Mädchen und ein 16 Monate alter Junge; ruhige Wohnstraße im Zentrum in einem Eigenheim der Mutter der Frau mit zwei Zimmern und Wohnküche, kleiner Hausgarten; Beruf des Vaters: Triebwerkswärter; Mutter: Hausfrau, früher als angelernte Arbeiterin zehn Jahre tätig; der Vater der Frau war Bergmann, der des Mannes Oberschmelzer).

Die Schichtzeiten des Vaters liegen (mit Wegezeit) zwischen 5.15 und 14.30 Uhr bei Frühschicht, zwischen 13.15 und 22.30 Uhr bei Mittagsschicht und zwischen 21.15 und 6.30 Uhr bei Nachtschicht. Trotz dieser unregelmäßigen Arbeitszeitverhältnisse legt die Familie Wert darauf, die Mahlzeiten gemeinsam einzunehmen, d. h. z. B. Mittagsmahlzeiten bei Frühschicht des Mannes um 15 Uhr, bei Mittagsschicht um 12.30 Uhr und bei Nachtschicht um 15 Uhr. Zu dieser Zeiteinteilung erklärt die Frau: »Ich finde diese Arbeitszeit am günstigsten. Durch die freien Tage kann er sich gut ausruhen; in dieser Zeit kann man auch kleine Krankheiten auskurieren, da braucht er nicht zu fehlen wie früher, und früher hat mein Mann nie frei gehabt. Der einzige freie Sonntag war ein Schlafsonntag. Immer mußte ich mit den Kindern alleine spazierengehen.« (Eine Konsequenz der durchlaufenden Arbeitsweise!)

»Wir haben unseren Papa immer gern schnell zu Hause. Heute ist es nur einmal bei Mittagsschicht, wo er nicht zu Hause ist.« In der Beurteilung der Familie durch den Befragenden heißt es: »Das Familienleben ist ausgezeichnet. Der Mann lebt nur für seine Familie. Das älteste Kind ist sehr gut erzogen. Man liebt Geselligkeit und trifft sich auch mit Arbeitskollegen, keine Probleme, keine geistigen Interessen.«

Was bedeutet für diese Familie die Schichtarbeit? In der Binnenstruktur der Familie ist zwar die gemeinsame Freizeit durch die Schichtarbeit begrenzt, doch kommt es offenbar dadurch nicht zu Störungen für die Sozialisationsprozesse. Dazu folgende Aussagen der Frau: »Mein Mann ist nur für seine Familie. Er geht viel mit uns spazieren. Er kann sich dabei ausruhen und ist erholter als früher. Wenn er wochentags ganztägig frei hat, darf ich nicht arbeiten, dann will er hier seine Ruhe haben. Wir fahren dann auch mit dem Wagen heraus. Er bastelt viel an seinem Auto herum. Wir gehen auch schon mal ins Kino oder sonstwohin. Das macht alles der Papa, er weiß immer etwas, er ist ein guter Unterhalter. Wir haben auch ein Tonband, da nimmt er oft Gespräche und Unterhaltungen auf. Im übrigen essen wir immer zusammen, soweit das möglich ist. Man muß sich doch nach dem richten, der das Geld ins Haus bringt.«

Auf die Frage: »Interessiert sich ihr Mann für die Erziehung der Kinder?« heißt es: »Oh, sehr, die hören nur auf den Papa, sogar der Kleine schon. Ich lasse immer zuviel durchgehen. Das wissen die Kinder. Mein Mann beschäftigt sich immer mit den Kindern, wenn er frei hat. Er sieht die Schulsachen nach und spielt mit ihnen. Er geht auch mit ihnen spazieren.«

Ob die verheiratete Frau mitverdienen kann, wird hier verneint. »Dadurch geht der Haushalt zurück. Ich weiß auch nicht, wo ich meine Kinder lassen sollte. Frauen, die mitverdienen, gehen ja nur für den Luxus. Mein Mann will das grundsätzlich auch nicht haben. Es darf nicht sein, daß die Frauen immer auf ihr Geld pochen und das größere Wort führen.«

Über die Familie hinaus wird das Kontaktfeld enger. Das ergibt sich aus folgenden Antworten: »Unsere Bekannten haben immer Frühschicht. Wir müssen uns dann mit ihnen verabreden, wenn mein Mann frei hat. Manchmal ist das nicht so schön. Alle 14 Tage geht er mit seinen Arbeitskollegen kegeln. Das ist eigentlich das einzige, was wir vom Leben haben. Ich gehe dann mit. Das sind alles gute Bekannte, die ich von Kind an kenne. Darüber hinaus verstehen wir uns gut mit der Verwandtschaft. Wenn mein Mann frei hat, fahren wir mit den Kindern zu Besuch. Wenn der Mann arbeiten muß, gehe ich mit meiner Mutter zum Friedhof oder auch mit den Kindern spazieren. Im Urlaub fahren wir grundsätzlich weg zu meinen Schwiegereltern nach Osnabrück, die haben einen Garten. Vielleicht fahren wir, wenn wir es finanziell schaffen, dieses Jahr mal auf eigene Kosten weg. Am Feierabend, wenn mein Mann frei hat, lesen wir Romane und spielen Karten oder plaudern. Außerdem haben wir dann viel Besuch. Aber immer müssen wir uns dazu verabreden.«

Trotz der Wechselschicht ist der Mann mit seinem Beruf sehr zufrieden. Er macht seine Arbeit gern, er hat nette Arbeitskameraden. Die Frau selbst interessiert sich dafür und fragt ihn, wenn er nach Hause kommt, was er gemacht hat. Wenn er mal Ärger gehabt hat, dann läßt er sich das nicht merken. »Das gehört nicht nach Hause«, sagt er.

In dieser Familie wird die Synchronisierung der verschiedenen Freizeiten als besondere Aufgabe erkannt. Die Familie legt Wert darauf, die Mahlzeiten gemeinsam einzunehmen, auch die Mittagsmahlzeiten, und wechselt mit dem Mann zwischen 12.30 und 15.00 Uhr. Man geht gemeinsam spazieren, man fährt zu Bekannten und Verwandten. Auch die Arbeitskollegen sind in die Geselligkeit einbezogen. Prinzip der Synchronisierung ist: »Man muß sich doch nach dem richten, der das Geld ins Haus bringt.« Die Autorität des Mannes gegenüber den Kindern ist unbestritten. Er beschäftigt sich mit ihnen, »soweit das möglich ist«.

Trotz dieser positiven Verhaltensweise und der Anpassung der Familie an die Arbeits- und Freizeit des Mannes ist das Kontaktfeld nach außen verengt: Die Bekannten haben Frühschicht, mit den Verwandten muß man sich rechtzeitig verabreden, Feierabend mit anderen gibt es nur dann, wenn er auch Frühschicht hat. So sind denn Arbeit und Beruf trotz Zufriedenheit kein Gesprächsthema. Bei dieser Familie kommt hinzu, daß die Verengung des Entfaltungsspielraumes infolge der durchlaufenden Arbeitsweise sich auch auf das Wochenende erstreckt.

3. Funktionale und dysfunktionale Wirkungen der Schichtarbeit – eine Zusammenfassung

Personalisation und Sozialisation sind Funktionen sozialer Beziehungen. Sie setzen Kontaktmöglichkeit und Kontaktnahme mit anderen Beziehungspartnern voraus. Deshalb sind beide kein individueller Prozeß, wenn auch die Personalisation der Selbstentfaltung entspricht, sondern ein kollektiver Prozeß oder ein Prozeß von Interaktionen. Der Einfluß der Schichtarbeit auf diese Prozesse ist also von der Vielseitigkeit und Größe der Kontaktfelder abhängig, in denen der Schichtarbeiter trotz abweichender Arbeitszeitregelung und trotz der Verengung seiner Freizeit noch leben kann. Andererseits sind die Rollenerwartungen der Umwelt nach Umfang und Intensität und ihre Anpassung an die besondere Zeitverteilung bei Schichtarbeit für die Sozialisationswirkungen entscheidend.

Wenn wir unter Sozialisation einen Prozeß verstehen, in dem jemand Lebensart und Denkweise einer bestehenden Gesellschaft oder Gruppe so in sich aufnimmt, daß er in ihr und mit ihr leben kann, so heißt die erste Voraussetzung, daß eine Gesellschaft oder Gruppe besteht, aber in einer Ordnung, in die der Schichtarbeiter hineinwachsen kann. Durch unsere eingangs getroffenen Feststellungen über Industriegesellschaft und Abendgesellschaft und über den Feierabend ist bereits deutlich geworden, daß die gegenwärtige Tageszeitordnung diese Voraussetzungen für den Schichtarbeiter nicht – oder doch höchstens nur teilweise – erfüllen kann. Daraus würde die Schlußfolgerung zu ziehen sein, daß die Schichtarbeit für den Sozialisationsprozeß und damit für die Aneignung von Lebensart und Denkweise der bestehenden Gesellschaft ein Hindernis bildet. Zu einer bestehenden Gesellschaft oder Gruppe gehören folgende Voraussetzungen der Sozialisation:

1. Normen und Werte, z. B. Lebensgewohnheiten wie Kleidung, Mahlzeiten, Arbeitszeit und Verkehrsgewohnheiten; ferner Wertvorstellungen auf den verschiedensten Gebieten, in Arbeit und Beruf, Familie, Nachbarschaft, Vereins- und Gemeindeleben.

2. Status und Rollen, d. h. Positionen und Funktionen in der Sozialstruktur und die entsprechenden Verhaltenserwartungen; [deren Anzahl ist] für die Rangordnung der sozialkulturellen Persönlichkeit bedeutsam.

3. Institutionen, durch die bestimmte Bereiche des Lebens dauerhaft geordnet sind, z. B. Familie, Sitte und Normen, Gemeinde, Vereine – geordnet durch Statute, Rollen, Funktionen, Rechte und Pflichten –, Kirche – geordnet durch religiöse Normen, Gebote, Verbote, Amtshandlungen, Zeitordnungen – usw.; dauerhaft heißt also: unabhängig vom Wechsel der Personen.

4. Die kulturelle und soziale Gliederung der Gesellschaft als Trägerin von Institutionen und Summe der Verhaltenserwartungen für Status, Rollen, Funktionen usw.; Gesellschaft auch als Raum und Schöpfer von Lebensgewohnheiten und Wertvorstellungen.

5. Für alle vorgenannten Voraussetzungen die Offenheit und Chance des sozialen Wandels auf politischem, kulturellem und sozialem Gebiet. In jeder Gesellschaftsordnung wirken nebeneinander dauerhafte und wandelbare Bereichsordnungen des Lebens; das gilt vor allem für die industrielle Gesellschaft und führt zu einem Pluralismus von Normen und Wertordnungen, in die auch der Schichtarbeiter hineingestellt ist und in denen er sich zurechtfinden muß. Aus dem Dilemma zwischen dauerhaften oder wandelbaren Ordnungsvorstellungen der Gesellschaft und der abweichenden Zeitordnung der Schichtarbeit ergeben sich ihre funktionalen und dysfunktionalen Wirkungen.

Vergleichen wir angesichts solcher Voraussetzungen der Sozialisation die Beispielsgruppen von Normalfällen und Schichtarbeiterfamilien, so lassen sich folgende spezifische Situationen des Schichtarbeiters herausarbeiten:

a) Am unmittelbarsten betroffen ist die Familie des Schichtarbeiters als wichtigste Gruppe beim Prozeß der Sozialisation. Schon die Rollenstruktur der Familie, die für die Selbstentfaltung des Arbeiters primäre Bedeutung hat, kann – wie die Beispiele zeigen – unter dem Einfluß von Schichtarbeit sich grundlegend ändern. Während in den drei Normalfällen die Vaterrolle und die ihr entsprechende Erwartung ungestört zu sein scheinen, sind bei den drei Schichtarbeiterfamilien deutliche Tendenzen zum Matriarchat festzustellen. Im ersten Beispiel ist die Mutter der ruhende Pol der Familie, die die unterschiedlichen Ansprüche auszugleichen und die unterschiedlichen Erwartungen aufeinander abzustimmen hat. Sie ist auch der entscheidende Faktor, um die soziale Distanz zwischen Vater und Sohn infolge des Auseinanderfallens der zeitlichen Bereiche zu verringern. Trotzdem ist sie nicht stark genug, die Reduzierung der Umweltoffenheit der Familie zu verhindern. Bei der zweiten Familie tritt das Matriarchat noch deutlicher hervor, allerdings spielt der Altersunterschied zwischen Mann und Frau (40 zu 45) eine nicht zu unterschätzende Rolle. Hier sind die dysfunktionalen Wirkungen der Schichtarbeit stärker als im ersten Fall. Die Synchronisierung der Freizeiten gelingt nur in begrenztem Umfang. So sagt die Mutter: »Dadurch, daß die Schichten von meinem Mann und meinem Sohn nicht gleich sind, bekomme ich keinen ruhigen Schlaf.« Auch hier reicht die Kraft der Frau zur Aufrechterhaltung von Kontakten zu außerfamilialen Beziehungspartnern und Sekundärgruppen nicht aus. Die Familie wird introvertiert und in der Binnenstruktur trotz aller Bemühungen der Mutter gestört.

Die dritte Schichtarbeiterfamilie ist andererseits ein Beispiel dafür, wie trotz ungünstiger Voraussetzungen alle Möglichkeiten und Chancen der Anpassung ausgedacht und ausgewertet werden können, allerdings auf Kosten der Beziehungen zur Umwelt, soweit diese Umwelt in einer anderen Zeitordnung lebt. Den tiefsten Eingriff in die innere Ordnung der Familie bedeutet die Mittagsschicht, weil diese Schicht mit der Freizeit der Schulkinder und mit der normalen Freizeit der Hausfrau zusammenfällt. Bei allen Untersuchungen über Arbeitszeitprobleme wird die Mittagsschicht ungünstiger als die anderen Schichtzeiten – einschließlich der Nachtschicht – beurteilt, denn dadurch, daß die Zeit zwischen 13 und 23 Uhr blockiert ist, wird der Kontakt mit der außerbetrieblichen Umwelt fast vollständig unterbunden. Im Extremfall könnte man sagen: Wenn ein Arbeiter nur Mittagsschicht hat und im Betrieb einen Einzelarbeitsplatz, der keine regelmäßigen Beziehungen zu anderen Arbeitskollegen oder zu einer Gruppe gestattet, so kann daraus eine totale Isolierung entstehen. Das gilt vor allem dann, wenn in der durchlaufenden Arbeitsweise auch das Wochenende noch zu einem großen Teil durch Arbeitszeit blockiert ist. Für diese Blockierung von Sozialisationschancen ist die Aussage der Frau im ersten Beispiel einer Schichtarbeiterfamilie charakteristisch: »In der Woche mit Mittagsschicht schläft der Mann lange, dann guckt er mal ums Haus herum, und dann muß er schon gehen.« Aber auch die Nachtschicht kann – je nach dem Grad der Ermüdung und Erholungsbedürftigkeit des Mannes – ähnliche Folgen haben wie in diesem Beispiel, da die freie Zeit des Mannes im Anschluß an eine Nachtschicht nur aus den gemeinsamen Mahlzeiten besteht, weil er von 7–14 Uhr und von 15–20 Uhr schläft. Diese Reduzierung der Sozialisationsbereiche bedeutet aber zugleich eine Entfunktionalisierung der Vaterrolle, die sich nicht nur für die Selbstentfaltung des Vaters, sondern auch für die der Kinder und der Frau auswirken kann, da Vermittlungs-, Schutz- und Ausgleichsfunktionen des Schichtarbeiters in der Familie versagen bzw. verlorengehen. Zusammenfassend können wir also feststellen, daß die dysfunktionalen Wirkungen der Schichtarbeit sowohl in der eigenen Familie wie gegenüber der Umwelt vorherrschen. Es bedarf – wie im dritten Fall dargestellt wurde – besonderer Anstrengungen des Schichtarbeiters und seiner Familie, um die Normen und Werte der Gesellschaft, ihre Lebensgewohnheiten, die auch er vor Beginn der Schichtarbeitsphase seines Lebens sich zu eigen gemacht hat, beizubehalten oder gar die Familie und die außerfamiliale Umwelt dafür zu gewinnen, daß sie sich dem ihm auferlegten Rhythmus von Arbeitszeit und Freizeit anpassen. Das kann in keinem Fall soweit reichen wie in den dargestellten Normalfällen, weil Feierabend und Abendgesellschaft tradierte Ordnungsprinzipien darstellen. Mit dieser Reduzierung personalisierender und sozialisierender Vorgänge ist für den Schichtarbeiter auch eine Freizeitverarmung durch Wegfall außerberuflicher Positionen und Funktionen in der Sozialstruktur verbunden, d. h. der ehemalige Sportler kann nicht mehr regelmäßig am Training teilnehmen, die Übernahme von Positionen und Funktionen in Vereinen, Verbänden, in der Kirche und anderen Institutionen ist durch den Ausfall von zwei Wochen in jedem Monat (Mittags- und Nachtschicht) unmöglich. Der regelmäßige Besuch kultureller Veranstaltungen, z. B. Theater- und Konzertabonnements, wird ebenfalls erschwert, und schließlich bleibt neben Beruf und Betrieb als einziger Personalisations- und Sozialisationsbereich die eigene Familie, in der jedoch die dysfunktionalen Wirkungen – wie im zweiten Schichtarbeiterfall dargestellt – nicht ausgeschlossen sind.

b) Angesichts solcher tiefgreifenden Wirkungen ist eigentlich die Frage müßig, ob es sich bei den Wirkungen der Schichtarbeit mehr um Integrations- oder Sozialisationsvorgänge handelt, d. h. um bloße Anpassungsprobleme – oder um Veränderungen der Grundstruktur. Wenn man den Grad der Anpassung durch das Maß bestimmt sieht, in dem die Person die Normen und Gewohnheiten der Umwelt sich zu eigen macht und damit die Verhaltenserwartungen der Mitmenschen erfüllt, so dürfte eindeutig nachgewiesen sein, daß die Schichtarbeit die Internalisierung eines gewissen Teils der Normen und Gewohnheiten der Umwelt verhindert und die Erfüllung der Verhaltenserwartungen nicht ermöglicht. Der prägende Charakter der Schichtarbeit besteht gerade in ihren sozialisationshemmenden Wirkungen, in dem Ausscheiden aus dem Sozialisationsgeschehen zu einer Zeit, in der der eben erwachsene Mensch am stärksten auf Selbstentfaltung und soziale Kontakte angewiesen ist, d. h. vom 20. Lebensjahr an. Von diesem Zeitpunkt an, in dem die Entfaltung oder der Aufbau der Persönlichkeit in anderen Berufs- und Arbeitsverhältnissen erst richtig einsetzt, wird beim Schichtarbeiter die desozialisierende Tendenz wirksam, und damit wird ein Abbau der Persönlichkeitsstruktur angebahnt. Wenn ein nicht geringer Teil der Schichtarbeiter bereits mit dem 40. Lebensjahr an Leistungsverfall und Umstellungsschwierigkeiten leidet, so ist das nicht nur ein Ergebnis der schweren Körperarbeit, sondern auch der sozialen Isolierung in der wichtigsten Phase persönlicher Entfaltung. Ein charakteristisches Beispiel für diese frühzeitige Entpersönlichung und Desozialisation ist das Versagen der Aktion des Bergmannsversorgungsscheines, mit dem man jüngeren Berginvaliden (Unfall, Staublunge und andere Berufskrankheiten) in Nordrhein-Westfalen Gelegenheit geben wollte, in einen leichten Beruf (z. B. einfache Boten- und Büroarbeiten) umzuwechseln. Nur wenige haben diesen Arbeits- und Stellenwechsel vollziehen können, trotz der vielseitigen Umstellungs- und Umschulungshilfen, die ihnen geboten wurden. Die Schichtarbeit erschwert oder verhindert die ständige Auseinandersetzung mit neuen Aufgaben, mit anderen Gruppen und anderen Lebensformen. Die Prägung der Grundstruktur des Schichtarbeiters liegt also in der Richtung eines Verlustes an außerbetrieblicher Aktivität, der zu Resignation und Verhaltensunsicherheit in der außerfamilialen Sozialsphäre führt. Gegen diese Entwicklung gibt es für den Schichtarbeiter, soviel wir sehen, nur zwei Faktoren der Neuorientierung und damit eines neuen Aufbaus der Persönlichkeit: entweder den beruflichen Aufstieg zum Vorarbeiter und weiter zum Meister (bzw. über den Fahrhauer zum Steiger) – oder das außerberufliche Hobby. Da die Chancen beruflichen Aufstiegs begrenzt sind und nur bei ständiger Leistungsüberforderung wahrgenommen werden können, bleibt nur die Flucht in die außerberufliche Liebhaberei. Die Fülle der Arbeiten jeder Art, die sich bei Wettbewerben von Großbetrieben des Bergbaus, der Hüttenindustrie usw. ergeben haben, ist ein Zeichen dafür, daß diese Flucht in eine Intimsphäre der Aktivität kein Ausnahmefall ist. Hier wird das persönliche Anspruchsniveau gehalten und befriedigt, hier wird die Verhaltenssicherheit und damit die Stabilisierung eines Verhältnisses zu Gesellschaft und Kultur zurückgewonnen, hier kann der Schichtarbeiter in besonders günstigen Fällen sein Selbstbewußtsein rehabilitieren und zu einer graduellen Eingliederung in die Umgebung gelangen. Hier können funktionale Wirkungen der Schichtarbeit als Kontrastreaktionen die Grundstruktur restituierend beeinflussen. Somit kann man die Schichtarbeit als eines der eindrucksvollsten Beispiele für die lebenslange Bedeutung der Personalisation und Sozialisation bezeichnen, an dem alle Variationen des Abbaus oder Aufbaus der Struktur der sozialkulturellen Persönlichkeit untersucht werden können.

c) Die Hauptergebnisse und Thesen lassen sich wie folgt zusammenfassen:

1. Schichtarbeit führt zur Störung der individuellen biologischen Rhythmik, der traditionellen Einteilung von Arbeit, Entspannung und Ruhe. Der Schichtarbeiter muß sich auf ›neue Wellenlängen‹ umstellen, wobei die individuelle Wellenlänge unverändert mitschwingt, da der Rhythmus des Blutkreislaufes sich der neuen Zeiteinteilung nicht anpaßt. Dadurch entstehen Störungen von Schlaf, Appetit und Stimmungslage. (In einer Untersuchung von *Duesberg* und *Weiss* wurde 1939 festgestellt, daß Magengeschwüre bei Schichtarbeitern achtmal so häufig vorkommen wie bei Normalarbeitern. Trotzdem wird die Nachtarbeitsfähigkeit oder auch die Wechselschicht-Arbeitsfähigkeit selbst heute noch nicht geprüft.)

2. Der Schichtarbeiter lebt in zwei verschiedenen, sich oft widersprechenden Zeitordnungen, wodurch Spannungen physischer, psychischer und sozialer Natur entstehen können. (Für den Nachtarbeiter beginnt der Tag mit dem Schlaf; das bedeutet eine Umkehrung der normalen Zeitordnung.)

3. Die Zeitbegriffe von Schichtarbeitern in Tagen, Wochen und Turnuszeiten sind abweichend und können zu abweichenden Verhaltensweisen führen, z. B. zu einer Art sozialer Kurzsichtigkeit. Dies bedeutet, daß der Entfaltungsspielraum des Schichtarbeiters mehr und mehr eingeengt wird und Entwicklungshindernisse auftreten, z. B. gegenüber nachbarlichen Gemeinschaftsformen oder auch Beziehungen innerhalb der Großfamilie.

4. Diese Verkürzung der sozialen Perspektiven kann für den Schichtarbeiter zu einer mehr oder weniger selbstgewollten Begrenzung der Rollenerfahrungen und damit zu einer Verkümmerung der individuellen Rollenstruktur führen, durch die die Prägung seiner Grundstruktur im Verhältnis von Person, Gesellschaft und Kultur gehemmt oder vereinseitigt wird.

5. Solche Umprägungen und Verengungen des Rollenspielraums und der Rollenerfahrungen können zum Widerstand gegen Änderungen der Umwelt führen. (Als Beispiel sei darauf hingewiesen, daß die Hütten- und Bergarbeiter des Ruhrgebiets, deren ganzes Leben durch die Schichtarbeit geprägt wird, gegen alles Neue im Betrieb Widerstand leisten, auch wenn es zu ihrem eigenen Vorteil ist, wie das z. B. bei der Einführung der 42-Stunden-Woche anstelle einer wöchentlichen Arbeitszeit von 56 bis 58 Stunden, in Verbindung mit durchlaufender Arbeitsweise, der Fall war.)

6. Auf eine solche Verarmung der Rollenstruktur kann eine geringere Rolleneignung zurückgehen, die zu einem Rückzug auf die Familie und die Vaterrolle führt. (Die in der älteren Generation der Berg- und Hüttenarbeiter des Ruhrgebietes heute noch feststellbare mangelnde Urlaubsfähigkeit sowie die Verarmung der Freizeitgestaltung dürfte neben anderem aus dieser Verkümmerung der Rolleneignung hergeleitet werden.)

7. Die geringe Rollenausstattung führt zu einem geringeren Verstehen der Verhaltensweisen und Rollen anderer Personen und zu einer geringeren Bereitschaft, solche zu übernehmen.

Hierin dürfte einer der Gründe liegen, weshalb die Großbetriebe der Eisen- und Stahlindustrie zunehmend Schwierigkeiten haben, den Nachwuchs für ihre Vorarbeiter und Meister aus der eigenen Belegschaft, besonders aus dem Teil, der Schichtarbeit verrichtet, zu gewinnen. Etwas Ähnliches gilt für den Funktionärsnachwuchs der Gewerkschaften: Die Väter und Großväter der heutigen Hütten- und Bergarbeiter kamen aus Bereichen mit geringer Rollenerfahrung und Rollenerwartung – nämlich aus der östlichen Landwirtschaft – in die industrielle Schichtarbeit. Die Meister und die Gewerkschaftsfunktionäre, die in der zweiten Hälfte des vergangenen Jahrhunderts die Betriebe bzw. die Organisationen aufgebaut haben, stammten fast durchweg aus anderen Regionen (Württemberg, Hessen, Minden-Ravensberg, Berlin) und aus anderen Berufen

(*Otto Hue*, der Bergarbeiterführer, war Schlosser, *Karl Legien* und *Stegerwald* waren ebenfalls Handwerker). Vielleicht ist auch die mangelnde Organisierbarkeit der Hüttenarbeiter bis zum Jahre 1920 auf fehlende Erfahrung in der Rollenvielfalt zurückzuführen.

8. Der Kräftehaushalt des Schichtarbeiters wird im allgemeinen zwischen Berufs- und Familienleben erschöpft. Diese Tatsache führt zu einem Isolierungseffekt, der sich für den einzelnen Schichtarbeiter bis zum Gefühl des Ausgestoßenseins steigern kann. Von hier aus sind negative Wirkungen auf die Kontakte im Betrieb und das Betriebsklima sowie Cliquenbildung möglich.

9. Gegen diese depersonalisierenden und desozialisierenden Wirkungen hat der Schichtarbeiter im allgemeinen nur zwei Möglichkeiten der Reaktivierung: den beruflichen Aufstieg und die Flucht in das Hobby.

10. Für den Schichtarbeiter wird die Familie als *der* intim-personale Raum zum Kontrapunkt gegen die Anonymität des Betriebes und damit zum Raum von Rollenerfahrung und Rollenerwartung.

11. Der Schichtarbeiter ist ein Vater, »der zu sonderbaren Zeiten kommt und geht«. Er ist in den Zeiten abwesend, in denen Sozialisationsprozesse allein möglich sind, d. h.: in den traditionellen Zeiten von Entspannung und Freizeit.

12. Der Alltag der Schichtarbeiterfamilie hat damit kein für alle verläßliches und verbindliches Ordnungsschema; Familienkontakte werden durch längeres Nichtsehen eingeengt.

13. Die Schichtarbeiterfamilie steht damit außerhalb der Normenstrukturen und Verhaltensschemata der Altfamilie, mit deren Leitbild die Großväter aus dem Osten kamen.

14. Schichtarbeit bedeutet Reduzierung der Umweltoffenheit der Familie und damit der exogenen Sozialisation. Diese Reduzierung kann sowohl zu einer Stabilisierung der Familie durch Introvertierung führen, als auch zu einem Versagen und damit zur Labilisierung, wenn das Bewußtsein einer Familienaufgabe fehlt und für ein Zusammenleben keine Zeit bleibt.

15. Mütterliche Berufstätigkeit neben der Schichtarbeit des Vaters führt leicht zu Konflikten zwischen Mutterrolle und Berufsrolle, Hausfrau- und Gattinrolle und damit zu seelischen und physischen Überlastungen.

V. Forschungsprobleme

Wie bereits in der Einleitung betont wurde, ist die Schichtarbeit bis heute als ›vergessener Faktor‹ im Sozialisationsstudium zu erkennen. Aus der Fülle von Forschungsproblemen, die sich anhand der Sonderstellung der Schichtarbeit in der gegenwärtigen Gesellschaftsordnung herauskristallisieren lassen, seien nur folgende kurz genannt:

1. Eine statistische Erfassung aller Arten und Größenordnungen von Schichtarbeit und ihrer Entwicklungstendenzen in der Bundesrepublik und im Bereich der Europäischen Behörden (Montanunion und EWG);
2. eine Untersuchung der regionalen und sozialen Herkunft der Schichtarbeiter mit Lebenslaufanalysen (zur Prüfung des Arguments ›soziale Unterschicht‹);
3. eine Erforschung der Personalisations- und Sozialisationsvorgänge in schichtarbeitenden Betrieben mit Arbeitsablaufanalysen, insbesondere der Vorgänge der Mittags- und Nachtschichten und der Einstellung der Betroffenen dazu;
4. Erhebung und Analyse von Familienstrukturen von Schichtarbeitern und ihrer internen und externen Reaktionsweise;
5. eine Erhebung über die außerfamiliale Aktivität von Schichtarbeitern (Vereine, Verbände, Nachbarschaften) und ihre Motivationen;
6. multidisziplinäre Untersuchungen der funktionalen und dysfunktionalen Wirkungen der Schichtarbeit unter physiologischen, psychologischen und soziologischen Gesichtspunkten.

Anmerkungen

1 Neuloh, Braun, Werner, *Die durchlaufende Arbeitsweise im Urteil der Stahlarbeiter*, Tübingen 1961; Neuloh, *Arbeitszeit und Produktivität*, III. Bd., Berlin 1962.

2 Im Statistischen Jahrbuch 1963 kommt der Begriff Schichtarbeit im Sachregister überhaupt nicht vor.

3 *Der Mensch als soziales und personales Wesen*, hrsg. von G. Wurzbacher, Stuttgart 1963, S. 57 ff.

Hellmut Becker
Das Verhältnis von Arbeits- und Bildungswelt in der modernen Gesellschaft

Es wird so oft davon gesprochen, daß die Schule in Unordnung ist. Die Spannung zwischen einer Schule, die in früheren Jahren angemessener Ausdruck einer bestimmten gesellschaftlichen Situation gewesen ist, und unseren mittlerweile gewandelten gesellschaftlichen Verhältnissen ist so groß geworden, daß aus dieser Spannung eine gewisse Unordnung resultierte. Man konnte andererseits in den Nachkriegsjahren gerade auch aus Kreisen der Wirtschaft oft hören, daß eine Schule nicht problematisch sein könne, die mit anderen Kräften zusammen den Wiederaufbau unserer Wirtschaft möglich gemacht hat, die also die Menschen gebildet hat, die diesen Wiederaufbau leisteten. Man muß wohl feststellen, daß selbst die Wirtschaft nicht so langfristig zu planen gewohnt ist, wie es die Pädagogik tun muß. Die Menschen, die den Aufbau nach 1945 durchgeführt haben, entstammen der Schule der zwanziger Jahre, wenn nicht früherer Zeiten. Insofern befanden wir uns mit der Diskrepanz zwischen unserer überkommenen Schule und unserer neuen gesellschaftlichen Entwicklung in einer schwierigen Lage, auch wenn sie nicht allenthalben die negativen Folgen hatte, die man an sich hätte voraussagen können.

Mein Thema ist sehr umfassend. In Deutschland hat sich früher Theodor Litt darum bemüht und in der Generation der deutschen Pädagogen der letzten Jahrzehnte wohl das meiste dazu beigetragen. Meine Überlegungen zu diesem Thema möchte ich einleiten mit zwei Definitionen, die ich dem Konversationslexikon von Brockhaus [1] entnommen habe. Unter »Bildung« heißt es dort: »Bildung ist seit Pestalozzi Grundbegriff der Erziehungswissenschaft, bedeutet Formung der Seele durch die Mittel der umgebenden Kultur. Zur Bildung gehört a) eine Individualität, die als eigentümlicher Ausgangspunkt zur geformten oder werterfüllten Persönlichkeit entwickelt werden soll b) eine gewisse Universalität, d. h., Wesensreichtum, der durch Verstehen und Erleben der objektiven Kulturwerte erworben wird, c) Totalität, d. h., innere Geschlossenheit und Charakterfestigkeit.« In demselben Werk steht unter »Arbeit«: »Kraftbetätigung zur Überwindung eines Hindernisses bei der Verfolgung eines Zweckes.« Das Interessante an diesen beiden Definitionen ist, daß sie das enthalten, was sich – sozusagen in die tägliche Münze umgesetzt – in der allgemeinen Vorstellung verfestigt hatte. Die Bildung sei nämlich etwas, was der Entfaltung der Persönlichkeit diene, sei der individuellen Pflege des einzelnen gewidmet und auf höhere Dinge gerichtet. Bei dem Begriff Arbeit erscheint dagegen sofort das Wort Kraft. Damit wird der ganze Mythos der Vertreibung aus dem

Paradies und ihre Folge, der Zwang zur Arbeit, unmittelbar lebendig.

Etwas ganz anderes möchte ich noch hinzufügen. Beiträge des sogenannten Arbeiterdichters Heinrich Lersch erscheinen in verblüffendem Umfang immer noch in deutschen Lesebüchern. In einer kürzlich erschienenen Studie über den Inhalt bayrischer Schulbücher hat erfreulicherweise auch Hildegard Hamm-Brücher, die bayrische Abgeordnete, auf das eigentümliche Gesellschaftsbild, das in diesen Schulbüchern zum Ausdruck kommt, hingewiesen. »Maschinen rauschen in heiligen Liedern, Fabriken sind göttliche Kirchen der Kraft.« Nichts kann konzentrierter als dieses unfreiwillige Scherzwort zeigen, wie mißverstanden man Bildung und Arbeit zusammenführen kann. Wir sind nicht der Meinung, daß man das kirchliche Vokabular säkularisieren kann, um dadurch anzudeuten, worum es geht. Bei der Überlegung, was Bildung und Arbeit heute miteinander zu tun haben, müssen wir doch zu der Überzeugung kommen, daß der Bildung in einer Welt, die wir als Ganzes empfinden, die bestimmte Aufgabe zuzuweisen ist, Menschen fähig zu machen, in dieser Arbeitswelt zu bestehen. Der Deutsche Ausschuß für das Erziehungs- und Bildungswesen definiert den Begriff Bildung so: »Gebildet wird jeder, der in der ständigen Bemühung lebt, sich selbst und die Gesellschaft zu verstehen und diesem Verständnis gemäß zu handeln.« Das ist ein Bildungsbegriff, der zwar durchaus an den Menschen denkt, aber ihn nun in Verbindung mit der Gesellschaft und der Welt sieht und der zugleich so weit geht, die Handlungsfähigkeit in den Bildungsbegriff mit einzubeziehen. Bildung wird dabei nicht mehr nur als etwas Passives, sondern zugleich als eine Fähigkeit zum Handeln, die aus dieser Bemühung um das Verständnis der Person, der Gesellschaft und der Welt erwachsen ist, verstanden. In dem so verstandenen Begriff von Bildung treffen sich also Reflexion und Aktion.

Es gab in der Vergangenheit viele Bemühungen, die falsche Gegenüberstellung von der hohen Bildung und der bloßen Arbeit zu überwinden. Heute müssen wir uns darüber klarwerden, daß es nicht allein darum geht, gelegentlich einen freundlichen Ball von einem Ufer auf das andere hinüberzuwerfen. Das wäre sogar gefährlich. Wir brauchen eine neue Konzeption, eine Zusammenschau von Bildungs- und Arbeitswelt. Der Begründer der Landerziehungsheime, Hermann Lietz, war der Überzeugung, die Kluft dadurch überwinden zu können, daß er für sich und seine Schüler die Handarbeit täglich in die Bildung miteinbezog. Hermann Lietz hat selbst noch jeden Tag viele Stunden körperlich schwer gearbeitet. Zweifellos wirkte in dem damaligen Milieu etwas davon in den Erziehungsraum hinein. Später hat sein Nachfolger Andreesen im Landerziehungsheim sogar Kohlenschiffe mit seinen Schülern ausgeladen. In der Vorstellung, man müsse Kraftanstrengung selbst vollbringen, um dadurch im Bildungsbemühen glaubwürdiger zu werden, liegt für uns heute etwas eigentümlich Krampfhaftes. Ich halte es für sehr fragwürdig, nur so kurz in die Welt der Arbeit hineinzuschauen und bin solchen Bestrebungen gegenüber sehr skeptisch. Ich hatte viel mit einer Schule zu tun, deren Primaner einen oder zwei Monate im Bergbau arbeiteten. Ich denke auch an andere Einrichtungen, in denen die Studienförderung mit einem halben Jahr Industriearbeit verbunden ist. Allen diesen Bemühungen, deren ethische Absicht ich in keiner Weise in Frage stelle, liegt der Gedanke zugrunde, man könne auf diese Weise in die Arbeitswelt eindringen. Ich hege jedoch gewisse Bedenken, ob dieses berechtigte, wünschenswerte Ziel erreicht wird. In einer Zeit, in der fast jeder Schüler nebenbei schon Geld verdient und dieses oder jenes in der Arbeitswelt erprobt hat, besteht leicht die Gefahr eines solchen bloßen Hineinschauens. Es wäre ganz ähnlich wie bei einem Buch, das man nur durchblättert. Es ist für einen normal gebauten, sportlich trainierten Jungen kein großes Problem, ein paar Monate lang eine Arbeit zu leisten, vor allem dann nicht, wenn er genau weiß, daß er dieser Arbeit nie als seinem endgültigen Schicksal ausgesetzt sein wird. Das, was mit leichter Hand fast als sportliche Betätigung erlebt werden kann, dürfte also gar nicht die Wirkung ausüben, die man sich davon verspricht.

Ähnliche Gefahren treten auf, wenn man darangeht, die Wirtschaft nur als Stoffgebiet in den Unterricht einzuführen. Es ist sicher notwendig, daß man sich im Sozialkundeunterricht nicht auf die Behandlung der Tätigkeit von Bundesrat und Bundespräsident beschränkt, sondern daß eine klare Vorstellung unserer politischen, sozialen und ökonomischen Struktur vermittelt wird. Zweifellos wäre es sehr fragwürdig, die Wirtschaft sozusagen als Stoff, wie etwa lateinische Vokabeln, künstlich in den Bildungskanon einzufügen. Bei der Einheit von Bildungs- und Arbeitswelt, die wir heute benötigen, geht es meiner Meinung nach um mehr. Ich möchte damit keineswegs einzelne Versuche, wie zum Beispiel das Betriebspraktikum und andere abwerten. Ohne Zweifel ist mit diesen Brückenschlägen zunächst etwas sehr Wichtiges geleistet worden. Ich möchte aber davor warnen, sich damit zu begnügen. Es kommt darauf an, die Schule als Ganzes von der Arbeitswelt her neu zu sehen. Es würde auch nicht genügen, die Schulzeit einfach zu verlängern, nur weil manche Jugendliche mit mangelhaften Grundkenntnissen in den Betrieb kommen, um dann auf die verlängerte Schulzeit die Lehre genauso aufzusetzen, wie es bisher üblich war. Man muß vielmehr – so schwierig das auch sein mag – das gesamte Konzept von Grund aus ändern. Nicht freundliche Besuche beim getrennten Nachbarn, sondern nur eine aufeinander abgestimmte Konzeption dürfte eine Lösung erwarten lassen.

Sie wissen sicher von den Unzulänglichkeiten, die es an vielen Schulen mit der politischen Bildung gegeben hat. Die politische Bildung trat nur als Unterrichtsfach in Erscheinung, vielfach erteilt von dafür nicht hinreichend vorgebildeten Lehrern, ohne zugleich als Unterrichtsprinzip alle Fächer zu durchziehen. Das geschah, obwohl die Kultusministerkonferenz wie der Deutsche Ausschuß für das Erziehungs- und Bildungswesen diese doppelte Anstrengung in der politischen Bildung immer gefordert haben. Während meiner juristischen Referendarausbildung kam auch einmal die Vorstellung auf, die Juristen sollten doch endlich mehr von Wirtschaft verstehen. Das hatte zur Folge, daß ich während meiner Landgerichtsstation nicht weniger als fünf Brauereien besichtigt habe. Die Vorstellung aber, ein Jurist würde dadurch wirtschaftsverständig, daß er einen Betrieb anschaut, ist naiv. Wenn es nicht gelingt, in der juristischen wie in jeder anderen Ausbildung von Anfang an einen Blick für ökonomische Denkweisen und wirtschaftliche Strukturverhältnisse zu verankern, nützen auch noch so viele Betriebsbesichtigungen nichts. Mehr als eine gewisse Orientierung können sie nicht geben. Man erreicht nur dann etwas Entscheidendes, wenn Besichtigungen sorgfältig vorbereitet und anschließend gründlich ausgewertet werden.

Ich habe vorher ausgeführt, daß die Schule in ihrem Gesamtaufbau der Arbeitswelt und ihren Anforderungen entsprechen müsse. Vorbedingung dafür ist, daß wir uns zunächst einmal genaue Vorstellungen von der Arbeitswelt und ihren Entwicklungstendenzen verschaffen. Wenngleich die Berufsvorstellungen – auch die in den Berufsberatungen vermittelten – nicht in ausgesprochener Diskrepanz zur Wirklichkeit stehen, so sind sie doch nicht auf die Zukunft in zehn oder fünfzehn Jahren gerichtet. Das ist die Schwierigkeit. Uns fehlt eine sehr intensive und breit angelegte Forschung, die feststellt, welche Eigenschaften die Arbeit der Zukunft fordert. Dabei ist vor allem zu berücksichtigen, daß der vielfältig Angelernte heute und in Zukunft der am meisten verbreitete Arbeitertypus sein wird. Der wechselnde Job hat die lutherische Vorstellung vom Beruf als Berufung verdrängt. Deswegen ist eine ganz bestimmte Vielseitigkeit und Beweglichkeit erforderlich, an die man bei den fixierten Berufsvorstellungen zunächst am wenigsten denkt. Ich glaube, daß jeder mir darin zustimmen wird, wie notwendig Untersuchungen dieser Frage sind und wie wichtig es ist, daß diese so angelegt werden, daß ihr Ergebnis wirklich die Zukunft einbezieht und nicht nur die Vergangenheit rechtfertigt. Es kommt darauf an, diese Forschung prospektiv in die Zukunft voranzutreiben.

Man hat früher als eine besondere Eigenart des Gebildeten immer herausgestellt, daß er ein Mensch sei, der zur Aktivität und zur Macht ein gebrochenes Verhältnis habe. Im allgemeinen fand man an gebildeten Menschen manche Eigentümlichkeiten einer mit reichlich Freizeit ausgestatteten Schicht, der *leisure class*, wie man in der amerikanischen Soziologie sagt. Dieser Schicht hat man den gebildeten Menschen besonders zugerechnet. Wir stehen heute jedoch vor der Tatsache, daß sich die Arbeitszeit in den letzten hundert Jahren um fast die Hälfte verringert hat, und daß dieser Prozeß, wenn auch nicht im gleichen Tempo, weitergeht. Die vielfältigen Folgen dieser Entwicklung auf den verschiedensten

Ebenen sind sehr schwerwiegend. Der französische Soziologe Georges Friedmann hat darauf hingewiesen, daß zum psychologischen Gesamthabitus des Menschen eine bestimmte Anforderung der Persönlichkeit durch die Arbeit gehört, und daß der Mensch in seinen seelischen Grundbeständen sehr gefährdet wird, wenn sich das ändert. Auch Freud hat schon darauf hingewiesen, daß der von der Arbeit erfüllte Mensch nicht ungestraft in die entgegengesetzte Situation gebracht werden kann. Mit diesen Problemen hat zweifellos die Tatsache etwas zu tun, daß die Geisteskrankheiten in Amerika, das uns ja in der Arbeitszeitentwicklung etwa zwanzig Jahre voraus ist, so ungeheuer zunehmen. Diese Schwierigkeiten aufzufangen, ist auch eine Aufgabe der Schule. Die Schule muß auf eine Lebenssituation vorbereiten, die sehr viel weniger fest durch die Arbeit gehalten ist, als wir es in der Vergangenheit gewohnt waren. Zwar wissen wir, daß viele arbeitende Menschen einen zweiten Job ausüben; aber bereits die Entscheidung, die darin liegt, daß man zwei ganz verschiedene Tätigkeiten nebeneinander ausübt, hat Folgen für die seelische Struktur des Menschen. Mit dem *Ettlinger Kreis* habe ich einmal die Lehrlingsausbildung bei der Firma Siemens kenngelernt. Es war für mich von großem Interesse, wie dort die körperliche und charakterliche Prägung der Kurzschulen – einer Schulform, die in Vierwochenkursen an der See oder im Gebirge eine zusätzliche Ausbildung vermittelt – ganz bewußt eingeplant wird. Die Firmenleitung ist der Ansicht, daß für den Menschen, auch in körperlicher Hinsicht, zusätzlich etwas getan werden muß. Die Ausbildung stellt nämlich an den jungen Menschen nicht mehr genügend körperliche Anforderungen, dagegen fordert sie viel mehr an Theorie, so daß ein Gleichgewicht geschaffen werden muß.

Ich habe bei einer anderen Gelegenheit davon gesprochen, daß alle Bildungseinrichtungen heute im Grunde dazu dienen müssen, Zuverlässigkeit, Mobilität und Weltverständnis zu vermitteln. Diese drei Dinge scheinen sich zunächst beinahe zu widersprechen. Mobilität, deren Notwendigkeit durch die ungeheure Schnelligkeit der Veränderung der Verhältnisse einfach erzwungen wird, kann für den einzelnen lebensgefährlich werden. Deshalb müssen wir ihn darauf vorbereiten. Gleichzeitig müssen bestimmte Elemente in der Ausbildung die Zuverlässigkeit verstärken. Ich finde es deswegen sehr wichtig, daß jeder Mensch irgend etwas ganz präzise lernt. Dabei kommt es nicht so sehr darauf an, was er so präzise gelernt hat, ob es die Tischlerei oder die lateinischen Vokabeln waren. Wesentlich aber ist, daß irgendwann einmal das Bildungserlebnis der Präzision stattgefunden hat. Das, was man später tut, kann man eigentlich als junger Mensch in vieler Hinsicht noch nicht lernen. Es kommt darauf an, hier die notwendige Mobilität durch das Element der Zuverlässigkeit zu ergänzen. Wenn ich neben Mobilität und Zuverlässigkeit noch Weltverständnis nenne, dann deshalb, weil in der Ausbildung der spätere Grad der Beteiligung am Arbeitsprozeß nicht vorausgesagt werden kann. Es ist zum Beispiel nicht vorauszusehen, ob der Jugendliche, der heute als Schlosser ausgebildet wird, in zwanzig oder dreißig Jahren etwa an einem Fließband eine ständig gleichbleibende, ihn wenig erfüllende Betätigung haben, oder ob er einen automatischen Prozeß überwachen wird und alles von seiner Wachheit in entscheidenden Momenten abhängt, oder ob er als einer der vielen im automatisierten Betrieb unentbehrlichen Hilfsdienstkräfte tätig sein wird. Es gibt da eine Fülle von Möglichkeiten, die niemand übersehen kann. Jeder muß das Ganze und die Zusammenhänge besser verstehen, als es früher notwendig war. Diese Forderung ist keineswegs zu hoch. Man braucht in der Geschichte des Bildungswesens nicht sehr weit zurückzugehen, um auf Äußerungen zu stoßen, die besagen, daß es doch ganz unmöglich sei, auf der Volksschule allen Menschen das Multiplizieren und das Dividieren beizubringen. Bis zu einem gewissen Grade ist es heute dennoch geglückt. In verschiedenen Staaten ähnlicher Zivilisationslage wie der unseren ist es darüber hinaus sogar geglückt, daß in jeder Volksschule eine Fremdsprache gelernt werden kann. In Deutschland ist es merkwürdigerweise noch so, daß in Berlin fast alle Volksschüler Englisch lernen, während es in Nordrhein- Westfalen erst 3,4% der Volksschüler sind. In Berlin ist damit eben für die Mobilität als Element in der Volksschule ein entscheidender Schritt getan worden, den wir in weiten Teilen der Bundesrepublik noch nachvollziehen müssen. Ich darf noch darauf hinweisen, daß nach Berlin Schleswig-Holstein die größte Zahl an Englisch lernenden Volksschülern besitzt.

Diese Begriffe Zuverlässigkeit, Mobilität und Weltverständnis möchte ich noch einmal von einem anderen Beispiel her erläutern. Als ich zur Schule ging, lasen wir zwischen den beiden Weltkriegen mit großem Interesse Ernst Jüngers »In Stahlgewittern« [2]. Dieses Buch schilderte die Materialschlacht und den zur Unbeweglichkeit erstarrten Stellungskrieg. Als junger Soldat habe ich dann im zweiten Weltkrieg alles erlebt, nur das nicht, was in den »Stahlgewittern« beschrieben war. Als Mitglied des Beirates *Innere Führung* habe ich inzwischen erfahren, daß es nichts Wichtigeres gibt für den modernen Soldaten, der infolge des Ausfallens aller Befehlsübermittlung ganz auf sich selbst gestellt ist, als denken zu lernen. Eine veraltete militärische Auffassung sah demgegenüber gerade das Denken als einen besonderen Nachteil für den Soldaten an. Die Schule soll auch auf diese Situation vorbereiten. Daher ist mit Nachdruck zu fordern, daß die Schule, wie auch immer die Details der Forschung ausfallen mögen, auf den denkenden Menschen vorbereiten muß. Entweder muß er denken, um einen komplizierten Prozeß überschauen zu können, oder er muß denken, um in der Lage zu sein, auch in einem unkomplizierten Prozeß die Zusammenhänge und den Sinn zu erkennen. Wie immer man den Arbeitsprozeß im einzelnen nun sieht, am denkenden Arbeiter kommen wir nicht vorbei. Es wäre verlockend, in vielen Einzelheiten darzutun, was in dieser Richtung auf der Volksschule geschehen könnte. Das möchte ich mir aber hier versagen. Ich wollte hier nur andeuten, daß es nicht um das Hineinschauen von einer angeblichen Welt der Bildung in eine Welt der Arbeit und umgekehrt geht. Es geht vielmehr darum, daß die Bildung dazu befähigt, in dieser Arbeitswelt zu bestehen. Das gilt nicht nur für die Volks- und Mittelschule, sondern natürlich auch für die Höhere Schule. Der Pfarrer, der Jurist, der Arzt, der nicht in der auf diese Welt bezogenen Mentalität orientiert ist, kann weder Seelsorge, noch Rechtsprechung, noch Heilkunde betreiben in einer Welt, die von der Arbeit bestimmt ist.

Auf zwei Dinge möchte ich hier noch hinweisen. Unser überkommenes Bildungssystem ging vom Allgemeinen in das Konkrete. Das ist der Bildungsgang, den Sie in der Mehrzahl durchlaufen haben. Dem steht der sogenannte Zweite Bildungsweg gegenüber, der vom Konkreten ausgeht und sich zum Allgemeinen entwickelt. Die Notwendigkeit dieses Zweiten Bildungsweges und auch seine eigenständige pädagogische Berechtigung sind viel erörtert worden. Nur das eine sei hierzu gesagt: ich glaube, daß auch dieses Gegenüber in der Schule der Zukunft langsam abnehmen wird, weil der Gegensatz von Bildung und Ausbildung, der unser bisheriges Bildungswesen bestimmt hat, nun allmählich überwunden wird. Wir wissen heute, daß man das Konkrete nur dann richtig lernen kann, wenn man den allgemeinen Zusammenhang zu erkennen vermag und daß man das Allgemeine dann am besten erfaßt, wenn es einem am Konkreten deutlich wird. Es ist gegenwärtig notwendig, den Zweiten Bildungsweg in seinen vielfältigen Formen hervorzuheben, damit die nicht erfaßten Begabungsreserven erschlossen werden können. Von einer endgültigen Schulkonzeption her gesehen, die die Begabungsreserven richtig ausliest, wird das dann von der Schule weitgehend mit aufgefangen werden. Ebenso werden sich die beiden Aufbauformen, die im bisherigen Bildungssystem noch gegeneinander stehen, ineinander schieben.

Zur Einheit von Bildungs- und Arbeitswelt gehört auch, daß der Bildungsvorgang nie aufhört. Es ist eine Aufgabe der Schule, bildungshungrig zu machen und nicht bildungssatt. Die Zeit der *abgeschlossenen Bildung* ist vorbei. Daher ist es so wichtig, daß die Schule den Bildungshunger bewußt fördert. Als ich vor Jahren das erste Mal nach Amerika kam, haben mich wenig Dinge so beeindruckt, wie diese Dreißig- und Vierzigjährigen, die erneut mit ungeheurer Intensität zu lernen und zu arbeiten beginnen. Darunter befinden sich auch Personen aus dem gehobenen *Management*, die wieder an die Universität zurückgehen, nachdem sie immerhin recht viel Geld verdient haben. Ich habe mich damals gefragt, was an unserer Schule falsch ist, daß sie diese Sättigung erzeugt, die wir so oft beobachten, diese Lernmüdigkeit, die zur Lebensgefahr werden kann in einer Zeit, in der die Schnelligkeit der Entwicklung das Weiterlernen unerläßlich macht. Es ist heute einfach nicht mehr möglich, daß ein Facharbeiter, Angestellter oder Akademiker bei dem Tempo der Entwicklung seine Existenz allein auf dem aufbauen kann, was er vor zwanzig Jahren gelernt hat. Deshalb muß die Schule das Weiterlernen lehren und im Gebrauch von Hilfsmitteln zum Weiterlernen unterrichten. Es ist unter Umständen wichtiger zu wissen, wie und wo man etwas findet, als etwas zu wissen, wenn ich mich einmal so ausdrücken darf. Deswegen finde ich es immer so eindrucksvoll, daß die Schüler jeder amerikanischen Schule die Benutzung von Bibliotheken und Registern stundenmäßig lernen. Das ist außerordentlich wichtig für die Breite der Bildungsentwicklung eines Landes. In Amerika spielt es eine große Rolle. Dies soll nur als kleines Beispiel für das dienen, was ich mit diesem Weiterlernen meine. Es kommt mir darauf an, deutlich zu machen, daß Bildungs- und Arbeitswelt für uns heute eine Einheit darstellen. Wir können also nicht mehr sozusagen auf dem Wege der kleinen Geschenke, die die Freundschaft vielleicht erhalten, zwischen diesen Welten vermitteln.

Sehr wichtig erscheint mir auch die Frage, was die Schule aus ganz bestimmten Erfahrungen der Wirtschaft lernen kann. Ich meine jetzt nicht Einzelheiten, sondern die grundsätzliche Blickweise. Vor vier oder fünf Jahren besuchte ich mit einem Direktor der *Ford-Foundation*, der die Bundesrepublik bereiste, auch die Westdeutsche Rektorenkonferenz. Dieser Direktor stellte die Frage: Wie ist denn die ungefähre Bedarfszahl bei den wichtigen akademischen Berufen? Ihm wurde die Antwort zuteil, die Frage nach dem Bedarf zu stellen, sei eine Sünde gegen den Geist der deutschen Wissenschaft. Die Bedarfsfrage zu stellen, galt einstmals vielleicht sogar in Kreisen der Wirtschaft als Sünde. Aber diese Zeiten liegen lange zurück. Die Bedarfsfrage zu stellen, ist vollkommen unvermeidlich, wenn man seine Bildungsinstitutionen richtig aufbauen will. Die Zustände an unseren Universitäten sind ja nicht von ungefähr entstanden, sondern sind die Folge der Tatsache, daß man vor zehn Jahren Forschungen, die man hätte anstellen müssen, eben nicht angestellt hat. Damit tritt die Bildungsökonomie in unser Blickfeld, ohne die der Aufbau unseres Bildungswesens heute nicht richtig gelöst werden kann. Es ist unerläßlich, das Bildungswesen auch unter ökonomischen Gesichtspunkten zu sehen.

Im letzten Jahr sind zwei bedeutende Bücher erschienen. Das eine ist das Buch des führenden amerikanischen Nationalökonomen Theodore W. Schultz »Economic value of education« [3] und das andere ist das Buch von Friedrich Edding »Ökonomie des Bildungswesens – Lehren und Lernen als Haushalt und als Investition« [4]. Beide Betrachtungsweisen, die für eine traditionelle Bildungsvorstellung zunächst einmal beunruhigend sind, machen deutlich, daß in der modernen Gesellschaft die volkswirtschaftliche Zuwachsrate auch von der Investierung in Bildung abhängig ist. Überlegungen, die der Wirtschaft geläufig sind, müssen auch im

Bildungswesen angewandt werden. Das soll nicht geschehen, um etwa auszurechnen, was sich in der einzelnen Schulstunde vollzieht, damit im ganzen genügend Geld verdient wird, sondern um den notwendigen Aufwand im Rahmen einer volkswirtschaftlichen Gesamtrechnung festzustellen. Die Bundesrepublik steht in diesem Aufwand hinter dem anderer Länder erheblich zurück.

Ein weiteres Prinzip wird in der Diskussion um die Schule in den nächsten Jahren eine große Rolle spielen, das Prinzip der Rationalisierung. Aus interessanten schwedischen Untersuchungen geht hervor, daß in Lappland Kinder in einem halben Jahr genausoviel gelernt haben wie andere Kinder im übrigen Schweden im ganzen Jahr; eine für Pädagogen erschütternde Feststellung. Ich will hier auf Details nicht eingehen. Sicher ist, daß die Schule der Zukunft feststellen wird, daß es besser ist, in bestimmten Fächern sechs oder zehn Schüler zu unterrichten, in anderen Fächern genausogut zweihundert. Wir haben uns in den letzten zehn Jahren mit unseren Schulbauten auf solche Formen fixiert, die baumäßig die Klasse verewigen. Aus Gründen der Effektivität gehen wir jedoch Schulorganisationsformen entgegen, die erst einmal wieder diese Bauten, ich würde nicht sagen sprengen, aber doch recht verwandeln müssen. Sie sehen also, daß das Prinzip der Ökonomie und das Prinzip der Rationalität in die Schule, in das Bildungswesen eingezogen sind. Diese Einheit stellt sich an diesen beiden wichtigen Denkprinzipien dar, nicht etwa, damit die Ökonomie oder die Rationalisierung die Bildung determinieren soll, sondern damit, wie Carl Friedrich von Weizsäcker es in der Paulskirche formulierte, die Freiheit, das heißt der Raum, in dem Bildung stattfinden kann, geplant werden kann. Die überfüllte Universität ist das klarste Beispiel dafür, welches Maß an Freiheitszerstörung und Freiheitsvernichtung heute aus nicht geplanter Freiheit entstehen kann.

In diesem Zusammenhang kommt meiner Ansicht nach der Wirtschaft eine besondere Rolle zu. Sie hat die Möglichkeit, die Initiativen, die in diese Richtung gehen, besonders zu stützen. Ich möchte hier nicht davon reden, daß jemand zu irgend etwas Geld geben soll. Daß aber die Möglichkeit besteht, durch große Stiftungen belebend auf das Bildungsgeschehen einzuwirken, wird von Amerika am klarsten bewiesen. Shephard Stone, der Direktor der Auslandsabteilung der *Ford-Foundation*, hat in der Freien Universität einen Vortrag über Stiftungen gehalten und darin die bestehenden und möglicherweise künftigen deutschen Stiftungen ernsthaft dazu aufgefordert, doch nicht nur Wissenschaft, sondern auch Erziehungseinrichtungen durch Stiftungen zu fördern. Denn im Modell ist die Möglichkeit der initiativen Förderung ganz besonders gegeben, weil das Experiment schließlich nicht nur auf Naturwissenschaften beschränkt sein kann. Keine geistige Entwicklung kann ohne Experiment vor sich gehen. Ich glaube aber, daß auch bei uns etwas von dieser Kooperation spürbar ist. Man könnte hier eine Fülle von Einzelbeispielen erwähnen. Einer Schrift über die Entwicklung vom Lehrling zum Abitur an der Odenwaldschule ist zu entnehmen, daß dort aus rein industrieller Initiative eine Förderung vom Lehrling zum Abitur auf dem Wege des Ersten Bildungsweges möglich geworden ist. Solche Beispiele gibt es in großer Anzahl im Rahmen von Einzelinitiativen. In den Vereinigten Staaten werden auch öffentliche Einrichtungen durch private Initiative gefördert. Das ist für Deutschland ein frappierender Gedanke. Ich möchte ihn hier nur einmal als eine Möglichkeit erwähnen.

Zusammenfassend möchte ich feststellen, daß die wirtschaftliche Zukunft von der Einheit von Bildung und Arbeitswelt so abhängig ist, daß die Wirtschaft in ihrem politischen Engagement diese Einheit stützen muß, wo immer es möglich ist. Was ich hier dargestellt habe, zeigt eine allgemeine Entwicklungstendenz auf, die man in allen Ländern feststellen kann, auch in der Sowjetunion. Bemerkenswert ist jedoch, daß diese Auswirkungen der Industrialisierung in der Sowjetunion als ein spezifisch kommunistischer Erfolg gefeiert werden, obwohl es sich in Wirklichkeit um eine Begleiterscheinung der industriellen Entwicklung handelt. Schon vor Jahren konnte man in dem Bericht der Internationalen Arbeitskonferenz in Genf von der Einheit von Bildung und Ausbildung, von der Notwendigkeit einer sehr gesteigerten Bildung aller und einer sehr verbesserten Bildung für die besonders Begabten als einer Sorge aller industrialisierten Länder lesen. Schaut man heute in andere Länder, so kann kein Zweifel bestehen, daß einige unserer Freunde in dieser Beziehung sehr viel weiter sind als wir. Freilich ist der Weg nicht einfach. Diese Einheit kann nicht ohne erhebliche Anstrengungen hergestellt werden. Ich sprach vorhin von Forschungen, die notwendig sind, weil wir es uns meiner Ansicht nach nicht leisten können, eine so sensible Unternehmung wie das Bildungswesen einfach zu ändern, ohne auf klare wissenschaftliche Ergebnisse gegründet zu sein. Die schwedische Schulreform ist vielleicht das interessanteste Beispiel für diese Dinge. Dort wird die Schaffung dieser Einheit von Bildungs- und Arbeitswelt fortlaufend durch wissenschaftliche Untersuchungen kontrolliert.

Anmerkungen

1 Der *Große Brockhaus*, Handbuch des Wissens in 20 Bänden, 15. Auflage, Leipzig 1928.

2 *Ernst Jünger*, In Stahlgewittern, Berlin 1920.

3 *Theodore W. Schultz*, Economic value of education, New York 1963.

4 *Friedrich Edding*, Ökonomie des Bildungswesens – Lehren und Lernen als Haushalt und als Investition, Freiburger Studien zu Politik und Soziologie, Freiburg/Breisgau 1963.

Hermann Hilterscheid

Der Einfluß des Volkswagenwerks auf die Kommunalpolitik im Wohnungssektor

1. Die Errichtung des ersten Zweigwerkes

Seit dem Jahre 1954 beschäftigte sich die Stadt mit der Absicht des Volkswagenwerkes, ein Zweigwerk zu errichten. Sie war nicht nur besorgt, daß ihr Nachteile durch verminderte Steuereinnahmen entstehen würden. Man befürchtete außerdem, bei der Aufsichtsbehörde könnte der Eindruck entstehen, daß die Errichtung eines Zweigwerkes das Ende des Stadtaufbaues anzeige und die Stadt darum nicht mehr der Unterstützung des Landes Niedersachsen beim Wohnungsbau bedürfe. [1] Die Stadt versuchte das Volkswagenwerk zu veranlassen, die Erweiterung in Wolfsburg vorzunehmen. Generaldirektor *Nordhoff* erklärte sich bereit, zu den Fragen der Betriebserweiterung vor dem Rat der Stadt Stellung zu nehmen.

In einer nicht-öffentlichen Ratssitzung in Anwesenheit des Generaldirektors betonte der Oberbürgermeister, der Stadt sei bekannt geworden, daß zahlreiche Gemeinden dem Werk großzügige Angebote gemacht hätten. »Der Rat habe sich deshalb veranlaßt gesehen, dem Werk gegenüber zum Ausdruck zu bringen, daß auch die Stadt Wolfsburg zu jedem Entgegenkommen bereit sei, wenn das Werk die geplante Betriebserweiterung in Wolfsburg vornehme.« [2] Diese Bereitschaft wurde offensichtlich von der Stadt zu spät gezeigt. Das Volkswagenwerk hatte schon 1952/53 in der Stadt angeregt, mehr Wohnungen zu bauen. Die Stadt stellte sich jedoch auf den Standpunkt, die Arbeitgeber sollten für ihre Arbeitnehmer selbst Wohnungen errichten. Die damalige Konzeption des Oberstadtdirektors lautete: »Ich will das Werk dazu zwingen, Wohnungen zu bauen, wenn es die Belegschaft vergrößern will.« [3] Im Volkswagenwerk vermutete man als Motiv für diese Haltung, daß die Stadt dem Werk zeigen wollte, sie habe auch etwas zu sagen. Man betonte, hätten damals tausend Wohnungen leergestanden, so wäre das Werk Hannover zu diesem Zeitpunkt noch nicht aktuell gewesen. [4]

Vor dem Rat der Stadt begründete Generaldirektor *Nordhoff* die Verlagerung mit räumlicher Beengtheit des Volkswagenwerkes. Einer Erweiterung in Wolfsburg und der Einstellung weiterer Arbeitskräfte stünden jedoch darüber hinaus grundsätzliche Bedenken entgegen. Für die Ausdehnung des Unternehmens gebe es auf Grund seiner Struktur der Art der Erzeugnisse, der Entwicklung und des Standortes eine optimale Grenze, die zu überschreiten gefährlich sei. Diese Grenze liege für das Volkswagenwerk bei einer Größenordnung von etwa 25 000 Beschäftigten. Lege man diese Belegschaftsstärke zugrunde, so sei mit einem Anwachsen der Stadt auf 75 000 Einwohner zu rechnen. »Mit dieser Größe hätte die Stadt das Gewicht und Format erreicht, das ihr in diesem landwirtschaftlich genutzten, verhältnismäßig dünn besiedelten Raum zukomme. Ein Überschreiten der natürlichen Grenze hätte zur Folge, daß die Stadt in der hiesigen Gegend als Fremdkörper wirke.« [5] Aus diesen Gründen habe sich das Volkswagenwerk entschlossen, einen Teil aus dem Wolfsburger Betrieb herauszulösen. Nach Auffassung des Generaldirektors würde sich das Zweigwerk positiv auswirken, indem es die Ertragslage und die Steuerkraft des Werkes stärke. Die Zentrale des Volkswagenwerkes würde – dies wurde von Generaldirektor *Nordhoff* ausdrücklich hervorgehoben – jetzt und in aller Zukunft in Wolfsburg bleiben.

Der Oberbürgermeister dankte dem Generaldirektor für seine Worte, in denen ein »tiefes Verantwortungsbewußtsein sowohl für das Werk als auch für die Stadt zum Ausdruck gekommen sei« [6]. In der Diskussion des Rates wurde hervorgehoben, daß die Planung des Volkswagenwerkes auf die städtebaulichen und wirtschaftlichen Gegebenheiten der Stadt abgestellt seien und daß die Ansichten des Werkes und des Rates hinsichtlich der weiteren Entwicklung der Stadt übereinstimmen. Diese Feststellung war eine schlichte Umkehrung der Tatsache, daß die städtebauliche und wirtschaftliche Entwicklung der Stadt immer von der Entwicklung des Volkswagenwerkes bestimmt wurde, in diesem Falle sogar noch von Vorstellungen Generaldirektor *Nordhoffs* über die Größe, die der Stadt in ihrer Umwelt zukomme. Angesichts der Ohnmacht der Stadt, auf diese, die Entwicklung der Stadt maßgebend beeinflussende Entscheidung des Volkswagenwerkes einzuwirken, blieb dem Rat nur festzustellen, daß die Planung des Unternehmens und der Stadt übereinstimmten. Immerhin hatte der Rat nach den Worten des Oberbürgermeisters »den Eindruck gewonnen, daß das Werk sich nach wie vor mit der Stadt Wolfsburg verbunden fühle« [7].

Als in Kassel-Altenbauna ein weiteres Zweigwerk errichtet wurde, traf dies die Stadt schon nicht mehr so hart. Die Besorgnis wegen des verminderten Gewerbesteueraufkommens veranlaßte sie jedoch, alle Möglichkeiten zu erwägen, um Wolfsburg für die Zukunft bei der Wahl des Standortes im Falle weiterer Ausweitungen des Volkswagenwerkes konkurrenzfähig zu machen. Daß die politischen Gremien der Stadt sich im Jahre 1957 entschlossen, alle Anstrengungen zu unternehmen, um den Wohnungsbau »in erhöhtem Maße« zu fördern, und daß gefordert wurde, die »Töpfchenpolitik« zu beenden und die Mittel für den Wohnungsbau konzentriert einzusetzen [8], läßt den Schluß zu, daß nicht einmal alle diesbezüglichen Möglichkeiten ausgenutzt worden sind, nachdem das erste Zweigwerk gebaut worden war. Ein dem Volkswagenwerk angehörender Ratsherr erklärte dem Verwaltungsausschuß, daß die

Städte Hannover und Braunschweig dem Volkswagenwerk großzügigere Unterstützung als die Stadt Wolfsburg angeboten hätten. [9]

Die Entscheidung des Volkswagenwerkes, die Betriebserweiterung nicht in Wolfsburg durchzuführen, rief der Stadt ein weiteres Mal die bittere Erkenntnis ins Gedächtnis, welch enge Grenzen ihrem Unabhängigkeitsstreben gesetzt waren. Generaldirektor *Nordhoff* hatte zwar gesagt, daß die Stadt nichts versäumt und sie sich darum keine Vorwürfe zu machen habe. [10] In der Stadt glaubte man es aber besser zu wissen. Das Zweigwerk schien eine Folge des städtischen Versuchs zu sein, das Volkswagenwerk zum Bau von Wohnungen zu zwingen. Werksangehörige Ratsmitglieder haben nicht versäumt, darauf hinzuweisen, daß die Stadt eine wichtige kommunalpolitische Aufgabe wahrzunehmen versäumt habe, indem sie nicht genügend Wohnungen bereitstellte. [11]

Wie sehr die Entwicklung Wolfsburgs sowie die Planung der städtischen Behörden von den Dispositionen des Volkswagenwerkes abhingen, wird besonders an der Errichtung der Zweigwerke und den dafür gegebenen Begründungen deutlich. Interessant ist auch die unterschiedliche Beurteilung, die die Planungsabsichten der Stadt zu verschiedenen Zeiten durch die Werksleitung erfuhren. Hatte die Werksleitung nach der Währungsreform und zu Beginn der fünfziger Jahre aus der eigenen optimistischen Einschätzung der kommunalen Entwicklung die mangelnde Initiative und Kleingläubigkeit der Stadt getadelt, so war etwa seit Ende der fünfziger Jahre das Umgekehrte zu beobachten. Das klang schon in der Begründung für das erste Zweigwerk in Hannover an. Danach lag die optimale Grenze für das Volkswagenwerk in Wolfsburg bei etwa 25 000 Beschäftigten und einer Einwohnerzahl von 75 000. Im Jahre 1959 äußerte *H. Nordhoff* in einer Besprechung mit der städtischen Verwaltungsspitze Bedenken, als ihm auf die Frage nach der erwarteten Einwohnerzahl 80–90 000 genannt wurde. *H. Nordhoff* warnte vor einer Überschätzung der Entwicklungsmöglichkeit, indem er auf die sprunghafte Entwicklung der Automobilindustrie hinwies. Ein Gesetz in den USA, welches die Einfuhr stoppe, würde am nächsten Tag die Entlassung von 6–7000 Arbeitern im Wolfsburger Werk bewirken. Er mache sich sorgenvolle Gedanken über die Zukunft und sei innerlich bereits auf einen Rückschlag gefaßt. Das Wolfsburger Werk würde eher Arbeitskräfte entlassen, als Neueinstellungen vornehmen. Generaldirektor *Nordhoff* hielt es für verfehlt, wenn in der Öffentlichkeit oder auch im Rat der Stadt von einer zukünftigen Einwohnerzahl von 120 000 gesprochen würde. [12]

Die Erfahrung mit der Errichtung des ersten Zweigwerkes führte in den folgenden Jahren dazu, daß sich die Stadt den Wünschen und Ansichten des Volkswagenwerkes anpaßte, ohne nennenswerten Widerstand zu leisten. Widerspruch gegen Versuche aus dem Unternehmen, kommunalpolitische Entscheidungen zu beeinflussen, wurden nicht mehr laut. Kritik am Volkswagenwerk, wie sie in den Wahlkämpfen 1953 und 1954 zu hören war, verstummte weitgehend. Das Werk hatte der Stadt klargemacht, daß es auch anders gehe, indem es Zweigwerke baute. Das Volkswagenwerk gewann in den folgenden Jahren in der Stadt überragenden Einfluß, der sich besonders auf dem Wohnungssektor auswirkte. Dieser Bereich ist unter dem Aspekt der Bedeutung des Wohnens von Angehörigen der Werksleitung in Wolfsburg und dem der Verteilung der Wohnungen für das Volkswagenwerk bzw. für die Stadt zu betrachten.

2. Die Kontroversen um die Wohnungsverteilung

Durch die Gründung der VW-Wohnungsbaugesellschaft im Jahre 1953 war nur zeitweilig eine Entlastung des Wohnungsmarktes in Wolfsburg eingetreten. Die schnelle Ausdehnung der Betriebsanlagen des Volkswagenwerkes erforderte zahlreiche Wohnungen für die Beschäftigten. Die Stadt hatte ebenfalls einen großen Wohnungsbedarf, um die nicht im Volkswagenwerk Beschäftigten, die Lehrer, Beamten, Angestellten und in anderen Wirtschaftszweigen arbeitenden Menschen unterzubringen. Da das Wohnungsangebot zu keiner Zeit mit der Nachfrage Schritt hielt, waren heftige Kontroversen zwischen Stadt und Volkswagenwerk unausbleiblich. In diesen Auseinandersetzungen war die Stadt auf Grund der oben analysierten Gegebenheiten von vornherein im Nachteil. Dieses Übergewicht des Volkswagenwerkes konnte der Leiter des Werkswohnungswesens nutzen, indem er als Ratsmitglied, Verwaltungsausschußmitglied und zeitweiliger Bürgermeister eine Stellung einnahm, die ihn praktisch zum uneingeschränkten Herren über die Wohnungen in Wolfsburg machte. Die Zuteilung der Wohnungen an die Mieter erfolgte zwar auf Grund der gesetzlichen Bestimmungen über die Wohnungsbewirtschaftung durch städtische Behörden. In der Praxis bestimmte jedoch das Volkswagenwerk über die Vergabe auch solcher Wohnungen, für die es kein Vorschlagsrecht hatte. Die Entscheidungen über Wohnungen fielen nicht im Wohnungsausschuß bzw. im Wohnungsamt der Stadt, sondern im Volkswagenwerk. [13] Wöchentlich fanden Beratungen zwischen dem Wohnungsamt und Werkswohnungswesen statt, an denen je ein Vertreter der Ratsfraktionen teilnahm. Für dieses Gremium bürgerte sich bald die Bezeichnung »Kleiner Wohnungsausschuß« ein.

Auf eine Anfrage im Rat sah sich der Leiter des Wohnungswesens veranlaßt, festzustellen, daß nach der Geschäftsordnung des Rates für die Beratung des Wohnungsamtes der Wohnungsausschuß zuständig sei. Ein »Kleiner Wohnungsausschuß« als Unterausschuß des Wohnungsausschusses bestehe nicht. Trotzdem »beriet« dieses Gremium nicht nur das Wohnungsamt; es fällte vielmehr auch die Entscheidungen. Dieses Beispiel für den Einfluß in der Wohnungspolitik ist charakteristisch für die

Position, die Ratsmitglieder und Angehörige der mittleren Führungsschicht des Volkswagenwerkes in diesem Zeitabschnitt in der Stadt innehatten. [14] Die überragende Stellung des Volkswagenwerkes und die Formel »das Werk wünscht« oder »ich habe mit *Prof. Nordhoff* gesprochen«, ermöglichten ihnen, ihre eigenen Vorstellungen in der Kommunalpolitik durchzusetzen, ohne daß sie mit den Vorstellungen der Werksleitung immer übereinstimmten oder ohne daß diese auch nur davon wußte. Dieser Einfluß der »kleinen Könige«, der »kleinen Nordhöffchen« oder »Halbgötter« [15], wie sie in der Stadt bezeichnet wurden, war für die Repräsentanten der Stadt besonders schmerzlich.

3. Die Bedeutung des Wohnens von Führungskräften des Volkswagenwerkes in Wolfsburg

Die Stadt hat lange Zeit verkannt, welche Bedeutung dem Wohnen führender Volkswagenwerk-Angehöriger in Wolfsburg zukommt. Im Zusammenhang mit der Errichtung des ersten Zweigwerkes verstärkten sich die Befürchtungen, daß der Verwaltungssitz des Volkswagenwerkes nach Hannover verlegt werden könnte. Eine Chance, dies zu verhindern, sah die Stadt u. a. darin, den Generaldirektor möglichst eng an Wolfsburg zu binden. Als Mittel hierfür boten sich die Verleihung der Ehrenbürgerrechte an sowie die Respektierung der Wünsche des Generaldirektors auf dem Gebiet der Stadtplanung, soweit dadurch sein Haus am Steimkerberg berührt wurde.

Anlaß zur Verleihung des Ehrenbürgerrechts an Generaldirektor *Nordhoff* war die Herstellung des millionsten Volkswagens. Der Antrag wurde von allen im Rat vertretenen Parteien gemeinsam gestellt. Die Stadt ehrte mit der Verleihung des Ehrenbürgerrechts die großen Verdienste, die sich *Prof. Nordhoff* um die schnelle Aufwärtsentwicklung des Werkes und damit auch um die Blüte der Stadt erworben hat. [16] Gleichzeitig erhoffte man eine stärkere Bindung des Generaldirektors an Wolfsburg. [17] In seinem Dank für die Auszeichnung betonte *Prof. Nordhoff*, daß er es immer als eine Ehre angesehen habe und stolz darauf gewesen sei, ein Bürger der Stadt Wolfsburg zu sein und daß er »es nun noch viel mehr sein (werde). Ich verspreche Ihnen meine Mitarbeit und meine Zusammenarbeit wie bisher, ja mehr als bisher« [18]. Da man im Volkswagenwerk Prestigefragen gegenüber nicht gleichgültig ist [19], hat man mit Befriedigung registriert, daß *Prof. Nordhoff* auch nach der 25-Jahr-Feier der Stadt Wolfsburg der einzige Ehrenbürger geblieben ist. Die Stadt hat weitere verdiente Bürger mit einer Ehrennadel ausgezeichnet.

Um *Prof. Nordhoff* daran zu interessieren, weiter in Wolfsburg zu wohnen, war ein Entgegenkommen erforderlich, über das sich Rat und

Verwaltung nicht so einig waren wie in der Frage der Verleihung des Ehrenbürgerrechts. Der Verzicht auf die Ausweisung eines Baugebietes, das an das Grundstück *Prof. Nordhoffs* angrenzt, wurde von einigen Ratmitgliedern kritisiert. Im Jahre 1960 hat die Stadt nach langen Verhandlungen mit der Nachbargemeinde Nordsteimke einen Grenzänderungsvertrag abgeschlossen, demzufolge Teile der Nordsteimker Flur nach Wolfsburg umgemeindet wurden. Das Gelände ist vom Volkswagenwerk gekauft worden. Die Stadt hat jedoch der Gemeinde Nordsteimke beträchtliche Zugeständnisse gemacht. [20]

Ursprünglich wollte die Stadt dieses Gebiet kaufen. Da es an das Grundstück von *Prof. Nordhoff* angrenzt, suchte die Stadt die Zustimmung des Generaldirektors. Obgleich sie anbot, im Falle einer späteren Bebauung einen genügend großen Abstand vom Grundstück *Nordhoffs* einzuhalten und es vorher einzugrünen, reagierte *Prof. Nordhoff* ablehnend. Er machte den Oberstadtdirektor darauf aufmerksam, daß die Ausweisung dieses Baugebietes für ihn ein Grund wäre, aus Wolfsburg wegzuziehen. Die übrigen Mitglieder der Geschäftsleitung würden auch nur in Wolfsburg wohnen, weil er da wohne. Dies müßte die Stadt bedenken. [21] Die Stadt verzichtete daraufhin auf den Kauf der Nordsteimker Flur. Man war allerdings befremdet, als man erfuhr, daß das Volkswagenwerk dieses Gebiet gekauft habe. [22]

Ähnlich ablehnend verhielt sich Generaldirektor *Nordhoff* zu den Plänen der Stadt, eine Umgehungsstraße über die Nordsteimker Gemarkung zu führen. [23] Auf den Einwand der Stadtverwaltung, daß die von *Nordhoff* vorgesehene Lösung die bauliche Entwicklung der Gemeinde in Zukunft durch eine zu eng gezogene Umgehungsstraße wieder blokkieren würde, entgegnete Generaldirektor *Nordhoff*, daß die Stadt die Zukunftsmöglichkeiten falsch einschätze. Das Volkswagenwerk würde jedenfalls keinen Quadratmeter für eine Straßentrasse hergeben, die ihr Grundstück diagonal durchschneide. Und schließlich erübrige es sich, »über die Straße zu sprechen, da ja das Baugebiet in Frage stehe, was vom Volkswagenwerk abgelehnt würde« [24]. (Gemeint ist, das zu bebauen vom Volkswagenwerk abgelehnt würde. d. Verf.)

In den folgenden Jahren ist die Verwaltung wiederholt von Ratsmitgliedern befragt worden, warum dieses Gebiet nicht bebaut würde. Die Frage wurde auch von einem Fraktionssprecher in den Verhandlungen um die Ausweisung des Baugebietes am Rabenberg gestellt. Der Oberstadtdirektor hat diesen Vorstoß jedoch abgebogen. [25] Die Stadtverwaltung kam durch derartige Anfragen in eine unangenehme Situation, da sie kein Interesse daran hatte, die tatsächlichen Gründe [26] für die Nichtbebauung dieses Geländes einer breiteren Öffentlichkeit bekannt zu machen.

Das Motiv für den Einfluß des Volkswagenwerkes auf die Stadt in der Frage des Baugebietes Nordsteimke waren persönliche Interessen des

Generaldirektors. Seine Drohung, fortzuziehen, traf die geheime, aber immer gegenwärtige Furcht der Stadt, das Volkswagenwerk würde seinen Verwaltungssitz verlegen und das Volkswagenwerk infolgedessen auf den Rang einer Blechfabrik absinken. [27] Dies würde sich ebenso wie der Bau von Zweigwerken unmittelbar negativ auf das Gewerbesteueraufkommen Wolfsburgs auswirken. Mittelbare Auswirkungen ergäben sich für den Ruf und das Ansehen der Stadt, deren Name in aller Welt mit dem Begriff »Volkswagen« verbunden ist. Andererseits beinhaltet die Assoziation Wolfsburg – Volkswagenwerk und Volkswagen – Wolfsburg ein so beträchtliches Maß an »goodwill«, daß die Unternehmensleitung schon deswegen, von anderen Faktoren abgesehen, nicht ohne schwerwiegende Gründe eine Verlegung durchführen würde. Ob zu diesen Gründen ein widerspenstiger Rat der Stadt gehört, erscheint fraglich. Tatsache ist jedoch, daß die Befürchtung vor einer Verlegung das Handeln der Stadt in einer Weise bestimmte, die die Probe aufs Exempel nicht wagte. Die Verlegung des Verwaltungssitzes als Folge eines Wohnsitzwechsels der Vorstandsmitglieder oder auch aus anderen Gründen wurde vom Rat und der Verwaltung der Stadt am meisten gefürchtet. Die Drohung mit einer Verlegung war für das Volkswagenwerk das wirksamste Mittel zur Durchsetzung seiner Wünsche.

Das Wohnen führender Werksangehöriger in Wolfsburg [28] hatte auch noch andere, nicht so weitreichende Konsequenzen. Eine Reihe von Gesprächspartnern sah einen unmittelbaren Zusammenhang darin, daß der Baudirektor des Volkswagenwerkes und Geschäftsführer der VW-Wohnungsbaugesellschaft in Fallersleben wohnt, wo er als Bürgervertreter Mitglied des Bauausschusses seiner Heimatgemeinde ist, und daß die VW-Wohnungsbaugesellschaft in großem Umfange in Fallersleben Wohnungen zum Nachteil des neuen Wolfsburger Stadtteils Detmerode gebaut hat. [29]

4. Die Übernahme der Geschäftsanteile der »Neuland« durch die Stadt und das Volkswagenwerk

Die gemeinnützige Wohnungsbaugesellschaft »Neuland GmbH« wurde in der Gründungsphase der Stadt gebildet, um die Wohnungen in der neuen Stadt zu errichten. Im Zusammenhang mit dem Erstausstattungsvertrag im Jahre 1955 sind die Geschäftsanteile der »Neuland« auf Grund bestehender Rechtsvorschriften auf das Land Niedersachsen übertragen worden. Die Stadt hatte schon bald nach dem Erstausstattungsvergleich versucht, die »Neuland« als eigene Wohnungsbaugesellschaft in ihren Besitz zu bekommen. Der Rat der Stadt Wolfsburg beschloß im Jahre 1957, 70% des Stammkapitals der »Neuland« vom Land Niedersachsen zu übernehmen. Das Land Niedersachsen beabsichtigte, die restlichen 30% zu behalten. Der Vertrag mit dem Land Niedersachsen konnte jedoch zunächst wegen der noch ungeklärten NS-Verbindlichkeiten nicht durchgeführt werden. [30] Als die Hindernisse für den Verkauf der »Neuland«-Anteile schließlich beseitigt waren, bemühte sich das Volkswagenwerk um die Anteile, die das Land Niedersachsen zu behalten beabsichtigte. Der Niedersächsische Finanzminister war bereit, dem Volkswagenwerk diese Anteile anzubieten. [31] Damit war für die Stadt eine neue Situation entstanden.

Schon die Beteiligung des Landes Niedersachsen an der »Neuland« war der Stadt nicht angenehm, weil sie davon ausging, ihre kommunalpolitischen Aufgaben auf dem Gebiete des Wohnungsbaues mit einer eigenen Gesellschaft am besten erfüllen zu können. Es galt jedoch als sicher, daß das Land Niedersachsen seinen Anteil nicht benutzen würde, um Einfluß auf die Geschäftsführung der »Neuland« und damit auf die Wohnungsbaupolitik der Stadt zu nehmen. Überdies hoffte die Stadt, daß durch die Beteiligung des Landes zusätzliche öffentliche Mittel für den Wohnungsbau an die »Neuland« fließen würden.

Der Versuch des Volkswagenwerkes, die Anteile des Landes Niedersachsen in die Hand zu bekommen, löste in der Stadt die Befürchtung aus, »das Werk wolle sich auch in der ›Neuland‹ ... eine erhebliche Einflußmöglichkeit auf die Wohnungsvergabe dieser Gesellschaft sichern ...« [32], nachdem es schon durch die eigene Wohnungsbaugesellschaft einen großen Teil des Wolfsburger Wohnungsmarktes kontrolliere. Vorstandsmitglieder des Volkswagenwerkes versicherten dem Oberstadtdirektor zwar, daß mit der Übernahme der Anteile kein Einfluß auf die Geschäftsführung der »Neuland« angestrebt werden solle. [33] In der Stadt glaubte man jedoch auf Grund der Erfahrungen aus dem »ewigen Kleinkrieg« [34] mit dem Volkswagenwerk zu wissen, daß diese Zusicherung nur theoretische Bedeutung haben würde. In der Vergangenheit hatte es immer wieder Schwierigkeiten gegeben, weil das Volkswagenwerk nicht einzusehen vermochte, daß bei der Wohnungsvergabe durch die Stadt Werksangehörige nicht bevorzugt werden können, weil die Stadt an gesetzliche Bestimmungen gebunden ist.

Als der Rat der Stadt offiziell von dem Wunsch des Volkswagenwerkes nach Beteiligung an der »Neuland« Kenntnis erhielt, waren die Verhandlungen zwischen dem Land Niedersachsen und dem Volkswagenwerk schon so weit gediehen, daß die Stadt keinen Einfluß mehr auf die grundsätzliche Regelung nehmen konnte. [35] Der Oberstadtdirektor akzeptierte dieses für ihn und die Stadt »schmerzliche Überspielen« [36] und versuchte, dem Verwaltungsausschuß die positiven Aspekte einer Werksbeteiligung nahezubringen. Das Volkswagenwerk würde sich an später notwendig werdenden Erhöhungen des Stammkapitals seinem Anteil entsprechend beteiligen. Außerdem würde es sich über die 30%-Beteiligung hinaus auch durch Werksdarlehen an der Spitzenfinanzierung für

Wohnungsbauten der »Neuland« beteiligen und »damit seine bisherige Zurückhaltung in dieser Frage aufgeben ...« [37], Besonders die letzte Zusicherung würde die Stadt finanziell erheblich entlasten. Und schließlich habe das Werk die Bedenken zerstreut, daß es auf die Geschäftsleitung der »Neuland« Einfluß nehmen wolle. [38]

Als der Rat die Frage der Übernahme der Geschäftsanteile erörterte, wurde der starke Widerstand gegen die Beteiligung des Volkswagenwerkes an der »Neuland« sichtbar. Die Stadt glaubte um so mehr ein Recht auf eine eigene Wohnungsbaugesellschaft zu haben, als sie keinerlei Einfluß auf die werkseigene VW-Wohnungsbaugesellschaft hat. Es wurde gefordert, in Verhandlungen mit dem Niedersächsischen Finanzminister zu versuchen, sämtliche Anteile der »Neuland« zu erhalten. »Damit würde es der Stadt möglich sein, über wichtige Belange des Wohnungsbaus allein zu bestimmen.« [39]

In diesem Stadium der Diskussion kam es zu einem bemerkenswerten Zwischenfall. Der Oberbürgermeister äußerte im Hinblick auf die Bestimmungen der Niedersächsischen Gemeindeordnung über den Interessenwiderstreit Bedenken, dieses Problem in Anwesenheit der werksangehörigen Ratsmitglieder zu erörtern. Ein Ratsherr und Abteilungsleiter im Volkswagenwerk wies demgegenüber darauf hin, daß nur über das Angebot des Niedersächsischen Finanzministers zu beraten sei und demzufolge die Bestimmungen der Niedersächsischen Gemeindeordnung über den Interessenwiderstreit nicht anwendbar seien. Er betonte jedoch zugleich, daß die Stadt immer nur an der Übernahme von 70% der Anteile interessiert gewesen sei. »Mit dem Angebot des Landes Niedersachsen, der Volkswagenwerk AG 30% der Anteile der ›Neuland‹ zu übertragen, erklärt(e) er sich einverstanden.« [40]

Nach diesem offenkundigen Beeinflussungsversuch legte der Oberbürgermeister den Vorsitz nieder und verließ den Sitzungssaal. Der Bürgermeister lehnte die Übernahme des Vorsitzes mit dem Hinweis ab, daß er ebenfalls Werksangehöriger sei. Auch er verließ die Sitzung. Nun erst verließen auch die übrigen werksangehörigen Ratsmitglieder den Sitzungssaal. Unter dem Vorsitz des ältesten Ratsmitgliedes wurde die Beratung fortgesetzt. Noch einmal wurde von der Mehrheit der noch anwesenden 18 Ratsmitglieder gefordert, daß die Stadt versuchen solle, alle Anteile der »Neuland« zu erhalten. Einmütig wurde festgestellt, daß sich dieser Wunsch »in keiner Weise gegen das Werk richtet, für dessen Interesse an der ›Neuland‹ man durchaus Verständnis habe« [41]. Der Rat mußte sich allerdings von der Verwaltung sagen lassen, daß das Volkswagenwerk bereits fest damit rechnete, 30% der Anteile zu erhalten. Inzwischen sei der Stadt vom Werk die Bitte übermittelt worden, daß sie sich mit dem Erwerb der Anteile durch das Volkswagenwerk einverstanden erkläre. Der Rat stellte jedoch die Entscheidung über das Angebot des Niedersächsischen Finanzministers zurück und beauftragte die Verwaltung, neue Verhandlungen mit dem Ziele zu führen, alle Anteile der »Neuland« in die Hand der Stadt zu bringen. Für die Besprechungen sollten sich Vertreter der Fraktionen zur Verfügung halten. Die Ratsmitglieder verlangten, »daß die zu diesen Verhandlungen hinzuzuziehenden Ratsmitglieder keine Werksangehörigen sein sollten« [42]. Nach Erledigung dieses Punktes nahmen die werksangehörigen Ratsmitglieder wieder an der Sitzung teil.

Weitere Verhandlungen der Stadt ergaben, daß das Land Niedersachsen nicht bereit war, der Stadt alle Anteile zu überlassen. Es wünschte eine Beteiligung des Volkswagenwerkes an der »Neuland«. Das Finanzministerium war schließlich bereit, den Anteil des Volkswagenwerkes zu Gunsten der Stadt auf 20% festzusetzen. Die Anregung aus dem Rat, im Falle eines Scheiterns der Verhandlungen mit dem Finanzministerium das Volkswagenwerk zu bitten, der Stadt die restlichen Anteile ganz oder teilweise zu überlassen, hatte angesichts des Interesses des Volkswagenwerkes an einer Beteiligung keine Chancen. Von einem Prokuristen und Abteilungsleiter des Volkswagenwerkes wurde argumentiert, daß man doch jetzt dem Unternehmen nicht die 20% Anteile streitig machen könne, nachdem das Werk der Stadt gerade eine Million DM gespendet habe. [43] Auch der Oberstadtdirektor machte sich diese Argumentation zu eigen, nachdem er die Aussichtslosigkeit aller Versuche eingesehen hatte, dem Volkswagenwerk die Anteile zu verweigern. Der Rat erklärte sich schließlich mit der Übernahme von 80% der Geschäftsanteile der »Neuland« durch die Stadt und der Übertragung der restlichen 20% der Anteile auf die Volkswagenwerk AG einverstanden. Am 19. September 1963 wurde ein entsprechender Vertrag zwischen dem Land Niedersachsen und der Stadt Wolfsburg geschlossen. Dem ersten Aufsichtsrat der »Neuland« gehörten 8 Mitglieder der Stadt, davon 6 Ratsmitglieder und 2 Angehörige der Verwaltung, 2 Mitglieder des Volkswagenwerkes und 1 Vertreter des Wohnungsbauministeriums des Landes Niedersachsen an. [44]

An der Übernahme der Geschäftsanteile der »Neuland« durch die Stadt und das Volkswagenwerk sind zwei Aspekte interessant. Einmal die Zurückweisung des Versuchs, den Rat im Sinne des Volkswagenwerkes gegen die Interessen der Stadt zu beeinflussen. Diese Tatsache an sich sowie die Form, in der der Versuch einer Einflußnahme zurückgewiesen wurde, zeigen ein gestiegenes Selbstbewußtsein der Stadt. Der andere Aspekt wird durch den Begriff der »goldenen Zügel« gekennzeichnet. Die Argumentation: »Wenn ich eine Million geschenkt kriege, muß ich mich erkenntlich zeigen« [45], sagt zunächst nichts darüber aus, ob ein stärkerer, durch derartige Rücksichten nicht gehemmter Einsatz der Stadt mit dem Ziel, alle »Neuland«-Anteile in die Hand zu bekommen, erfolgreich gewesen wäre. In diesem Falle wurde über den Rat und die Verwaltung der Stadt hinweg in den Ministerien entschieden. Dabei haben parteitaktische und koalitionspolitische Gesichtspunkte der Landespolitik mitgespielt, auf die hier nicht einzugehen ist. Bemerkenswert ist vielmehr, daß von führenden Kommunalpolitikern zu diesem Zeitpunkt gefordert wurde, mit Rücksicht auf Spenden des Volkswagenwerkes bestimmte Forderungen zurückzustellen. Dies dürfte jedoch hauptsächlich geschehen sein, um die Stadt-Werk-Beziehungen nicht unnötig zu belasten, nachdem die Entscheidung unabänderlich geworden war.

Über den Einfluß der Spenden des Volkswagenwerkes auf die Entscheidungen der Ratsmitglieder äußerten sich die Beteiligten unterschiedlich. Der größere Teil des Rates, aber auch der Verwaltung, stand unter dem Eindruck, Spenden durch Entgegenkommen honorieren zu müssen. [46] »Durch Geldgeschenke des Werkes ist man nicht mehr frei. Auch wenn man aus Einsicht und mit voller Überzeugung zu einem Projekt ja sagen würde, gibt es immer die allgemeine Verpflichtung durch die Spenden, und man weiß niemals, was eigentlich ausschlaggebend für eine Entscheidung gewesen ist.« [47] Einige Ratsmitglieder gaben an, sich durch Spenden des Volkswagenwerkes nicht verpflichtet zu fühlen, teilweise schon deshalb nicht, weil sie sie für selbstverständlich halten. [48]

Im allgemeinen haben sich werksangehörige Ratsmitglieder – vor allem solche in Führungspositionen des Volkswagenwerkes – bei Interessenwiderstreit in bedeutsamen Fragen zwischen Stadt und Unternehmen für die Interessen des Volkswagenwerkes entschieden. Dies ist in der Frage der »Neuland«-Geschäftsanteile ebenso geschehen wie bei der Gewerbesteuererhöhung. [49] Eine bemerkenswerte Ausnahme von dieser Praxis war das Verhalten eines anderen Abteilungsleiters, der sich als Rats- und Bauausschußmitglied in einer kommunalpolitischen Frage gegen den ausdrücklichen Wunsch seines Vorgesetzten entschied. Die Geschäftsleitung des Volkswagenwerkes hatte ihn und andere Angestellte gebeten, für den Rat zu kandidieren. Der Abteilungsleiter sollte dem Volkswagenwerk als Mitglied des Bauausschusses die benötigten Grundstücke verschaffen. [50] Als Bauausschußvorsitzender setzte er sich für die Ausweisung eines Baugebietes ein, das die Geschäftsleitung des Volkswagenwerkes als Wald erhalten wollte. Deswegen zur Rede gestellt, antwortete der Abteilungsleiter seinem Vorgesetzten: »Die Welt sieht jenseits des Kanals ganz anders aus.« [51] Die Geschäftsleitung verhalf ihrem Angestellten zur »richtigen Perspektive und einem leichteren Gewissen«, indem sie ihn vor die Alternative Ratsherr oder Werk stellte. Der Abteilungsleiter entschied sich für das Volkswagenwerk. [52]

Anmerkungen

1 Niederschrift über die außerordentliche, nichtöffentliche Sitzung am 14. 10. 54, 5/50.
2 Ebda.
3 Gespräch am 24. 7. 1963, 1/17.
4 Ebda.
5 Niederschrift über die außerordentliche, nichtöffentliche Ratssitzung am 14. 10. 1954, 5/50.
6 Ebda.
7 Ebda.
8 Niederschrift über die Sitzung des Verwaltungsausschusses am 8. 10. 1957, 5/51.
9 Ebda.
10 Niederschrift über die außerordentliche, nichtöffentliche Ratssitzung am 14. 10. 1954, 5/50.
11 Gespräch am 24. 7. 1963, 1/17.
12 Ähnliche Befürchtungen hat Nordhoff 1963 in seiner Festansprache zur 25-Jahrfeier ausgesprochen, als er über die Beziehungen zwischen Stadt und Werk feststellte, daß diese einzigartige Verbindung auch sorgenvolle Erwägungen ausgelöst habe, »die Gefahr einer Monokultur, die, von der Seite des Volkswagenwerkes her gesehen, wohl noch gefahrvoller ist als aus der Perspektive der städtischen Verwaltung«. In diesen Überlegungen liege der Grund für den Entschluß, die immer weiter fortschreitende Vergrößerung des Werkes nicht ausschließlich in Wolfsburg vorzunehmen, sondern neue Kapazitäten in anderen Städten zu errichten, um nicht ein Übergewicht des Werkes entstehen zu lassen, »das nicht gut sein konnte, so sehr auch betriebswirtschaftliche Überlegungen eine solche Lösung nahelegten«. Ansprache von Prof. Dr. Nordhoff in der Festsitzung des Rates der Stadt Wolfsburg aus Anlaß der 25-Jahrfeier der Stadt am 1. Juli 1963, S. 7, 5/47.
13 »Eine für die Stadt etwas unrühmliche Zeit ist die Periode bis etwa 1957/58 gewesen, als der Wohnungsamtsleiter vor jeder Sitzung des Wohnungsausschusses mit dem Leiter des Werkswohnungswesens . . . die Fälle durchsprach. Der Leiter des Wohnungsamtes war eigentlich eine Puppe.« Gespräch am 7. 8. 1963, 1/78. Welche Stellung der Leiter des Wohnungswesens des VW-Werkes in der Stadt innehatte, kennzeichnet die Reaktion des Oberstadtdirektors auf einen Telefonanruf: »Da ist er schon wieder. Wenn ich nicht in fünf Minuten zurückrufen würde, hätte ich hier verschissen.« Gespräch am 21. 11. 1963, 2/38.
14 Machte sich in der Stadt Widerstand bemerkbar, so wurde etwa mit dem Entzug der Werksdarlehen für den Wohnungsbau gedroht. Gespräch am 10. 12. 1963, 2/55.
15 Gespräche am 14. 11. 1963, 2/64, und am 31. 10. 1963, 2/60. Im Bestechungsprozeß gegen den früheren Bürgermeister und Leiter des Werkswohnungswesens sagte ein mitangeklagter Wolfsburger Unternehmer: »Einer einflußreichen Persönlichkeit gewährt man eben Rabatt, das ist doch nun einmal so. Und Spies war eine sehr einflußreiche Persönlichkeit in der Volkswagenstadt.« »Wolfsburger Allgemeine Zeitung« vom 10. 1. 1967.
16 Ansprache des Oberbürgermeisters in der außerordentlichen, öffentlichen

Ratssitzung am 5. 8. 1955, 5/134. In der Ansprache heißt es u. a.: »Wie sehr aber inmitten eines mühsamen Wiederaufbaues die schnelle Aufwärtsentwicklung des Werkes und damit auch die Blüte unserer Stadt Ihrer persönlichen Initiative, Ihrem unternehmerischen Weitblick und Ihren menschlichen Qualitäten zu danken sind, das weiß niemand in der Welt besser als wir Wolfsburger... Sie... haben auf diese Weise eine breite Brücke zwischen dem Werk und der Stadt geschlagen und dadurch auch die Voraussetzungen dafür geschaffen, daß dieses Wolfsburg nicht eine Werkssiedlung im üblichen Sinne blieb, sondern ein blühendes und wachsendes Gemeinwesen wurde... Wir haben Ihnen nicht nur zu danken für viele materielle Hilfe, wie etwa die großzügige Unterstützung des Wohnungsbaues, die Schenkung des VW-Schwimmbades, die Stiftung für Schulen, Kirchen und Grünanlagen der Stadt, das Entgegenkommen bei der Erstausstattung, sondern ebenso für die ideelle Hilfe, die sich in manch gutem Rat und vielfach bekundetem Wohlwollen beim Aufbau unserer auch heute noch sehr stark in der Entwicklung begriffenen Stadt offenbarten.«

17 »Daß man Herrn Nordhoff zum Ehrenbürger ernannt hat, ist eine mehr therapeutische Absicht... gewesen. Man hat damit den Generaldirektor an Wolfsburg binden wollen. Der materielle Erfolg ist kontrollierbar. Es sind etwa 12 Mio DM an Spenden und Zuschüssen gegeben worden.« Gespräch am 21. 10. 1963, 2/34.

18 Niederschrift über die außerordentliche, öffentliche Ratssitzung am 5. 8. 1955, 5/134.

19 »Einziger Festredner war der einzige Ehrenbürger der Volkswagenstadt, Generaldirektor Professor Nordhoff. Er sprach in einer Festsitzung des Rates der Stadt...«. VW-Informationen, Mitteilungsblatt für die VW-Organisation, Nr. 82, 1963, S. 33. Gespräch am 21. 10. 1963, 2/34.

20 Die Stadt gewährte ein Darlehen für den Bau einer Schmutzwasserleitung, einen Zuschuß für Schulräume, verpflichtete sich, die Kinder Nordsteimkes in Wolfsburger Schulen aufzunehmen. Niederschrift über die Sitzung des Verwaltungsausschusses am 15. 11. 1960, 5/92.
Die damit verbundenen Kosten seien der Stadt vom Volkswagenwerk mit einem Millionenbetrag vergütet worden, so daß die Stadt die Umgemeindung nichts gekostet haben dürfte. »Das Grundstück Nordhoff ist ein sehr teueres Grundstück.« Gespräch am 9. 11. 1963, 2/32.

21 Unterlagen des Verfassers, 5/142.

22 Gespräch am 30. 6. 1967, 2/23a.

23 Generaldirektor Nordhoff »wünscht nicht, daß Prunkstraßen auf dem Gelände außerhalb der Stadtgrenzen gebaut würden«. Unterlagen des Verfassers, 5/142.

24 Ebda.

25 Gespräch am 9. 11. 1963, 2/32.

26 Durch die Bebauung mit Hochhäusern würde Nordhoffs Haus am Rande des Steimker Berges, mit freiem Blick über die Nordsteimker Flur und das Hasselbachtal in eine geschlossene Siedlung einbezogen. Generaldirektor Nordhoff hat sogar weitgediehene Pläne für ein VW-Gästehaus im Hasselbachtal verworfen. Die Stadt hatte sich sehr für diesen Standort eingesetzt und davon gesprochen, daß das Gästehaus der Anfang der Bebauung dieses Areals sei. Ein Gesprächspartner fand es verständlich, »daß Nordhoff sich vor seine

Kommode keine Kleiderschränke setzen lassen möchte«. Gespräch am 10. 6. 1963, 1/10.

27 Gespräch am 4. 1. 1964, 2/19. Als die Zusammenarbeit Daimler-Volkswagenwerk begann, befürchtete man in der Stadt ebenfalls, daß die Konzentration zur Verlegung des Verwaltungssitzes führen könnte. »Wenn das passiert, sind die Folgen nicht auszudenken.« Gespräch am 18. 1. 1965, 2/65.

28 Im Jahre 1961 hatten fünf von neun Vorstandsmitgliedern ihren Wohnsitz in Wolfsburg, zwei Vorstandsmitglieder wohnten in Braunschweig und Fallersleben. Volkswagenwerk AG Wolfsburg, Prospekt für die Zulassung von Aktien zum Börsenhandel, Juli 1961.

29 Diese Kritik in der Stadt berücksichtigte nicht, daß die VW-Wohnungsbaugesellschaft in Fallersleben billiger als in Wolfsburg bauen konnte und daß die VW-Wohnungsbau die Wünsche der Wohnungssuchenden, die wegen der niedrigeren Mieten lieber in Fallersleben wohnen möchten, berücksichtigen muß.

30 Niederschrift über die Sitzung des Rates der Stadt am 6. 6. 1963, 5/101 d.

31 Niederschrift über die Sitzung des Verwaltungsausschusses am 9. 4. 1963, 5/101 b.

32 Ebda.

33 Ebda.

34 Gespräch am 6. 12. 1963, 2/1.

35 Der damalige Niedersächsische Finanzminister hatte als Aufsichtsratsmitglied der Volkswagenwerk AG gute Beziehungen zum Werk. Gespräch am 26. 7. 1963, 1/72.

36 Gespräch am 21. 12. 1963, 2/66.

37 Niederschrift über die Sitzung des Verwaltungsausschusses am 9. 4. 1963, 5/101 b. Vgl. dazu auch die Auseinandersetzungen um die Gründung der Volkswagen-Wohnungsbaugesellschaft im vierten Kapitel, S. 159 ff.

38 Ein Argument der Werksleitung für den Wunsch nach Beteiligung lautete: »Wir möchten wissen, wieviel staatliche Gelder in die ›Neuland‹ fließen, um vergleichen zu können, ob die VW-Wohnungsbaugesellschaft nicht benachteiligt wird.« Gespräch am 20. 1. 1964, 2/13.

39 Niederschrift über die Sitzung des Rates der Stadt am 6. 6. 1963, 5/101 d.

40 Ebda.

41 Ebda. Im Rat wurde hervorgehoben, daß sämtliche Wohnungsbauaufträge des Volkswagenwerkes von der VW-Wohnungsbaugesellschaft ausgeführt würden, die »Neuland« hingegen ausschließlich auf die Zusammenarbeit mit der Stadt angewiesen sei.

42 Ebda.

43 Gespräch am 25. 7. 1963, 1/73. Das Volkswagenwerk hat der Stadt anläßlich der Feier zum 25. Stadtgründungstag am 1. Juli eine Million DM für die Förderung der Jugend gespendet.

44 Niederschrift über die Sitzung des Verwaltungsausschusses am 14. 1. 1964, 5/102 b.

45 Gespräch am 27. 11. 1963, 2/39.

46 Gespräch am 26. 11. 1963, 2/37.

47 Gespräch am 13. 11. 1963, 2/40.

48 Gespräch am 15. 11. 1963, 2/30.

49 Die Verwaltung hatte 300% vorgeschlagen; der Prokurist des Volkswagen-

werkes setzte sich als Sprecher seiner Fraktion für 280% ein. Auf diesen Satz wurde die Gewerbesteuer schließlich festgesetzt.

50 Gespräch am 11. 12. 1963, 2/35.

51 Gespräch am 6. 12. 1963, 2/36. Der Bauausschußvorsitzende begründete im Rat, daß der Wohnungsbau und damit die Ausweisung von Baugebieten mit der stürmischen Entwicklung des Werkes Schritt halten müsse. Im Jahre 1952 sei man von einer Einwohnerzahl von 48 000 bei einer Werksbelegschaft von 17 400 Beschäftigten ausgegangen, die nach Ansicht der Werksleitung das Maximum sein sollte. Die tatsächliche Entwicklung habe jedoch alle Planungen überholt. Nachdem die Belegschaft auf 30 000 (1956) angewachsen sei, gelte es, die Planungen der Stadt auf eine Einwohnerzahl von 80–90 000 abzustellen. »Auf die Inanspruchnahme der Gebiete Südhang Klieversberg, Eichelkamp und Unterm Steimkerberg könne aus diesem Grunde keinesfalls verzichtet werden. Die Bebauung des Nordens oder Südens wäre lediglich eine Frage der Reihenfolge.« Niederschrift der Ratssitzung vom 18. 12. 1956, 6/40. Die spätere Entwicklung hat diese Darstellung bestätigt.

52 Gespräch am 6. 12. 1963, 2/36.

Karl P. Sauvant

Multinationale Unternehmen und die Transformation des gegenwärtigen Staatensystems

I. Vorbemerkungen

Seit dem II. Weltkrieg sind die privaten Direktinvestitionen im Ausland in einem vorher ungeahnten Maße angestiegen. Die amerikanischen allein stiegen von etwa 12 Mrd. Dollar im Jahre 1950 auf etwa 64 Mrd. Dollar im Jahre 1968. Im gleichen Zeitraum erhöhten sich die ausländischen Direktinvestitionen in den USA von etwa 3 Mrd. Dollar auf etwa 11 Mrd. Dollar. Die Träger dieses Prozesses sind Unternehmen, die durch die Expansion ihrer Produktionsstätten über nationale Grenzen hinweg multinational werden. Diese multinationalen Unternehmen (im Englischen: *multinational corporations* – im folgenden abgekürzt als MNCs) kontrollieren bereits einen erheblichen Teil der verarbeitenden Industrie der OECD-Länder. In Kanada z. B. kontrollieren Nicht-Kanadier über 50% der verarbeitenden Industrie, und in Belgien werden über 50% der jährlichen Industrieinvestitionen von Tochtergesellschaften ausländischer MNCs getätigt. Der anhaltende Anstieg dieser Entwicklung hat bei den betroffenen Regierungen zunehmende Besorgnis ausgelöst, da multinationale Unternehmen – aufgrund ihrer globalen Natur, Orientation, Struktur und Strategie – Interessen verfolgen können, die leicht im Widerspruch mit den nationalen Interessen ihrer Gastländer stehen können. Der vorliegende Beitrag versucht, eine zusammenfassende Betrachtung zum Problemkreis der politischen Implikation der multinationalen Unternehmen zu geben. Gestützt vornehmlich auf anglo-amerikanische Arbeiten, spiegelt er auch weitgehend einen Forschungstrend wider, der sich im wesentlichen auf das Verhältnis MNC-Gastland konzentriert [1]. Nach einer allgemeinen Diskussion der Erscheinungsformen und der weltwirtschaftlichen Bedeutung der MNCs wird dann auch der Thematik der Gastland-MNC-Beziehungen ein wesentlicher Teil des Beitrages gewidmet, wobei die Aktivitäten multinationaler Unternehmen auf der Grundlage verfügbaren empirischen Materials analysiert werden. Schließlich wird eine der möglichen Konsequenzen der Entwicklung und Weiterentwicklung von MNCs für das gegenwärtige Staatensystem untersucht, nämlich ihre mögliche integrierende Wirkung. Die Diskussion beschränkt sich dabei auf die transnationalen Aktivitäten der verarbeitenden Industrie und ihre Implikationen für die entwickelten Gastländer, d. h. vornehmlich der OECD-Länder. Eine ganze Reihe von sicherlich relevanten Fragen, wie: die besondere Problematik der Entwicklungsländer; die Rolle der MNCs in der

Aufrechterhaltung oder Schaffung bestimmter Herrschaftsstrukturen; und der Zusammenhang MNC – Staatsapparat, werden nicht behandelt oder nur gestreift. Es ist aber zu hoffen, daß das hier präsentierte Material mit die Grundlage für weiterführende Fragestellungen liefert.

II. Das multinationale Unternehmen

Multinationale Unternehmen gibt es nicht erst seit dem II. Weltkrieg. Die Hanse verfügte bereits über ein Netz internationaler Vertretungen, und die *East India Company*, im Jahre 1600 in London gegründet, hatte Zweigniederlassungen in Übersee. Colt errichtete die erste amerikanische Tochtergesellschaft im Ausland (1852 in London) [2]. In Europa war wohl I. G. Farben das größte multinationale Unternehmen der Vorkriegszeit.

Erst das wirtschaftliche und politische Klima der Nachkriegszeit, im Verein mit verkehrs- und kommunikationstechnischen Fortschritten, bewirkte jedoch, daß die MNC ein bedeutender Faktor in den internationalen Wirtschaftsbeziehungen wurde [3]. Jacques Houssiaux (1967, S. 293–294) umreißt die drei Bedingungen, die zum Aufstieg des *international business* führten, mit den folgenden Worten: (1) *»Unité de gestion et d'organisation pour l'orientation des grandes décisions qui déterminent la croissance de ce grand ensemble.«* Die Entscheidung zugunsten einer einheitlichen Geschäftsführung und Organisation für die gesamte Unternehmensgruppe bedeutet unter anderem, daß eine konsolidierte Bilanz erstellt wird, daß Gewinne einzelner Tochtergesellschaften unter dem Gesichtspunkt der Gesamterfordernisse der Gruppe investiert werden und daß Transferübertragungen und kollektive Dienste auf einer globalen Basis verrechnet und organisiert werden. (2) Die MNC *»doit être fondée sur une vision mondiale du développement et des échanges«*. Und (3) MNCs benötigen für ihre Entwicklung *»un environnement et des institutions axés sur l'internationalism«*.

Der grundlegende Unterschied zwischen einem multinationalen Unternehmen und einer inländischen Gesellschaft besteht darin, daß das erstere gleichzeitig in mehreren Ländern tätig ist. Nachdem diese Unterscheidung gemacht ist, kann eine Anzahl von Kriterien angewandt werden, um MNCs eingehender zu charakterisieren: der Grad und/oder die Art ihrer internationalen Geschäftstätigkeit; ihr organisatorischer Aufbau; ihre Geschäftsstrategien und ihre Verhaltensweise gegenüber ihren Tochtergesellschaften. Sidney E. Rolfe (1969, S. 13; 1970a, S. 17) hat eine Definition vorgeschlagen, die in der Literatur weitgehend akzeptiert wurde. Er definiert eine internationale Gesellschaft [4] als eine Firma mit einem *»foreign content«* von 25% oder mehr. *»›Foreign content‹ is defined as the proportion of sales, investment, production, or* *employment abroad«* (S. 17). Alle vier Kriterien werden untereinander austauschbar angewandt. Unter Anwendung dieser Definition stellt Rolfe eine Liste amerikanischer Unternehmen zusammen, derzufolge 11 Gesellschaften einen *»foreign content«* von mehr als 50% haben und weitere 70 einen *»foreign content«* von mehr als 25%. Rolfe (1970a, S. 17) schätzt, daß eine ähnliche Anzahl europäischer Unternehmen dieser Definition entspricht. [5]

Es gibt keinen besonderen Grund dafür, weshalb diese vier Kriterien und nicht andere verwendet werden sollten. A. J. N. Judge schlägt eine Anzahl weiterer Kriterien vor, darunter die Verteilung des Aktienbesitzes der Muttergesellschaft; die Anzahl der nationalen Börsen, an denen die Aktien einer Gesellschaft notiert werden; die Zusammensetzung des Aufsichtsrates nach Nationalität der Mitglieder [6]; die Zusammensetzung des leitenden Managements in Tochtergesellschaften; das Vorhandensein regionaler Hauptsitze; Arbeitssprachen; die Anzahl der Länder, in denen Tochtergesellschaften oder Beteiligungen bestehen; das Verhältnis der erzielten Gewinne im Stammland zu jenen erzielt in allen Ländern; und den Grad der Autonomie der Tochtergesellschaften. Zur Bestimmung des Grades der Multinationalität einer Gesellschaft entwikkelt Judge einen »Internationalitätsindex«, der das Produkt ist von (a) der Zahl der fremden Länder, in denen die Muttergesellschaft Tochtergesellschaften und Beteiligungen hat; (b) dem prozentuellen Anteil der Zahl ausländischer Gesellschaften und Beteiligungen einer Muttergesellschaft an deren Gesamtzahl und (c) dem prozentuellen Anteil der ausländischen Tochtergesellschaften allein an der Gesamtzahl von ausländischen Tochtergesellschaften und Beteiligungen. *SKF* erhält danach den höchsten Index (360), gefolgt von *British-American Tobacco Co., Ltd.* (272), *Sandoz AG* (260) und *Ciba AG* (230). Einer Anzahl weiterer Definitionen liegen einige der von Judge genannten Kriterien zugrunde. Indem er Besitz und Kontrolle betont, verwendet beispielsweise *Raymond Vernon* (1968a) den Ausdruck *»multinational enterprise«* mit Bezug auf *»a cluster of corporations of diverse nationality joined together by ties of common ownership and responsive to a common management strategy«* (S. 114) [7].

Neben der Aufgabe, geeignete Kriterien zur Unterscheidung von MNCs von inländischen Firmen zu bestimmen, besteht auch das Problem, zwischen Arten multinationaler Unternehmen zu differenzieren. Es ist z. B. möglich, MNCs nach der Geisteshaltung ihres Managements einzuteilen. Howard V. Perlmutter (1968, 1969a, 1969b, 1970) hat vorgeschlagen, MNCs als ethnozentrisch (Stammland-orientiert), polyzentrisch (Gastland-orientiert) oder geozentrisch (Welt-orientiert) zu klassifizieren [8]. Charles P. Kindleberger (1969, S. 179–185) entwickelt eine ähnliche Typologie auf der Basis der Einstellung des Managements zu Fragen des Währungsrisikos und des Profitausgleichs. Schließlich wirft

John Fayerweather (1969) sein Hauptaugenmerk auf die Geschäftsstrategien und die Organisation der Firmen und klassifiziert diese entweder als *»unified«* oder *»fragmented«*.

Es erscheint möglich, die verschiedenen Kriterien, die Arten von MNCs beschreiben, miteinander zu kombinieren. In den meisten Gesellschaften wird wohl die Struktur der Organisation, die Geschäftsstrategie und die Einstellung des Managements ähnliche Erscheinungsmuster aufweisen. Ein globaler organisatorischer Aufbau wird wahrscheinlich zu einer einheitlichen Geschäftsstrategie führen und außerdem geozentrische und/oder ethnozentrische Geisteshaltungen verstärken. Auf der anderen Seite wird eine dezentralisierte Organisation vermutlich in hohem Maße mit einer dezentralisierten Geschäftsstrategie korrelieren und so polyzentrische Geisteshaltungen begünstigen. Zum Zweck einer allgemeinen Besprechung der Bedeutung der MNC für den Nationalstaat und das internationale System ist eine sehr breite Definition des multinationalen Unternehmens gerechtfertigt. Da die Tatsache der Durchdringung des Nationalstaates durch ausländisches Kapital von primärer Bedeutung ist, ist die besondere Art, in der diese Durchdringung erfolgt, in diesem Zusammenhang nicht ausschlaggebend. Es ist jedoch offensichtlich, daß spezielle Formen der Durchdringung – z. B. Ethnozentrismus, Konzentration auf Schlüsselindustrien, der absolute Betrag der ausländischen Investitionen, und Grade der Autonomie der Tochtergesellschaften – das Problem für das Gastland erschweren. In der folgenden Betrachtung der Beziehungen zwischen Nationalstaat und MNC versteht man unter MNCs einfach diejenigen Firmen, die Produktionsstätten in zwei oder mehr Ländern kontrollieren.

III. Die Zunahme wirtschaftlicher Interdependenz

Das Ausmaß der Veränderungen im internationalen Wirtschaftssystem war in den letzten zwei Jahrzehnten so stark, daß das weniger dynamische internationale politische System nicht Schritt halten konnte: *»the development of international economic institutions, private and public, has outstripped the development of political institutions«* (Kindleberger: 1970, S. 14). Während das internationale politische System noch sehr weitgehend auf dem Nationalstaat und dessen individuellen Vorrechten basiert, ist das internationale Wirtschaftssystem von einem relativ hohen Grad an Internationalität gekennzeichnet, in dem nationale Grenzen eine immer geringere Rolle spielen.

Der Charakter des internationalen Handels hat sich in einer solchen Weise gewandelt, daß die traditionelle Wirtschaftstheorie nicht mehr ausreicht, um die gegenwärtigen Realitäten der Wirtschaftsbeziehungen zwischen Ländern zu erklären. Die klassische Außenhandelstheorie geht davon aus, daß Handelsströme von komparativen Kosten diktiert sind und durch Regierungsinterventionen verzerrt werden (Cooper; Robock/Simmonds). Die klassischen Handelstheoretiker glaubten, daß der Handel auf dem Tausch von Fertigwaren gegen Nahrungsmittel und Rohmaterialien beruht – und zwar zwischen genau definierten territorialen Einheiten. David Ricardos Theorie der komparativen Kosten spezifiziert den Austausch von portugiesischen Wein gegen englische Textilien. Dieses Handelsschema hat sich jedoch in zweifacher Hinsicht gewandelt. Erstens ist die am schnellsten wachsende Art des Welthandels nicht der traditionelle Austausch von Fertigwaren gegen Nahrungsmittel und Rohmaterialien. Vielmehr gewinnt der Austausch von Fertigwaren gegen Fertigwaren an zunehmender Bedeutung. Zweitens, und viel wichtiger, ist der Handel zwischen Mittelsmännern in einem Land und Importeuren in einem anderen nicht mehr die primäre Art und Weise, in der internationale Geschäftsbeziehungen gestaltet werden. Statt dessen wird zunehmendermaßen die Produktion selbst internationalisiert. Der Begriff der *»international production«*, eingeführt von Judd Polk (1967), beschreibt *»the deliveries which one nation makes in the markets of another via the direct expedient of producing there locally, as distinguished from exporting to that market the product of facilities located at home«*. Noch allgemeinerer definieren Stefan H. Robock und Kenneth Simmonds internationale Produktion, als *»the phenomenon of a business enterprise in one country moving management, technology, personnel and capital across national boundaries to produce goods and services in another country. The goods and services may be exclusively or largely for the local market«* (S. 11).

IV. Die Internationalisierung der Produktion

Polk (1969) schätzt, daß der Wert der Produktion von amerikanischen Tochtergesellschaften im Ausland doppelt so groß ist wie der Wert der amerikanischen Direktinvestitionen im Ausland [9]. 1968 betrugen die privaten Direktinvestitionen der USA im Ausland ungefähr 64 Mrd. Dollar; daher kann man die Produktion amerikanischer Firmen im Ausland auf ungefähr 128 Mrd. Dollar schätzen (im gleichen Jahr betrugen die Exporte der USA 35 Mrd. Dollar). Polk weist auch darauf hin, daß der Gesamtwert der Produktion amerikanischer Firmen im Ausland näher bei 200 Mrd. Dollar liegt, wenn das Produktionsvolumen der Betriebe, in denen US-Gesellschaften nur Minderheitsbeteiligungen besitzen (Portefeuilleinvestitionen), zu den Direktinvestitionen hinzugefügt werden, (zusätzliche 69 Mrd. Dollar). Dieses Produktionsvolumen von 200 Mrd. Dollar wurde 1968 nur von den USA und der Sowjetunion übertroffen. Diese Tatsache ist die Grundlage für J.-J. Servan-Schreibers

Voraussage, daß *»La troisième puissance industrielle mondiale, après les Etats-Unis et l'U.R.S.S. pourrait bien être dans quinze ans, non pas l'Europe mais l'industrie américaine en Europe«* (S. 33). Außerdem ist die US-Auslandsproduktion sechsmal höher als die US-Exportleistung. Wenn man die 200 Mrd. Dollar Schätzung zugrunde legt, ist mehr als ein Fünftel des gesamten Welt-BSP (900 Mrd. Dollar – ausgenommen die USA und die sozialistischen Länder) ein Resultat der US-Investitionen.

Die internationalen Investitionen anderer Länder als der USA sind schwerer zu schätzen, weil die Zahlen nicht so leicht verfügbar sind. Diese Tatsache läßt übrigens darauf schließen, daß *»le défi américain«* zum Teil auch eine Folge der *»statistiques américaines«* ist. Es gibt jedoch genaue Angaben für private Auslands-Investitionen in den Vereinigten Staaten. Die Direktinvestitionen beliefen sich, 1968, auf 11 Mrd. Dollar und die Portefeuilleinvestitionen auf 66 Mrd. Dollar. Folglich sind etwa 90 Mrd. Dollar oder 10% der amerikanischen Produktion ein Resultat ausländischer Kapitalanlagen. Der Umfang der Interproduktion in der übrigen Welt wird von Polk (1969) auf 130 Mrd. Dollar geschätzt. Ingesamt betrug damit der Wert der internationalen Produktion 1968 etwa 420 Mrd. Dollar – ungefähr 23% des 1800 Mrd. Dollar-BSP der kapitalistischen Welt. Mit geringen Vorbehalten werden diese Zahlen allgemein in der Literatur anerkannt.

Außerdem wuchsen in den letzten 20 Jahren die internationalen Investitionen annähernd zweimal so schnell wie das Welt-BSP. Polk (1969) sagt daher voraus: *»If we look to the end of this century, envisioning the growth of world GNP to continue at its typical pace of the 1960's, and similarly the output associated with international investment at its typically faster rate of the 1960's, we get a picture roughly estimatable as follows:*

(Billions of Dollars)	1968	1978	1988	1998
Market world GNP (approximately 1/2 USA	1800	2900	4800	8000
Output associated with U.S. investment abroad	200	450	950	2000
Output associated with foreign investment in the U.S.	90	200	425	900
Output associated with other investment outside the U.S.	130	300	600	1300
Total output from international investment	420	950	1975	4200
»Internationalized Production« as % of market world GNP	23%	33%	41%	53%

The final figure (53%) shows a world economy better than half internationalized« (S. 13).

Eine Anzahl Indikatoren zeigt die zunehmende Bedeutung multinationaler Unternehmen. Vernons Untersuchungen von 187 US-Gesellschaften zeigen, daß 1901 nur 26 dieser Unternehmen mehr als sechs Tochtergesellschaften im Ausland hatten, während 1929 und 1967 die entsprechenden Zahlen 123 und 186 waren. In den gleichen Jahren betrug die Gesamtzahl der Tochtergesellschaften dieser 187 Unternehmen 107, 987 und 7927. Mit anderen Worten, die Zahl der ausländischen Tochtergesellschaften dieser Korporationen stieg auf das Sechzigfache (siehe Tabelle V).

Die Anzahl der in den USA ansässigen MNCs ist natürlich viel größer als 187. Nach Judge hatten 1968 2816 US-Unternehmen Tochtergesellschaften oder Beteiligungen in einem oder mehreren fremden Ländern (siehe Tafel VI). Für 14 europäische Länder ist die entsprechende Zahl 4230. In Zahlen ausgedrückt sind also nur 40% der durch diese Untersuchung erfaßten MNCs in den USA ansässig. Berücksichtigt man nur jene 595 Unternehmen, die Tochtergesellschaften und Beteiligungen in zehn oder mehr fremden Ländern haben, und jene 166, die in 20 oder mehr Ländern vertreten sind, so schneiden die US-Gesellschaften wesentlich besser ab: 45% bzw. 52% sind in den USA ansässig. Es sei darauf hingewiesen, daß diese Ziffern nichts über die Bedeutung der einzelnen Niederlassungen aussagen.

Die von Judge genannten Zahlen geben auch Auskunft über die geographische Verteilung der transnationalen Unternehmens-Verbindungen (siehe Tabelle VII). 60% dieser Verbindungen befinden sich im Nordatlantikraum (Westeuropa und Nordamerika), 14% in Lateinamerika [10], 11% in Afrika, 9% in Asien und 5% in Australien. Diese Ziffern zeigen, daß das Netz von Tochtergesellschaften und Beteiligungen im Nordatlantikraum am dichtesten ist. Diese Tatsache wäre noch offensichtlicher, wenn Judge, anstatt die Zahl der Verbindungen zu errechnen, die absolute Zahl der ausländischen Tochtergesellschaften und Beteiligungen berechnet hätte (in der Berechnung von Judge werden zwei oder mehr Tochtergesellschaften oder Beteiligungen einer bestimmten Gesellschaft in einem gegebenen fremden Land als eine »Verbindung« gezählt).

IBM hat in mehr Ländern Tochtergesellschaften und Beteiligungen als jedes andere Unternehmen (80 Länder). In der Rangordnung folgen: *Singer* (62), *Pan Am* (59) [11] und *National Cash Register* (56). Von den 40 Unternehmen, die in 31 oder mehr Ländern operieren, sind 23 amerikanisch und 8 britisch. Schweden, die Schweiz und Westdeutschland haben je zwei Unternehmen in dieser Kategorie. [12] Bei 8 von 19 Gesellschaften, für die Gewinnangaben zur Verfügung stehen, macht die Auslandsproduktion 50% oder mehr des Nettoeinkommens aus. Sieben

Gesellschaften haben 50% oder mehr ihrer Sachanlagen im Ausland, und drei andere liegen knapp unterhalb dieser Grenze.

V. Le défi international

Die Angaben von Judge lassen erkennen, daß Europa und die Vereinigten Staaten je einen ungefähr gleichen Anteil am *multinational business* haben, wenn man dies in der Zahl der MNCs und der Zahl der Verbindungen zu fremden Ländern ausdrückt. Man kommt zu einer ähnlichen Schlußfolgerung, wenn man die entsprechenden Relationen der Bruttosozialprodukte zum Buchwert der ausländischen Direktinvestitionen vergleicht. Die OECD schätzt, daß 1966 (Rolfe: 1969, S. 9) der Wert der privaten internationalen Direktinvestitionen, ausgenommen die der USA, 35 Mrd. Dollar betrug – hauptsächlich Investitionen der EWG-Länder, sowie Großbritanniens, Schwedens, der Schweiz, Kanadas und Japans. Im gleichen Jahr – das letzte Jahr, für das vergleichbare Daten vorhanden sind – betrugen die privaten US-Direktinvestitionen im Ausland 55 Mrd. Dollar. Rolfe (ebda.) schließt aus diesen Zahlen: *»the $ 55 : $ 35 billion ratio is in rough conformity to the relative GNPs of the areas in question«* [13]. *Le défi n'est pas américain, il est international* – wenngleich er auch starke amerikanische Akzente tragen dürfte [14].

Der Eindruck eindeutiger US-Vorherrschaft auf dem Gebiet der multinationalen Unternehmen entsteht durch den Vergleich der US-Direktinvestitionen in Europa mit den europäischen Direktinvestitionen in den USA. Dieser Vergleich zeigt tatsächlich ein beachtliches Ungleichgewicht. 1968 betrugen die US-Direktinvestitionen in Europa 19,4 Mrd. Dollar, während die europäischen Direktinvestitionen in der amerikanischen Wirtschaft nur 7,7 Mrd. Dollar betrugen. Das Ausmaß des amerikanischen Engagements in den europäischen Volkswirtschaften kann man daraus ersehen, welchen Anteil US-Tochtergesellschaften an den gesamten jährlichen Ausgaben für Industrieinvestitionen erreichen [15]. 1962 waren amerikanische Tochtergesellschaften für ungefähr 6% der gesamten Investitionsausgaben der verarbeitenden Industrie der EWG verantwortlich (einschließlich der Erdöl-Industrie); 1967 wuchs dieser Anteil auf fast 14% an, fiel aber 1968 auf 11% [16]. Das Land mit dem größten Anteil war Belgien, wo 1967 fast 34% der jährlichen Investitionen von US-kontrollierten Firmen aufgebracht wurden [17]. Die Niederlande folgten mit 20,5%, Westdeutschland mit 13%, Frankreich mit 10,7% und Italien mit 9,1%. In Großbritannien war der Anteil der US-Investitionen ungefähr 17% (Hellmann: 1970, S. 38).

Diese Ziffern enthüllen eine beachtliche Abhängigkeit der europäischen Wirtschaft vom Verhalten der in den USA ansässigen MNCs. Da sie für mehr als 10% der jährlichen Industrieinvestitionsausgaben der EWG verantwortlich sind, hat jede Änderung ihrer Investitionspolitik unmittelbare Auswirkungen auf den europäischen Konjunkturzyklus. Die Wirtschaft der USA zeigt jedoch nicht die gleiche Abhängigkeit von ausländischen Tochtergesellschaften. Rainer Hellmann (1970, S. 22) erklärt die Abhängigkeit der europäischen Wirtschaft und relative Unabhängigkeit der amerikanischen Wirtschaft durch einen Unterschied in der Investitionspräferenz der europäischen und amerikanischen Unternehmen. Der Löwenanteil der europäischen Auslands-Direktinvestitionen, ungefähr 50%, verbleibt in Europa, während nur 16% in die USA gehen. Nur britische Firmen investieren stärker auf dem amerikanischen Markt (ungefähr 50%). US-Ziffern zeigen dagegen, daß ungefähr 50% des jährlichen amerikanischen Nettodirektinvestitionskapitals nach Europa geleitet werden (*»Survey of Current Business«*, 1964–1969). Mit anderen Worten, amerikanische MNCs bemühen sich stärker, sich in Europa niederzulassen, als europäische Firmen, sich in den USA niederzulassen [18]. Dies verstärkt natürlich den Eindruck, daß die in den USA ansässigen MNCs das internationale Geschäftsleben beherrschen. Beschränkt man jedoch den Vergleich nicht nur auf das Verhältnis USA–Europa, dann scheint das Ungleichgewicht weniger dramatisch zu sein. Tatsächlich holen die europäischen MNCs auf, sogar in absoluten Zahlen ausgedrückt. Stephen Hymer und Robert Rowthorn zeigen, daß zwischen 1957 und 1962 eine Verschiebung zugunsten europäischer Unternehmen in den relativen Größenverhältnissen stattfand, wenngleich sich diese später auch stabilisierten. Sie schließen daraus: *»There is thus a sense, in which the U.S. corporations have been challenged rather than challenging«* (S. 66) [19]. Die eben diskutierten Statistiken demonstrieren, daß MNCs ein weitverzweigtes Netz von zwischenstaatlichen Strukturen, Abhängigkeiten und gemeinsamen Interessen geschaffen haben. Sie zeigen auch, daß die traditionellen Konzepte der Außenhandelstheorie, die auf der Theorie der komparativen Kosten beruhen, nicht länger genügen, um die zwischenstaatlichen Bewegungen von Waren und Kapital zu erklären. Es wird vielmehr eine neue Theorie benötigt, die die Motivationen und Bedürfnisse der Urheber dieser Bewegungen – der multinationalen Unternehmen – in den Mittelpunkt stellt. Hymer (1960) hat darauf hingewiesen, daß private Auslands-Direktinvestitionen eher im Zusammenhang mit einer Theorie der industriellen Organisationen gesehen werden müssen als im Zusammenhang mit Theorien über internationale Kapitalbewegungen [20]. Und Franz Heidhues, nach einem kritischen Rückblick auf traditionelle Erklärungsversuche internationaler Kapitalbewegungen, schließt in ähnlicher Weise: *»Ausgangspunkt der Diskussion über eine realistischere Erklärungsmöglichkeit internationaler Direktinvestitionen ist die empirische Beobachtung, daß der überwiegende Teil der Direktinvestitionen von Groß-*

unternehmen durchgeführt wird. Die Bestimmung der Unternehmenspolitik liegt in den Händen des Managements, dessen Handlungsweise in erster Linie durch das Wachstums- und Sicherheitsmotiv geleitet wird. Unter Zugrundelegung dieser beiden Motive lassen sich die Direktinvestitionen und ihre typischen Merkmale ohne Widersprüche erklären« (S. 196–197).

Folgt man diesem Ansatz, dann ist sowohl in der Theorie des internationalen Handels als auch in der Theorie der internationalen Direktinvestitionen die Untersuchungseinheit nicht mehr die Nation und ihre Faktorenausstattung, sondern vielmehr das multinationale Unternehmen und seine Interessen. Die Auswirkungen einer solchen Verschiebung der Analyseeinheit können nicht unterschätzt werden. Da ihre Untersuchungseinheiten übereinstimmten, waren die traditionelle Außenhandelstheorie und die traditionelle Theorie der internationalen Beziehungen komplementär. Was aber geschieht, wenn die Theorie des internationalen Handels durch eine Theorie der internationalen Produktion ersetzt werden muß? Es scheint unvermeidlich zu sein, daß sich die Theorie der internationalen Beziehungen an die neue Wirklichkeit einer weitgehend transnational integrierten Weltwirtschaft anpassen muß.

VI. Die wirtschaftliche Bedeutung multinationaler Unternehmen für das Gastland [21]

John H. Dunning (1969) hat in einer Studie über die Rolle der amerikanischen Investitionen in der britischen Wirtschaft die Hauptvorteile ausländischer Investitionen wie folgt zusammengefaßt: *»it offers a package deal of new products, money, capital, knowledge, the training of laborers in new skills, access to new markets and the escalation of competitive levels . . . An influx of foreign firms brings to the host country all the elements necessary to create new production units: improved technology, new products and marketing methods, patents and trade rights, managerial expertise and entrepreneurial initiative. By example and contact with other firms, these benefits permeate the rest of the economy and, through customers, suppliers and competitors, effect both the creation of future wealth and the raising of living standards«* (S. 115).

Die Elemente dieses *»package deal«* werden nun unter den Überschriften »Wirtschaftsentwicklung« und »Zahlungsbilanz« besprochen [22].

1. Wirtschaftsentwicklung

Der am häufigsten zitierte Vorteil, der dem Gastland aus der Anwesenheit von MNCs erwächst, ist die Stimulierung des Wirtschaftswachstums. Dazu zählt auch das Wirtschaftswachstum in regional unterentwickelten

Gebieten. Schottland z. B. ist im Begriff, der größte Computerkomplex außerhalb Kaliforniens zu werden. Das gleiche Phänomen kann für ganz Europa festgestellt werden (Layton): Süditalien, Südfrankreich, Südbelgien und Nordnorwegen profitieren zu einem beträchtlichen Ausmaß von ausländischen Investitionen.

Ausländische Direktinvestitionen konzentrieren sich normalerweise auf neue, expansive und zukunftsorientierte Industrien. Z. B. zeigt eine Analyse der Investitionsausgaben der US-Firmen in der EWG eine klare Konzentration auf Automobilherstellung, Maschinenbau und chemische Industrie. (*»Survey of Current Business«*, September 1968). Offenbar sind die von den ausländischen Investoren angewandten Produktions- und Managementtechniken den örtlichen Praktiken überlegen. In Neuseeland übertraf die Produktion und die Nettoproduktion pro Beschäftigten ausländischer Unternehmen die Gesamtdurchschnittswerte Neuseelands um 29,6 bzw. 31,5% (Deane: S. 291). Im Hinblick auf Australien folgert Brash, *»the value of production per person employed in the American-affiliated firm is seen to have been about 36 percent higher than that in Australian industry generally«* (S. 170). In Westdeutschland betrug der Umsatz aus eigener Produktion pro Beschäftigten bei einer ausgewählten Anzahl verarbeitender US-Tochtergesellschaften 1960 DM 55 500 und 1966 DM 76 500; die Ziffern für deutsche Herstellerfirmen waren DM 34 500 bzw. DM 47 600 (*DIVO:* S. 205) [23]. Auch die Angaben für Kanada, wiedergegeben in der folgenden Tabelle, zeigen, daß US-Tochtergesellschaften vergleichsweise bessere Leistungen erzielen als inländische Firmen; in diesem Fall übertreffen die US-Tochtergesellschaften auch die Leistungen anderer ausländischer Firmen, wobei die letzteren wiederum im Durchschnitt besser als die kanadischen Firmen abschneiden.

Comparative Performance
of
Foreign and Canadian Enterprises, 1961
(Foreign Enterprises with more than $ 1 m. Investment)

	US Controlled	UK Controlled	Other Foreign Countries Controlled	All Enterprises in Canada
Number of establishments				
Total employees	1,104	289	71	32,415
Average number of employees	284,444	77,163	10,826	1,264,946
per establishment				
Value added per employer	258	267	153	39
Sales per employee	11,999	9,406	11,904	8,445
Aggregate investment	27,758	20,329	30,212	19,165
per employee	18,600	14,500	40,300	9,700

Quelle: Dunning: 1970, S. 222.

Für diese Leistungsunterschiede sind eine ganze Anzahl von Gründen verantwortlich. Ausländische Firmen investieren normalerweise mehr pro Beschäftigtem als inländische Firmen (siehe Tabelle); sie sind gewöhnlich größer und erreichen daher Kostenminderung durch große Serien und durch Spezialisierung; sie werden von ihren Muttergesellschaften finanziell gestützt; sie haben durch ihre Muttergesellschaften Zugang zu Weltmärkten; sie nutzen die Management- und Marketingerfahrung ihrer Muttergesellschaften [24]; und sie haben Zugang zu Forschungs- und Entwicklungsarbeiten (R & D) der gesamten Unternehmensgruppe.

Der letztgenannte Vorteil ist vermutlich eine der wichtigsten Ursachen für die hohen Leistungen der MNCs. Große MNCs haben die finanziellen Mittel, um stark in R & D zu investieren. Und durch Direktinvestitionen wird technologisches Wissen in das Gastland, d. h. zu den örtlichen Tochtergesellschaften, transferiert (Quinn). Dunning führt aus (1970), daß: »[*It is*] *generally accepted that technological progress . . . has been the main cause of advances in the productivity of industrial economies in recent years . . . Clearly, where a technological gap exists between two industrial countries . . . direct investments by corporations of the advanced country in the less advanced country are prima facie likely to be productivity improving and growth stimulating.*« (S. 266.) Die vorangehenden Bemerkungen sollen nicht den Eindruck erwecken, daß ausländische Tochtergesellschaften Forschung und Entwicklung vernachlässigen und daß ihr technologischer Wissensstand völlig von den Ergebnissen der Laboratorien ihrer Muttergesellschaften abhängt. Im Gegenteil, die verfügbaren Daten führen zu dem Schluß, daß die R & D-Leistung ausländischer Tochtergesellschaften im Durchschnitt höher ist als jene der örtlichen Industrie [25]. Dies trifft zu auf Neuseeland (Deane: S. 271), Kanada (Watkins: 1968, S. 209; Safarian: S. 174), Großbritannien (Dunning: 1970, S. 315) und Westdeutschland (*DIVO:* S. 229).

2. Zahlungsbilanz

Die Auswirkungen ausländischer Direktinvestitionen auf die Zahlungsbilanz können in »unmittelbare Folgen« und »langfristige Auswirkungen« unterteilt werden. In der ersten Gruppe sind die zwei wichtigsten Transaktionen: (a) der Zustrom von Kapital, um einen Teil oder die gesamten anfänglichen Investitionen zu finanzieren; und (b) der Kapitalabfluß aufgrund von Käufen im Ausland im Zusammenhang mit den anfänglichen Investitionen.

Die Auswirkungen in der zweiten Gruppe beziehen sich auf Kapitalabflüsse, wie z. B. Dividenden, Lizenzgebühren, Beiträge zur Konzernverwaltung und Rückzahlungsverpflichtungen. Sie hängen auch von der Import/Export-Betätigung der ausländischen Tochtergesellschaften ab. Jede der einzelnen Länder-Fallstudien zeigt, daß ausländische Tochtergesellschaften gute Export-Leistungen erzielen und gleichzeitig zur Import-Substitution beitragen. Dieser positive Beitrag zur Zahlungsbilanz wird durch die Importe der Tochtergesellschaften nicht aufgehoben, wenngleich ausländische Tochtergesellschaften manchmal eine höhere Importneigung haben als örtliche Firmen. Ein spezieller Aspekt in diesem Zusammenhang ist die Tatsache, daß MNCs ihren Tochtergesellschaften nicht nur den Zugang zu Weltmärkten ermöglichen, sondern diesen Zugang auch durch Exportvorschriften beschränken können. Deane berichtet von Vorfällen dieser Art, aber er zitiert auch Fälle, in denen neuseeländischen Tochtergesellschaften spezifische Märkte übertragen wurden, womit also andere Tochtergesellschaften der Unternehmensgruppe von diesen Märkten ausgeschlossen wurden. Die meisten anderen Fallstudien berichteten ebenfalls über Vorfälle dieser Art. Alles in allem scheinen diese Fälle jedoch von geringer Bedeutung zu sein, wenngleich man sich wohl Watkins (1968) anschließen muß, der für Kanada feststellt, daß dieses Phänomen *»could become bothersome as legal barriers to trade decline and as Canadian manufacturing production becomes more efficient and export-oriented«* (S. 198–199).

Ein anderes Problem mit Implikationen für die Zahlungsbilanz sind unternehmensinterne Transfer- und Verrechnungspreise. Die Bedeutung dieses Fragenkomplexes wird durch Rolfes (1970a) Schätzung illustriert, nach der 25% aller amerikanischen Exporte an US-Tochtergesellschaften im Ausland gehen. Natürlich kann die Manipulation der Preise für Waren und Dienste innerhalb einer multinationalen Gruppe ein nützliches Instrument sein, um die Gesamtsteuerlast der Unternehmensgruppe gering zu halten, Kredite zu überweisen und Gewinne zu maximieren [26]. Es ist jedoch fast kein empirisches Material verfügbar, das Licht auf diesen sehr delikaten Sachverhalt werfen könnte. Deane versichert, daß dieses Problem für Neuseeland nur von nebensächlicher Bedeutung sei, weil das Volumen der in Frage kommenden Transaktionen zu gering sei. Stonehill behauptet, daß kein Hinweis vorliege, *»which indicated that the foreign-owned enterprises were being ›milked‹ through transfer prices«* (S. 146). Dennoch ist es sicher, daß MNCs auf diesem Gebiet einen gewissen Spielraum haben, und es wäre erstaunlich, wenn sie ihn nicht zu ihrem Vorteil verwendeten.

Es besteht Übereinstimmung darüber, daß bisher die Tätigkeit der MNCs die Zahlungsbilanz der untersuchten Gastländer leicht verbessert hat [27]. Es wird jedoch auch erkannt (z. B. Stonehill, Grünwald/Lacina), daß ausländische Direktinvestitionen eine zunehmende Belastung für die Devisenreserven der entsprechenden Gastländer darstellen. Der bisher noch positive Beitrag stützt sich vornehmlich darauf, daß sich der Kapitalzufluß für neue Direktinvestitionen unvermindert fortsetzt oder gar erhöht.

Deane schließt für Neuseeland, daß *»there can be little doubt that foreign investment in the manufacturing sector, in the aggregate, has made a positive and sizable contribution to higher real incomes for New Zealanders«* (S. 374). Auf der Basis der im vorangegangenen Abschnitt präsentierten Daten kann Deanes Schlußfolgerung wohl für alle entwikkelten Länder generalisiert werden [28]. Die Opposition gegen ausländische Direktinvestitionen gründet sich daher auch weniger auf rein wirtschaftliche Argumente, sondern stützt sich vielmehr vornehmlich auf die möglichen politischen Auswirkungen der Präsenz ausländischer Tochtergesellschaften in der nationalen Volkswirtschaft.

VII. Politische Implikationen der Entwicklung von multinationalen Unternehmen für Gastländer

Die vorausgegangene Erörterung der wirtschaftlichen Bedeutung der MNCs für das Gastland basierte auf den empirischen Schlußfolgerungen einer Anzahl von Länder-Fallstudien. Die politischen Konsequenzen sind bisher jedoch in der anglo-amerikanischen Forschung nicht eingehend behandelt worden, und es gibt auch kaum Versuche, ihre Bedeutung quantitativ zu bestimmen. Dennoch gestattet die vorhandene Literatur einige allgemeine Bemerkungen zu diesem Thema [29].

Die Debatte über die Nachteile ausländischer Direktinvestitionen konzentriert sich normalerweise auf die Kosten, die für Gastländer entstehen, wenn Teile ihrer Volkswirtschaft von Ausländern kontrolliert werden. Ausländische Direktinvestitionen reduzieren die Fähigkeit der Gastlandsregierungen, ihre Volkswirtschaften nach eigenem Gutdünken zu steuern. Die MNC, und insbesondere ihr geozentrischer Typ, beschleunigt den Prozeß der Erosion wirtschaftlicher Souveränität durch die Schaffung organisatorischer Strukturen, die die wirtschaftlichen Grenzen des einzelnen Nationalstaates transzendieren: das ethnozentrische oder geozentrische multinationale Unternehmen maximiert seine Profite auf weltweiter Basis. Wenn die zukünftigen Ertragsaussichten im Lande A unvorteilhaft sind, jene im Lande B aber gut, so kann eine MNC die vorhandenen Gewinne ihrer Tochtergesellschaften im Land A ins Land B transferieren, um sie dort zu investieren. Die Zahlungsbilanz des Landes A wird dadurch negativ beeinflußt und seine wirtschaftliche Entwicklung verlangsamt: *»specifically designed to further the goals of the parent company and only incidentally those of subsidiaries or host countries«* (Brooke/Remmers: S. 299).

Mit dem zunehmenden Schrumpfen internationaler Entfernungen, sowohl was Zeit als auch Kosten anbetrifft, werden nationale Grenzen immer bedeutungsloser. Eine Welt von Nationalstaaten ist eine Welt voller Unsicherheiten und Gefahren für die MNC. Ihr Hauptterfordernis ist die Freiheit, Geschäfte zu tätigen, wo und wann sie es für richtig hält. In den Worten von *»Business International«: »International corporations need the freedom to move capital, materials, technology, and technicians whenever and wherever needed to maximize the growth, competitive strength, and profits of the enterprise. They need the freedom to make decisions on economic grounds. It is an imperative requirement that they be free to respond to competition, to new opportunities and threats, to pressures from consumer, workers, and investors.«*

Wenn Regierungen den MNCs diese Freiheit gewährten, würden sie aufhören, als souveräne Einheiten zu existieren, *»Business International«* fährt fort: *»Utopia for an international corporation would be world government. A world without frontiers. Absolute freedom of movement of people, goods, ideas, services, and money to and from anywhere. No armies, navies, or air forces, only local police. A single global system of patents and trademarks, of building and safety codes, of food and drug regulations. A single, global currency. A single central bank.*

Nation states would have the same relationship to a world government that the states of the United States have toward Washington, or the cantons of Switzerland have toward Berne. Obviously the words, balance of payments' would be found only in history books concerning the savage days before humans learned to live peacefully on the same planet.«

»Business International« stellt jedoch bedauernd fest: *»Utopia won't come soon«*. In der Zwischenzeit resultiert die grundsätzliche Unverein-

barkeit von souveränen Regierungen und geozentrischen multinationalen Unternehmen jedoch bereits in einer Anzahl von sehr konkreten Entwicklungen, die die Autonomie der Gastländer weiter untergraben [30]. Dunning (1970: S. 289–293) nennt sechs Befürchtungen, die häufig mit MNCs in Verbindung gebracht werden und die politische Implikationen haben [31]: (1) Interessenverschiedenheiten zwischen MNCs und Gastlandsregierungen, (2) Auswirkungen auf den einheimischen Kapitalmarkt, (3) das Problem der Exterritorialität, (4) Einflüsse auf die Wirtschaftspolitik, (5) technologische Abhängigkeit und (6) das Eindringen in Schlüsselindustrien.

1. Interessenverschiedenheiten zwischen MNCs und Gastlandsregierungen

Dieser erste Punkt ist grundsätzlicher Natur und begründet sich in der Tatsache, daß sich die Entscheidungszentren für einen Teil des Wirtschaftsgeschehens ins Ausland verlagert haben. Da die Interessen eines Gastlandes und jene einer globalen MNC nicht notwendigerweise identisch sind, müssen Gastlandsregierungen diese Autoritätszentren und deren Interessen beim Treffen ihrer Entscheidungen berücksichtigen. MNCs sind in der Lage, interne Verrechnungspreise zu manipulieren und Exportmärkte, Investitionen, R & D-Ergebnisse zuzuteilen oder zu entziehen. Auf diese Weise beeinflussen sie den Konjunkturzyklus und damit das politische Schicksal der betroffenen Regierungen. Ein gutes Beispiel der Macht koordinierter MNC-Tätigkeit ist der Boykott des Iran durch alle größeren Ölgesellschaften, nachdem Mossadegh die *Anglo-Iranische Ölgesellschaft* nationalisiert hatte. Dieser Boykott spielte eine Hauptrolle beim Sturz der Regierung Mossadegh und bei der Kurswendung des Iran zurück auf den »rechten« Weg. Nationale Regierungen sind sich dieser Möglichkeit bewußt. Insbesondere dann, wenn sie sich zu schnellem Wirtschaftswachstum verpflichtet haben, aber keine starke Verhandlungspositionen haben, müssen sie dafür sorgen, daß ein günstiges Investitionsklima geschaffen und aufrechterhalten wird [32].

Empirisches Material, das die Ausübung von politischem Druck in den entwickelten Ländern belegen könnte, ist kaum vorhanden und schwer zu erlangen. Aber von Zeit zu Zeit wird man an das Potential der MNCs erinnert, z. B. als Henry Ford II . . . androhte: *»There is nothing at all wrong with Ford of Britain – but with the country. I wasn't bluffing either when I said that Ford will reinvest elsewhere. We've got hundreds of millions of pounds invested in Britain and we can't recommend any new capital investment in a country constantly dogged with labor problems«* [33].

Das britische Parlament hat in der Zwischenzeit ein restriktives Gewerkschaftsgesetz verabschiedet. Die Drohung mit einem Investitionsstop oder der Verlagerung der Produktion gehören wohl zu den stärksten Waffen der MNCs.

Da MNCs im Normalfall von Ausländern geleitet werden, sind sie auch in vielen Fällen weniger empfindlich für Druckversuche nationaler Regierungen als einheimische Firmen. Ein Beispiel: der französische *plan calcule* basiert auf allseitig abgestimmte Projektionen der Endnachfrage. Die französischen Firmen passen sich im allgemeinen den Investitionsrichtlinien des Plans an. Falls sie es jedoch versuchen sollten, ihre Interessen anders zu interpretieren, versucht Paris durch »gütliches Zureden« oder nötigenfalls durch den Entzug finanzieller Mittel, die Fügsamkeit der Firmen sicherzustellen. Ausländische Tochtergesellschaften haben jedoch Zugang zu auswärtigen Finanzmitteln und, im Gegensatz zu französischen Firmen, sind daher für die Beschaffung von Kapital für Neuinvestitionen nicht auf die Zustimmung der französischen Regierung angewiesen (Cooper: S. 97).

Ein letzter Aspekt der Furcht, daß MNCs nicht immer im Interesse des Gastlandes handeln könnten, betrifft die Produktionspolitik und insbesondere das Sortiment und die Menge der durch ausländische Tochtergesellschaften herzustellenden Produkte. Diesbezügliche produktionspolitische Entscheidungen werden wahrscheinlich gemäß den Bedürfnissen der Globalstrategie der Muttergesellschaften getroffen und weniger gemäß jenen der Tochtergesellschaften, d. h. jenen der Gastländer [34]. Dieses ist von großer Bedeutung, wenn die Entwicklung eines Produktes tatsächlich dem Muster von Vernons *»product cycle«* folgt (Vernon: 1966, 1968b; Wells: 1968a, 1968b). Folgt man Vernon, dann entwickeln Firmen typischerweise ein Produkt erst in ihrem Stammland – das normalerweise ein stark industrialisiertes Land ist. Erst wenn das Erzeugnis ausreichend standardisiert ist und Kostenvorteile von größerer Bedeutung werden (z. B. Lohnkosten), wird die Produktion ins Ausland verlegt, typischerweise nach Europa und Japan. Der Zyklus wiederholt sich, sobald Europa und Japan ihren absoluten Vorteil an die weniger entwickelten Länder verlieren [35]. MNCs beschleunigen diesen Vorgang, indem sie den Transfer von neuen Technologien und Marketingmethoden in die weniger entwickelten Länder erleichtern. In seiner Analyse der möglichen politischen Folgen dieses Prozesses sagt Hymer (1970b) voraus, daß ein *»New Imperial System«* im Entstehen begriffen sei: *»a regime of North Atlantic Multinational Corporations would tend to produce a hierarchical division of labor between geographical regions corresponding to the vertical division of labor within the firm. It would tend to centralize high-level decision-making occupations in a few key cities in the advanced countries, surrounded by a number of regional subcapitals, and confine the rest of the world to lower levels of activity and income, i. e., to the status of towns and villages in a New Imperial System. Income, status, authority, and consumption patterns would radiate out from these centers along a declining curve, and the existing pattern of inequality and dependency would be perpetuated«* (S. 23).

Man kann erwarten, daß die Unterprivilegierten in diesem System, d. h. die weniger entwickelten Länder, eine solche Konstellation kaum dulden werden – selbst wenn sie höheres Realeinkommen verspricht.

2. Einheimischer Kapitalmarkt

Regierungen in Gastländern befürchten oftmals, daß MNCs ihre Finanzierungsmittel auf dem inländischen Kapitalmarkt aufnehmen oder sogar Kapital ins Ausland transferieren, anstatt neues Kapital in das Land hereinzubringen. Wie Servan-Schreiber feststellt *»à concurrence des neuf dixièmes, les investissements américains réalises en Europe sont financés au moyen de resources européennes. Nous les payons, en quelque sorte, qu'ils nous achètent«* (S. 44). Nationalen Firmen werden dadurch diese Mittel vorenthalten, oder sie müssen einen erhöhten Preis bezahlen.

Es kann nachgewiesen werden, daß dieser Einwand nicht unbegründet ist. Brash, Deane und Dunning (1970) stellen zum Beispiel fest, daß MNCs für die finanziellen Bedürfnisse ihrer Tochtergesellschaften oft die einheimischen Kapitalmärkte in Anspruch nehmen. Diese Tendenz ist durch die amerikanischen Maßnahmen zur Eindämmung der Kapitalausfuhr von 1968 verstärkt worden. Als Folge davon nahmen die Anleihen von US-Gesellschaften in Europa (vor allem auf dem Eurodollarmarkt) beträchtlich zu. Als Folge davon stiegen die Zinssätze an, was wiederum der expansiven Wirtschaftspolitik einiger europäischen Länder entgegenwirkte. Präsident Johnsons Restriktionen machten auch auf ein anderes Problem aufmerksam. In Belgien werden 34% der jährlichen Investitionen in der verarbeitenden Industrie von amerikanisch-kontrollierten Firmen vorgenommen. Als die USA die Kapitalausfuhr beschränkte, befürchtete die belgische Regierung eine ernste Wirtschaftskrise als Folge zurückgehender Investitionen. Ähnliche Befürchtungen existierten in Kanada. Im Falle Kanadas erkannte Washington die Abhängigkeit des kanadischen Marktes an, und Kanada wurde von diesen Beschränkungen ausgenommen [36]. Alles in allem jedoch kann man wohl wenigstens für die europäischen Länder schließen, daß *»the inflow of foreign capital has generally added to the total domestic capital stock«* (Dunning: 1970, S. 288). Fortgesetzte und verstärkte Beanspruchung des einheimischen Kapitalmarktes würde jedoch die lokale Wirtschaft auf die Dauer schädigen und daher nationale Gegenmaßnahmen hervorrufen.

Ein zusätzlicher Vorteil für amerikanische MNCs beruht auf der Überbewertung des Dollars im allgemeinen und auf der finanziellen Stärke amerikanischer Firmen im besonderen. Beide Faktoren begünstigen den Erwerb ausländischer Unternehmen durch US-Gesellschaften, oftmals zu einem überhöhten Marktpreis. Dies wiederum begünstigt inflationistische Tendenzen in den Gastländern. Da amerikanische Tochtergesellschaften darüber hinaus oft auch höhere Löhne bezahlen als einheimische Firmen, werben sie qualifiziertes Personal von ansässigen Firmen ab und ermutigen dadurch eine Sonderform von inländischem *»brain drain«*. Schließlich können MNCs auch einheimische Ressourcen zur Verwendung in anderen Ländern transferieren. Schließlich ist es ja das Prinzip des multinationalen Unternehmens, sich Ressourcen dort zu beschaffen, wo sie am billigsten sind, um sie dort einzusetzen, wo sie den größten Profit abwerfen. Die Besorgnis der weniger entwickelten Länder beruht genau auf der Befürchtung, daß die Mobilisierung der Ressourcen in die für sie falsche Richtung verläuft.

3. Exterritorialität

In diesem Bereich bestehen drei Hauptreibungsflächen (1) die Kontrolle der Exportpolitik von Tochtergesellschaften, (2) die Antitrustgesetzgebung und (3) die Zahlungsbilanzpolitik. Rainer Hellmann (1966, S. 193) stellt fest, daß die Empfindlichkeit der Europäer gegenüber amerikanischen Direktinvestitionen weitgehend daher rührt, daß amerikanische Tochtergesellschaften dem amerikanischen militärisch-industriellen Komplex zugerechnet werden und daher als Instrumente der US-Wirtschafts- und Außenpolitik benutzt werden könnten [37]. Teile der US-Gesetzgebung bestätigen diese Befürchtung. Ein Beispiel ist das *»trading-with-the-enemy«*-Gesetz, das den Handel amerikanischer Tochtergesellschaften im Ausland reguliert. Als Frankreich Caravelle-Flugzeuge an die Volksrepublik China verkaufen wollte, blockierte die Regierung in Washington das Geschäft mit der Begründung, daß die Caravelle in den Bereich der „»trading-with-the-enemy«-Vorschriften falle, da ein bedeutender Teil der elektronischen Einrichtungen des Flugzeuges von US-Firmen geliefert worden war. Das gleiche Problem erlangte große Publizität in Kanada. Ein von der kanadischen Regierung eingesetzter Sonderausschuß untersuchte unter dem Vorsitz von Melville H. Watkins die Auswirkungen ausländischer Investitionen auf Kanada. In seinem Bericht betonte der Ausschuß, daß Kanada auf seinem Recht bestehen solle, mit der kommunistischen Welt, insbesondere mit der Volksrepublik China, freien Handel zu betreiben. Der *»Watkins Report«* schlägt vor, daß die Ablehnung eines Auftrages durch eine US-Tochtergesellschaft aufgrund amerikanischer Gesetzesvorschriften für Kanada nicht annehmbar sei. Sollte dies dennoch geschehen, dann sollte die kanadische Regierung den Auftrag im Namen des Kunden erteilen. Unter diesen Umständen müßte die US-Firma eine Konfrontation mit der kanadischen Regierung riskieren, wenn sie weiterhin auf der Ablehnung beharrte. Diese Lösung wurde jedoch von Ottawa verworfen (*Watkins Report:* Watkins).

Auf dem Gebiet der Antitrustgesetzgebung kann es als gegeben angesehen werden, daß amerikanische Antitrust-Vorschriften die Handlungsweise amerikanischer Tochtergesellschaften im Ausland bestimmen und dabei die Marktstrukturen in anderen Ländern beeinflussen. Die Antitrustgesetzgebung gibt dem *Department of Justice* die Vollmacht, alle

Monopole oder Handelsabkommen strafrechtlich zu verfolgen, die amerikanische Interessen in Mitleidenschaft ziehen. Rolfe (1970b) meint, diese *»effects doctrine«* sei hergeleitet *»from the principle that a nation has jurisdiction to apply its penal law to anyone in a foreign country who sets in motion a force producing harmful effects within the territory of the proscribing state«* (S. 23).

In diesem Zusammenhang berichtet die *»Economist Intelligence Unit«*, daß europäische Tochtergesellschaften amerikanischer Aluminiumfirmen nicht an Gesprächen teilnehmen konnten, in denen Pläne erörtert werden sollten, die von europäischen Firmen vorgeschlagen und von den nationalen Regierungen gebilligt waren, wie man den Import russischen Aluminiums nach Europa begrenzen könnte. US-Antitrustvorschriften können auch Fusionsbewegungen zum Scheitern bringen, selbst wenn sie von den betroffenen Regierungen gefördert werden. Gespräche über eine weltweite Zusammenarbeit zwischen den Schweizer Chemiegiganten *Ciba* und *Geigy* konnten lange zu keinem Ergebnis führen, weil diese beiden Unternehmen einen beträchtlichen Teil des amerikanischen pharmazeutischen Marktes kontrollieren und diese Tatsache sie mit den Antitrustgesetzen in Konflikt hätte bringen können. Wie J. J. A. Ellis ausführt, stellen US-Antitrustgesetze darüber hinaus ein wichtiges Hindernis für europäische Investitionen in den USA dar. Die Schwierigkeiten, die *BP* überwinden mußte, um auf dem amerikanischen Markt Fuß zu fassen, sind ein typisches Beispiel [38].

Schließlich kann es vorkommen, daß Regierungen im Rahmen einer Politik zur Verbesserung der Zahlungsbilanz ihres Landes Kapitalbewegungsbeschränkungen erlassen, oder, noch drastischer, von den ausländischen Tochtergesellschaften ihrer MNCs die Repatriierung von Gewinnen verlangen. Dies kann wiederum die Zahlungsbilanz der betroffenen Gastländer negativ beeinflussen und überdies deren Wirtschaftswachstum verlangsamen (siehe zum Beispiel Präsident Johnsons Kapitalausfuhrbeschränkungen). In allen diesen Fällen, aber besonders bei der exterritorialen Anwendung der Antitrustgesetzgebung und handelsbeschränkenden Gesetzen, können Regierungen des Stammlandes den Gastländern eine Politik aufzwingen, die sowohl den wirtschaftlichen Interessen der letzteren als auch deren Außenpolitik entgegengerichtet ist. Die Konflikte, die aus solchen Einmischungen resultieren, müssen naturgemäß in dem Maß zunehmen, in dem die multinationale Handelsverflechtung wächst. Darüber hinaus kann man wohl erwarten, daß das Ausmaß solcher Konflikte stark korreliert mit der wirtschaftlichen und politischen Macht des Stammlandes. Es ist deshalb nicht verwunderlich, daß viele Länder, vor allem in der Dritten Welt, Direktinvestitionen der USA mit größerem Mißtrauen betrachten als beispielsweise Schweizer Investitionen.

4. Wirtschaftspolitik

Multinationale Gesellschaften sind, dank ihrer Betätigungen in mehreren Ländern, relativ unabhängig von den Konjunkturzyklen der Gastländer. Diese Unabhängigkeit kann sich positiv für die Gastländer auswirken. Wie Hellmann (1970, S. 38) feststellt, verringerten US-Tochtergesellschaften in Europa 1967 nicht sofort ihre Investitionsausgaben, so wie es andere EWG-Firmen angesichts der allgemeinen Rezession taten. Somit wirkten US-Firmen in diesem Fall als eine stabilisierende Kraft [39].

Im Jahre darauf war der Fall jedoch umgekehrt. Noch im Erholungsprozeß wurden die europäischen Wirtschaften durch verringerte Investitionsausgaben der US-Tochtergesellschaften gestört, was weitgehend auf Präsident Johnsons Kapitalausfuhrrestriktionen zurückzuführen war. Die Reduzierungen waren nicht so stark wie ursprünglich erwartet, da sich die amerikanischen Tochtergesellschaften zunehmend auf den einheimischen Kapitalmärkten mit Finanzierungsmitteln versorgten. Über den Zinsmechanismus erhöhte dies jedoch den Kapitalpreis und beeinträchtigte damit die Investitionsneigung der EWG-Firmen. 1970 schließlich überflügelten Nicht-Banken die US-Banken als die wichtigsten Darlehnsnehmer auf dem Eurodollarmarkt. *BIS* folgerte daraus: *»this extension of the Euro-banks' transactions to nonbank customers weakened the effectiveness of domestic credit restraint policies in some industrial countries.«* Dank ihrer ausländischen Verbindungen sind MNCs in der Tat in einer vorteilhaften Position, der restriktiven Geldpolitik einer Zentralbank zu entgehen. Otmar Emminger, Vizepräsident der Deutschen Bundesbank, stellt fest, »die offene Flanke des deutschen Geldsystems war bisher der unbegrenzte Zugang zum internationalen Geldmarkt und über diesen zur Notenbankgeldschöpfung«. Und Professor Hankel, Direktor der Abteilung »Geld und Kredit« im Ministerium für Wirtschaft und Finanzen, schätzt, daß MNCs für 40% der störenden Kreditimporte nach Westdeutschland verantwortlich seien (*Handelsblatt/Industriekurier* v. 23./24. Juli 1971). Um diese »offene Flanke« zu schließen, beschloß das Bonner Kabinett, westdeutsche Unternehmen als »Quasi-Banken« zu behandeln, die Mindestreserven für ihre Auslandskreditaufnahmen zu hinterlegen hätten (Bardepot).

Diese Maßnahme wird sicherlich den Umfang des ausländischen Kapitalzuflusses nach Westdeutschland begrenzen, aber für MNCs gibt es eine Anzahl von Möglichkeiten, diese Restriktionen zu umgehen. Sie können zum Beispiel die allgemeinen Kosten der ganzen Gruppe umverteilen und/oder gruppeninterne Verrechnungspreise manipulieren – z. B. durch die Hinauszögerung der Bezahlung von Lizenzgebühren, Dividenden, Zinsen und Importen. Eine Tochtergesellschaft in einem Land mit hohen Zinsen (z. B. Westdeutschland) könnte beispielsweise angewiesen werden, kein Kapital mehr aufzunehmen, während eine Tochtergesellschaft in einem Land mit niedrigen Zinsen für beide Kapital aufnimmt. Die letztgenannte Tochtergesellschaft kann der ersten das Kapital durch die beschleunigte oder vorzeitige Bezahlung interner Transaktionen zukommen lassen. Die westdeutsche Tochtergesellschaft würde damit ein Darlehen erhalten: da dies kein offizielles Darlehen wäre, würden die Bardepot-Vorschriften nicht anwendbar sein. Die gleichen transnationalen Verbindungen sind ebenfalls von großem Wert, wenn Währungskrisen drohen. Stanford Rose behauptet in einem Artikel in *»Fortune«*, daß die meisten britischen Muttergesellschaften vor der letzten Pfundabwertung ihre Tochtergesellschaften auf dem Kontinent anwiesen, Zahlungen für Waren aus Großbritannien mehrere Monate lang zu verzögern, so daß die Unternehmen keinerlei Verluste erlitten, als die Abwertung dann stattfand [40]. All diese Kapitalbewegungen sind verhältnismäßig einfach, aber sie sind schwer aufzudecken.

Die vorausgegangene Diskussion zeigt, daß die internationalen Verflechtungen der MNCs sowohl stabilisierend als auch destabilisierend für die Konjunkturen und Währungen der Gastländer sein können. In beiden Fällen gibt es jedoch einen gemeinsamen Nenner: Entscheidungen werden im Ausland getroffen, und das Gastland kann sie kaum beeinflussen. In Anbetracht der Bedeutung der Wirtschaftslage für das politische Schicksal einer sich im Amt befindlichen Regierung wäre es allein schon deshalb verständlich, wenn Gastlandregierungen MNCs mit Unbehagen betrachten würden.

5. Technologische Abhängigkeit

Der Problemkreis Forschung und Entwicklung (R & D) ist bereits weiter oben angeschnitten worden. Es hat sich gezeigt, daß ausländische, vor allem US-Tochtergesellschaften, im Durchschnitt mehr für R & D ausgeben als nationale Firmen. Auf der anderen Seite verweisen Kritiker aber auf einen Bericht des *»Stanford Research Institute«* (Williams), der darlegt, daß zwar die Hälfte von 200 befragten US-Firmen in Europa R & D unternimmt, aber die meisten nur 4% oder weniger ihres gesamten R & D-Budgets dort ausgeben. Die Hauptbeweggründe, R & D in Europa zu unternehmen, waren laut diesem Bericht: (1) um Zutritt zu den europäischen Wissenschaftskreisen zu erhalten; und (2) um über europäische R & D-Aktivitäten informiert zu bleiben. Diese Ergebnisse erklären jedoch noch nicht, warum das R & D-Budget ausländischer Tochtergesellschaften höher ist als das der nationalen Unternehmen. Die beiden ebengenannten Aktivitäten würden sicherlich lediglich eines Nominalbudgets bedürfen.

Die Evidenz ist mit anderen Worten widersprüchlich und viel zu begrenzt, als daß generelle Schlußfolgerungen gezogen werden könnten (Dunning: 1970, S. 341) [41]. Um ein anderes Beispiel anzuführen: Die drei wichtigsten Schweizer Chemieunternehmen führen einen beträchtlichen Teil ihrer R & D-Aktivität im Ausland durch, *Hoffmann-La Roche* sogar über 50% (*Ikle:* S. 169–170). Nichtsdestoweniger ist die Besorgnis Frankreichs in dieser Angelegenheit verständlich. In einer Analyse der französischen Einstellung zu ausländischen Investitionen führt Robert Gilpin (S. 57) aus, daß Frankreichs Reaktion gegenüber ausländischen Investitionen stark von der Annahme bestimmt wird, daß Überlegenheit auf dem Gebiet der technologischen Innovationen ein entscheidender Vorteil im internationalen Wirtschaftswettbewerb sei. Aufgrund der technologischen Führung Amerikas in den meisten Schlüsselindustrien einer modernen Wirtschaft befürchten die Franzosen, daß sie einfach nie in der Lage sein werden, mit den Amerikanern konkurrieren zu können. Die amerikanische Führung könnte sich noch vergrößern, bis Frankreich – oder ganz Westeuropa – völlig vom technologischen *»knowhow«* Amerikas abhängt. Hymers *»New Imperial System«* droht am Horizont.

6. Schlüsselindustrien

Auslandskapitalbeteiligungen in jenen Wirtschaftssektoren, die das Gastland als »Schlüsselindustrien« betrachtet, sind in einer Anzahl von Ländern eingeschränkt worden. Das Bankwesen, Massenmedien und das Verkehrswesen gehören üblicherweise dazu. Darüber hinaus werden diejenigen Industrien eingeschlossen, die zur Vorhut des wissenschaftlichen und technologischen Fortschritts gehören und damit unmittelbare Implikationen für Wirtschaftswachstum und nationale Sicherheit haben. Wenn Auslands-Direktinvestitionen jedoch von gewissen Bereichen ausgeschlossen werden, ohne daß eine nationale Alternative gefunden werden kann, dann können dem Land leicht moderne Technologien verschlossen bleiben. In dem Maße, in dem MNCs über eine monopolistische oder oligopolistische Stellung in bestimmten Wissensbereichen verfügen, in denen Alternativkosten sehr hoch sind, befinden sich Regierungen in einer schwachen Verhandlungsposition. Indien und Japan mußten dies anerkennen, als sie eine Ausnahme erlaubten und es *IBM* gestatteten, 100%-kontrollierte Tochtergesellschaften in ihren Ländern zu errichten.

Für Europa enthüllt eine Aufgliederung der Investitionsausgaben der US-Tochtergesellschaften, wie oben erwähnt, eine klare Konzentration auf Automobilherstellung, Maschinenbau, Chemieerzeugnisse und Erdöl – alles Industrien, die von wirtschaftsstrategischer Bedeutung sind. Eine kürzlich durchgeführte Studie über die Elektroindustrie des Gemeinsamen Marktes schätzt, daß 15–18% der Gesamtproduktion von amerikanischen Firmen kontrolliert werden, wobei US-Tochtergesellschaften über 50% des Halbleitermarktes, fast die gesamte Produktion integrierter Schaltkreise und 80% des Computermarktes kontrollieren *(Commission).*

Eine starke Konzentrierung ausländischer Investitionen in Schlüsselindustrien hat nicht nur technologische Konsequenzen. Der nationale Verteidigungsapparat könnte in Verlegenheit gebracht oder gar effektiv daran gehindert werden, sich in verteidigungsorientierter Forschung und Entwicklung zu betätigen. Die Schwierigkeiten, die die französische Flugzeugindustrie mit ihren Navigationssystemen erlebte, sind ein Beispiel dafür. Und die Furcht vor Überfremdung war höchstwahrscheinlich der Grund für Londons Weigerung. *SKF* die Genehmigung zur Übernahme von *Ransome and Manles*, dem größten britischen Hersteller von Kugel- und Rollenlagern, zu geben. [42]

Die Einwände der Gastländer gegen Auslands- Direktinvestitionen basieren auf einem hauptsächlichen Grund: Gastländer sind irritiert durch die tatsächliche oder potentielle Penetration ihrer Länder durch nicht-nationale Interessen, und sie betrachten voller Unbehagen die daraus resultierenden Limitationen ihrer Möglichkeiten, unabhängige Beschlüsse über entscheidende Fragen ihrer Innen- und Außenpolitik zu treffen. Tochtergesellschaften haben zu einer Verlagerung der Autorität über Teilbereiche der Volkswirtschaft von nationalen Entscheidungszentren auf die Hauptsitze unkontrollierter internationaler Unternehmen geführt. Gastländer befürchten, zu Zweigwirtschaften degradiert zu werden. In einer Definition des britischen Interesses gegenüber MNCs hat die *»Industrial Reorganization Corporation«* diese Sachlage mit den folgenden Worten unverblümt charakterisiert: *»Britain has ... to protect her vital industrial interests as a state ... If this was neglected Britain could find herself becoming a branch office economy where industries vital for growth, technology of defense were either absent or entirely directed from other parts of the world«* (S. 17).

VIII. Multinationale Unternehmen und das internationale System

Nach der Analyse der Auswirkungen der Aktivitäten der MNCs auf individuelle Gastländer bleibt die Frage zu beantworten, wie sich das Entstehen dieser Korporationen auf das internationale System auswirkt. Wen wird es in 25 Jahren noch geben – Frankreich oder *General Motors?* Wahrscheinlich beide, aber das Machtverhältnis zwischen ihnen mag ganz anders aussehen als heute [43]. Shonfield glaubt, daß die MNC den Nationalstaat mit wachsendem Selbstbewußtsein verhöhnt: *»Anything you can do, I can do better«* (S. 191). Die Zuversicht der multinationalen Unternehmen beruht auf der Erwartung, daß der immense Fortschritt im Kommunikations- und Transportwesen die internationale Interdependenz weiter erhöhen wird und daher den Nationalstaat mehr und mehr obsolet werden läßt. Versichert George Ball: *»the structure of the multinational corporation is a modern concept designed to meet the requirements of a modern age; the nation-state is a very old fashioned idea and* *badly adapted to serve the needs of our present complex world«* (S. 80). Und Kindleberger (1969) erklärt nicht minder summarisch: *»The nation-state is just about through as an economic unit«* (S. 207).

Es ist sicherlich verfrüht zu entscheiden, ob MNCs dem Staatensystem den Gnadenstoß versetzen werden. Im Gegenteil, es ist möglich, daß weitere Multinationalisierung zu einer Periode verstärkten Konfliktes zwischen MNCs und jenen Institutionen führen könnte, die in erster Linie von der Entwicklung der multinationalen Unternehmen betroffen sind – Gastländer, Stammländer und Gewerkschaften. Darüber hinaus kann sich, als eine unmittelbare Konsequenz des Aufkommens von MNCs, eine zweite Kategorie von Konflikten entzünden, nämlich zwischen Stamm- und Gastländern, Gewerkschaften und Stammländern und Gewerkschaften und Gastländern. Falls es zu zunehmenderen Konflikten käme, könnten die betroffenen Regierungen eine Wendung zum wirtschaftlichen Nationalismus vornehmen und der freien Bewegung der Produktionsfaktoren starke Beschränkung auferlegen (Kaiser: S. 98). Wie Hymer (1970a) erkannte: *»The alternative to integrating one industry over many countries is to integrate many industries over one country and then to develop non-corporate links between countries for the free flow of goods and information.«* [44] Diese Lösung würde die Wirtschaften wieder weitgehend auf das nationale Gemeinwesen beschränken und daher den bisherigen Internationalisierungsprozeß der Volkswirtschaften rückgängig machen. Eine alternative Entwicklung wäre das fortgesetzte Wachstum der multinationalen Unternehmen, möglicherweise bis zu einer Zentralisierung der Weltproduktion in den Händen einiger weniger MNCs. In diesem Fall könnte die Internationalisierung der Produktion starke Impulse für die verstärkte Zusammenarbeit zwischen Regierungen aussenden. Der Rest dieses Beitrages behandelt die Rolle, die MNCs unter solchen Voraussetzungen im Prozeß regionaler wirtschaftlicher und sozialer Integration möglicherweise spielen können [45].

1. Wirtschaftliche Integration

Wirtschaftliche Integration [46] ist ein Prozeß, in dem (a) offizielle Handelsbarrieren und Diskriminationen zwischen mehreren Volkswirtschaften reduziert oder eliminiert werden, (b) Übereinstimmung erzielt wird über den gemeinsamen Einsatz wirtschaftspolitischer Instrumente (in institutionalisierter oder nicht-institutionalisierter Form), und (c) eine Anzahl ökonomisch wichtiger Akteure die neue Einheit als einen einheitlichen Markt betrachten und behandeln. Das Kriterium, mit dem der Grad der Integration eines neuen Marktes gemessen werden kann, ist die Angleichung der Faktorpreise.

Faktorpreisunterschiede können angeglichen werden, ohne daß supranationale Institutionen errichtet werden müssen. Wie im Falle einer

»political security Community« (Deutsch) kann eine Wirtschaftsunion aufrechterhalten werden, wenn, im Sinne Deutschs, die wichtigsten wirtschaftlichen *»values«* vereinbar sind und das Verhalten der Beteiligten durch *»mutual responsiveness«* und *»predictability«* charakterisiert ist; wenn maximale Faktorpreisangleichung angestrebt wird, ist wohl die Fusionierung der nationalen Entscheidungszentren in eine supranationale Institution erforderlich. Der erste Abschnitt im Prozeß der wirtschaftlichen Integration dreht sich um *»negative integration«*, um Tinbergens Ausdruck zu gebrauchen – das Hauptaugenmerk wird auf die Beseitigung von Zöllen, Quoten, Behinderungen in der Bewegung der Produktionsfaktoren und die Annahme eines gemeinsamen Außenzolls gelegt. Während dieses Abschnittes genügen die Aktivitäten der Regierungen (in institutionalisierter oder nicht-institutionalisierter Form), um den Grad der wirtschaftlichen Integration zu erhöhen. Der zweite Abschnitt dreht sich in erster Linie um *»positive integration«* – den bewußten kollektiven Versuch der Mitglieder, ihre Wirtschaftssysteme aneinander anzupassen und zu verschmelzen.

Auch der zweite Abschnitt erfordert Regierungsaktivitäten. Aber beginnend mit der Errichtung eines gemeinsamen Marktes im ersten Abschnitt des Prozesses, womit *de jure* die Vorbedingung für die ungehinderte Bewegung der Produktionsfaktoren geschaffen wird, sind Regierungsaktivitäten allein nicht mehr ausreichend, obwohl noch immer notwendig, um den integrativen Prozeß fortzuführen. Jetzt hängt die erfolgreiche Vollendung der Wirtschaftsintegration nicht mehr ausschließlich von der weiteren Reduzierung oder Elimination wirtschaftlicher Diskrimination oder von der schrittweisen Errichtung supranationaler Wirtschaftsinstitutionen ab, sondern sie erfordert auch, daß wichtige ökonomische Akteure die neue Einheit auch tatsächlich als einen einzigen Markt betrachten und behandeln. Mit anderen Worten, die Regierungsinitiativen müssen unterstützende Bestätigung im wirtschaftlichen Subsystem finden: *»Der Staat eröffnet oder erweitert gewissermaßen den Raum, innerhalb dessen eine wirtschaftliche Integration durch private Anstrengung gefördert werden kann ... Machen Produzenten, Verbraucher, Handel und Banken von der Herstellung größerer Wirtschaftsräume durch die Staaten nicht dadurch Gebrauch, daß sie sich um einen verstärkten Austausch bemühen, dann fehlt es weitgehend an der Aktualisierung, der ständigen Vollziehung der Integration. Ähnliches gilt, wenn die Arbeitnehmer die ihnen bei Freizügigkeit gewährten Möglichkeiten nicht ausnutzen«* (Krämer: S. 34).

Die Beseitigung von Diskrimination im Wirtschaftsverkehr zwischen den Ländern A und B sowie der koordinierte Einsatz einiger wirtschaftspolitischer Instrumente würde nicht in Wirtschaftsintegration münden, solange dies nicht die Struktur der wirtschaftlichen Transaktionen zwischen den Ländern beeinflußt. Diejenigen Institutionen, die fähig und willens sind, in größerem Maßstab transnationale Bewegungen von Gütern und Faktoren vorzunehmen, sind in erster Linie finanzielle Institutionen und Unternehmen [47]. Finanzielle Einrichtungen, vor allem Banken, sind besonders relevant für die Integration der Kapitalmärkte; jedoch spielen Unternehmen auch hier eine immer größer werdende Rolle, da sie über enorme flüssige Mittel verfügen. Die Rolle der Unternehmen wird durch Kindleberger (1966) in folgender Weise gekennzeichnet: *»To make substantial progress toward economic integration probably necessitates the development of corporations that are equally at home in the various political entities party to the integration attempt«* (S. 69).

Es ist oben aufgezeigt worden, daß die Vor- und Nachteile, die einem Staat durch multinationale Unternehmen entstehen, in der Tat aus der manifestierten Bereitschaft der MNCs herrühren, die Welt – oder eine Region – als einen Markt zu betrachten [48]. Durch ihre Fähigkeit, transnationale Bewegungen von Waren mit transnationalen Bewegungen von Produktionsfaktoren zu verbinden, tragen sie dazu bei, daß Faktorpreisunterschiede reduziert werden [49], und daß es nicht an der »Aktualisierung, der ständigen Vollziehung der Integration« fehlt. MNCs errichten damit eine transnationale Wirtschaftsstruktur, die die wirtschaftliche Interdependenz der Volkswirtschaften vergrößert und vertieft. Um *CEPES* zu zitieren: *»Die Grenzüberschreitende Kooperation innerhalb der Europäischen Wirtschaftsgemeinschaft ist ... ein wesentlicher Integrationsfaktor, der zu einer beschleunigten Verflechtung der verschiedenen Volkswirtschaften führt«* (S. 197) [50].

2. Pragmatische Interessen

Ernst B. Haas (1958) führt aus, daß die Triebkraft der wirtschaftlichen Integration Europas auf pragmatischen Wirtschaftsinteressen basierte, die von allen Mitgliedern des Gemeinsamen Marktes geteilt wurden. Jedoch mußte Haas (1967) später erkennen, daß *»pragmatic-interest politics, concerned with economic welfare, has its own builtin limits«* (S. 327). Als die EWG-Mitgliederländer und ihre wichtigsten Interessengruppen die Früchte der wirtschaftlichen Integration geerntet hatten, ließ ihr Interesse an weiterer Vereinigung beträchtlich nach.

Die Errichtung eines Netzes transnationaler Strukturen, Abhängigkeiten und Interessen durch MNCs könnte jedoch der Schaffung neuer pragmatischer Interessen förderlich sein:

1) Regierungen sind daran interessiert,
   a) die Vorteile, die ihnen durch die Aktivität der MNCs erwachsen, zu erhalten oder zu vergrößern,
   b) den durch die Internationalisierung der Produktion entstehenden Problemen gerecht zu werden und
   c) die Kontrolle über den internationalisierten Teil des Wirtschaftssektors zurückzugewinnen.

2) Der internationalisierte Teil der Geschäftswelt ist daran interessiert,
   a) daß Diskrimination im zwischenstaatlichen Handel weiter abgebaut wird und
   b) daß Regulationen, die behindernde Implikationen für die transnationale Wirtschaftstätigkeiten haben, harmonisiert werden.

Durch diesen gesamten Beitrag hindurch wurde immer wieder gezeigt, daß MNCs durch ihre Expansion über Staatsgrenzen hinaus der Kontrolle fast aller einzelnen Regierungen zu entgleiten drohen. Kindleberger (1970) empfiehlt daher: *»The first-best solution for this problem is perhaps a government with a domain as wide as that of the corporation. Today this means world government. If this be rejected as utopian or premature, the political scientist may have to go along on harmonization of national policies, or treaties among countries to deal with specific questions of corporate functioning«* (S. 181).

Und Anthony Sampson fordert die Entwicklung von Regierungen als die *»guardian [s] of the welfare state and the public services against the resourceful but ruthless innovators«* (S. 87). Während es ziemlich unmöglich ist, die Teile einer multinationalen Gruppe gegeneinander auszuspielen, ist es durchaus möglich, Staaten gegeneinander auszuspielen. Diese Sachlage bringt die Staaten eindeutig in eine nachteilige Verhandlungsposition. Wenn die Gastlandregierungen ihre Position verbessern wollen, müssen sie sich zu engerer Zusammenarbeit entschließen, um den MNCs auf internationaler oder zumindest auf regionaler Ebene gleichwertig begegnen zu können. Die lückenhaft verfügbare empirische Evidenz ist jedoch nicht allzu ermutigend. Werner Felds Untersuchungen (1970a, 1970b) über die Auswirkungen transnationaler Unternehmenskollaboration in Europa zeigen, daß der Effekt auf politische Integrationsbestrebungen, gemessen am Machtzuwachs der EWG-Institutionen, bis heute minimal ist. Feld kommt jedoch auch zu dem Schluß, daß die weitverbreitete Kooperation sich vorteilhaft für zukünftige Einigungsinitiativen auswirken kann.

Setzt man eine weitere Internationalisierung der Produktion voraus, so kann man erwarten, daß verstärkte Regierungszusammenarbeit durch Entwicklungen auf dem Gewerkschaftssektor noch imperativer werden. John Kenneth Galbraith hat darauf hingewiesen, daß das Anwachsen des *»big business«* in den USA zu einer Entwicklung der *»countervailing powers«* von *»big labor«* und *»big government«* geführt hat [51]. Künftig werden sich Gewerkschaften transnational organisieren müssen, um auf der gleichen Ebene wie MNCs verhandeln zu können. Ein unilateraler Streik gegen Tochtergesellschaften im Land A berührt nur einen kleinen Teil der gesamten Unternehmensgruppe. Solange transnationale Spezialisierung nicht zu stark ist oder die Produktion des Landes A durch die Produktion des Landes B ersetzt werden kann, ist die Verhandlungsposition einer Gewerkschaft relativ schwach. Die Entwicklung transnationaler Gewerkschaftskoalitionen, die in der Lage sind, gegen die Tochtergesellschaften einer bestimmten MNC in einer Anzahl von Ländern zu streiken, kann deshalb erwartet werden.

Die Vielfältigkeit nationaler Regulationen ist, zu einem gewissen Grad, nachteilig für MNCs. Dies wird durch Felds Studien (1970a, 1970b) bestätigt und weiterhin durch *CEPES* und de Jong und Alkema untermauert. Feld fand für die EWG heraus, daß transnationale Unternehmen die nachstehenden sechs Ziele verfolgen, um ihre Tätigkeitsbedingungen zu optimalisieren (Feld: 1970b, S. 66):

1) *complete elimination of border customs check points within the Common Market,*
2) *harmonization of fiscal laws,*
3) *harmonization of national laws setting technical standards for industrial products,*
4) *creation of a European patent law,*
5) *elaboration of a ›European‹ company statute either through European Community regulation or through promulgation of identical national laws, and*
6) *liberal application of EEC anti-trust laws.«*

Um ihre Ziele zu erreichen, unternehmen Manager Beeinflussungsversuche sowohl auf nationaler als auch supranationaler Ebene (Feld: 1970b, S. 76–80; Meynaud/Sidjanski).

Die Interessen der Regierungen und die der MNCs sind also vereinbar und konvergieren, auch wenn die Motivationen beider Akteure verschieden sind. Wenn die Regierungen die Aktivitäten der MNCs auch nicht unterbinden wollen, so können sie trotzdem versuchen, sie so gut wie möglich zu kontrollieren. Und Kontrolle erfordert in diesem Fall engere Zusammenarbeit auf wirtschaftspolitischem Gebiet. Engere Regierungszusammenarbeit auf wirtschaftlichem Gebiet bedeutet wiederum weitere Schritte auf dem Weg zu einer wirtschaftlichen Union, also der Schaffung eines einheitlichen Marktes – genau das, was MNCs wollen [52].

Es sollte beachtet werden, daß diese konvergierenden pragmatischen Interessen Sachverhalte betreffen, die in erster Linie wirtschaftlicher Natur sind. Jedoch muß man wohl annehmen, daß beginnend mit einem gewissen Grad von wirtschaftlicher Integration, wirtschaftliche Maßnahmen unmittelbare politische Konsequenzen haben. Die Harmonisierung nationaler Volkswirtschaften verringert den Bereich autonomer Regierungsverantwortlichkeit, da keine unilateralen Änderungen in den harmonisierten Bereichen mehr durchgeführt werden können. Mit anderen Worten, die Unabhängigkeit der Regierungen ist eingeschränkt worden. Eine Auswirkung kann sein, daß Regierungen, die an einem regionalen wirtschaftlichen Verflechtungsversuch teilnehmen, in ihrer politischen Bewegungsfreiheit behindert werden: alle außenpolitischen Fragen, die Implikationen für die sich integrierenden Volkswirtschaften haben, müssen tendenziell immer feinfühliger behandelt werden. Das gemeinsame Interesse der systemorientierten Teile der einzelnen nationalen Volkswirtschaften, nicht den Prozeß der wirtschaftlichen Integration zu unterbrechen oder umzuwenden, wirkt als zusätzliche Beschränkung. De Gaulles Schwierigkeiten während des ersten Wahlganges der Präsidentenwahl im Jahre 1965 können zumindest zum Teil darauf zurückgeführt werden, daß die französische Landwirtschaft und Industrie der Handhabung der konstitutionellen Krise der EWG durch den General sehr kritisch gegenüberstanden (Newhouse).

3. Soziale Integration

MNCs können auch eine potentielle Kraft bei der Verlagerung alter und der Schaffung neuer Loyalitäten, Identifikationen und Erwartungen sein (Kaiser: S. 102; Mennis/Sauvant). Die Bedeutung dieses Aspektes eines jeden Integrationsversuches wird allgemein hervorgehoben. Haas (1958, S. 16), Karl W. Deutsch (S. 5) und Amitai Etzioni (S. 4) schließen ausdrücklich oder stillschweigend Loyalitäten und Erwartungen in ihre Konzeptualisierung politischer Integrationsprozesse ein. Loyalitäten sind, zumindest teilweise, eine Funktion der Fähigkeit einer gegebenen Institution, die wichtigsten Bedürfnisse relevanter Gruppen zu erfüllen. Harold Guetzkow benutzte 1955 folgendes Beispiel, um dies zu illustrieren: *»... the cartelist whose company operates across national boundaries may need to favor his company's interest over his nation's, if his nation's laws restrict his profits. This citizen's need for profit is hindered, not served, by his nation. Hence, his national loyality hardly could become strong ...«* (S. 16).

Die frühen Integrationstheoretiker postulieren sogar eine noch stärkere Beziehung zwischen Bedürfniserfüllung und Loyalitäten. Haas (1964) faßt ihre Ansichten folgendermaßen zusammen: *»Personal political loyalties are the result of satisfaction with the performance of crucial functions by an agency of government. Since actors can be loyal to several agencies simultaneously, a gradual transfer of loyalties to international organizations performing most of the crucial functions is likely«* (S. 49–50).

Haas unterstützt diese Einstellung nur mit Einschränkung, jedoch scheint er die zugrunde liegende Logik der Überlegung zu akzeptieren, zumindest für Gesellschaften, in denen Status eine Funktion von Leistung ist.

Wenn die eben aufgezeichnete Argumentation grundsätzlich richtig ist, dann kann man von MNCs erwarten, daß sie die Loyalitäten mindestens zweier Gruppen von Personen beeinflussen:

1. Gemäß Guetzkows Beispiel wäre es denkbar, daß Spitzenmanager in MNCs in zunehmendem Maße erkennen, daß ihre Interessen nicht mit denen irgendeines einzelnen Staates identisch sind und daß

Staaten sie an der Verfolgung ihrer Ziele behindern. Hinzu kommt, daß die Rotation des Spitzenmanagements von Land zu Land das Aufkommen einer kosmopolitisch gesinnten Gruppe von Professionellen begünstigt [53]. Beide Faktoren könnten die nationale Identifizierung von Spitzenmanagern schwächen und ihre Bereitschaft erhöhen, Loyalitäten und Erwartungen auf neue (regionale) Institutionen zu übertragen.

2. Arbeiter und Angestellte, die ihre persönliche wirtschaftliche Lage mit dem Erfolg ihrer (multinationalen) Firma gleichsetzen, könnten aus ähnlichen Gründen wie das Management schwächere nationale Identifikationen entwickeln und höhere Bereitschaft zeigen, Wirtschaftsintegration zu unterstützen als Arbeiter und Angestellte in nationalen Betrieben. Darüber hinaus übernehmen große Unternehmen mehr und mehr die Verantwortung für ihre Arbeiter und Angestellten – buchstäblich von der Geburt bis zum Tod. Sie fangen an, einen Staat im Staate (oder in Staaten) zu entwickeln, mit ihrer eigenen Polizei, ihren Sozialversicherungsprogrammen, Wohnungsbauprogrammen, Ferieneinrichtungen, Ausbildungsprogrammen und dergleichen mehr. Es wäre auch denkbar, daß Unternehmen einen Teil der psychologischen Sicherheit bieten können, die Massengesellschaften kaum mehr zu geben in der Lage sind. Falls Loyalitäten tatsächlich auf Bedürfniserfüllung beruhen, könnte die MNC durchaus ein Konkurrent für den Staat im Kampf um die Loyalität der Bürger werden.

Kurz, es scheint möglich zu sein, daß Mitglieder multinationaler Unternehmen mit größerer Wahrscheinlichkeit *»a shift [in] their loyalties, expectations and political activities toward a new center«* (Haas 1958: S. 16) erfahren werden als irgendeine andere Bevölkerungsgruppe. Genauer gesagt, solche Personen werden möglicherweise *»multiple loyalists«* (Guetzkow) werden, deren Loyalitäten gespalten sind zwischen traditionellen nationalen Identifikationen und sich entwickelnden Systemidentifikationen [54].

Nichts in der vorangegangenen Interessenanalyse hat ergeben, daß MNCs Formen von wirtschaftlicher Integration unterstützen würden, die die Errichtung supranationaler Institutionen mit klarer Handlungsautorität beinhalten. Ihre Interessen werden maximiert, wenn diejenigen nationalen Bestimmungen, die den zwischenstaatlichen Handel hindern oder verzerren, abgeschafft bzw. harmonisiert werden. Dies bedarf natürlich der Kooperation von Regierungen, nicht aber notwendigerweise der Errichtung supranationaler Institutionen. Wirtschaftliche oder politische Integration im Sinne wachsender supranationaler Institutionen wird daher durch die Entwicklung von MNCs nur indirekt gefördert (Nye). Durch ihre Strukturen und Aktivitäten errichten sie jedoch transnationale wirtschaftliche und soziale Infrastrukturen, die man als embryonale Subsysteme eines umfassenderen (regionalen) politischen Systems betrachten könnte [55].

IX. Zusammenfassung

In den letzten zwei Jahrzehnten hat die Entwicklung des internationalen politischen Systems nicht mit der des internationalen Wirtschaftssystems Schritt halten können. Während ersteres noch immer weitgehend auf dem Nationalstaat basiert, hat letzteres transnationale Charakterzüge erworben. Multinationale Unternehmen – Kooperationen, die Produktionseinrichtungen in zwei oder mehr Ländern kontrollieren – wurden als diejenigen Einrichtungen identifiziert, die am entscheidensten zum Entstehen einer Weltwirtschaft beitragen. Sie errichten ein transnationales Netz von Interessen, Strukturen und Abhängigkeiten, dessen Ausmaß eingehend beschrieben wurde. Eine Überprüfung der Zusammensetzung der MNCs erbrachte, daß *»le défi«* für den Nationalstaat internationaler Natur ist, obwohl er starke amerikanische Züge trägt.

Auf der Basis der verfügbaren Daten muß man zu dem Schluß kommen, daß die wirtschaftlichen Auswirkungen der MNCs auf die (entwickelten) Gastländer im großen und ganzen positiv sind, d. h. sie tragen beträchtlich zum aggregierten Realeinkommen des Gastlandes bei. Jedoch ist es genau der Mechanismus, durch den dieser Beitrag geleistet wird – die globale Orientierung der MNCs, die zur Internationalisierung der Produktion führt –, der den Widerstand der Gastlandregierungen hervorruft. In zunehmendem Maße wird die Kontrolle über das nationale Wirtschaftswachstum externalisiert und auf die Hauptsitze einer begrenzten Anzahl von MNCs verteilt. Folglich befürchten Regierungen, mit gutem Grund, daß ihre Länder zu reinen Zweigwirtschaften reduziert werden, für die alle Entscheidungen von grundsätzlicher Bedeutung für die zukünftige wirtschaftliche Entwicklung des Landes ohne Konsultation mit oder ohne Rücksichtnahme auf die Gastlandregierungen getroffen werden.

Den Gastlandregierungen bleiben in dieser Situation zwei grundsätzliche Wahlmöglichkeiten:

1. Sie können Maßnahmen ergreifen, die die freie Bewegung der Produktionsfaktoren einschneidend restriktieren, um damit den Prozeß der Internationalisierung der Produktion zum Stillstand zu bringen oder umzukehren und um gleichzeitig eine weitere Erosion der wirtschaftlichen Autonomie aufzuhalten; oder
2. Sie können das weitere Anwachsen der internationalen Produktion tolerieren und die nötigen Anpassungen an die neuen Realitäten des internationalen Wirtschaftssystems vornehmen.

Setzt sich die zweite Alternative durch, dann ist eine erhöhte Zusammenarbeit zwischen den betroffenen Regierungen erforderlich, um die Kontrolle über MNCs zu behalten oder zurückzugewinnen. MNCs wurden daher auf ihre Auswirkungen auf das internationale politische System hin untersucht, insbesondere auf ihre Bedeutung für Prozesse regionaler wirtschaftlicher und sozialer Integration. Es wurde ausgeführt, daß die Aktivitäten der MNCs notwendig, wenn auch nicht ausreichend sind, um eine vollständige Wirtschaftsintegration zwischen Staaten herbeizuführen. Das Haassche Konzept der konvergierenden pragmatischen Interessen wurde aufgegriffen, um vorzuschlagen, daß multinationale Unternehmen als Katalysatoren für weitere Wirtschaftsintegration dienen können. MNCs unterstützten nicht-institutionelle Wirtschaftsintegration, weil dadurch ein großer vereinheitlichter Markt geschaffen wird, in dem sie Wachstum, Konkurrenzstärke und Gewinn maximieren können. Regierungen sind an weiterer wirtschaftlicher Integration (institutioneller oder nicht-institutioneller Art) interessiert, um (1) die Vorteile, die ihnen durch die Aktivität der MNCs erwachsen, zu erhalten oder zu vergrößern, (2) den durch die Internationalisierung der Produktion entstandenen Problemen gerecht zu werden und (3) die Kontrolle über den internationalisierten Teil des Wirtschaftssektors zurückzugewinnen. Die Interessen der Regierungen und MNCs konvergieren, obwohl die Motive beider Gruppen verschieden sind.

Aufmerksamkeit wurde auch dem potentiellen Einfluß geschenkt, den MNCs auf die Loyalitäten und Erwartungen ihrer Arbeiter und Angestellten haben können. Wenn Loyalitäten auf Bedürfniserfüllung basieren, dann könnten MNCs einen Teil der Loyalität der Bürger auf sich ziehen – möglicherweise auf Kosten des Nationalstaates.

Abschließend kann gesagt werden, daß, trotz der Errichtung einer systemorientierten, wirtschaftlich-sozialen Infrastruktur, kein direkter Zusammenhang besteht zwischen den von multinationalen Unternehmen eingeleiteten und weitergeführten Veränderungen im internationalen Wirtschaftssystem und der Errichtung supranationaler regionaler politischer Institutionen.

Anmerkungen

1 Grundsätzlich sind natürlich noch andere Beziehungen untersuchungswürdig, da es mindestens vier betroffene Akteure gibt: MNCs, Stammländer, Gastländer und Gewerkschaften. Darüber hinaus kann es auch noch Konflikte zwischen den auf internationaler Ebene konkurrierenden Kapitalien geben als auch zwischen dem internationalen Kapital und den lokalen Kapitalien.

2 Wilkins beschreibt die Entwicklung der amerikanischen MNCs vor 1914, und Vaupel/Curhan verfolgen, in einem Datenkompendium, die Entwicklung von 187 amerikanischen Muttergesellschaften für den Zeitraum von 1900–1967. Eine »Tochtergesellschaft« *(subsidiary)* ist eine Firma, deren Aktien-Kapital

von der Muttergesellschaft kontrolliert wird (der Besitz von 50% oder mehr des Aktienkapitals ist hinreichend aber nicht notwendig, um diese Bedingung zu erfüllen). Genügt der finanzielle Einfluß der Muttergesellschaft nicht zur Kontrolle, so wird von einer »Beteiligung« *(associate)* gesprochen.

3 Amerikanische Auslands-Direktinvestitionen hatten 1929 einen Wert von 7,2 Mrd. Dollar und 1959 einen Wert von 7,6 Mrd. Dollar.

4 Es gibt eine Anzahl von verschiedenen Attributen für ein Unternehmen, das in mehreren Ländern tätig ist. Das Vokabular schließt ein: »international«, »multinational«, »transnational«, »übernational« und »nationale Firmen mit Produktionsstätten im Ausland«. Hier wird normalerweise »multinational« gebraucht, ohne dabei implizieren zu wollen, daß die betroffenen Firmen tatsächlich multinational geleitet oder kontrolliert werden.

5 In beiden Fällen wurde die Untersuchung jeweils auf die 200 größten Unternehmen in den USA und außerhalb der USA beschränkt.

6 Simmonds untersuchte die Internationalisierung der Geschäftsführung der 150 größten Industrieunternehmen in den USA. Er stellte fest, daß, obgleich ungefähr ein Fünftel aller Mitarbeiter dieser Firmen nicht Amerikaner sind, *»only 1,6% of their top management entered as foreigners after age 25 or remain outside the United States«* (S. 118).

7 Vernons Definition ist von anderen übernommen worden, z. B. von Vagts. Maisonrouge (S. 17), Präsident der *IBM World Trade Corporation*, schlägt vor, die folgenden Kriterien als ausreichend zu betrachten: (1) die Gesellschaft muß in verschiedenen Ländern tätig sein; (2) sie sollte R & D und Produktion in diesen Ländern vornehmen; (3) ihre Leitung muß multinational sein; und (4) ihr Aktienbesitz muß multinational gestreut sein.

8 Perlmutter (1968, 1969b) glaubt, eine Tendenz zur Geozentrik erkannt zu haben und sagt voraus, daß etwa 1985 rund 300 MNCs zwei Drittel des Welt-BSP herstellen werden. Siehe auch Houssiaux (1970).

9 Für Portefeuilleinvestitionen ist das Umrechnungsverhältnis 1:1.

10 Die USA sind für ungefähr zwei Drittel der Verbindungen in Lateinamerika verantwortlich.

11 *Pan Am* nimmt einen so hohen Rang ein, weil Judge jede Art von ausländischer Vertretung einschließt (nicht nur Tochtergesellschaften); in diesem Fall zählen auch Büros.

12 Das Kriterium für diese Auswahl war das Vorhandensein von Informationen über Tätigkeiten im Ausland.

13 Man sollte dabei berücksichtigen, daß die angegebenen Werte Buchwerte sind, d. h. Zahlen, die den Wert der Anlagen zum Zeitpunkt der Investition wiedergeben. Ein großer Teil der europäischen Investitionen wurden schon vor Jahrzehnten gemacht; daher ist ihr Marktwert wesentlich höher als ihr Buchwert. Reddaway u. a. schätzen in ihrem *»Interim Report«*, daß der Marktwert der britischen Auslandsinvestitionen ihren Buchwert 1964 durchschnittlich um 36% überstieg. Wendet man diese Schätzung auf die gesamten nicht-amerikanischen Direktinvestitionen an, so steigt die OECD-Schätzung von 35 Mrd. Dollar auf fast 50 Mrd. Dollar. Auch die auf die USA bezogenen Angaben müßten in ähnlicher Weise bereinigt werden; aber da die meisten US-Investitionen, besonders in Europa, in den letzten 10 bis 15 Jahren vorgenommen wurden, ist der Multiplikationsfaktor vermutlich geringer, obwohl der überwiegende Teil der US-Interessen in Wachstumsindustrien liegt.

14 Vieles von dem, was als Auslandsproduktion europäischer Firmen gezählt wird, würde bei einem engeren Zusammenschluß einer erweiterten EG zur Inlandsproduktion werden. Aber solange dies nicht der Fall ist, müssen intraeuropäische Investitionen ebenfalls in die Vergleichszahlen einbezogen werden.

15 Eine zunehmende Zahl von Veröffentlichungen befaßt sich mit den US-Direktinvestitionen in Europa, und die meisten davon beziehen ihre Angaben vom *US Department of Commerce*. Siehe beispielsweise: Hellmann (1966, 1970); DIVO; Standke; Michel; McCreary; Hartmann; Bertin; Gervais und Österreichisches Institut für Wirtschaftsforschung.

16 Der Rückgang 1968 kam durch zwei Faktoren erklärt werden: (1) Präsident Johnsons Direktinvestitionskontrollen und (2) die Erholung der EWG-Wirtschaft von der vorangegangenen Rezession.

17 Der gesamte jährliche Investitionsanteil aller ausländischen Betriebe ist wesentlich höher als 50% (laut *Banque Nationale de Belgique*).

18 Hellmann (1970, S. 19) stellt jedoch fest, daß 1968 ein Wendepunkt erreicht wurde und daß die europäischen Direktinvestitionen in den USA eine stärkere Wachstumsrate aufzeigen als die US-Investitionen in Europa. Die jüngsten US-Zahlungsbilanzberichte machen diese Feststellung jedoch wieder fraglich.

19 Rowthorn/Hymer erweiterten die eben zitierte Studie zu einer ökonometrischen Analyse des Wachstums der 500 größten industriellen Unternehmen in der kapitalistischen Welt von 1957–1967. Wiederum schließen sie, daß *»during the years 1957–67, as a whole, the American firms grew more slowly than the continentals in seven out of eight industries«* (S. 85).

20 Siehe auch Kindleberger (1968, 1969) und Dunning (1970).

21 Eigentlich müßte sowohl die Bedeutung für das Stammland als auch das Gastland diskutiert werden. Nur wenige Studien beschäftigen sich mit den wirtschaftlichen Folgen der Aktivitäten der MNCs für das Stammland. Die wenigen, die es gibt, konzentrieren sich auf die Auswirkungen der Auslandsinvestitionen auf die Zahlungsbilanz. Beispiele sind: Reddaway u. a. (1967, 1968); Hufbauer/Adler; Behrman (1968); Polk/Meister/Veit; Dunning (1970). Die folgenden Ausführungen betreffen nur das Gastland.

22 Das empirische Material für die folgenden Betrachtungen stammt aus Länder-Fallstudien über Australien (Brash); Österreich (Grünwald/Lacina); Kanada (Safarian; Watkins); Frankreich (Gervais); Großbritannien (Dunning 1958, 1969, 1970); Neuseeland (Deane); Norwegen (Stonehill) und Westdeutschland (DIVO-Institut). *»Foreign Investment: The Experience of Host Countries«*, hg. von Litvak/Maule, enthält eine wertvolle Sammlung empirischer Fallstudien über verschiedene entwickelte und unterentwickelte Länder.
Es soll darauf hingewiesen werden, daß es sich hier jeweils um aggregierte »Beiträge« zu den Gastvolkswirtschaften handelt, die nichts über die Verteilung aussagen.

23 In Westdeutschland zahlen US-Tochtergesellschaften außerdem höhere Löhne pro Beschäftigtem als einheimische Unternehmen (DIVO: S. 227). Nach Watkins (1968, S. 222) registrieren nur große ausländische Tochtergesellschaften bessere Leistungen als einheimische Firmen.

24 Für Servan-Schreiber ist die Managementüberlegenheit der Hauptgrund für die höheren Leistungen amerikanischer Firmen. Dieses Argument wurde z. B. von Mandel (S. 27–33) und Steuer zurückgewiesen.

25 Es gibt jedoch Fälle, in denen Muttergesellschaften Forschungs- und Entwick-

lungsausgaben im Ausland untersagten, weil in den Firmen die Ansicht herrschte, daß derartige Auslagen am zweckmäßigsten im Mutterland zu machen wären. Siehe z. B. Johnstone (S. 66).

26 Dazu bemerkt Penrose: »*A high degree of integration between subsidiaries and headquarters inevitably introduces an important element of arbitrariness in the allocation of overhead costs to different operations and in the setting of prices at which goods and services are transferred between the subsidiary entities of the firm. If we assume that firms attempt to minimize taxes in their efforts to maximize retained earnings, we can infer that they will attempt to use the scope thus provided to allocate overhead costs among their foreign branches, subsidiaries and affiliates, and to adjust their transfer prices, in order to reduce their total tax outlays*« (S. 43).

27 Dieser Schluß wird für die Niederlande von de Jong bestätigt und für die EWG von d'Alauro und Dunning (1970: S. 228).

28 Penner berechnet, daß in Kanada »*the elimination of net foreign investment from 1950 to 1956 would have resulted in . . . a reduction in Canadian gross national product of about 3 1/4 per cent or of $ 48 per capita in terms of 1949 dollars*« (S. 178).

29 Für einen Überblick über die Literatur über den Fragenkomplex multinationaler Unternehmen Nationalstaaten siehe Burtis/Lavipour/Ricciardi/Sauvant.

30 Es wird nicht davon ausgegangen, daß Staaten völlig autonom sind oder waren. Es wird nur argumentiert, daß das Aufkommen von MNCs dazu beiträgt, die bereits vorher eingeschränkte Autonomie weiter zu verringern.

31 Die meisten dieser Befürchtungen werden auch von anderen Beobachtern festgestellt. Siehe z. B. Rolfe (1970b); Economist Intelligence Unit; Fayerweather (1966, 1969); Cooper; Turner (1969, 1970); Vernon (1967, 1968a, 1971b); Watkins (1968, 1969). Behrmann (1970, 1971) beschreibt die Beziehungen zwischen MNCs und Regierung in zwei Büchern, die eine wertvolle Erörterung von tatsächlichen und potentiellen Konfliktgebieten enthalten und darüber hinaus einige Vorschläge zu ihrer Lösung machen.

32 Determinanten des Investitionsklimas werden z. B. von Root und Ricciardi analysiert.

33 Henry Ford II in *New York Times* v. 16. März 1971.

34 Johnstone nennt für Frankreich einige Fälle, in denen Produktionspolitik und Richtlinien betreffend die Qualität der Produktion ausschließlich den Muttergesellschaften vorbehalten sind.

35 Vernons »*product cycle*« widerspricht der traditionellen Außenhandelstheorie. Jedoch scheint Leontiefs Analyse des US-Exports Vernon zu unterstützen. Vernons Theorie erklärt damit auch, warum Unternehmen im Ausland investieren. Für weitere, in Einzelheiten gehende Diskussionen über dieses Problem, vgl. z. B. Behrman (1969b) und Rolfe (1970b).

36 Eine Betrachtung jüngeren Datums der amerikanischen Auslands-Direktinvestitionen wird von Adler vorgenommen. Vergleiche auch »*Law and Contemporary Problems*«, (Winter) 1969, in dem dieses Problem ebenfalls analysiert wird.

37 Siehe auch Behrman (1969a); Feis zeigt in einer Studie über die »*diplomacy of the dollar*« in den zwanziger Jahren, wie das *State Department* private Auslands-Direktinvestitionen, im Namen der amerikanischen Nationalinteressen, in bestimmter Weise beeinflußte.

38 Möglichkeiten der Harmonisierung verschiedener nationaler Antitrustgesetze werden bei Edwards und Vernon (1968c) behandelt.

39 Stonehill (S. 211) kommt zu einer ähnlichen Schlußfolgerung für die Rezession in Norwegen 1958.

40 In einem anderen Fall zitiert Rose einen Vizepräsidenten einer amerikanischen Gesellschaft: »*One of our Danish subsidiaries had excess cash which it lent to another Danish subsidiary that was receiving goods from the Swedish subsidiary. The Danish company prepaid its account with the Swedish subsidiary, and this money financed the movement of Swedish product into the Finnish subsidiary. What did the maneuver accomplish? If Finnland had been required to pay for the goods, it would have had to borrow at 15 percent, the going Finnish rate. If the Swedish subsidiary had financed the sale, it would have had to borrow at about 9 percent. But cash in Denmark was worth only 5 percent to 6 percent. Moreover, Danish currency was weak in relation to the Swedish; by speeding up payments to Sweden, we not only obtained cheaper credit, we hedged our position in Danish kroner as well*« (S. 104).

41 Für eine gründliche Behandlung dieses Problems siehe Dunning (1970) und Steuer.

42 In einer kürzlichen Publikation untersucht Vernon (1971a) die Auswirkungen multinationaler Unternehmen auf die nationale Sicherheit. Er kommt zu dem Schluß, daß »*multinational enterprises probably have somewhat strengthened the military capacity of all the countries in which they operate*« (S. 9).

43 Wie schnell sich die Lage ändern kann, hat im letzten Jahr die Nachwahl in Bordeaux bewiesen. Vor wenigen Jahren wäre es undenkbar gewesen, daß eine große US-Gesellschaft eine wichtige Rolle bei der Wiederwahl eines französischen Premierministers als Abgeordneten spielen würde.

44 Eine solche Lösung könnte sich stark auf Lizenzabmachungen und Managementkontrakten stützen. Der Fall Japan wäre in diesem Zusammenhang untersuchenswert.

45 Integrationstheoretiker haben bisher die MNC nicht ernsthaft als eine transnationale Organisation in Rechnung gestellt, die in der Lage ist, einen bedeutenden Einfluß auf den Charakter und den Erfolg regionaler Integrationsbestrebungen auszuüben. Ausnahmen sind Kindleberger (1963, 1966); Kaiser; Feld (1970a, 1970b); Galloway; Nye und Mennis/Sauvant.

46 Wirtschaftliche Integration kann entweder als ein »Prozeß« oder als ein »Zustand« behandelt werden. Als ein Prozeß bezieht sie sich auf den zeitlichen Ablauf des Verschmelzens nationaler Märkte; als ein Zustand bezieht sie sich auf das Verschmelzungsniveau zu einem gewissen Zeitpunkt. Der Großteil der folgenden Diskussion behandelt ein Prozeß, der zu einem Zustand führt. Der Begriff »Interdependenz« wird als Synonym für »Integration« benutzt.
Wie in der Theorie der internationalen Beziehungen wird »Integration« in der internationalen Volkswirtschaftslehre auf vielfache Art definiert; siehe z. B. Balsassa (1961); Cooper; Tinbergen; Kindleberger (1966) und Krämer. Die Rolle der MNCs im Prozeß wirtschaftlicher Integration ist durch Sauvant/Ricciardi ebenfalls behandelt worden.

47 Individuen und öffentliche Einrichtungen (z. B. Regierungen und Gemeinden) haben ebenfalls Anteil an diesem Prozeß: Individuen insbesondere mit Bezug auf Arbeitsmigration; öffentliche Einrichtungen insbesondere bezüglich Kapital- und Arbeitsbewegungen.

48 Viele amerikanische MNCs haben ein *»European Headquarter«*.

49 Unterschiedliche Typen von MNCs haben natürlich unterschiedliche Relevanz für diesen Vorgang; geozentrische und ethnozentrische Typen haben die größte Bedeutung.
Obwohl hier allgemein über regionale Integration gesprochen wird, bezieht sich die Diskussion in erster Linie auf Westeuropa.
Rein nationale Unternehmen tragen ebenfalls zur Reduzierung der Faktorpreisunterschiede bei, in erster Linie durch Handel. MNCs sind jedoch bedeutend leistungsfähiger, da sie nicht nur Güter, sondern auch Faktoren über nationale Grenzen hinweg bewegen.

50 Empirische Belege für den zunehmenden Umfang transnationaler Unternehmenskollaboration in Europa liefern Feld (1970a, 1970b); Schwamm, Sacle und CEPES.

51 Die im Entstehen begriffene Reaktion der Gewerkschaften auf die Entwicklung der multinationalen Unternehmen ist natürlich von großem Einfluß auf Entwicklungen auf nationaler und internationaler Ebene. Ein Beispiel für eine koordinierte internationale Gewerkschaftsaktion ist der gemeinsame Streik mehrerer nationaler Gewerkschaften gegen *St. Gobain* (Economist Intelligence Unit). Es liegt nicht im Rahmen dieses Beitrages, die Gewerkschaftsreaktion weiter zu analysieren. Vergleiche dazu z. B. Blake, Günter und Kamin.

52 Wirtschaftsintegration als Ergebnis von Regierungskooperation ist jedoch zweischneidig: Während sie die Vorbedingung für die Optimierung von Wachstum, Konkurrenzkraft und Gewinn für MNCs schafft, könnte sie auch von der Errichtung supranationaler Institutionen begleitet sein, d. h. einer Erhöhung der Regierungskontrolle. Es wird hier angenommen, daß der Vorteil der Harmonisierung größer ist als die möglichen Kosten verstärkter Kontrolle.

53 Siehe z. B. Purcer-Smiths Studie über internationale Managementmobilität, bei der 2000 *»international assignees«* von *IBM World Trade* interviewt wurden. Unter den Ergebnissen sind: (a) daß die Erfahrungen von einer Auslandsstellung normalerweise dazu beitragen, die internationale Orientierung zu erhöhen, und (b) daß die internationale Karriereorientierung im Laufe der Beschäftigung im Ausland zunimmt.

54 Feld (1970b, S. 44, 85) argumentiert in ähnlicher Weise: *»If one considers that up to 200 individuals may be active in each coordinating system of a transnational collaboration venture, one may assume that a subtle political socialization process is operating, through which a very gradual adoption of ›European‹ values and beliefs may take place ...*
Although frictions and frustrations are not infrequent, especially because of diverging viewpoints on technical matters, a feeling of belonging to a group with shared goals develops, which eases communications among the individuals involved and sometimes leads to close personal relationships. Because many members of this group perceive their activities as related to the framework of the Common Market, the subtle operation of a political socialization process among them has been noted and, as a result an increased identification with European values and ideologies, as well as, perhaps, a gradually deepening commitment to European Community norms of conduct. This group, which is bound to grow in members as the number of joint transnational ventures expands, may develop into a special type of Europe-oriented business elite whose future behavior will be of consequence to the functioning of the political

systems in which they live. Since many members of this group are relatively young, their positions of power are likely to be still on the rise, and therefore their outlook and influence may in time further enhance the saliency of transnational collaboration for the process of political integration . . .«

55 Es ist durchaus möglich, daß erhöhte wirtschaftliche Integration, besonders wenn sie unter dem Vorzeichen von Ungleichheit stattfindet, zu politischer Desintegration führen kann. Die Beziehungen Kanada–USA könnte man wohl unter diesem Blickpunkt betrachten.

Kapitel III
Ideologiekritik des Industriesystems

Erich Egner
Die Konsumentengesellschaft, Wirklichkeit oder Aufgabe?

I. Einleitung: Die Problemstellung

Daß wir in einer Konsumentengesellschaft leben, ist uns nachgerade so oft versichert worden, daß man diese Behauptung ohne Überlegung als Tatsache hinzunehmen bereit ist. Der Ausdruck ist längst in die Alltagssprache übergegangen. Für den Nationalökonomen ist das allerdings eine recht beunruhigende Beobachtung. Während man den Konsumenten in Wissenschaft und Öffentlichkeit lange nicht beachtete, ist heute allerorten von ihm die Rede. Die Aufmerksamkeit, die man ihm schenkt, steht aber zur Klärung der ihn betreffenden Probleme in einem überraschenden Gegensatz.

Man kann die Konsumentengesellschaft als die gängige Vorstellung betrachten, in der sich die gegenwärtigen Konsumprobleme wie in einem Brennpunkt sammeln. Daraus möchte der Verf. die Rechtfertigung ableiten, daß er dies Schlagwort zum Ausgangspunkt der folgenden Überlegungen gemacht hat. [1] Es kann leicht gezeigt werden, wie kreuz und quer die Gedankengänge um diese Fragestellung heute laufen. Zunächst wird deshalb im folgenden Teil die um die Konsumentengesellschaft kreisende Diskussion beleuchtet werden. Dem soll dann im zweiten Hauptteil unter III eine systematische Analyse der Problematik gegenübergestellt werden. Der Schlußabschnitt sucht unter IV aus den vorangegangenen Beobachtungen und Überlegungen einige Schlüsse zu ziehen.

II. Die Diskussion um die Konsumentengesellschaft

1. Der Begriff und seine Abkunft

Wer zuerst von der Konsumentengesellschaft gesprochen und diesen Ausdruck geprägt hat, kann hier eine offene Frage bleiben, da man sich in dieser an sich bedeutungslosen Hinsicht leicht täuschen kann. Daß dagegen am Anfang der hier in Frage stehenden Diskussion um die Stellung und die Rolle des Konsumenten in der modernen Gesellschaft das geistreiche und bald berühmt gewordene Buch von David Riesman über die einsame Masse steht, ist eine nicht zu leugnende Tatsache. Es erschien zuerst 1950 mit dem Untertitel »A Study of the Changing American Character« [2]. Es stellte schon im Vorwort das Zeitalter der Produktion, das von dem innengeleiteten Menschen geformt wurde, dem heraufkommenden *»Zeitalter des Konsums«* gegenüber, daß durch den außengeleiteten Menschen gekennzeichnet ist. Gesellschaftliche Vorbilder der neuen Zeit seien nicht mehr die Industriekapitäne wie in der Vergangenheit, sondern die Konsumvorbilder und Freizeitidole.

Wie schon bei Riesman von einem Zeitalter des Überflusses, der abundance, die Rede war, so veröffentlichte der Historiker David Potter 1954 ein Buch »People of Plenty«, das aber schon auf Vorträge aus dem Jahre 1950 zurückging. Auch er suchte den Charakter der Nordamerikaner aus dem wirtschaftlichen Überfluß abzuleiten. Er zitierte das Wort von Franklin Delano Roosevelt: Wenn er ein amerikanisches Buch in die Hand jedes Russen legen könnte, so wäre das Buch seiner Wahl der Katalog des Warenhauses Sears Roebuck. Eine besondere Rolle für die Prägung des sozialen Charakters der Amerikaner schrieb er der Werbung als einer typischen Institution des Überflusses zu. Sie wendet sich an den Menschen als Konsumenten, sucht ihn für seine Konsumentenrolle zu trainieren durch »Minimierung der Information bei Maximierung der Reizwirkung«. Zugleich legen die Produzenten weniger Gewicht auf Differenzierung ihrer Produkte als auf deren psychologische Differenzierung nach Aufmachung und Prestigewerten. Die Werbung gehört so zu den Institutionen, welche die gesellschaftlichen Werte und Normen formen. Das Ergebnis ist eine weithin einheitliche Prägung der Standards in Richtung auf eine Stimulierung materieller Antriebe und eines von Ängsten genährten sozialen Wetteifers. [3]

Solche Gedankengänge wurden dann von nationalökonomischer Seite aufgenommen und weitergesponnen, zuerst durch J. K. Galbraith mit seiner »Gesellschaft im Überfluß«. Die Breitenwirkung dieses Buches kann nicht unterschätzt werden. Er sagte, das Zeitalter der Massenarmut sei durch eine sich ständig erweiternde Produktion überwunden. Zugleich habe sich aber eine Fehlentwicklung in der Wirtschaftsstruktur herausgebildet, dadurch, daß die Unternehmungen in den Konsumenten laufend neue Bedürfnisse geweckt hätten, während die öffentlichen Dienste in Bildung, Erziehung, Gesundheitspflege darüber zu kurz gekommen seien. Er strebte deshalb die Wiederherstellung eines »sozialen Gleichgewichts« an, das aber nicht durch eine Einkommensumverteilung, wie man sie früher im Auge hatte, sondern durch das *wirtschaftliche Wachstum* zu erreichen sei. Damit wird ein für das Bild von der Konsumentengesellschaft zentraler Gesichtspunkt berührt. Das ist die Vorstellung, daß durch intensive Förderung des technischen Fortschrittes mit zunehmender Automatisierung der Produktion deren Ausstoß immer weiter vorangetrieben werden und zu einer gleichzeitigen Steigerung der Lebenshaltung für die große Masse führen soll. [4]

Parallele Vorstellungen spiegelten sich auch bei W. W. Rostow, der die Entwicklung zur Konsumentengesellschaft durch ein allgemeines Gesetz zu erfassen suchte, durch seine Phasentheorie. In deren Mittelpunkt steht die Vorstellung vom »take-off«, dem Absprung in ein sich selbst fortsetzendes wirtschaftliches Wachstum im industriellen Zeitalter, wodurch über einen technischen Ausreifungsprozeß als vorläufig letztes Stadium die »Phase des hohen Massenkonsums« erreicht wird. Für die Eingleisigkeit dieser Deutung der wirtschaftlichen Entwicklung bezeichnend ist die Auffassung des Autors, daß auch Rußland für den Eintritt in diese letzte Phase vorbereitet sei, dies aber aus politischen Gründen hinauszuschieben suche. Man habe Sorge, daß der Kommunismus mit der Ausbreitung des hohen Massenkonsums im Lande von innen her austrocknen werde. [5]

Der Optimismus aller dieser Ideen ist erstaunlich. Er ist als Gegenschlag gegen die pessimistische Interpretation der wirtschaftlichen Entwicklung in den Industrieländern zu verstehen, die seit den 30er Jahren, besonders getragen durch die Autorität eines Keynes, sich ausbreitete. H. W. Singer wies darauf hin, daß die große Zahl der Nationalökonomen vor dem zweiten Weltkriege pessimistisch hinsichtlich der künftigen Entwicklung der schon entwickelten Länder und optimistisch mit Bezug auf die Entwicklungsmöglichkeiten der noch unentwickelten Länder war. [6] Jetzt kehrten sich diese Erwartungen um. Die Skepsis gegenüber den Aussichten der unterentwickelten Länder verband sich mit der Befriedigung über das, was man wirtschaftlich in den Industrieländern erreicht habe und noch weiter erreichen könne. Es ist wohl kein Zufall, daß diese Welle des wirtschaftlichen Optimismus hochkam, nachdem die erwartete Nachkriegskrise ausgeblieben war und einem aufwärts gerichteten Konjunkturtrend Platz gemacht hatte.

Von hier aus mag nun auch die Eigenart der Konsumentengesellschaft begrifflich umrissen werden. Sie wird stets als Gegensatz zur Vergangenheit verstanden, bald als Konsumentengesellschaft gegenüber einer Produzentengesellschaft, bald als Überflußwirtschaft (affluent economy) gegenüber der Knappheitswirtschaft (scarcity economy), gelegentlich auch als Wohlstandsgesellschaft oder Freizeitgesellschaft. [7]

Ob man nun »Gesellschaft« oder »Wirtschaft« sagt, stets will man ausdrücken, daß die moderne industrielle Wirtschaft in eine neue Phase ihrer Entwicklung eingetreten sei, welche die Auflösung uralter, die Menschheit bedrängender Probleme mit sich gebracht habe. Die bisher in der Produktion liegende Schranke für die Versorgung der Menschen mit allen den daraus folgenden sozialen Nöten sei durchbrochen und dadurch eine neue Lage in Wirtschaft und Gesellschaft geschaffen worden. Meyer-Dohm sagte, mit dem »Zeitalter des Massenkonsums« sei jene Epoche gekennzeichnet, die durch Produktionsfortschritte im Gefolge von Mechanisierung und Automatisierung der Herstellungsverfahren steigende Masseneinkommen und durch Ersetzung des Produktionsfaktors Arbeit immer mehr Freizeit ermögliche. [8]

Zielinski hat schließlich gesagt: »Wir können ... die Wohlstandsgesellschaft moderner Prägung beschreiben als eine Gesellschaft, in der erstens das Bewußtsein von der Knappheit ökonomischer Möglichkeiten nicht mehr den Stil des Wirtschaftens bestimmt; zweitens als eine Gesellschaft, deren Bedürfnisbefriedigung im primären Bereich (Nahrung, Kleidung, Obdach) und im sekundären Bereich (Kultur) in einer historisch einmaligen Weise prinzipiell gelungen und weitgehend sichergestellt ist; drittens als eine Gesellschaft, die sich darüber hinaus auf Grund der Überproduktion und Warenfülle den Luxus erlauben kann, ja sich den Luxus leisten muß, über die Konsumgesellschaft zur Freizeitgesellschaft zu avancieren.« [9]

2. Optimistische Stimmen

Bei der Aufnahmebereitschaft Westeuropas für nordamerikanische Geistesströmungen in der ersten Nachkriegszeit konnte die Welle des ökonomischen Entwicklungsoptimismus schnell hierher hinüberschlagen. In der Bundesrepublik wurde dieser Einfluß bald durch das Schlagwort vom westdeutschen Wirtschaftswunder verstärkt. So bemächtigte sich die öffentliche Diskussion dieses Themas mit teils beipflichtenden, teils auch kritischen Stimmen.

Karl Bednarik suchte unter dem Titel, »An der Konsumfront« eine »Zwischenbilanz des modernen Lebens« zu ziehen. Er zitierte Marx, der im kommunistischen Manifest gesagt hatte, ein Gespenst geht um, dasjenige der kommunistischen Revolution. Das Schwergewicht der Gesellschaft habe sich demgegenüber, so meinte Bednarik, inzwischen vom Proletarier auf eine breite Mittelstandsschicht verlagert. »Bei uns ist aus dem verelendeten Arbeiter der industriellen Frühzeit ein freier Arbeits- und Konsumbürger geworden... Die Revolution ist beim Kochtopf, bei der Wohnkultur, bei der Freizeitgestaltung angelangt... Aus dem Elendsproblem ist ein Wohlstandsproblem geworden.« [10] Der Optimismus des Autors hinsichtlich dieser Entwicklung wird allerdings gedämpft durch die Feststellung, daß die geistige Entwicklung der Gesellschaft hinter ihrem materiellen Reichtum zurückgeblieben sei. Das neue Hauptproblem der Konsumentengesellschaft sieht er in einer geistigen und leiblichen Übersättigung, die mit einer gesteigerten Begehrlichkeit einhergeht. Der Mensch wird unzufrieden, weil er meint, ihm fehle etwas, während er zu viel hat. [11] Immerhin endet sein Buch mit einem gemäßigten Optimismus.

Die negativen und problematischen Seiten der Konsumentengesellschaft werden von allen sich mit ihr beschäftigenden Autoren gesehen. Sie unterscheiden sich nur durch die Eigenart und Stärke der Akzente, die in positiver oder negativer Hinsicht gesetzt werden. Am entschiedensten ist diese Entwicklung von Herbert Gross bejaht worden. Er schrieb: »Mit Recht wurde früher die Wirtschaft als unsozial angegriffen, weil sie weder Beschäftigung noch Brot genügend schuf. Heute gelingt ihr beides.« Mancher Kritiker verrate seinen Hang zu einem berufsmäßigen Defätismus, wenn er jene Fülle anprangere, die der modernen Marktwirtschaft zum ersten Male gelungen sei. Erstmals seit Jahrtausenden biete sich dem Menschen aus arbeitsteiligem Einsatz der Technik die Chance eines menschenwürdigen Lebens für alle.

Schon ein Jahrzehnt früher hatte derselbe Autor gesagt: »Der wirtschaftlichen Entwicklung im Zeitalter der Marktwirtschaft und des Verbrauchers haftet ein eigentümliches Merkmal an, das schon Graf Hermann Keyserling voraussah: ›Die Wirtschaft ist dabei, sich selbst zu überwinden‹ ... Wir treten mit der Überwindung der Not fast automatisch an die Schwelle eines möglichen kulturellen Zeitalters, der Ära jenseits der Wirtschaft. Der Weg führt zur kulturellen und geistigen Emanzipation.« [12]

Weiter sei hier auf die Stimme des holländischen Soziologen Ernest Zahn verwiesen, der eine »Soziologie der Prosperität« veröffentlichte und schrieb: »Gemäß dem Gesetz, nach dem sie angetreten ist, muß die industrielle Produktion den Wohlstand aller wollen. So kommen denn auch aus der Produktion die eigentlichen Stoßkräfte. Die Produktion ist es, die mit immer besseren Waffen der sanften Gewalt, die Werbung heißt, vorsätzlich und methodisch alle Hindernisse des Konsums aus dem Wege räumt: Klassenschranken, ethische Bedenken und psychische Hemmungen aller Art. Die Missionare und Prediger des Konsums werden die Verkäufer und in der Reklame steht die neue Botschaft geschrieben. Die Verkaufstätigkeit wird etwas ganz anderes, als was sie bisher gewesen ist. Sie wird zum sozialen Appell, zur Provokation, zu einer Herausforderung des Aufstiegwillens und des Fortschrittsbewußtseins«. [13]

Daneben sei die Sicht eines Pädagogen gestellt. Johannes Zielinski sagte: »Die Gesellschaft im Wohlstand der Industriekultur steht unter dem Gesetz der Bildung.« Bildung rufe erst den Wohlstand herbei, erhalte ihn und sichere ihn. Die einzige Chance unserer Kultur liege deshalb in der Erschließung ihrer Bildungsreserven. Nur dadurch könne eine menschenwürdige Lebensform geschaffen werden. Die Gesellschaft im Wohlstand der Industriekultur besitze nicht nur die Chance zu einem menschenwürdigen Dasein, zur Entscheidungsmächtigkeit des Menschen im Raum der existenznotwendigen und der kulturellen Bedürfnisse, sie könne überhaupt erst die Idee der Freiheit in voller Breite realisieren. Die Gefahren dieser Entwicklung werden demgegenüber einmal in einem falschen, inhumanen Gebrauch der Technik gesehen, zum anderen in der Entstehung einer inneren Leere mit wachsender Freizeit, mit der Zerstörung von Geborgenheit und Gelassenheit, was ein Gefühl der Langeweile und der Sinnlosigkeit des Daseins auslösen kann. [14]

An letzter Stelle in dieser Übersicht soll das Votum einer Psychologin stehen, die ein besonders zugespitztes Urteil vorträgt. Dorothea-Luise Scharmann schreibt bei Besprechung der Argumente für die Deutung des Konsumverhaltens von Jugendlichen, die bisher nur teilweise gelungen sei: »Viel umfassender und grundsätzlicher scheint mir die kulturelle und moralische Auseinandersetzung mit überlieferten Werten zu sein, in der wir uns alle befinden. Mit der Forderung der Bibel ›im Schweiße deines Angesichts sollst du dein Brot essen‹ (1. Mos. 3,19) sind viele Generationen erzogen worden und ebenso viele Generationen hörten am Lebensabend das tröstliche Wort: ›. . . und wenn es köstlich gewesen ist, so ist es Mühe und Arbeit gewesen‹ (Psalm 90,10). Diese Forderungen und Werte aber sind heute – mindestens in ihrem beispielhaften Sinn – überholt und ungültig, ohne daß wir bereits eine souveräne Haltung und moralische Sicherheit gegenüber den neuen Lebensbedingungen gefunden hätten.« [15]

Trotz verschiedener Nuancierung laufen die Auffassungen der herangezogenen Autoren in hohem Maße parallel. Das gilt nicht nur für die positive Beurteilung der Entwicklung zur Konsumentengesellschaft, sondern auch für die kritischen Vorbehalte. Allerdings ist es wohl zweifelhaft, ob der zuletzt genannte, auf die Bibel bezogene Gesichtspunkt bei den anderen Autoren Beifall finden würde. Insgesamt überwiegt aber die positive Wertung der Konsumentengesellschaft bei diesen Autoren.

3. Kritische Stimmen

Diesen Optimisten gegenüber kann nun auf einen ganzen Chor konträrer, pessimistischer Stimmen verwiesen werden. So hat Jürgen Habermas die Redewendung vom »Pauperismus des Konsums« geprägt, der nun dem Pauperismus der Produktion gefolgt sei. [16] Er spielt dabei auf ein Schlagwort von Marx an, das die Verelendung des Arbeiters im Rahmen der kapitalistischen Produktion bezeichnen sollte. Während der Pauperismus der Produktion die Entfremdung des Menschen meinte, die sich im Arbeitsprozeß ergibt, bedeutet der Pauperismus des Konsums bei Habermas die fortlaufend wachsende Konsumbereitschaft des modernen Menschen, die sich als Kompensation für die verlorene Arbeitsfreude im Produktionsprozeß durch das Streben nach Freizeit und Konsumgenuß einstellt. Er meinte, daß diese Haltung aber zu einer hochgradigen Desorientierung des Konsumenten geführt habe, der das richtige Verhältnis zu den Dingen seiner Umwelt verloren hat und so einer neuen Selbstentfremdung verfallen sei.

Ähnlich argumentiert der österreichische Sozialist Felix Butschek [17], der ebenso von der Entfremdung des modernen Menschen spricht. Entfremdet ist ihm der Mensch, der über sein Verhalten im wesentlichen nicht selbst verfügt, sondern durch von außen auf ihn eindringende Kräfte verfügt wird. Der heutige Mensch bestimmt aber weniger über sein Leben selbst, als das früher der Fall war. Das trifft nicht nur für den betrieblichen Bereich, für die Arbeit und ihre Organisation zu, wo das unter sozialen Gesichtspunkten sinnvoll ist, sondern darüber hinaus auch für die außerbetriebliche Sphäre, für den Bereich der Freizeit. Dort wird der Mensch durch die Massenkommunikationsmittel und die Werbung hochgradig in seinem Konsumverhalten geprägt, »so daß er letztlich nicht mehr sein, sondern das von den Massenmedien und der Werbung bestimmte Leben lebt« [18].

Von einer anderen Seite her setzt die Kritik von Arnold Gehlen an, der von dem »Recht auf Wohlleben« als einer unbestrittenen Grundannahme der industriellen Gesellschaft gesprochen hat. Sie suche die Macht über die Naturkräfte ganz selbstverständlich zur Hebung des Lebensstandards einzusetzen unter Ablehnung jeden Asketismus. Man müsse aber die geistigen und moralischen Kosten dieses Vorganges beachten: »Und da ist zu sagen: das System steht nicht nur auf der Voraussetzung des Rechts auf Wohlleben, es tendiert dazu, die Gegenposition, nämlich das Recht auf den Verzicht auf Wohlleben, unmöglich zu machen, und zwar indem es die Konsumbedürfnisse selbst produziert und automatisiert. Vielleicht liegt hier überhaupt die Wurzel aller neu verbreiteten Unfreiheiten.« [19]

Das Freiheitsproblem bewegt auch Hannah Arendt. Sie schreibt: »Daß ein freies Gemeinwesen nichts schwerer trägt als den Luxus und daß Reichtum ein Volk korrumpieren kann, hat man seit eh und je gewußt, und wenn man heute geneigt ist, den großen Wert, den die Gründer der Republik« – sc. der USA – »auf Frugalität und ›Einfachheit der Sitten‹ (Jefferson) legten, aus einer puritanischen Verachtung der Genüsse des Lebens herzuleiten, so dürfte diese Einschätzung nicht so sehr moderne Vorurteilslosigkeit bekunden wie die moderne Ahnungslosigkeit in Sachen der Freiheit« [20]. Von Freiheit könne keine Rede mehr sein, wenn die Menschen für nichts anderes mehr leben als für die Befriedigung ihrer ins Gigantische gestiegenen Bedürfnisse. Sie betont allerdings auch, daß es ein altes, nie wirklich aufgelöstes Problem gibt, ob der Wohlstand oder die Freiheit der Endzweck des Staates sei, zitiert aber doch sogleich Alexis de Toqueville, der gesagt hat: »Qui cherche dans la liberté autre chose qu'elle-même, est fait pour servir.« [21]

Georges Friedmann spricht vom technischen Zeitalter und der dritten industriellen Revolution, die durch Massenproduktion und Massenkonsum gekennzeichnet sei. Diese Ära habe einen *modernen Hedonismus* entstehen lassen, der durch die Massenkommunikationsmittel ausgebreitet wird und Kollektivvorstellungen von dem zu erstrebenden Glücke prägt. So habe eine fieberhafte Jagd nach dem Glücke begonnen, die überall im Bereiche der technischen Zivilisation nach dem gleichen Schema betrieben werde, im Hinblick auf die moderne Wohnungsausstattung mit Komfort, das Auto, Ferienreisen mit Sonne an der Küste oder im Schnee. Trotzdem zeige sich aber, daß selbst dort, wo man über die nötigen Mittel für die Verwirklichung solcher Wünsche verfügt, das erhoffte Glück ausgeblieben ist. Statt dessen kann man menschliche Gleichgewichtsstörungen, Unzufriedenheiten, Flucht in mancherlei Intoxikationen feststellen. Der moderne Mensch hat es nicht gelernt, seine

Technik zu beherrschen. Die technischen Instrumente sind ihm über den Kopf gewachsen. Er läßt sich von ihnen beherrschen, statt daß er sie dazu benutzt, zu sich selbst zu finden. [22]

Von einer solchen Sicht des Soziologen ist es nicht weit zu der vom Ästhetischen her bestimmten Auffassung eines Vertreters des »Deutschen Werkbundes«. Bei Hans Eckstein handelt es sich dem Charakter dieser Organisation entsprechend, der die künstlerisch inspirierte Formgestaltung am Herzen liegt, nicht um eine abstrakt-kontemplative Ästhetik, sondern um ein an konkreten Gestaltungsprinzipien orientiertes Urteil. Er sagte: »In unseren Tagen ist die Bereitschaft die rational-technische Welt, in der wir leben ... so zu durchdringen, daß ihre Mechanismen nicht nur bedient, sondern unserem zivilisatorischen und gesellschaftlichen Bewußtsein und Gestaltungswillen einbezogen werden, sehr viel geringer als in den 20er Jahren... Der Eifer, das Auge des Käufers ohne Rücksicht auf Vernunft und Gebrauchstüchtigkeit zu blenden, hat sich jedenfalls gesteigert ... Der ökonomische Zwang, Bedürfnisse zu wekken, damit das komplizierte Getriebe der modernen Wirtschaft reibungslos und gewinnbringend funktioniere, wirkt sich mit zerstörender Gewalt auf die sinnvolle, gute Formung der Dinge aus. Das bloß Neue verdrängt das bewährte Gute, der trügerische Schein das Echte. Man will gar nicht das Gute, sondern großen, immer größeren, den schnellen, immer schnelleren Umsatz. Der rapide Verschleiß von bewährten, gebrauchstüchtigen und gut geformten Produkten, ihre Verwerfung zugunsten einer schnellen und stets hemmungslosen Mode ist der hohe Preis, den unsere Formkultur an die schrankenlose freie Marktwirtschaft zahlt.« [23]

Zum Abschluß dieser kulturkritischen Stimmen zur Konsumentengesellschaft mag hier nochmals das Urteil eines Soziologen herangezogen werden, der wieder eine ganz andere Sicht vorträgt. Die gedankliche Brücke zu unserem Thema stellt dabei die Tatsache dar, daß man in den USA nicht davor zurückgescheut hat, auch den Tod zu einem mit Mitteln der Werbung stimulierten Geschäft zu machen, worüber es eine ganze Literatur gibt. [24] Christian v. Ferber hat gezeigt, daß es sich dabei um keine bloße Zufallserscheinung handelt, sondern daß dahinter die typische Haltung nicht nur des Menschen der USA, sondern aller modernen »reifen« Industriegesellschaften zum Phänomen des Todes steht. Er wird aus dem Zentrum des gesellschaftlichen Bewußtseins an dessen Rand gedrängt und zu einem bloßen privaten Zufall degradiert.

»Die diesseitige Orientierung bürgerlicher Lebensführung«, so schreibt v. Ferber, »die sich gegenüber dem kirchlich geprägten Ethos durchsetzt, bietet für den Todesgedanken keinen Raum.« Immerhin habe die Ausklammerung des Todes aus dem Bewußtsein der Öffentlichkeit das Wagnis der sozialen Innovation erleichtert und die Funktionsfähigkeit der gesellschaftlichen Kooperation erhöht. Es wurde dadurch die Befolgung sozialer Verhaltensvorschriften erleichtert. Demgegenüber stellt der Autor dann aber auch fest, daß der Mensch durch die radikale Diesseitigkeit des gesellschaftlichen Bewußtseins seine eigentlich humane Spannung verliere, seine innere Gebrochenheit, aus der heraus er sub specie mortis lebe. »Mit der Verfügung über die aufgegebene Lebenszeit erhält die eigene Verantwortung der menschlichen Persönlichkeit die Realisierungschance der Bewährung.« [25] Das besagt aber, daß die humane Grundlage einer solchen Gesellschaft je länger desto mehr gefährdet ist.

Die Liste dieser pessimistischen Stimmen gegenüber der Konsumentengesellschaft könnte hier beliebig lange und mit immer neuen Gesichtspunkten fortgesetzt werden. Es genügt hier, einige Streiflichter auf den Stand der Erörterungen zu werfen. Die eigentlich ökonomische Problematik ist bisher ausgeklammert worden. Sie soll deshalb der Gegenstand des nun folgenden Abschnittes sein.

III. Die volkswirtschaftlichen Probleme der Konsumentengesellschaft

1. Tatsächliche Gesichtspunkte

a) Veränderte Lebenshaltungen

Kein Zweifel kann darüber aufkommen, daß sich die wirtschaftliche Lage der großen Bevölkerungsmasse in der Zeit nach dem zweiten Weltkriege wesentlich geändert hat. Dabei ist zunächst auf das *gestiegene Realeinkommen* des durchschnittlichen Haushalts und auch auf das gestiegene Pro-Kopf-Einkommen in den alten Industrieländern gegenüber der Vorkriegszeit hinzuweisen. Die veränderte Versorgungslage kann man deutlich den gesunkenen Ernährungsausgaben der Haushalte ablesen. Damit ist zugleich der Anteil der lebensnotwendigen Ausgaben im Haushaltsbudget gesunken und der Anteil des frei verfügbaren Einkommens für Wahlbedarf gestiegen. [26]

Außerdem kann man feststellen, daß mit dieser Steigerung des Realeinkommens in den Industrieländern eine Tendenz zur *Verringerung der Einkommensunterschiede* einhergegangen ist. Solches ist für die letzten zwei bis vier Dekaden von Simon Kuznets beobachtet worden, während sich nach ihm in der gleichen Periode eine wachsende Ungleichheit der Einkommensverteilung in den Entwicklungsländern eingestellt hat. Er glaubt aus seinem Material eine allgemeine Tendenz zur Weitung der Einkommenshierarchie auf frühen Phasen der wirtschaftlichen Entwicklung, danach deren Stabilisierung und schließlich ihre Verengung auf späten Entwicklungsphasen ablesen zu können. Die Schrumpfung der Einkommenspyramide in den Industriestaaten ist besonders auf die gestiegenen Einkommen der nicht-landwirtschaftlichen Unterschicht zurückzuführen. [27] Walter Müller schilderte dieselbe Entwicklung mit Hilfe schweizerischen Materials dahingehend, daß sich eine starke Konzentration der Einkommen bei den mittleren Schichten vollzogen habe, während die untersten Schichten an Zahl sanken. Dadurch nahm die Einkommenspyramide immer mehr die Form einer bauchigen Vase an. [28]

Ein weiteres wichtiges Merkmal der neueren Entwicklung liegt in der Tatsache, daß die gestiegenen Realeinkommen und die damit gewonnene größere Beweglichkeit der Ausgabengebarung mit einer Verkürzung der Arbeitszeiten für Arbeitnehmer einhergegangen ist. Das heißt aber für rund $4/5$ aller Erwerbstätigen. Die ihnen zur privaten Nutzung verfügbare Zeit ist dadurch erheblich gewachsen, zumal sich auch der bezahlte Jahresurlaub allgemein durchgesetzt hat. So ist das moderne Freizeitproblem der Freizeitverwendung und des Freizeitkonsums entstanden. Weiter ist die produktive Lebenszeit des normalen Erwerbstätigen gesunken, teils durch die verlängerte Ausbildungsperiode in der Jugend, teils durch die gestiegene Lebenserwartung im Alter, zusammen mit der Existenzsicherung durch öffentliche Vorkehrungen für die Zeit nach Ausscheiden des Menschen aus der Erwerbsarbeit, so viele Wünsche in dieser letzten Hinsicht noch offen geblieben sein mögen.

Auch ist hier auf die stark erweiterten Möglichkeiten der Konsumgüterauswahl hinzuweisen. Die Zahl der auf dem Markt angebotenen Güter ist außerordentlich gestiegen und nimmt noch laufend zu. Deshalb hat der Konsument heute gegenüber etwa der Zeit um die letzte Jahrhundertwende vervielfältigte Gelegenheiten zur Ausrichtung seiner Nachfrage auf ein riesiges Sortiment von Konsumgütern. Zugleich sind Luxusprodukte der Vergangenheit zu solchen des Massenkonsums geworden. Die Serienproduktion hat die Herstellung von früher individuell gefertigten Gütern übernommen. Dadurch wurde die Voraussetzung für jene Erscheinung geschaffen, die mit der Verringerung der Einkommensunterschiede einhergeht, die *Nivellierung der Lebenshaltungen.* Sie hat dem Schlagwort von der »nivellierten Mittelstandsgesellschaft« Zugkraft verliehen. [29]

Schließlich darf nicht die für die westlichen Industriestaaten in der Nachkriegszeit kennzeichnende Dynamik und Mobilität der allgemeinen Lebensverhältnisse übersehen werden, die es in dieser Weise früher nicht gegeben hat. Beide Erscheinungen hängen eng miteinander zusammen, die Mobilität ist die Antwort auf die Geschehensdynamik, die zu Anpassungen zwingt und ihrerseits eine Ausstrahlung des wissenschaftlich-technischen Umformungsprozesses ist, der Wirtschafts- und Sozialstruktur erfaßt hat. Deshalb ist die Veränderung der äußeren Lebensverhältnisse ein Hauptmerkmal dieser Zeit, so hinsichtlich der Güter, mit denen wir täglich umgehen, in unserer Ernährung, Kleidung, Wohnung, den Kommunikations- und Transportmitteln, aber auch hinsichtlich der Arbeitsbedingungen, denen wir unterstellt werden, und in unseren Freizeitbetätigungen. Ein Umformungsprozeß hat deshalb nicht nur die äußeren

Lebensverhältnisse erfaßt, sondern darüber hinaus auch mehr und weniger die Institutionen, in deren Rahmen das menschliche Leben abläuft.

b) Restbestände der Armut

Die bisher aufgeführten Gesichtspunkte lassen sich wohl mit den Vorstellungen der Konsumentengesellschaft vereinbaren. Doch geht es jetzt um die Frage, ob die moderne Entwicklung auch darüber hinaus dieser Formel entspricht oder inwieweit sie tatsächlich mit ihr nicht oder nur schwer zu vereinbaren ist. In dieser Hinsicht muß zunächst betont werden, daß es der industriellen Wirtschaft bisher keineswegs gelungen ist, die Armut aus ihrem Umkreis zu verbannen. Es ist mit Recht gesagt worden, daß die Fixierung des Augenmerks auf das durchschnittliche Pro-Kopf-Einkommen und dessen Steigerungsraten ein unzulängliches Bild ergibt, da so Ausschläge nach oben und – was hier von besonderem Interesse ist – nach unten unter den Tisch fallen. Neuere Untersuchungen haben gezeigt, daß es selbst in den alten Industriestaaten noch beträchtliche von der Armut bedrückte Volksteile gibt.

Eine dahin gehende Diskussion entwickelte sich zuerst in den USA, wo 1962 Michael Harrington nachzuweisen suchte, daß etwa ein Viertel der dortigen Bevölkerung nach wie vor in Armut lebe. [30] Eine von der Regierung eingesetzte Untersuchungskommission kam 1964 zu dem Ergebnis, daß zwar dieser Prozentsatz etwas zu hoch gegriffen sei, daß aber auf immerhin 20% der Bevölkerung die Armut zutreffe. Dabei wurde sie durch das Jahreseinkommen einer 4köpfigen Familie von 3000 Dollar oder weniger definiert bzw. durch ein Wocheneinkommen von weniger als 60 Dollar. [31] Nach Richard Titmuss leben in Großbritannien etwa 7–8 Millionen Menschen »gefährlich dicht am Rande der Armut« [32]. Das wären etwa 15% der Gesamtbevölkerung. Der Autor spricht deshalb vom »Mythos« des englischen Wohlfahrtsstaates.

In der Bundesrepublik ist die Lage entsprechend. 1960 hatten hier 14,4% aller Haushalte ein monetäres Nettoeinkommen von 400 Mark oder weniger [33], während der 4-Personen-Arbeitnehmer-Haushalt der mittleren Verbrauchergruppe, der vom statistischen Bundesamt laufend beobachtet wird, im gleichen Jahre durchschnittlich ein monatliches Nettoeinkommen von 675 DM aufwies. Die durchschnittliche Rente der Sozialversicherung betrug zu Jahresanfang 1966 DM 215,90 für Arbeiter, DM 365,20 für Angestellte und DM 491,30 für Knappschaftsangehörige [34]. Was diese Zahlen aber in concreto besagen, entzieht sich genauer Bestimmung. Ch. v. Ferber hat neuerdings bitter darüber Klage geführt, daß ein genaues Bild über die Zahl der Kleinstrentenempfänger und ihre tatsächliche wirtschaftliche Lage nicht zu gewinnen ist. Daher sein Votum: »Echte Not registriert das System der Sozialversicherung lediglich als Vermutung«. [35]

Das ist eine für das »Zeitalter der Konsumentengesellschaft« sehr bezeichnende Feststellung. Man ist von der Fortschrittlichkeit und den

Errungenschaften der jüngsten Gegenwart so durchdrungen, daß man nicht in dies Bild passende Erscheinungen von vornherein für belanglose Randphänomene ohne größeres Gewicht hält. Das einfache Mittel für derartige Retuschen ist die Durchschnittsbetrachtung und damit die Abstraktion von den Divergenzen, sofern man nicht noch einen Schritt weitergeht und mit Hilfe makroökonomischer Begriffe alle qualitativen Unterschiede einebnet und auf einen quantitativen Nenner bringt wie bei der Betrachtung der Steigerungsraten von Sozialprodukt oder Volkseinkommen. Es gilt von solchen Abstraktionen her deren begrenzten Erkenntniswert festzuhalten und zu den Komplikationen der Wirklichkeit zurückzufinden.

Armut inmitten der sog. Konsumentengesellschaft hat noch eine andere Seite, welche zwar jeder Zeitgenosse kennt, aus welcher man aber, getragen vom Optimismus über die erzielten Wirtschaftserfolge, keine Konsequenzen zu ziehen geneigt ist. Myrdal hat in dieser Hinsicht das die Augen öffnende Stichwort geliefert. Er sprach von der *creeping complacency*, von der schleichenden Selbstgefälligkeit, die in der Behauptung liegt, daß die USA jetzt ein Land des Überflusses seien, sich deshalb nicht mehr so wie bisher anzustrengen brauchten. Einmal gebe es noch immer große, wenn auch meist schweigsame Minderheiten im Lande, die weder sozial gesichert noch wirtschaftlich ausreichend versorgt seien. Zum anderen aber sei zu bedenken, daß alle sich reich dünkenden Länder nur Inseln in einem Ozean unterentwickelter Länder seien, wo die Menschen in einer Armut von solcher Erbärmlichkeit und solchem Elend leben, daß wir das schon als Tatsache kaum zu fassen vermögen. [36]

Hier werden unbequeme Tatsachen einmal ernst genommen, wird dadurch die übliche Klischeevorstellung von den Erfolgen der modernen industriellen Wirtschaft plötzlich relativiert und in Frage gestellt. So zeigt sich, wie das, was erreicht wurde, mit Opfern erkauft worden ist, durch die Armen im eigenen Lande und draußen in den Entwicklungsländern. Zahlenmäßig bilden diese »Anrainer der Wohlstandsgesellschaft« und »Grenzteilnehmer der Industrialisierung« (v. Ferber) die gewaltige Mehrheit mit mehr als zwei Dritteln der Erdbevölkerung. Kann man sich über diese Tatsache mit der Bemerkung hinwegsetzen, daß sie alle für ihre Armut selbst verantwortlich seien und daß sie nur eifrig dem Vorbild der Konsumentengesellschaft nacheifern sollten?

c) Sozialkosten der neueren Wirtschaftsentwicklung

Nun ist aber festzustellen, daß die fortbestehende Armut keineswegs die einzige Einschränkung der durch die moderne industrielle Wirtschaft erbrachten Leistungen bedeutet. Damit wird jetzt der Blick auf die vielfältigen Sozialkosten gelenkt, welche die neuere Wirtschaftsentwicklung mit sich gebracht hat. Während die noch bestehende Armut als eine Unterlassungssünde des Industrialismus bezeichnet werden kann, handelt es sich hier um die aktiven Schädigungen, die er für das menschliche Leben mit sich gebracht hat.

1) Raubbau an der Natur

Diese Erscheinungen haben in den letzten Jahren viel Aufmerksamkeit erlangt, so daß eine ganze Literatur darüber entstanden ist. Hier müssen einige wenige Andeutungen genügen. So ist man sich der tiefen Eingriffe in die Natur bewußt geworden, welche die moderne Technik ermöglicht hat. »Noch nie hat es in Mitteleuropa, auch nicht während der mittelalterlichen und nachmittelalterlichen Waldverwüstungen, eine solche Überforderung der Landschaft als Lebensraum gegeben und eine solche Überlassung oder sogar Zerstörung der natürlichen Lebensgrundlagen: Wasser, Luft, Boden und der natürlichen Pflanzendecke wie heute. Noch nie hat aber auch eine solche Rückwirkung der veränderten Umwelt auf den Gesundheitszustand unserer Menschen stattgefunden«, so schreibt Buchwald. [37]

Zu diesen Eingriffen in die Natur gehört das bedenkenlose Abholzen von Waldungen mit der Folge des Entstehens von Bodenerosionen, aber auch ihre Förderung als Winderosion durch die rationelle Gestaltung der Fluren mit der Beseitigung von Büschen und Wegrainen. Schon die Monokultur hat, wie man weiß, leicht dieselbe Wirkung. Auch die Flußregulierungen bringen Störungen im Gleichgewicht der Natur mit sich. »Durch das Ausräumen eines Flußtales werden die Wasserreserven der Landschaft geschmälert. Nicht nur fließen die Flußwasser schneller durch Begradigung und glattwandigen Verbau der Ufer, auch die bereits verminderten Wasserreserven – ein Ergebnis der fehlenden Vegetation – werden noch fortgeführt«. [38] Dadurch werden der Grundwasserspiegel, die Flora und Fauna im Wasser selbst und seiner Umgebung beeinträchtigt. Der Raubbau an der Natur, und zwar sowohl an den Naturschätzen wie an den Naturkräften, ist ein weltweiter Erscheinungskomplex. Die Gewinnung von Naturschätzen, sei es von Mineralien, von Erzen, Kohle oder in neuerer Zeit besonders des Erdöls, erfolgt oft nach verschwenderischen Methoden. Bekanntlich sind ganze Tierarten wie etwa der Wal vom Aussterben bedroht. [39]

Eine besondere Rolle spielen die *Sozialkosten der Industrie*, vorwiegend nach den drei Richtungen des Lärms, der Wasserverunreinigung und der Luftverschmutzung. Der Lärm ist eine der in ihrer Schädlichkeit schwer zu erfassenden Begleiterscheinungen der modernen Technik, in der heutigen Kumulierung vermutlich mit recht bedenklichen gesundheitlichen Folgen. Zur Wasser- und Luftverschmutzung berichtete Buchwald 1963, daß in der Bundesrepublik Deutschland jährlich 2 Millionen Tonnen Staub und Ruß, dazu 5 Millionen Tonnen Schwefeldioxyd niedergehen, wozu noch die Rauchschäden für Gartenbau und Forstwirtschaft hinzuträten. Außerdem müssen die Flüsse und Bäche der Bundesrepublik täglich über 21 Millionen Kubikmeter Abwässer aufnehmen.

[40] Die Selbstreinigungsfähigkeit vieler Gewässer wie etwa des Rheins ist längst überschritten. Andere, wie der Bodensee, die noch der Trinkwasserversorgung dienen, sind höchst gefährdet.

2) Die Verstädterung

Neben den Raubbau an der Natur, ihre Schädigung durch Technik und Industrie sind jetzt die Sozialkosten der Verstädterung zu stellen. Dabei können zwei Gesichtspunkte unterschieden werden, einmal die Ausstrahlungen der Urbanisierung des modernen Lebens in die Landschaft hinein, zum anderen die Sozialkosten der Städte selbst. Hier soll zum ersten Gesichtspunkt zunächst auf die in neuerer Zeit oft besprochene »Ausfransung« der Städte und die Gefahren einer »Zersiedlung« des Landes die Aufmerksamkeit gelenkt werden.

Damit wird auf eine typische Entwicklung der Nachkriegszeit angespielt. Mit der beschleunigten Verstädterung dieser Jahre wurde das »natürliche Milieu« zunehmend durch das »technische Milieu« im Sinne Friedmanns verdrängt, die traditionelle durch die moderne Lebensform ersetzt. [41] Die Städtewelt hat die Tendenz, die Landschaft progressiv ihren Zwecken zu unterwerfen. Das gilt einmal für die explosive Ausdehnung vieler Städte, besonders durch Suburbanisierung als Folge des sich entfaltenden Kraftverkehrs. Zahllose Vorstadtsiedlungen, aber auch neue Städte, sind auf bisher land- oder forstwirtschaftlicher Nutzfläche emporgeschossen, oft genug ohne ein vorausschauendes Konzept für die ganze Stadt und die sie umgreifende Region, was zu der Ausfransung der Stadtränder geführt hat.

Die *»Zersiedlung« der Landschaft* greift weit darüber hinaus. So haben die Stadtpendler sich nicht selten recht zufällig nach ihrem Gutdünken hier und dort angebaut. Größer sind die durch die Wochenend- und Ferienhäuser geschaffenen Probleme. Serienweise finden sie sich in allen reizvollen Landschaften wahllos ausgestreut, daneben stehen die Anlagen, die dem Erholungsbedürfnis der Großstädter dienen, voran die vielen Ausgeburten der Touristik mit Hotels, Apartmenthäusern, Chalets, Restaurants, Campingplätzen. So beansprucht die Stadtbevölkerung heute in steigendem Maße ländlichen Raum für früher unbekannte Zwecke. Hinzu tritt der mit der Entwicklung von Auto- und Flugverkehr steigende Landbedarf. Unter solchen Gesichtspunkten klagte Vilma Sturm: »Ein Zehntel der Bundesrepublik liegt unter Asphalt und Zement begraben . . . täglich gehen 70 ha freien Landes verloren.« [42]

Bei allen diesen Entwicklungen handelt es sich augenscheinlich nicht um etwas grundsätzlich anderes als bei dem vorhin besprochenen Raubbau an der Natur. Auch hier ist der Mensch geneigt, mit Hilfe seiner Technik sich die Natur bedenkenlos untertänig zu machen. Das hat die modernen Bestrebungen um einen Landschaftsschutz ausgelöst, da es bisher vielfach, so auch in der Bundesrepublik, an einer langfristigen Wahrung der Gesamtheitsinteressen mangelt. [43]

Jetzt soll der Blick auf die andere Seite der sozialen Kosten gelenkt werden, die durch die Verstädterung ausgelöst werden. Dabei geht es um den *städtischen Raum* selbst, besonders um die Großstadt. Wohl bringt die Stadt viele Vorteile in ökonomischer, sozialer, kultureller Hinsicht mit sich; wer wollte das leugnen? Daß aber mit wachsender Stadtgröße steigende Sozialkosten entstehen, kann ebensowenig verkannt werden. E. J. Mishan spricht von den *external diseconomies*, die mit wachsender Stadtgröße die external economies kompensieren oder überkompensieren. [44]

Am aufdringlichsten offenbaren sich diese Sozialkosten heute in den städtischen Verkehrsnöten, den Verkehrsverstopfungen zu den Hauptstoßzeiten, den Parknöten und Behinderungen für die Fußgänger, den Zeitverlusten durch Pendelwege. Sie zeigen sich auch in den Investitionsanforderungen für den Verkehr, die jeweils vom wachsenden Verkehr überholt werden, in der Luftverschmutzung durch Kraftwagenabgase, in den Verkehrsunfällen. Welche Verluste die Volkswirtschaft jährlich allein als Folge dieser Unfälle zu tragen hat, neben den Materialschäden durch die Unfalltoten und die in ihrer Erwerbsfähigkeit beeinträchtigten Unfallverletzten läßt sich leider nur grob abschätzen.

Daneben stehen die im städtischen Ballungsraum steigenden Kosten für die Wasserzufuhr, die Kanalisation und Kläranlagen, überhaupt für den »urbanisme souterrain«, d. h. die Ausstattung der Stadt mit unterirdischen Versorgungsanlagen [45], für die Müllabfuhr und Müllbeseitigung. Auch die Aufrechterhaltung der öffentlichen Sicherheit und Gesundheit ist mit wachsenden Lasten verbunden. Daneben wird es laufend schwieriger, den Menschen, besonders den Familien mit heranwachsenden Kindern und kleinen Einkommen, gesunde Wohnungen und Lebensbedingungen zu schaffen, für Spielplätze, Grünanlagen als Speicher frischer Luft oder gar für feierabendliche und nächtliche Ruhe zu sorgen.

Man ist oft geneigt, die äußeren Ersparnisse der Ballungen zu überschätzen, worauf Mishan hinweist [46], da sie leicht erkennbar sind, aber auch von den Nationalökonomen allein gesehen wurden. Dagegen übersah man gerne die Ballungslasten, weil sie nicht massiert in die Augen springen, sondern sich auf viele Merkmale verteilen. Jeder Zuwanderer erhöht die Verkehrsenge, den Lärm, den Schmutz, die Ansteckungsgefahren, die Versuchung zu illegalen Handlungen, um danach in der anonymen Menge zu verschwinden, treibt die Grundrenten und Mieten in die Höhe. Die Slums sind nicht zufällig ein typisches metropolitanes Produkt.

3) Der erwerbende und der konsumierende Mensch

Mit der städtischen Umwelt eng zusammen hängen noch andere Lasten, welche die modernen Lebensbedingungen dem Menschen bald bei seinem Erwerb, bald als Konsumenten auferlegen. Dabei kann zunächst auf den *gesundheitlichen Befund* der heutigen Erwerbstätigen verwiesen werden. Es ist nur zu bekannt, wie es trotz großer medizinischer Erfolge und fast völligen Verschwindens großer Menschheitsplagen der Vergangenheit, trotz einer beträchtlichen Verlängerung der menschlichen Lebenserwartung nicht gelungen ist, den Gesundheitszustand in den Industriestaaten zu heben. Der Mensch ist nicht gesünder geworden, da neue Krankheiten an die Stelle der alten, verdrängten getreten sind. [47]

Das sind die typischen *Zivilisationskrankheiten*, so die Kreislaufstörungen, alias Managerkrankheit, und andere Störungen der inneren Organe und der Verdauung, in besonderem Maße daneben die Psychosen und Neurosen, die organisch oft schwer feststellbar sind. Jores schreibt: »Der chronisch Kranke ist das ungelöste Problem der heutigen Medizin. Die Zahlen der Invalidität sprechen eine deutliche Sprache.« An anderer Stelle: »Etwa 30 bis 40% der Männer und 60 bis 70% der Frauen werden aus Krankheitsgründen vorzeitig invalidisiert.« [48]

Damit wird der ökonomische Bezug dieser medizinischen Tatbestände deutlich. Die Sozialkosten der neueren Wirtschaftsentwicklung drücken sich allem Anschein nach teilweise in den typischen Erkrankungen der Gegenwart aus, zum anderen Teil und darüber hinausgehend auch darin, daß die materiellen Nöte der Vergangenheit heute in den psychischen Bereich verlagert worden sind. Der Preis der modernen Leistungsgesellschaft liegt nach W. A. Weißkopf darin, daß das menschliche Gleichgewicht durch die Überbetonung des aktiven Leistungsstrebens bei Verkürzung des Innenlebens gestört worden ist. [49] Die utilitäre Haltung des modernen Menschen treibt ihn über das wirtschaftlich bisher Erreichte immer wieder hinaus auf ein höheres Zukunftsziel zu. Daraus erwächst die Anspannung am Arbeitsplatz, der »stress«, dem der Mensch unterliegt, was ihn auch in seinem Privatleben nicht zur Ruhe kommen läßt.

Zu den *psychischen Belastungen* gehört auch die Sorge um die Existenzsicherung, die heute viele Menschen trotz der Arbeitslosenversicherung befällt, weniger aus Angst vor Konjunkturschwankungen, obwohl auch diese eine gewisse Rolle spielen, als aus Furcht vor den Auswirkungen des technischen Fortschritts. Besonders ältere Menschen, die an ihrem Arbeitsplatz nur noch schwer umstellungsfähig sind, fürchten dadurch geschädigt zu werden. Ihnen droht, wenn vielleicht auch nicht ihre ganze Existenzbasis, so doch der Inhalt ihres Arbeitslebens und ihr sozialer Status verloren zu gehen. [50]

Schließlich soll noch der Lasten gedacht werden, welche die moderne Wirtschaftsentwicklung für den Menschen als *Konsumenten* mit sich gebracht hat – diese Lasten in einem engeren Sinne verstanden, weil in einem weiteren Sinne alle Sozialkosten den Konsumenten zuletzt treffen. Dabei soll nicht nur auf die gesunkene Fähigkeit der Beurteilung von Brauchbarkeit, Haltbarkeit und Preiswürdigkeit einer großen Zahl von Konsumgütern wegen ihrer ihm undurchsichtigen technischen Beschaffenheit verwiesen werden. Daneben ist die Tatsache einer Qualitätsverminderung vieler Produkte zu stellen. Den erschreckenden Abstieg in der Qualität menschlicher Gebrauchsgüter, den das 20. Jahrhundert erlebt hat und täglich weiter praktiziert, verdeutlicht jeder Besuch eines kulturgeschichtlichen Museums. Eckstein spielte in dem oben wiedergegebenen Zitat darauf an.

Verstärkt wurde diese Tendenz durch die Erfindung der geplanten Veraltung von Konsumgütern einschließlich des stimulierten Modewechsels. Mit dieser Entwicklung hängt eng die Kurzlebigkeit der Gebrauchsgüter zusammen, das Hochkommen der Einweg-Produkte, der gewaltige Materialverschleiß, der unsere Zeit kennzeichnet, und der die Abfallberge, die weit und breit die Landschaft verschandeln, zum Symbol einer fortschrittlichen Gegenwart gemacht hat. Die gesunkene Fähigkeit zur Selbsthilfe in seinem kleinen Kreise ist eine weitere Folge der technischen Entwicklung, die den Konsumenten trifft und ihn meist zwingt, die industrielle und kommerzielle Wegwerf-Politik mitzumachen.

Hinter solchen Entwicklungstendenzen steht augenscheinlich nicht ein unausweichlicher Zwang, der mit dem modernen Industrialismus gesetzt wäre, denn manche dieser Erscheinungen finden sich nicht nur oder nur mit erheblichen Abwandlungen in den Staaten des kommunistischen Bereichs. Es stehen dahinter vielmehr menschliche Wertungen und Grundhaltungen als Motoren des ganzen Geschehens. Diesen Zusammenhängen ist deshalb jetzt das Interesse zuzuwenden.

2. Ideelle Gesichtspunkte

a) Der Wachstumsgedanke

Hier kann von den zuletzt besprochenen Erscheinungen ausgegangen werden. Der schnelle Konsumgüterverbrauch von heute ist nur der Reflex einer hochgetriebenen Massengütererzeugung, die sich befördert durch neuere technische Entwicklungen, voran die Automatisierung, auf die Märkte ergießt. Die Ausdehnung der Produktion gilt als der Weg zum Überfluß, nachdem das Wirtschaftssystem des Industrialismus den »Absprung in ein sich selbst tragendes Wachstum« nach Rostow vollzogen hat. Diese Gütermassen bedürfen dann der Abzugskanäle von den Märkten, wozu steigende Einkommen einerseits und Konsumexpansion bei beschleunigtem Konsumtempo andererseits dienen. So steht hinter der Entwicklung zur »Konsumentengesellschaft« weithin sichtbar der *Glaube an den wirtschaftlichen Fortschritt* in der typischen Ausprägung der Gegenwart als Wachstumsidee.

1) Die lineare Fortschrittstheorie

Sobald man solchen Vorstellungen gegenüber fragt, was unter dem wirtschaftlichen Wachstum zu verstehen ist, gerät man schnell in Schwierigkeiten, die zu den vielen Bemühungen um seine Beförderung in einem merkwürdigen Kontrast stehen. Oft wird der Begriff gar nicht bestimmt.

W. A. Lewis versteht unter wirtschaftlichem Wachstum die Vermehrung der Produktion pro Kopf der Bevölkerung, während A. Hirschman neben dem Produktionszuwachs auf die Einkommensvermehrung Gewicht legt. [51] Dies ist wohl, ob es sich dabei um die Steigerung des Volkseinkommens oder davon abgeleitet um diejenige des pro-Kopf-Einkommens handelt, die am meisten verbreitete Auffassung.

Es ist aber klar, daß eine solche Interpretation des wirtschaftlichen Wachstums, obwohl sie zu gewissen theoretischen Ableitungen brauchbar sein mag, darüber hinaus zu ganz verschrobenen Konsequenzen führt und bei klarem Verstande nicht zu einem erstrebenswerten Ziel erhoben werden kann. Sonst kommt man zu der Annahme dessen, was C. C. Zimmerman früher die »lineare Fortschrittstheorie« genannt hat [52], zu der Vorstellung, Aufgabe und augenscheinlich die Vorstellung eines monomanen Ökonomismus oder unpolemisch ausgedrückt: das ist ein vollendeter ontologischer Irrtum [53], ein Sinn der Wirtschaft liege darin, immer größeren Reichtum in Form steigender Einkommen und entsprechend wechselnder Güterberge zu schaffen. Das ist Verkennung von Sinn und Aufgabe der menschlichen Wirtschaft. Demgegenüber kann hier ein Wort von Hannah Arendt zitiert werden, die schrieb, das Ideal der Konsumentengesellschaft sei gar nicht neu, sondern schon in der Grundannahme der klassischen Nationalökonomie enthalten, »an der sie nie gezweifelt hat, daß nämlich Ziel und Zweck der vita activa einzig und allein im wachsenden Reichtum, Überfluß und dem Glück der größten Anzahl bestehe« [54].

Sich von dieser »Grundannahme« abzusetzen, ist heute eine Aufgabe von zentraler Bedeutung, wobei man zur Besinnung auf das gezwungen wird, was in ihr verfehlt wird. Es sei gestattet, aus diesem Bemühen heraus ein konkretes Beispiel heranzuziehen. Im letzten Jahrzehnt hat sich, zunächst von der Öffentlichkeit kaum bemerkt, eine *Revolution der Tierzucht* vollzogen. Mit Recht spricht man von der Verwandlung der Tierzucht in Tierfabriken. In diesen betreibt man großbetrieblich, kapitalintensiv unter weitgehender Mechanisierung des Betriebsablaufs und Heranziehung wissenschaftlicher Methoden Viehzucht, besonders Produktion von Mastgeflügel, auch von Eiern, ferner von Kälbern und Schweinen. Dabei versetzt man die Tiere völlig in künstliche Lebensbedingungen mit dem Ziel, sie möglichst schnell und billig in das erstrebte konsumreife Produkt zu verwandeln.

Über diese Entwicklung berichtet Ruth Harrison auf Grund englischer Erfahrungen in einem Buche, das in erschreckender Weise zeigt, wohin das moderne Wachstumsstreben unserer Wirtschaftsleben treibt. »In diesem Buche will ich mich«, so beginnt die Autorin ihre Darstellung, »mit einer neuen Form der Landwirtschaft auseinandersetzen, mit Fließbandmethoden, die auf die Aufzucht von Tieren angewandt werden. Ich werde von Tieren berichten, die ihr Leben bewegungslos in ständiger

Dunkelheit verbringen, ohne jemals das Licht der Sonne zu erblicken und von Menschen einer Generation, die beim Tier, das sie großziehen, nur eines, seine gewinnbringende Umwandlung in Nahrung für den Menschen, im Auge haben.« [55] Was im einzelnen weiter ausgeführt wird, bereitet dem Leser physische Qual und gibt schonungslos ein Bild von der Enthumanisierung moderner Wirtschaftsmethoden.

Das ist durchaus nicht ein an den Haaren herbeigezogenes Beispiel. Darin drückt sich vielmehr eine Konsequenz des modernen Wirtschaftsverständnisses und Wachstumsstrebens aus. Ruth Harrison sagt mit Recht, diese barbarischen Produktionsmethoden sind die Folge der radikalen Ersetzung qualitativer durch bloße quantitative Gesichtspunkte. [56] Darin spiegelt sich zugleich eine verengte ökonomische Sicht. Das für diesen Zusammenhang Wesentliche liegt nicht darin, daß nach einem Wort der Autorin die Grausamkeit in der Auffassung solcher Tierzüchter erst beginnt, wo die Rentabilität aufhört, sondern in der grundsätzlichen Bedeutung solcher Beobachtungen für unsere Auffassung von Sinn und Aufgabe der menschlichen Wirtschaft.

2) Der Konsumgüterumschlag

Dahinter verbirgt sich nämlich eine Haltung, die von allgemeiner Bedeutung für das Verhältnis des Menschen zu den Wirtschaftsgütern ist, mit denen er umgeht. Das Haustier ist unter diesen als Lebewesen und in seiner vielseitigen Verwendbarkeit ein besonders hervorgehobenes Wirtschaftsgut. Nicht darum geht es hier im speziellen, statt dessen soll an die oben zitierte Äußerung von Habermas angeknüpft werden, die von einer Störung im Verhältnis des Menschen zu den Dingen seiner Umwelt sprach. In diesem Zusammenhange sagte er: »Mit zunehmendem Konsumtempo verschließt sich das Wesen des Konsumgutes ... Wer die Dinge nicht mehr kennt, wer sie nicht erfährt, weil er nicht mehr selbsttätig mit ihnen umgehen und nicht mehr bei ihnen verweilen kann, der weiß nicht, wohin sie gehören. Der Takt für Passendes und Unpassendes fehlt.« [57]

Damit wird der Punkt berührt, der für die Entwicklung der Wirtschaft des Industrialismus in hohem Maße kennzeichnend ist. Dieselbe *Haltung des Menschen zu seiner Güterwelt*, der man in der Tierproduktion begegnet, findet man in der Kurzlebigkeit moderner Gebrauchsgüter wieder, in der Materialverschwendung, die sich in ihrem schnellen Umschlag ausdrückt, in den Aufwendungen für die hochgetriebene Verpackungsindustrie, für das Werbewesen. Sie äußert sich auch in allen Formen des Raubbaues an der Natur als der letzten Quelle unserer Güter. So kann man diese Wirtschaft des Industrialismus, d. h. der »Konsumentengesellschaft«, nicht besser kennzeichnen als durch das Wort von der »waste economy«, einer Verschwendungswirtschaft, die ihr Wachstum durch Vergeudung der Naturgaben hochtreibt. [58]

Hier zeigt sich eine der Schwächen des modernen Wirtschaftsverständnisses. Der heutige Mensch sieht nicht, was vergangenen Generationen selbstverständlich war, sich aus Antike und christlicher Soziallehre herleitete, daß das Wirtschaftsgut nicht nur ein beliebig zu nehmendes, zu gebrauchendes oder wegzuwerfendes Ding ist, dessen Verfügbarkeit allein von meiner Kaufkraft abhängt. Jedes Gut hat außer seinem Marktwert einen inneren Wert, der seine Qualität ausmacht, teils als Naturgabe und ist insofern menschlicher Verantwortung anheim gegeben, teils als Stück menschlicher Arbeitsleistung und ist insofern Zeugnis für die darin eingefangene Gestaltungskraft.

Jedes Gut birgt so in sich eine *innere Güte*, die in seiner Fähigkeit liegt, aufbauend dem menschlichen Leben zu dienen, sofern es nicht durch den Mangel an solcher Fähigkeit disqualifiziert wird. Jedes qualifizierte Gut kann aber auch vom Menschen recht oder falsch gebraucht werden, je nachdem ob die von ihm umschlossene Fähigkeit, dem menschlichen Leben zu dienen, aufbauend oder zersetzend genutzt wird oder überhaupt nicht erschlossen wird.

Dem modernen Menschen sind diese Zusammenhänge meist völlig verschlossen. Deshalb sieht er nicht, wie die *Wegwerf-Politik* eine Vergeudung von Naturgaben und menschlicher Kunstfertigkeit bedeutet, wie sie darüber hinaus den Verzicht auf Ausschöpfung der mit diesen gegebenen Möglichkeiten zur qualitativen Lebensentfaltung einschließt. Ob der Mensch will oder nicht, stets sind die Güter, mit denen er sich umgibt und die Art, wie er mit ihnen umgeht, ein Spiegel seiner selbst. Ein veräußerlichter und gedankenloser Gütergebrauch (und Verbrauch) setzt veräußerlichte und gedankenlose Menschen voraus, ruft weiterhin eine solche Haltung hervor. Kein Wunder also, daß man von der inneren Mächtigkeit der Güterwelt heute keine Vorstellung hat und sich statt dessen am Konsumtempo berauscht.

3) Die Wachstumspolitik

Von dieser Seite des Wachstumsgedankens mit seinen Konsequenzen ist jetzt der Blick auf einen anderen, eng damit zusammenhängenden Gesichtspunkt zu lenken. Dabei handelt es sich um das Wachstum als wirtschaftspolitisches Ziel. Es ist erstaunlich, wie die Idee einer wirtschaftlichen Wachstumspolitik im letzten Jahrzehnt einen fast universellen Sieg errungen hat, und zwar, was besonders eindrucksvoll ist, sowohl im Westen als auch im Osten.

Ob man in die Presse oder die wissenschaftliche Literatur blickt, so scheint wirtschaftliches Wachstum unter den wirtschaftspolitischen Zielsetzungen der Weisheit letzter Schluß zu sein. Dabei wird es stets im oben beschriebenen Sinne quantitativ verstanden, wie das der »linearen Fortschrittstheorie« entspricht.

Zwar findet man gelegentlich auch Vorbehalte gegenüber der Wachstumsbegeisterung. So eröffnet Mishan sein Buch mit einem Kapitel über die Wachstumsmanie, Tuchtfeldt sprach von einer allgemeinen Wachstumseuphorie, Weisskopf von einem Wachstumsfetischismus, vom Wachstum als dem goldenen Kalb und Zentrum der ökonomischen Anbetung. Colin Clark warnte vor der vorbehaltslosen Verwendung des Gedankens als wirtschaftspolitischem Ziel. [59] Diese Autoren sind aber einsame Rufer in der Wüste.

Diese Vorliebe für die Wachstumspolitik kann nicht nur ein Zufall sein. Wie wird aber ihre Beliebtheit verständlich? Über den weit verbreiteten Fortschrittsoptimismus in wirtschaftlichen Dingen hinaus dürfte sie dadurch viele Anhänger gewonnen haben, daß sie das Regieren sehr erleichtert. Sie bringt eine freundliche Zukunftsperspektive mit sich, entschärft dadurch die Interessengegensätze. Das gilt zunächst für den Finanzminister, der schon jetzt mit Zuwachsraten seines Finanzaufkommens rechnen kann. Das zeigt sich ebenso auf den Gebieten der Wirtschafts- und Sozialpolitik.

Wachstumspolitik erhält schwache, unter stationären Bedingungen absterbereife Unternehmungen, selbst ganze Produktionszweige, am Leben. Sie können im Schatten der Expansion dahinvegetieren. Sie vermindert die unternehmerischen Investitionsrisiken und stärkt dadurch, wie Gutersohn betonte, besonders die Großunternehmungen als Hauptträger der Wachstumsinvestitionen. [60] So werden Interessengegensätze im Rahmen der Industrie gemildert. Sie dämpft schließlich auch soziale Konflikte, da die sozial Schwachen jeweils auf die morgige Besserung ihrer Lage vertröstet werden können.

Ein solcher pragmatischer Gesichtspunkt allein kann aber für die Ausbreitung des wirtschaftspolitischen Zieles nicht ausschlaggebend sein. Seine Anhänger in allen Teilen der Welt, in Wirtschaft und Politik glauben wirklich an die Vernunft, die sich darin ausdrückt, an den Wohlfahrtsgewinn, den man damit erzielen kann. Dadurch wird klar, daß die Durchschlagskraft dieser Zielsetzung letztlich am oberflächlichen Verständnis des wirtschaftlichen Wachstums hängt, dessen Problematik vorhin darzulegen versucht wurde.

Seiner veräußerlichten, quantitativen und formalen Deutung ist es zuzuschreiben, daß man sich für die Idee der Wachstumspolitik erwärmen konnte. Darin offenbart sich jedoch wieder, wie kurzsichtig der heutige Mensch in Sachen der Wirtschaft geworden ist, da er *für echte und falsche wirtschaftliche Leistungen keinen Maßstab* mehr hat. Ihm ist das menschliche Maß dafür verlorengegangen und so die Grundvoraussetzung aller Aussagen über die menschliche Wirtschaft. Von dieser menschlichen Ebene wird es nämlich klar, daß man von einem wirtschaftlichen Wachstum nicht nur im Sinne einer Gütervermehrung und Reichtumssteigerung sprechen kann, ohne zu fragen, um *welche* Güter es sich dabei handelt, wie sie beschaffen sind, *welchen* Menschen sie zufließen und *welche* Veränderung sie in deren wirtschaftlicher Lage herbeiführen. Von einem wirtschaftlichen Wachstum kann man deshalb nur im

Hinblick auf qualitative und materiale Kriterien sprechen, die sich auf die jeweilige Lebenslage, auf die Bedingungen der Existenzsicherung und die Möglichkeiten der Existenzentfaltung beziehen.

Aus einer solchen Sicht kommt es dann gar nicht auf ein generelles Wachstum um jeden Preis, sondern auf seine Differenzierung an. Wichtig ist wirtschaftliches Wachstum überall dort, wo Armut und Not herrschen. Selbst in den unterentwickelten Ländern gilt das nicht für alle, vorwiegend nur für die Unterschicht, auch noch für Teile der Mittelschicht. In den alten Industriestaaten betrifft das alle diejenigen, die irgendwie wirtschaftlich der Schuh drückt. Die Abhilfe braucht durchaus nicht immer in Einkommenssteigerungen zu liegen. Auch der Ausbau kollektiver Leistungen, die unterentwickelt geblieben sind, mag dabei eine Rolle spielen. Unter diesen Umständen liegt der Gedanke nahe, nicht ein globales Wachstum makroökonomischer Größen oder durchschnittlicher Pro-Kopf-Größen anzustreben, sondern in der *Sicherung konkreter Mindeststandards* für eine menschenwürdige Lebenshaltung die eigentliche wirtschaftspolitische Aufgabe zu sehen. Dafür setzt sich neuerdings Kapp mit Nachdruck ein [61], der damit eine Position bezieht, die derjenigen verwandt ist, welche im Rahmen der Entwicklungspolitik ein development from below betreiben will im Gegensatz zu einer solchen from above in Form einer globalen makroökonomischen Planung. [62]

b) Der technische Fortschritt

Ein neuer Schritt im hier verfolgten Gedankengang führt von der Wachstumsidee zu einem anderen ideellen Gesichtspunkt, der für die Diskussion um die Konsumentengesellschaft bedeutsam ist, zu der Auffassung von der Rolle des technischen Fortschritts für das Wirtschaftsgeschehen.

Von seiner Kraft als Motor der wirtschaftlichen Entwicklung hat man im Bannkreis der optimistischen Vorstellungen, die zur Formel von der Konsumentengesellschaft geführt haben, eine sehr hohe Meinung. Das wird man schnell gewahr, wenn man bei einigen der oben zitierten optimistischen Autoren nachschlägt. Der wichtigste Schrittmacher in dieser Richtung ist aber Jean Fourastié gewesen. Nach ihm sind die Produktionsfaktoren der heutigen Welt Natur, Arbeit und technischer Fortschritt. Der Erzeuger der modernen Zivilisation ist nicht das Kapital, sondern der technische Fortschritt, der dem Kapital erst seine produktive Verwendung erschlossen hat. [63]

Ein Vorbereiter dieses Gedankens ist schon Schumpeter mit seinen Thesen von den Innovationen und der schöpferischen Zerstörung gewesen. Technischer Fortschritt bringt Innovationen, damit neue Konsumgüter oder doch neue Produktqualitäten, neue Produktions-, Organisations- und Vermarktungstechniken mit sich. Er erwächst auf dem Boden der naturwissenschaftlichen Forschung. Dieser Optimismus hat den Technik-Pessimismus der Nationalökonomen in den 20er Jahren abgelöst, dem mit der Rationalisierungsbewegung die Furcht vor technisch bedingter Arbeitslosigkeit zugrunde lag. Typisch dafür war die Haltung von Emil Lederer. [64]

Der moderne *Technik-Optimismus* hat sich unter Volkswirten nach dem zweiten Weltkriege unbeschadet der schweren Reserven ausgebreitet, die von anderer Seite vorgebracht wurden. Dabei ist an die Entleerung des Arbeitserlebnisses oder an die sozialen Folgen der Automation zu denken. [65] Auch die oben skizzierten Vorbehalte gegenüber dem Raubbau an der Natur gehören dazu. Die optimistische Wertung des technischen Fortschritts bei Nationalökonomen hängt augenfällig mit ihrer methodischen Hinwendung zu naturwissenschaftlichen Vorbildern zusammen. Deutlich zeigt sich das etwa bei dem oben erwähnten Theorem vom take-off.

Es ist leicht zu sehen, daß dabei das wirtschaftliche Wachstum wie ein mechanischer Prozeß, geradezu als Automatik, gesehen wird nach dem Vorbilde des sich selbst vorantreibenden Flugzeuges. Das ist eine veräußerlichte Art des volkswirtschaftlichen Denkens, das wie fixiert auf Steigerungsraten wirtschaftlicher Daten starrt, worüber Mishan seinen Spott ausgegossen hat. [66] Doch ist das hier nur eine Randbeobachtung, die zeigen soll, wie selbst ein Wirtschaftshistoriker von technischen Kategorien in seinem Denken beherrscht sein kann. [67] Das ist nur ein Beispiel für viele.

Nun ist allerdings nicht zu leugnen, daß die Technik einschließlich der naturwissenschaftlichen Forschung für unsere Zeit überragende Bedeutung erlangt hat. Es wäre kurzsichtig, wenn man sich dieser Tatsache verschließen wollte. Für die Idee der Konsumentengesellschaft ist aber etwas anderes wichtig, die Tatsache, daß sich in den Jahrzehnten nach dem zweiten Weltkriege unter ihren Anhängern eine kompromißlose Bewunderung und Befürwortung jeden technischen Fortschrittes breitgemacht hat. Er und die ihm dienende technologische Forschung gelten per se vorbehaltlos als positive und absolute Werte, für die man jedes Opfer zu bringen bereit ist, weil man daraus das Heil der Menschheit erwachsen sieht. Dadurch hat man beide zu den *Götzen des Zeitalters* gemacht. Man weiß zwar nicht, wohin die Reise geht, auf welches Ziel sie gerichtet ist. Man schreitet halt fort und meint, daß darin Rechtfertigung genug für alles das liegt, was man zur Verwirklichung des technischen Fortschrittes tut.

So bemühen wir uns eifrig, Landungen auf dem Mond vorzubereiten, Venus und Mars aus der Nähe zu photographieren, aber die Ausbreitung der Zahnkaries oder des Krebstodes können wir ebenso wenig verhindern wie die Zunahme der Selbstmorde in den Wohlstandsländern. Deshalb ist die Frage nicht von der Hand zu weisen, die Herbert Marcuse stellte, ob nicht vielleicht der Begriff der »technischen Vernunft«, mit dem wir arbeiten, eine Ideologie ist.

»Nicht erst ihre Verwendung, sondern schon die Technik ist Herrschaft (über die Natur und über den Menschen), methodische wissenschaftlich berechnete und berechnende Herrschaft. Bestimmte Zwecke und Interessen der Herrschaft sind nicht erst ›nachträglich‹ und von außen der Technik aufoktroyiert – sie gehen schon in die Konstruktion des technischen Apparates selbst ein; die Technik ist jeweils ein geschichtlich-gesellschaftliches Projekt: in ihr ist projektiert, was eine Gesellschaft und die sie beherrschenden Interessen mit dem Menschen und mit den Dingen zu machen gedenken.« [68]

Bis auf den letzten Satz, der einen an sich richtigen Gedanken überspitzt, da er unbewußte Strebungen rationalisiert, wird hier deutlich gesehen, wie jede Technik historisch relativ verstanden werden muß. Sie ist kein Fatum, aber auch kein Füllhorn irdischer Glücksgüter, sondern eine historische Institution, welche die Menschen in ihren Zwang nimmt, solange sie die Grundwerte ihrer Technik bejahen. Aus dieser Sicht ergibt sich, wie unsere moderne Technik als eine unter unendlich vielen zu sehen ist, die eine bestimmte Sicht von der Stellung des Menschen in dieser Welt, von der Aufgabe, die seiner in ihr harrt, voraussetzt.

Wenn man nach einer solchen Grundlage der modernen Technik fragt, so zeigt sich, wie sie vom menschlichen Willen zur Naturbeherrschung getragen wird, einschließlich dessen, was man dadurch über die menschliche Welt auszurichten vermag. Der exploitative Charakter der »waste economy«, von dem vorhin die Rede war, ist infolgedessen kein Zufall. Er läßt sich aber auch von einer anderen Seite her beobachten, so im wirtschaftlichen Ringen der Völker oder auch der Wirtschaftsgebilde, besonders der Großgebilde, untereinander. Nicht zuletzt tut sich der Herrschafts-Charakter moderner Technik darin kund, wie stark technologische Forschung und technische Entwicklung unter politisch-strategischen Vorzeichen stimuliert werden. Wie sähe wohl unsere Technik ohne die von dieser Seite her kommenden Impulse aus?

So ergibt sich, wie der unqualifizierte Glaube an die wirtschaftlichen Segnungen des technischen Fortschritts ideologischer Abkunft ist. Genauer besehen hat er einen höchst ambivalenten Charakter, und zwar, wie jetzt betont werden muß, nicht nur im politisch-strategischen Bereich, sondern ebenso in wirtschaftlicher Hinsicht. Über dem allzu kritiklosen Drängen nach neuen technischen Möglichkeiten sind menschliche Zielsetzungen für die technisch-ökonomische Entwicklung stark in den Hintergrund getreten. Statt dessen hat das Manipulierungsstreben, sowohl in bezug auf die Natur als auch in bezug auf die Menschen, wachsenden Einfluß bekommen. So ist der Herrschafts- und Machtcharakter moderner Technik ungehemmter als zuvor freigesetzt worden. Dafür zeugen Wirtschaft und Gesellschaft unserer Tage.

c) Der Lebensstandard

Wahrscheinlich hätten die Ideen vom wirtschaftlichen Wachstum und den wohltätigen Wirkungen des technischen Fortschritts nie weite Kreise der Bevölkerung erfassen und selbst das volkswirtschaftliche Denken durchdringen können, wenn nicht ein weiterer ideeller Faktor in den letzten 20 Jahren überragende Bedeutung erlangt hätte. Das ist die Idee vom Lebensstandard, diejenige der »rising exspectations« oder genauer formuliert: Die Idee von der *befreienden Wirkung steigender Lebenshaltungen.*

Das ist genauer besehen eine sehr merkwürdige Entwicklung, die zu den Vorstellungen der Vergangenheit in starkem Gegensatz steht. Gewiß hat es schon immer die Jagd nach dem Glück als einen Menschheitstraum gegeben. Aber man erwartete nicht, von einigen Träumern und Spekulanten abgesehen, seine Verwirklichung in dieser Welt. Das ist nun ganz anders geworden, man glaubt jetzt wirklich in wirtschaftlichen Dingen an die lineare Fortschrittstheorie, an die fortlaufende Besserung der materiellen Lebensbedingungen in naher und ferner Zukunft. Das bedeutet, wie Hannah Arendt meint, die Übertragung von Träumen und Idealen der Armut auf den Bereich des Wohlstandes und des Reichtums. [69] Denn nur in der materiellen Bedrängnis zaubert sich der Mensch das Bild vom Schlaraffenland vor Augen.

Der Mensch dagegen, der sich im Reichtum eingerichtet hat, nimmt nach alter Erfahrung eine ganz andere Haltung ein. So schrieb Michael Knöll, die Kunst der Armen heiße Ökonomik, Zuratehalten der knappen Vorräte, aus dem wenigen das beste machen. Die Kunst der Reichen dagegen heiße Diätetik, Selbstbeherrschung, weise Auswahl und Beschränkung in jeglichen Genüssen. [70]

Kein Zweifel, das ist die Weisheit vergangener Jahrhunderte. Diese Beobachtung legt den Gedanken nahe, daß die Erwartung steigender Lebenshaltungen und der damit anschwellenden Anspruchsniveaus ein *falsches Bewußtsein* breiter Kreise ausdrückt, die sich noch nicht im Wohlstande einzurichten vermochten. Die »Neureichen« haben schon immer eine vielbespöttelte Figur abgegeben. So wird der moderne Hedonismus verständlich, von dem Friedmann im obigen Zitat sprach.

Solche Beobachtungen machen es wahrscheinlich, daß die Menschen der Nachkriegszeit von einer ihnen bisher unbekannten wirtschaftlichen Lage plötzlich überrascht worden sind, ohne zu wissen, wie sie damit fertig werden könnten, welche Anforderungen dadurch an sie gestellt würden. Hinzu kommt ein weiteres: Die gestiegenen Realeinkommen bei verkürzter Arbeitszeit sind nicht isoliert gleich Weihnachtsgeschenken den Erwerbstätigen überreicht worden, sondern als Ausstrahlung eines sich umformenden Wirtschafts- und Sozialsystems.

Der unter dem Einfluß von technischem Fortschritt und Wachstumspolitik stehende Produktionsapparat forderte die anhaltende Konsumausdehnung der breiten Bevölkerung. So suchte man dieser das ihr zufallende Glück einer wachsenden Versorgung klarzumachen, aber auch die neue von ihr zu tragende Verantwortung, nämlich die Konsumpflicht, damit der Markt in Gang gehalten werde. Diese Entwicklung schien so erfreulich nach den Tagen der Not zu sein, daß man nicht fragte, wie wohl die dem Konsumenten vorgelegte Rechnung aufgehen könne. Von den Sozialkosten dieser Entwicklung war hier schon die Rede. Man bemerkte aber auch darüber hinaus nicht die eigentümliche Wandlung, die sich in der Stellung der Konsumenten angebahnt hatte.

Dabei haben mehrere Faktoren zusammengewirkt. Einmal ist die Oligopolisierung wichtiger Konsumgütermärkte zu nennen, welche die produzierenden Unternehmen hinsichtlich ihrer Investitionen durch Selbstfinanzierung über den Preis weitgehend vom sparenden Publikum unabhängig machte und sie zu einer selbständigen Marktstrategie, besonders hinsichtlich der Produktneuerungen und Absatzmethoden, befähigte. Zum anderen hatte die staatliche Politik der Konjunkturregelung und Vollbeschäftigung die Wirkung, den Einfluß des Konsumentenverhaltens auf die Konjunktur zu überspielen bzw. in eine konjunkturell erwünschte Richtung zu lenken. [71] Diese staatliche Fürsorge muß allerdings mit der säkularen Inflation bezahlt werden. Schließlich haben sich anonyme soziale Institutionen herausgebildet, die wie der Aufwandswettbewerb, die Mode, moderne Formen des Freizeitkonsums auf den Konsumenten in Richtung auf ein marktkonformes Verhalten einwirken. So ist der als Arbeitnehmer erwerbstätige und konsumierende Mensch mehr und mehr zum Rad in einer Maschinerie geworden, in welcher er sich nach den Antriebskräften des Ganzen zu drehen hat.

Die steigende Lebenshaltung ist nicht das Ergebnis von Leistungen, die im Dienste des arbeitenden und konsumierenden Menschen erzielt wurden, sondern das *Nebenergebnis* eines Geschehens ganz anderer Art, wie es Marcuse andeutete, bei dem vorwiegend politisch, auch wirtschaftspolitisch bestimmte Kräfte um ihre Machtposition in dieser Welt ringen.

Unter solchen Umständen müssen die steigenden Einkommen und die daraus fließenden erweiterten Lebenshaltungen im allgemeinen enttäuschend wirken. Wie beim wirtschaftlichen Wachstum, beim technischen Fortschritt, so kommt es auch hier nicht unqualifiziert auf jede mögliche Erweiterung des Güterkonsums an. Die Voraussetzungen für seine qualifizierte Erweiterung fehlen aber heute auf beiden Seiten, sowohl bei der den Markt beschickenden Produktion als auch bei den Konsumenten, denen es an einem Maßstab für die qualifizierte Ausweitung ihrer Lebenshaltung gebricht.

Die Wirkung der steigenden Realeinkommen ist deshalb eine unkontrollierte Jagd nach dem Glück, die wie zu aller Zeit auch heute vergeblich bleiben muß, nur zu Unzufriedenheit mit dem Erreichten führen kann, zu menschlicher Leere. Jede Erweiterung der Lebenshaltung, die nicht einem echten Bedarf entspricht, der letzten Lebenswerten dienlich ist, bleibt ein fragwürdiges Geschenk. So zeigt sich, daß die Erweiterung der Lebenshaltung nur dort unbedenklich geboten ist, wo materielle

Nöte eine Entfaltung menschlichen Lebens verhindern.

Auch dürfte eine Politik allgemeiner Hebung der Lebenshaltungen problematisch sein, weil sie allzu äußerlich und unterschiedslos ansetzt, dadurch dem modernen Hedonismus vielfältigen Vorschub leistet. Dagegen spricht vieles für Bemühungen um eine differenzierte Ausweitung der Lebenshaltung, nämlich nach allen den Seiten hin, wo man mit gegebenen Voraussetzungen für deren selektive Veränderung rechnen kann.

Dieser Gedanke führt zu dem Vorschlag Kapps zurück, eine Hebung der Lebenshaltungen durch die Sicherung konkreter Mindeststandards dort anzustreben, wo man sonst mit einer Substandard-Versorgung rechnen muß. In diesem Falle kommt die Einkommensvermehrung einem dringlichen Bedarf zugute, dessen Deckung nicht nur für den einzelnen und seine kleine Gruppe, sondern ebenso für die Gesamtheit wichtig ist.

IV. Schluß: Folgerungen

Nach allen vorstehenden Untersuchungen soll jetzt versucht werden, das Fazit zu ziehen, um auf diese Weise den Gedankengang abzurunden. Dabei kann zwischen negativen und positiven Schlüssen aus den angestellten Überlegungen unterschieden werden.

In *negativer Hinsicht* drängt sich das Ergebnis geradezu auf. Es lautet, daß die Lehre von der Konsumentengesellschaft auf einem schwankenden Boden steht. Oder anders formuliert: Die These vom Anbrechen eines Zeitalters des Verbrauchers, das die bisherige Epoche des Übergewichts der Produzenten über die Konsumenten ablöse, erweist sich als eine *Prosperitätsideologie*, d. h. als eine in weiten Kreisen verbreitete Illusion. Die Konsumentengesellschaft ist deshalb nicht *die* Wirklichkeit, die man ihr nachgesagt hat. Diese Illusion wurde von dem Optimismus hochgetragen, der sich zusammen mit der überraschend günstigen Konjunkturentwicklung in der westlichen Welt, speziell in der Bundesrepublik, nach der Koreakrise in den 50er Jahren einstellte. Diesen erfreulichen Trend suchte man zu stabilisieren.

Die Ideologie ist allemal eine bestimmten Interessen dienende Rechtfertigungslehre. [72] In diesem Falle suchte sie die Konsumenten zu einem den Interessen der Produzenten, speziell von Dauerkonsumgütern, aber auch den Interessen des Staates entsprechenden Verhalten zu bewegen. Zu diesem Ende setzte man den Verbrauchern die rosarote Brille auf, die ihnen die großen Wirtschaftserfolge moderner Wirtschaftspolitik und des Wirtschaftswachstums vor Augen führte, sie aber über alle negativen und problematischen Seiten dieser Entwicklung hinwegsehen ließ. Früher sagte man Konsumentensouveränität, jetzt Konsumentengesellschaft. Als Erfolg hat sich ein allgemeines Mißbehagen am erzielten »Wohlstande« eingestellt.

Diese Wirtschaftspolitik und die ihr zugrunde liegende Denkweise waren eine Täuschung und oberflächliche Vorstellung von dem, was man wirtschaftlich erreicht habe. Der Glaube an die großen Erfolge der Konsumentengesellschaft ist Ausdruck einer Selbstgefälligkeit nach dem Worte von Myrdal. Hier zeigt sich, daß die Rede von der Konsumentengesellschaft nicht nur ein am Rande des Zeitgeschehens stehendes Schlagwort bezeichnet, sondern auf zentrale Schwächen in Wirtschaftsdenken und Wirtschaftspolitik der vergangenen beiden Jahrzehnte im Rahmen der westlichen Welt hinweist.

Diese negative Feststellung darf aber nicht die einzige Folgerung aus dem vorstehenden Gedankengang bleiben. Deshalb soll nun versucht werden, daneben noch einen anderen, *positiven Gesichtspunkt* zu stellen. Es kann nämlich gefragt werden, ob in der Idee der Konsumentengesellschaft sich nicht vielleicht mehr verbirgt als die soeben demaskierte Ideologie. Es fällt nicht schwer, darauf eine positive Antwort zu geben, wenn man bedenkt, daß der Mensch in seiner Eigenschaft als Konsument der eigentliche Zielpunkt allen wirtschaftlichen Bemühens ist und die moderne Wirtschaft weit davon entfernt bleibt, in dieser Hinsicht alle Wünsche zu erfüllen. Deshalb sieht sie sich *großen Aufgaben* gegenübergestellt, wenn sie versuchen will, aus der vermeintlichen und mißverstandenen Konsumentengesellschaft eine solche zu machen, die sachlich begründet diesen Namen tragen darf.

Im Hinblick auf ein solches Ziel kommt es darauf an, den Menschen – und zwar nicht nur einigen Privilegierten, sondern grundsätzlich allen Menschen, die sich den Ordnungen dieser Welt einfügen – gleiche, d. h. einander entsprechende Chancen zur Entfaltung ihrer Kräfte und Fähigkeiten zu geben. Darauf muß einmal ihre Lebenshaltung, zum anderen ihr Freiheits-, nämlich ihr Selbstbetätigungs- und Selbstverantwortungsspielraum im Rahmen der menschlichen Gesellschaft, ausgerichtet sein. Nach beiden Seiten tun sich aber große Probleme auf.

Die Lebenshaltung ist kein beliebig anzuziehendes oder abzulegendes Gewand, das man wie ein Kleidungsstück wechseln kann. Sie steht mit der geistigen Verfassung und dem sozialen Verhalten eines Menschen in engem Zusammenhang. Veränderungen der Lebenshaltung lösen nach beiden Richtungen hin Reaktionen aus. Aus der Sicht der Gesellschaft, in welcher der Mensch lebt, ist eine Hebung der Lebenshaltung nur sinnvoll, wenn sie eine soziale, damit zugleich auch eine menschliche und kulturelle Funktion erfüllt. Darauf sind die Menschen heute, soweit es sich nicht um eine Politik der Mindestversorgung handelt, gar nicht vorbereitet.

Zwar sagte Ernest Zahn, man verkenne die Erwartung fortdauernder Existenzverbesserung des modernen Menschen, wenn man darin nur die blinde Jagd nach materiellen Gütern sehe. »Es geht um mehr, um das ehrgeizige Teilhabenwollen an neuerschlossenen Welten, an neuen Möglichkeiten der Existenz.« [73] So berechtigt dies Urteil ist, so wird dabei doch ein gutes Stück von Selbstverantwortungs- und Selbstbestimmungsfähigkeit des Menschen vorausgesetzt. Die neuere Entwicklung ermöglicht sie ihm aber weniger als frühere Zeiten, da er in wachsendem Maße in die Zange übermächtiger Einflüsse genommen wurde, teils von seiten des Staates und der Unternehmungen, teils durch anonyme soziale Institutionen, die niemand vorsätzlich ins Leben rief, die trotzdem wirksam sind. Außerdem bedarf es für die Teilhabe an neu erschlossenen Welten des Bezugspunktes, von dem her zu unterscheiden ist, für welche von ihnen sich der Einsatz lohnt und bei welchen er auf Abwege führt.

So zeigt sich, daß wir heute das Problem des Konsumenten und besonders dasjenige seines Wohlstandes nur sehr unzulänglich auflösen können. Erweiterung der Lebenshaltung durch wachsende Güterfülle allein tut es nicht, wenn die Menschen diese Güter nicht ihrer Lebensgestaltung einverleiben können. Oder erstreben wir Wohlstand, um die Menschen zu verwöhnen, sie bequem zu machen, zu verweichlichen, ihnen das Streben nach Selbstverantwortung zu nehmen und sie dadurch unmerklich zugrunde zu richten? Selbst wenn es gelingt, solche Wirkungen scheinbar zu vermeiden, bleibt ein großes Problem offen, sobald solcher Wohlstand durch soziale und wirtschaftliche Unfreiheit erkauft wird.

Das ist das oben erwähnte Problem Toquevilles, wie Freiheit und Wohlstand miteinander zu vereinbaren sind. [74] Ihm stand die dauernde *Gefährdung des Wohlstandes durch Unfreiheit* oder, wie er sagte, durch die Knechtschaft vor Augen und diese als der Anfang des Niederganges und damit auch der Untergrabung des Wohlstandes. Wohlstand und Freiheit sind nur miteinander und durcheinander zu haben, drohen sich aber immer wieder dem menschlichen Streben zu entziehen. Das ist das Kernproblem der Wohlstandsgesellschaft.

Anmerkungen

1 Dies ist die zweite Bearbeitung des Gegenstandes durch den Autor. Er behandelte ihn erstmalig in einem auf einen speziellen Hörerkreis zugeschnittenen Vortrag unter dem Titel *»Möglichkeiten u. Gefahren der Konsumentengesellschaft«*, dessen Text im Organ der Deutschen Gesellschaft für Hauswirtschaft, der Zeitschrift »Hauswirtschaft und Wissenschaft« 16. Jahrg. (1968), Heft 1, S. 31–38, veröffentlicht wurde. Hier hat der Verf. seine Gedanken weiter zu entwickeln versucht.

2 *David Riesman* unter Mitarbeit von Reuel Denney und Nathan Glazer, The *Lonely Crowd*, New Haven 1950, deutsch unter dem Titel: *Die einsame Masse*, Rowohlts deutsche Enzyklopädie, 1958.

3 David Potter, *People of Plenty*, Chicago 1954, S. 177 und 188.

4 John Kenneth Galbraith, *The Affluent Society*, Boston und London 1958, deutsch unter dem Titel: *Die Gesellschaft im Überfluß*, München und Zürich 1959; siehe besonders das Kapitel 19.

5 Walt Whitman Rostow, *The Stages of Economic Growth*, Cambridge 1960, deutsch unter dem Titel: *Stadien des wirtschaftlichen Wachstums*, Göttingen 1960; siehe die englische Ausgabe S. 133.

6 Hans W. Singer, *Neue Tendenzen im wirtschaftswissenschaftlichen Denken über die Entwicklungsländer*, »Außenwirtschaft« 18. Jahrg. (1963), S. 73.

7 Alexander Mahr stellte der Wohlstandsgesellschaft die Überflußgesellschaft als deren Überspitzung gegenüber. Siehe A. Mahr, *Der unbewältigte Wohlstand*, Berlin 1966, S. 90, Jean Meynaud, *Les Consommateurs et le Pouvoir*, Paris 1964, S. 493 gibt an, daß die amerikanische Zeitschrift »Time« die Bundesrepublik gelegentlich als »The adipose society«, d. i. die »fettige Gesellschaft«, bezeichnet hat.

8 Peter Meyer-Dohm, *Sozialökonomische Aspekte der Konsumfreiheit*, Freiburg i. Br. 1965, S. 16.

9 Johannes Zielinski, *Gesellschaft im Wohlstand, Chancen und Gefahren*, Hamburg 1966, S. 4–5.

10 Karl Bednarik, *An der Konsumfront*, Stuttgart 1957, S. 11–12.

11 K. Bednarik, loc. cit., S. 68–69.

12 Das erste Zitat nach Herbert Gross, *Die Wirtschaft als Grundlage einer bejahbaren Gesellschaft*, in »Werk und Zeit«, 14. Jahrg. (1965), Heft 2, S. 4. Das nächste Zitat nach desselben Autors Buch, *Die Wirtschaft sind wir*. Von der Schlüsselstellung des Verbrauchers, Stuttgart 1955, S. 98 und 99.

13 Ernest Zahn, *Soziologie der Prosperität*, Köln und Berlin 1960, hier zitiert nach der Taschenbuchausgabe dtv, München 1964, S. 83.

14 Johannes Zielinski, loc. cit., S. 7 ff.

15 Dorothea-Luise Scharmann, *Konsumverhalten von Jugendlichen*, München 1965, S. 64 (Deutsches Jugendinstitut, Überblick zur wirtschaftlichen Jugendkunde, Band 12).

16 Jürgen Habermas, *Die Dialektik der Rationalisierung*, in: »Merkur«, 8. Jahrg. (1956), S. 711 f.

17 Felix Butschek, *Der gelenkte Mensch von Marx bis heute*, Wien 1962, S. 27.

18 F. Butschek, loc. cit., S. 58.

19 Arnold Gehlen, *Die Seele im technischen Zeitalter* (Rowohlts deutsche Enzyklopädie), Hamburg 1957, S. 80.

20 Hannah Arendt, *Über die Revolution*, München 1963, S. 179–180.

21 Hannah Arendt, loc. cit., S. 176–177.

22 Georges Friedmann, *Sept Etudes sur l'Homme et la Technique*, Paris 1966, S. 126/27, 190/92.

23 Hans Eckstein, *Freie, kunst-gebundene Gestaltung*, »Werk und Zeit«, 13. Jahrg. (1964), Heft 11/12, S. 9.

24 So J. Mitford, *The American Way of Death*, New York 1963. Vgl. auch den kleinen Roman des Engländers Evelyn Waugh, *Tod in Hollywood*, als Taschenbuch in der Herderbücherei Nr. 275 (1966).

25 Christian von Ferber, *Soziologische Aspekte des Todes*, »Zeitschrift für Evangelische Ethik«, 7. Jahrg. (1963), S. 344 u. 351.

26 Siehe Helga Schmucker, *Die langfristigen Strukturwandlungen des Verbrauchs der privaten Haushalte in ihrer Interdependenz mit den übrigen Bereichen einer wachsenden Wirtschaft*, in »Strukturwandlungen einer wachsenden Wirtschaft« (Schriften des Vereins für Socialpolitik N. F. Band 30/I), Berlin 1964, S. 160.

27 Simon Kuznets, *Economic Growth and Structure*, New York 1965, S. 273/76.

28 Walter Müller, *Lebenshaltungsniveau und Konsumverhalten*, in: »Strukturwandlungen der Schweizerischen Wirtschaft und Gesellschaft«, Festschrift für Fritz Marbach, Bern 1962, S. 290.

29 Helmut Schelsky, *Auf der Suche nach der Wirklichkeit*, Düsseldorf 1965, S. 98, schon früher in des Autors Wandlungen der deutschen Familie der Gegenwart, 3. Aufl., Stuttgart 1955, S. 218 ff.

30 Michael Harrington, *The Other America*, Poverty in the United States, New York 1962, deutsch unter dem Titel *»Das andere Amerika, die Armut in den Vereinigten Staaten*, Taschenbuch (dtv.) München 1964.

31 *Poverty in the United States*, Report to the House Committee on Education and Labor, Washington D. C. 1964, hier zitiert nach dem Auszuge aus dem Berichte bei Hanna Meissner (ed.), *Poverty in the Affluent Society*, New York und London, S. 43–45. Die 3000-$-Grenze wurde auf Grund einer Untersuchung der Social Security Administration gewählt, welche das »low-cost budget« für eine nicht-bäuerliche vierköpfige Familie mit einem Bedarf von 3955 $ und ein »economy budget« mit einem Bedarf von 3165 $ für das Jahr 1962 errechnet hatte (loc, cit., S. 44/45).

32 Richard M. Titmuss, *Essays on »the Welfare State«*, 2. Aufl., London 1962, S. 225.

33 Klaus Dieter Schmidt, Ursula Schwarz, Gerhard Thiebach, *Die Umverteilung des Volkseinkommens in der Bundesrepublik Deutschland 1955 und 1960*, Tübingen 1965, S. 198.

34 Dieter Schewe und Karlhugo Nordhorn, *Übersicht über die soziale Sicherung in Deutschland*, 6. Aufl., Stand Januar 1967, S. 35.

35 Christian von Ferber, *Sozialpolitik in der Wohlstandsgesellschaft*, Hamburg 1967, S. 84.

36 Gunnar Myrdal, *Challenge to Affluence*, New York 1963, S. 7–8.

37 Konrad Buchwald, *Gesunder Lebensraum durch Landespflege*, in Werk und Zeit, 12. Jahrg. (1963), Nr. 5, S. 6. Vgl. auch: Derselbe, Die Erholung in der Industriegesellschaft und die Landschaft, in: Erholungswesen und Raumordnung (Forschungs- und Sitzungsberichte der Akademie für Raumforschung und Landesplanung), Band 25, Hannover 1963, S. 27 ff.

38 Hermann Mattern, *Gras darf nicht mehr wachsen*, 12 Kapitel über den Verbrauch der Landschaft, Berlin 1964, S. 46.

39 Zum ganzen Komplex des Raubbaues vgl. K. William Kapp, *Volkswirtschaftliche Kosten der Privatwirtschaft*, Tübingen 1958, zum Problem des tierischen Überlebens siehe das Buch des australischen Ökologen David Stenhouse, *Crisis in Abundance*, Sidney und London 1966.

40 K. Buchwald, loc. cit., S. 6.

41 G. Friedmann, loc. cit., S. 7 ff., 96 ff.

42 Vilma Sturm, *Deutsche Naturparke in Wort und Bild*, Stuttgart 1964.

43 In der mehrfach genannten Zeitschrift des Deutschen Werkbundes »Werk und Zeit« finden sich seit Jahren eine besondere Rubrik unter dem Titel *»Die große Landzerstörung«*, welche in zwangsloser Folge Meldungen über Naturschädigungen verschiedenster Art zusammenstellt.

44 E. J. Mishan, *The Costs of Economic Growth*, London 1967, S. 74 ff.

45 Ernst Randzio, *Unterirdischer Städtebau* (Beiträge zur Raumforschung und Raumordnung, Band 21), Bremen-Horn 1951.

46 E. J. Mishan, loc. cit., S. 75.

47 Arthur Jores, *Die Medizin in der Krise unserer Zeit*, Bern und Stuttgart 1961, S. 23 ff., Derselbe, *Wohlstand und Krankheit aus der Sicht des Klinikers*, in: Schriftenreihe der bayerischen Landesärztekammer, Band 6, München 1967, S. 298. Siehe auch zum gleichen Thema Joachim Bodamer, *Gesundheit in der technischen Welt*, Freiburg i. Br. 1967 (Herder Bücherei Nr. 277).

48 A. Jores, *Die Medizin in der Krise*, S. 47 und Derselbe, *Wohlstand und Krankheit*, S. 300.

49 Walter A. Weisskopf, *Economic Growth and Human Well-Being*, in: »The Quarterly Review of Economics and Business«, Vol. 4 (1964), No. 2, S. 21 ff.

50 Günter Friedrichs, *Soziale Folgen der Umstrukturierung in der modernen Wirtschaft*, in: Strukturwandel der Wirtschaft im Gefolge der Computer, Frankfurter Gespräch der List-Gesellschaft, Basel/Tübingen 1966, S. 217 ff.

51 W. Arthur Lewis, *Die Theorie des wirtschaftlichen Wachstums*, Tübingen 1956, S. 1, und Albert Hirschman, *Die Strategie der wirtschaftlichen Entwicklung*, Stuttgart 1967, S. 27/28.

52 Carle C. Zimmerman, *Consumption and Standards of Living*, New York 1936, S. 6 und 286.

53 Derartige Irrtümer sind heute weit verbreitet, weil die naturwissenschaftlich ausgerichtete Nationalökonomie von der Notwendigkeit einer Ontologie der Wirtschaft nichts weiß und infolgedessen mit ontologischer Blindheit geschlagen ist.

54 Hannah Arendt, *Vita Activa oder vom tätigen Leben*, Stuttgart 1960, S. 120.

55 Ruth Harrison, *Animal Machines*, London 1964, deutsch unter dem Titel *»Tierfabriken, die neuen landwirtschaftlichen Fabrikbetriebe«*, München 1965, S. 1.

56 Vgl. das 8. Kap. »Quantität gegen Qualität«, in: R. Harrison's Buch. Bei ihr heißt es auf S. 9: »Wenn das Tier auf so entsetzliche Weise erniedrigt und gezwungen wird, ein kümmerliches Dasein zu fristen, muß das die Selbstachtung des Menschen erschüttern und sich letzten Endes auf die Art auswirken, wie er seine Mitmenschen behandelt.«

57 J. Habermas, loc. cit., S. 717.

58 Hannah Arendt, *Vita Activa*, loc. cit., S. 122.

59 Mishan, loc. cit., Weisskopf, loc. cit., Egon Tuchfeldt, *Die volkswirtschaftliche Rahmenplanung im Widerstreit der Meinungen*. Weltwirtschaftliches Archiv, Band 94 (1965), S. 18, Colin Clark, *The Fundamental Problems of Economic Growth* im gleichen Bande, S. 1 ff.

60 Alfred Gutersohn, *Der moderne Bedarfswandel und seine Auswirkung auf die gewerbliche Wirtschaft*, in: Zukunftsaufgaben in Wirtschaft und Gesellschaft, Festschrift der Hochschule St. Gallen. (St. Galler wirtschaftswissenschaftliche Forschungen, Band 19) Zürich 1963, S. 151.

61 K. William Kapp, *Economic Development in a New Perspective: Existential Minima and Substantive Rationality*, »Kyklos«, vol. XVIII (1965), S. 49 ff., Derselbe, *Zum Problem der Enthumanisierung der »reinen Theorie« und der gesellschaftlichen Realität*, »Kyklos«, vol. XX (1967), S. 307 ff., Derselbe, Nationalökonomie und rationaler Humanismus, »Kyklos«, vol. XXI (1968), S. 1 ff.

62 Ursula Hicks, *Development from Below*, Oxford 1961, auch Richard F. Behrendt, *Soziale Strategie für Entwicklungsländer*, Frankfurt/Main 1965.

63 Jean Fourastié, *Die große Hoffnung des 20. Jahrhunderts*, Köln 1954, S. 37 und 41/42.

64 Emil Lederer, *Technischer Fortschritt und Arbeitslosigkeit*, Tübingen 1931.

65 Vgl. dazu Georges Friedmann, *Der Mensch in der mechanisierten Produktion*, Köln 1952 und den Tagungsbericht der IG Metall »Automation und technischer Fortschritt in Deutschland und den USA«, Frankfurt/Main 1963 (res novae Band 24).

66 E. J. Mishan, loc. cit., S. 5.

67 Zur Illustration mag die Kritik beitragen, die P. T. Bauer und Ch. Wilson an Rostow's Theorem übten: »Growth can never be self-sustaining in the sense of continuing irrespective of the maintenance or evolution of appropriate attitudes and institutions and the pursuit of suitable policies. This is so regardless of the rate of investment which itself is much influenced by these other factors«. »Economica«, vol. XXIX (1962), S. 196/97.

68 Herbert Marcuse, *Industrialismus und Kapitalismus*, Referat auf dem 15. deutschen Soziologentag, in: Max Weber und die Soziologie heute, Tübingen 1965, S. 179.

69 Hannah Arendt, *Über die Revolution*, loc. cit., S. 179/80.

70 Michael Knöll, *An der Schwelle des Überflusses*, »Schmollers Jahrbuch«, 80. Jahrg. (1960), II, S. 523.

71 Werner Hofmann, *Die säkulare Inflation*, Berlin 1962, S. 24 ff.

72 So Werner Hofmann, *Wissenschaft und Ideologie*, »Archiv für Rechts- und Sozialphilosophie«, Band LIII (1967), S. 201 f.

73 Ernest Zahn, *Soziologie der Prosperität*, loc. cit., S. 20.

74 Alexis de Toqueville, *Der alte Staat und die Revolution* (Sammlung Dieterich Nr. 232), hrsgg. von J. P. Mayer, S. 209/10.

Claus Offe
Kritik der Leistungsgesellschaft

Die empirisch verfahrende Kritik an der gesellschaftlichen Ordnungsvorstellung einer leistungsgerechten Statusverteilung kann auf drei Ebenen ansetzen:

1. Es können Beweise dafür zusammengetragen werden, daß die gesellschaftliche Verteilung von Lebenschancen in Wahrheit nicht dem Maßstab folgt, der als einzig legitimer postuliert wird: dem Maßstab zentraler Elemente der beruflichen Arbeit. Die Evidenz für eine solche Hypothese ist umfassend. Daß Klassen und Schichten, wirtschaftliche Macht und die Irrationalitäten des Ausbildungssystems dominante Bestandteile der Sozialstruktur sind, die schon die Konstituierung, erst recht die praktische Entfaltung individueller Fähigkeiten beeinträchtigen und reglementieren, kann als sozialer Grundtatbestand aller industrieller Gesellschaften gelten. Auch endet die Wirksamkeit dieser überindividuellen Strukturelemente nicht an den Grenzen organisierter Sozialgebilde, sondern sie reicht in deren Mechanismus der Statusverteilung hinein. Sie vermindern damit mehr oder weniger die Chance von bestehenden organisatorischen Status-Hierarchien, sich als Resultat leistungsgerechter Prinzipien der Statusverteilung zu legitimieren. Wenn die Intervention übergeordneter sozialstruktureller Statusdeterminanten in organisatorischen Hierarchien nachgewiesen ist, kann die »Selbstideologisierung« (Dreitzel) eines Status-Systems und seiner Mitglieder durchschaut werden. Über diese Prüfung empirischer Hierarchien im Hinblick auf ihre spezifische Form der Selbstrechtfertigung geht dieser erste Typ der Kritik des Leistungsprinzips allerdings nicht hinaus. Dieses Verfahren kann zeigen, inwieweit eine vorgeblich durch Leistungsunterschiede legitimierte Hierarchie ihren eigenen Anspruch nach Legitimität tatsächlich aufweist. Die legitimierende Norm selber liegt außerhalb der Reichweite dieser Kritik; der Kritiker kann sie sogar ausdrücklich akzeptieren oder als Trendannahme unterstellen, daß sich diese Norm als industriegesellschaftliches Regulativ der Statusverteilung zunehmend durchsetzen wird. Die Begrenztheit der Fragestellung dieses Ansatzes macht es unmöglich, Aussagen über die (nach einem geltenden Wertsystem) »positiven« oder »negativen« Konsequenzen des zur Rechtfertigung beanspruchten Leistungsprinzips selber zu treffen.

2. Dieser Frage wendet sich erst die zweite Stufe der Kritik des Leistungsprinzips zu. In ihr kommt es darauf an, intendierte und nichtintendierte Konsequenzen eines leistungsorientierten Verteilungsmusters zu untersuchen und im Rahmen eines herrschenden Systems von Werten und sanktionierten Interessen zu kritisieren. Dabei steht die Kollision

einiger angenommener Funktionen des Leistungsprinzips (individualistische Bewertung, Entfaltung der industriellen Produktivität, »Gerechtigkeit« der Distribution) mit *anderen* gesellschaftlichen Interessen im Mittelpunkt der Aufmerksamkeit.

In satirischer Weise hat M. Young [1] die negative soziologische Utopie einer Gesellschaft entworfen, in der alle Individuen nach Maßgabe ihre Intelligenzquotienten in ein starres hierarchisches Status-System eingestuft werden. In diesem Gesellschaftsmodell bringt die Eindimensionalität der fetischisierten Produktivitätsnorm die totalitäre Beschränkung aller nicht unmittelbar produktiven menschlichen Lebensäußerungen und sozialen Prozesse hervor. Im gleichen Sinne weist Hack [2] auf den inhumanen Charakter des Leistungsprinzips hin:

»Der Anspruch auf unmittelbare Gerechtigkeit wird fragwürdig, den eine Gesellschaft erhebt, die ihre Mitglieder ganz und eindeutig nach Maßgabe ihres Beitrages zur Produktionssteigerung sortiert... Durch die Koppelung des sozio-ökonomischen Status mit der Leistung wird die Freizeit fest an die Arbeitssphäre verkuppelt, womit wider alle Vernunft die eindeutige Priorität der Arbeit bewahrt wird, zu einem Zeitpunkt, da die Arbeitszeit – nicht nur quantitativ – marginale Zeit werden könnte.« [3]

Die Entwicklung einer von automatisierten Arbeitsprozessen bestimmten Überflußgesellschaft macht eine Staffelung individueller Konsumchancen und Lebensumstände nach dem Prinzip differentieller Arbeitsleistung nicht nur moralisch fragwürdig. Die Verkoppelung von Konsumrecht und Arbeitsleistung wird auch unter dem Gesichtspunkt der ökonomischen Kreislaufanalyse obsolet. Da Automation nämlich von latenter oder offener Freisetzung von Arbeitskräften begleitet ist, erweisen sich die Nachfragelücken als bedrohlich, welche sich durch die Verkoppelung von Konsumchance und Arbeitsverhältnis ergeben müssen, wenn in größerem Umfang technologische Arbeitslosigkeit auftritt. Auf diesen Zusammenhang haben die Verfasser des Manifests »The Triple Revolution« hingewiesen:

»The industrial system does not possess any adequate mechanisms to permit the potentials (of cybernation) to become realities ... The continuance of the income-through-jobs link as the only major mechanism for distributing effective demand – for granting the right to consume – now acts as the main break on the almost unlimited capacity of a cybernated production system.« [4]

Wenn nicht nur die *Höhe* des Arbeitseinkommens von Merkmalen der Berufsposition abhängt, sondern sogar die *Chance*, über Einkommen zu verfügen, mit der technologisch bestimmten Verwertungschance für die eigene Arbeitskraft identisch ist, wird der industrielle Fortschritt jedenfalls derjenigen Sektoren eingedämmt, auf denen er von der Konsum-Nachfrage abhängig ist, die sich bei Arbeitslosigkeit (und in geringerem

Maße wohl auch bei einem »downgrading« in der Qualifikationsstruktur) vermindert. Das institutionalisierte Leistungsprinzip entwickelt daher nicht, sondern es fesselt in paradoxer Weise und entgegen seiner ursprünglichen gesellschaftspolitischen Intention, die Entfaltung der produktiven Kräfte industrieller Gesellschaften.

Die praktische Konsequenz dieser ökonomischen Argumentation liegt darin, daß jedem Bürger als »Wirtschaftsbürger« ein durch staatliche Redistributionen gesichertes Recht auf Konsum eingeräumt werden muß; ein Recht auf Konsum, dessen Umfang weit über das Niveau des zivilisatorischen Existenzminimums hinausgehen müßte, wenn nicht die technologische Arbeitslosigkeit mit den depressiven Konsequenzen eines beträchtlichen Nachfrageausfalls üezahlt oder mittels unproduktiver Investitionen in Rüstung und Prestigewissenschaft aufgefangen werden soll.

Die Unvernunft des normativen Modells der Leistungsgesellschaft hat auch Bahrdt im Auge, wenn er dessen Verletzung durch dienstalterabhängige Aufstiegsmechanismen (»Senioritätsprinzip«) eher entlastend entlastend und wohltuend begreift. [5] Diese Form der »Sozialisierung der Aufstiegschancen« (Bahrdt) könnte in der Tat eine gewisse Entschärfung der neurotischen Identitätsgefährdung mit sich bringen, welche der Imperativ des Leistungsaufstiegs verursacht [6]; offen bleibt freilich zunächst, ob es sich beim Senioritätsprinzip und seinen entlastenden Wirkungen um ein Relikt vorindustrieller Muster der Statusverteilung, also um eine Anpassungsverzögerung, oder ob es sich um eine bewußte Gegen-Institution gegen das als repressiv erkannte Leistungsprinzip handelt.

Im Zusammenhang mit seiner Analyse des normativen, technisch nicht legitimierbaren Fundaments der relativen Lohndifferenzen zwischen Positionen erwartet schließlich Baldamus [7] eine allmähliche Auflösung der Begründung von Lohn durch Leistung: es »erhöht sich die Wahrscheinlichkeit, daß schließlich einmal das Prinzip der Aufwandsentschädigung selbst infrage gestellt wird«, wenn positionsspezifische Ansprüche und »Standards der Angemessenheit« als die wirklichen Determinanten der Lohnstruktur erkannt und ihre fiktive Begründung durch Maße differentieller Arbeitsmühe durchschaut ist.

»Früher oder später wird der Arbeitnehmer die Entdeckung machen, daß der Beziehung von Mühe und Lohn durchaus nicht eine logische Notwendigkeit innewohnt. Man wird herausfinden, daß es in Wahrheit nur eine historisch zufällige kulturelle Beziehung ist. Die Frage, welcher Verdienst für welches Maß des täglichen Arbeitsüberdrusses moralisch angemessen sei, führt unvermeidlich zu der radikaleren Frage: hat diese merkwürdige Kalkulation überhaupt einen Sinn, wenn doch das Angemessene zuletzt immer nur eine Sache der hier und dort zufällig üblichen gewohnheitsmäßigen Konventionen ist.« [8]

Den zuletzt skizzierten Einwänden gegen das Leistungsprinzip ist gemeinsam, daß sie sich nicht auf die unvollkommene Verwirklichung, sondern gerade auf die Konsequenzen seiner allzu perfekten Durchsetzung beziehen, insofern nämlich diese Konsequenzen geltenden Werten und Interessen zuwiderlaufen. Der Impuls dieser Kritik ist ein moralischer: die »Kosten« werden aufgewiesen, die eine Gesellschaft zu tragen bereit sein muß, die das Leistungsprinzip als einen »gerechten« Mechanismus der Statusverteilung akzeptiert; und angesichts der inhumanen Auswirkung des Leistungsprinzips wird gegen seinen Geltungsanspruch selbst argumentiert. Freilich bleibt eine soziologische Kritik des Leistungsprinzips abstrakt-moralisch, wenn sie nicht zusätzlich die *Angemessenheit* der Leistungsnorm an die konkrete Verfassung von Arbeitsorganisationen untersuchte und zu einer empirischen Fragestellung machte.

3. Die Frage, ob die Vorstellung einer durchgehenden Leistungsskala der technologisch und organisatorisch bestimmten Praxis industriell-bürokratischer Berufsarbeit überhaupt angemessen ist, wurde in der vorliegenden Arbeit gestellt und aufgrund folgender empirischer Generalisierungen negativ beantwortet: 1. der Umfang des initiativen Einflusses auf das Arbeitsergebnis nimmt ab; 2. der Anteil regulativer Normen an der Arbeitsrolle nimmt zu; 3. die diskontinuierliche Aufgabenverteilung in Arbeitsorganisationen vermindert die vertikale »Demonstrationschance« individuellen Arbeitsvermögens; 4. die allgemeine Ausdehnung von formalen Ausbildungsprozessen und die zunehmende technologische Entlastung von »naturnaher« Arbeit bewirken gemeinsam die Nivellierung des positionsspezifischen Arbeitsaufwandes; 5. in komplexen Arbeitsorganisationen wird die Frage nach unterschiedlicher individueller Produktivität ebenso unentscheidbar wie die nach unterschiedlicher funktionaler Bedeutung einer Position.

Wenn das Auftauchen dieser Tatbestände in der angenommenen Weise eine *Entwicklungstendenz* der industriell-bürokratischen Arbeit markiert, so ergibt sich daraus: nicht nur die faktische Geltung des Leistungsprinzips wird fragwürdig; und nicht nur sein Geltungs*anspruch* erweist sich unter moralisch-politischen Gesichtspunkten als hinfällig; sondern hinzukommt, daß der operationelle Gehalt des Leistungsbegriffs sich aus objektiven sozialstrukturellen Gründen verflüchtigt. Das Leistungsprinzip wird deshalb als präskriptive Norm selber sinnlos.

In dem Maße, wie der Leistungsbegriff seine sozialstrukturelle Entsprechung eingebüßt hat, verschiebt sich der Ansatzpunkt des gleichwohl institutionell sanktionierten Leistungsprinzips von den Kategorien der Leistung auf eine Reihe von substituierten Kriterien, vor allem auf normative Dimensionen des individuellen Arbeitsverhaltens. Daraus ergibt sich ein Funktionswandel des Leistungsprinzips: aus einem Verfahren zur Allokation unterschiedlicher individueller Arbeitskraft, das unter frühindustriellen Bedingungen jedenfalls im Hinblick auf das Ziel der Produktivitätssteigerung Rationalität beanspruchen konnte, entsteht eine Disziplinierungstechnik, welche die Loyalität mit herrschenden Interessen und Lebensformen prämiiert, kulturelle Spaltungen perpetuiert und den Schein einer objektiven oder »technischen« Begründbarkeit organisatorischer Hierarchien hervorbringt und stabilisiert.

Sinnlos wird das normative Modell der Leistungsgesellschaft nicht schon dadurch, daß im Gefolge dieses Funktionswandels die ursprünglichen Intentionen einer leistungsgerechten Ordnung verletzt werden: daß das Leistungsprinzip heute die optimale Nutzung aller produktiven Ressourcen und die gerechte Verteilung von Gütern und Leistungen unter gleichberechtigte Individuen garantiere, kann angesichts dieses Funktionswandels nicht mehr postuliert werden; darauf weist der zweite Typ der Kritik hin. Eigentlich *sinnlos* wird das Konzept einer leistungsgerechten gesellschaftlichen Ordnung erst angesichts der Tatsache, daß die fortgeschrittenen Formen industrieller Arbeit die Kategorie kompetitiv offenbarten, individuellen Leistungsvermögens irrelevant machen. Aus diesem Grunde sind, wie wir gesehen haben, subjektive Aufstiegsstrategien und organisatorische Selektionsmethoden auf Ersatzkriterien angewiesen, die nicht nur den »objektiven Sinn« des Leistungsprinzips verfehlen, sondern auch die formalen Bestimmungen von Leistung als einer individuellen, technischen, graduierbaren und vergleichbaren Arbeitsleistung verlassen.

In einem Nachtrag zur Diskussion um die funktionalistische Schichtungstheorie hat M. Tumin von anderen Prämissen her die Funktionsfähigkeit eines Allokationsmechanismus infrage gestellt, der auf der Zuteilung unterschiedlicher sozialer Vergütungen zu unterschiedlichen Arbeitsfunktionen beruht. [9] Anhand von Tumins Argumentation lassen sich die Konsequenzen erörtern, die sich aus der These von der Obsoleszenz des Leistungsbegriffs und dem daraus folgenden Funktionswandel des Leistungsprinzips ergeben.

Tumin stellt die Elternrolle und die Arbeitsrolle gegenüber und unterscheidet als Bestandteile der Arbeitsrolle die regulativen Normen (zusammengefaßt als »conscientiousness«) und die technische Eignung (»talent« in der Sprache der funktionalistischen Schichtungstheorie), die den spezifischen Arbeitsfunktionen entspricht. Die Erfüllung der Elternrolle wird in der Weise sozial kontrolliert, daß bei der Aufzucht von Kindern usw. Sorgfalt und Gewissenhaftigkeit sanktioniert werden, also diejenigen Rollenelemente, die den regulativen Normen der Arbeitsrolle entsprechen. Dagegen wird in der Arbeitsrolle der »Umfang« des spezifischen Könnens und Wissens zum Hebel der sozialen Kontrolle: »höher« talentierte Individuen erhalten größere Macht, mehr Prestige und Einkommen als andere. Wenn nun der Kontrollmechanismus diffentieller Bewertung individueller Fähigkeiten allein schon ausreichen soll, eine möglichst effektive Verteilung der Arbeitskraft auf ein arbeitsteiliges

System zu garantieren – dies ist die These der funktionalistischen Schichtungstheorie –, so müßte höhere Bewertung von Positionen auch ein höheres Maß an »Gewissenhaftigkeit« bei ihrer Erfüllung gewährleisten:

»If one assumes – as does the traditional sociological view of stratification – that men of different talents cannot be adequately motivated except by differential rewards . . ., then there should be far more conscientiousness shown by the average employee at his job than by the average parent in his family tasks.« [10]

Das Gegenteil ist offensichtlich der Fall, – ein Hinweis darauf, daß die motivierende Kraft differentieller Vergütungen, die die funktionalistische Schichtungstheorie unterstellt, jedenfalls im Hinblick auf die *Erfüllung* von Arbeitsrollen versagt. Daraus folgt, daß der funktionale Bezugspunkt des Allokationsproblems die soziale Schichtung nicht erklären kann, weil eine Statusdifferenzierung nach Leistungsfähigkeit das Allokationsproblem nicht löst. Welche Kontrollmechanismen gewährleisten aber dann die Erfüllung von Arbeitsaufgaben? Wie sind die Bedingungen beschaffen, »which impel men to be conscientious at their tasks, i. e. willing to do the most of which they are capable rather than the least with which they can get by.« [11]

Tumin unterbreitet einen Vorschlag, der das System der Statusverteilung auf eine neue Basis stellen soll:

»Nothing would make it less efficient to reward according to conscientiousness rather than according to differential talent . . . If it is conscientiousness which one seeks to maximize, then clearly it is this principle rather than biologically inherited talent which ought to be the central criterion in the reward system.« [12]

Soweit Tumin. Seine formale Konstruktion eines alternativen Verteilungssystems scheint besonders unter dem hier vertretenen Gesichtspunkt sinnvoll zu sein, daß in organisatorisch und technisch komplexen Arbeitssituationen diejenigen Rollenelemente relativ zunehmen, die wir als regulative Normen bezeichnet haben. Tumins Argumentation läßt sich so interpretieren, daß er versucht, den Leistungsbegriff, der durch den Strukturwandel der typischen Arbeitssituation inadäquat geworden ist, dadurch wiederzubeleben, daß er seinen Focus bewußt verschiebt: nicht mehr die zentralen technischen, sondern die normativen Kategorien sollen für die Zumessung des differentiellen Status von Individuen maßgeblich sein. Dieser Vorschlag kommt der Ablösung des traditionellen durch ein modifiziertes Leistungsprinzip gleich; doch bliebe er aus folgenden Gründen inkonsistent und unpraktikabel:

1. Die Vergleichsinstanz der Elternrolle versperrt den Blick dafür, daß in kooperativen Arbeitssystemen nicht vorwiegend so allgemeine »funktionale Tugenden« wie »Gewissenhaftigkeit« erforderlich sind, sondern daß mindestens zusätzlich spezifische, in der Ausbildung und am Arbeitsplatz selbst habitualisierte Formen des Umganges mit Arbeitsobjekten

und Rollenpartnern eine hohe Bedeutung erlangen. Die »professionelle Kultur« von Ärzten und Rechtsanwälten, die »technische Sensibilität« von Arbeitern in der mechanisierten Produktion und die »Kontaktfähigkeit« kaufmännischer Angestellter sind Beispiele dafür, daß die verschiedenen regulativen Normen, auf die es in spezialisierten Arbeitsaufgaben ankommt, sich nicht ohne weiteres auf den gemeinsamen Nenner von »conscientiousness« bringen lassen, mit dessen Hilfe Tumin die organisatorische Statusstruktur rekonstruieren will.

2. Wie wir gesehen haben, ist es ein Merkmal der in das Arbeitsverhalten eingehenden »inneren« Kontrollen, daß sie nicht »mehr« oder »weniger« vorhanden sein können, sondern ihre Befolgung nur nach einem Ja/Nein-Kriterium zu beurteilen ist. Anders als bei der Elternrolle erlaubt die spezifische Beanspruchung durch die Arbeitsrolle nur in sehr beschränktem Maße eine Variation des normativ angeleiteten Arbeitseinsatzes nach Art und Umfang. Die selbständige Befolgung eines normativen Musters wird zwar angesonnen, aber die Empfindlichkeit der Organisation gegen Abweichungen erlaubt weder markante Unterschreitungen im Maß der Norm-Erfüllung, noch macht sie die demonstrative Norm-Übererfüllung sinnvoll. Auch dieser Umstand entwertet den Maßstab der »conscientiousness« als Mittel, das zur Beurteilung des relativen Status in der Arbeitsorganisation dienen soll.

3. Wie vor allem Baldamus betont, stellen die regulativen Normen, die in das Verhalten am Arbeitsplatz eingebracht werden, eine im Sozialisationsprozeß erworbene »Vorleistung der Gesellschaft an den Arbeitgeber« dar. Aus diesem Grunde ist Arbeitskraft nicht abstrakt als allgemeinmenschliche zu begreifen, sondern sie entspringt aus unterschiedlichen subkulturellen Sozialisations- und Erziehungsbedingungen. Wie sich ein Organisationsmitglied zu Rollenpartnern und Arbeitsgegenständen verhält, und ob es die angesonnenen inneren Kontrollen faktisch aufzubringen in der Lage ist, richtet sich deshalb nur in geringem Maße nach den Vergütungen, die ihm die Organisation für sein Verhalten in Aussicht stellt; die Bereitschaft, auf differentielle Vergütungen durch eine Veränderung des Arbeitsverhaltens zu reagieren, ist vielmehr das Resultat spezifischer Sozialisationsbedingungen. Bei der Lösung des Allokationsproblems versagt der von Tumin vorgeschlagene Mechanismus der Statusverteilung ebenso wie der, den die funktionalistische Schichtungstheorie unterstellt: die Befolgung regulativer Normen kann nämlich im allgemeinen nicht als Reaktion auf ausgesetzte Prämien, sondern nur als ein relativ starres Resultat vorangegangener Sozialisations- und Erziehungsprozesse begriffen werden.

4. Vor allem muß dieser Vergütungsmechanismus, der ein hohes Maß der Identifikation mit der Arbeitsaufgabe gewährleisten soll, deshalb versagen, weil die Tatsache der differentiellen Vergütung selber schon *verhindern* kann, daß die funktionalen Regulative im Arbeitsverhalten

praktiziert werden. Die Differenzierung von Arbeitseinkommen und Berufsstatus nach Merkmalen der Arbeitsrolle hat nämlich zur Folge, daß die Organisationsmitglieder ihr Arbeitsverhalten als Bestandteil eines Tauschprozesses interpretieren, der bar aller normativen Verpflichtungen ist. Nur auf der Basis der individualistischen Einkommens- und Aufstiegsorientierung kann dieses Tauschverhältnis dazu führen, daß zum Zwecke der individuellen Statusverbesserung auch Identifikationen und Loyalitäten, gleichsam als Gegenleistungen, ausgebildet und praktiziert werden. In den sozio-kulturellen Gruppen, die nicht durch ein individualistisches Statusbewußtsein gekennzeichnet sind, könnte die Beibehaltung des Tauschmodells bei der Statusverteilung gerade verhindern, daß regulative Normen als verpflichtend akzeptiert werden. An den Studien über die Funktionsweise von Lohnanreizen hatten wir bereits gesehen, daß in großen Gruppen der Arbeitnehmerschaft das Interesse an der Verbesserung des individuellen Status nicht ausreicht, die Ausnutzung auch der normativen Produktivkräfte zu sichern. Das gleiche gilt von der wachsenden Anzahl »professionalisierter« Berufe, in denen die Befolgung des »regulative code of ethics« ja von Statusmotiven nicht nur nicht stimuliert, sondern eher verhindert wird. Individualistische Statusmotive und die Regeln des beruflichen Handelns befinden sich auf weiten Gebieten der industriegesellschaftlichen Arbeit nicht mehr in jener liberalen Harmonie, in der solche Interessen als wirksamste Kontrollen eines erwartungsgemäßen Arbeitsverhaltens fungierten und die Tumin mit seinem Vorschlag restituieren möchte.

Die »professions« sind nur der deutlichste Beispielsfall für eine Antinomie zwischen Tauschprinzip und funktionaler Berufsausübung. Das Festhalten an jenem Prinzip, welches das Arbeitsverhalten durch die traditionellen Mechanismen von Belohnung und relativer Zurücksetzung zu kontrollieren versucht, unterbindet gerade das Aufkommen selbstwerthafter Regulative der Berufsausübung, die in immer größeren Bereichen der industriell-bürokratischen Arbeit eine wichtige Rolle spielen.

Als Alternative zu Tumins modifiziertem Modell der Leistungsgesellschaft, das freilich die Inadäquatheit des Leistungsbegriffes unter den Strukturbedingungen industrieller Arbeitsorganisationen zu reflektieren versäumt, verbliebe keineswegs nur das Modell einer mechanischen *Gleichverteilung* der Statusattribute, über deren Verteilung von den Institutionen der Arbeit entschieden wird. Die Konsequenzen, die aus der Kritik des Leistungsprinzips zu ziehen wären, könnte auch in einem Modell der Distribution bestehen, in dem der soziale Status von Merkmalen der Arbeitsrolle *gelöst* und auf *politischer* Ebene sanktioniert wird. Wir haben gesehen, daß schon heute die Unterschiedlichkeit im Arbeitseinkommen verschiedener Berufspositionen kaum mehr anders als durch eine akzeptierte Geltungshierarchie und traditionalistische Differenzen des Anspruchsniveaus verschiedener Berufsgruppen erklärt werden kann; doch die normative Basis der Einkommensstruktur ist von technischen Fiktionen und Rationalisierungen überlagert, deren Funktion darin besteht, die Statusunterschiede zwischen arbeitenden Individuen diesen als relativen Mangel oder Verdienst zuzurechnen und so über die normative, aber unexplizierte Werthierarchie von Arbeitsfunktionen hinwegzutäuschen. Die institutionell fixierten, aber fiktiven Kriterien des differentiellen Wertes von Arbeitsfunktionen werden um so absurder, je weniger sich – in diskontinuierlichen Organisationen – die »höheren« Positionen als ein »Vielfaches« der Anforderungen beschreiben lassen, die an untergeordnete Organisationsmitglieder gerichtet werden.

Dieser Widerspruch zwischen der Fiktion technischer Einkommensermittlung und der Tatsache normativer Einkommensverteilung fände seine Lösung in einem Modell der Distribution, das normative Geltungshierarchien auf politischer Ebene zur Disposition stellt und damit die Verteilung von Einkommen und sozialen Lebenschancen dem Prozeß einer öffentlichen Willensbildung angleicht. In einem solchen Prozeß würden dann freilich nicht mehr Kosten oder Produktivität von individueller Arbeit, sondern öffentlich sanktionierte Bedürfnisse arbeitender und auch der nicht-arbeitenden Bevölkerungsgruppen zum Kriterium der Verteilung.

Die durch den Mechanismus öffentlich bestimmter Bedürfnisse etablierten Statusgarantien könnten den Vorwand der technischen Statusdetermination ebenso wie individualistische Status-Motive außer Kraft setzen; denn diese haben nicht einmal das Argument ökonomischer Rationalität auf ihrer Seite, weil ihre »Anreizfunktion« unerfüllt bleibt, weil sie die Konformität mit extrafunktionalen Orientierungen erzwingen und weil die Rekrutierung von Personal auf dem Wege der individuellen Berufsmobilität zunehmend irrational wird. Wenn das leistungsgesellschaftliche Modell der Statusverteilung auch im *Selbstbewußtsein* industrieller Gesellschaften durch politisch vermittelte Statusgarantien abgelöst würde, so läge dieser soziale Wandel durchaus im Zuge einer gelegentlich diagnostizierten Umkehrung in der Entwicklungsrichtung industrieller Gesellschaften: die Tendenz »from status to contract« wird abgelöst durch die Tendenz »from contract to status« [13]. Doch brauchte diese Umkehrung, weil sie die Disziplinierungsfunktion des Leistungsprinzips abbauen und zugleich die funktionale Befolgung regulativer Normen motivieren könnte, keineswegs regressive Züge zu tragen.

Anmerkungen

1 Vgl. M. Young, *The Rise of Meritocracy*, London: Tames and Hudson 1958.
2 Vgl. L. Hack, *Was heißt schon Leistungsgesellschaft?*, neue kritik 7 (1966), H. 35, S. 23–32.
3 a. a. O., S. 28/29.

4 *The Triple Revolution*, Manifest des Ad Hoc Committee on the Triple Revolution, Santa Barbara 1964, p. 7.

5 Vgl. H. P. Bahrdt, *Industriebürokratie*, Stuttgart 1958, S. 123.

6 Vgl. Th. Luckmann und P. Berger, *Social Mobility and Personal Identity*, Eur. Arch. f. Soz. 5 (1964), pp. 331–344.

7 Vgl. W. Baldamus, *Der gerechte Lohn*, Berlin 1960.

8 a. a. O., S. 77.

9 Vgl. M. M. Tumin, *Rewards and Task Orientation*, ASR 20 (1955).

10 a. a. O., p. 421.

11 a. a. O., p. 419.

12 a. a. O., p. 421.

13 Vgl. T. H. Marshall, Class, *Citizenship, and Social Development*, Anchor Books 1963; P. F. Drucker, *The Employee Society*, AJS 58 (1952), pp. 358–363.

Bruno Fritsch
Wachstumsdenken und Ökologiekrise

1. Grenzen welchen Wachstums?

Selten standen sich Behauptungen so scharf gegenüber wie im Falle der *Kontroverse über das Wirtschaftswachstum.* Die *Ökologen* sagen: wenn wir das exponentielle Wachstum der Wirtschaft nicht sehr bald unter Kontrolle bekommen, geraten wir in eine globale Katastrophe, die sich aus der totalen Zerstörung unserer Umwelt durch Giftstoffe sowie aus der Erschöpfung der Rohstoffreserven zwangsläufig ergeben muß. Viele *Ökonomen* behaupten das Gegenteil: Eine wachsende Wirtschaft sei gerade für die Lösung der Umweltprobleme und für die Überwindung möglicher Rohstoffverknappungen durch neue Materialien und durch das Recycling erforderlich. Wer hat recht? Die Extremisten unter den Ökonomen, die – wie zum Beispiel Wilfred Beckerman – schlicht formulieren: »As regards water pollution, for example, we are only interested in mankind, not fishkind.« [1], oder die Ökologen zusammen mit den etwas verantwortungsbewußteren Ökonomen, die nicht müde werden, darauf hinzuweisen, daß unser gegenwärtiges Wirtschaftswachstum auf Raubbau beruhe und zu Lasten der künftigen Generationen gehe?

Wir wollen im folgenden aus der Fülle der widersprüchlichen Meinungen und Argumente, eine dem jetzigen Wissensstand gemäße *Zwischenbilanz* ziehen und die wichtigsten Zusammenhänge zwischen Wirtschaftswachstum und Stabilität der Ökosphäre aufzeigen. Dabei geht es uns hier weniger um die – zum Teil sehr gewichtigen – methodologischen und wissenschaftstheoretischen Einwände, die gegen die MIT-Studie von J. W. Forrester (World Dynamics) sowie gegen den von Dennis L. Meadows verfaßten Bericht des Club of Rome über die Grenzen des Wachstums erhoben worden sind. Vielmehr wollen wir die Kontroverse über die Grenzen des Wachstums – insbesondere die des wirtschaftlichen Wachstums – unter drei Aspekten behandeln, die in den beiden genannten Studien zu wenig berücksichtigt worden sind: dem *Strukturaspekt*, dem Aspekt der *Wärmebelastung*, die durch den Primärenergieverbrauch entsteht und dem *politischen Aspekt.*

Zum Strukturaspekt: für die Belastung der Umwelt sowie für die Frage der Ressourcenverknappung ist nur jener Teil der gesamten wirtschaftlichen Aktivität relevant, der direkt oder indirekt mit einer *Umstrukturierung von Material* verbunden ist. Andere Aktivitäten, wie zum Beispiel die im wirtschaftlichen Entwicklungsprozeß absolut und relativ zunehmenden *Dienstleistungen* sind – abgesehen vom Transport – weniger eng oder gar nicht mit einer Umstrukturierung von Material verknüpft. Dazu gehören kulturelle Errungenschaften, der größte Teil des Bildungssektors, die Bereitstellung von Problemlösungsverfahren, kurz alles, was man mit einem Modewort heute als »software« bezeichnet. Natürlich bleiben letzten Endes auch geistige Leistungen im materiellen Stoffwechselkreislauf verhaftet, doch sind die davon auf die Umwelt ausgehenden Effekte von so geringer Intensität, daß sie vernachlässigt werden können. Insofern diese materiell und also auch energetisch in keiner Weise die Umwelt belastenden Tätigkeiten als positiver Faktor in die Volkseinkommensrechnung eingehen, sind dem Wachstum *in diesem Bereich*, der näherungsweise mit dem sogenannten tertiären Sektor übereinstimmt, *keine* umweltbezogenen Grenzen gesetzt. Allerdings darf nicht übersehen werden, daß die Bereitstellung immaterieller Güter im gesamtwirtschaftlichen Zusammenhang eng mit der Entwicklung des primären (landwirtschaftlichen) und sekundären (industriellen) Sektors verknüpft ist, denn viele Dienstleistungen werden erst von einem gewissen Niveau materieller Tätigkeiten an erforderlich und ihrerseits auf einer bestimmten materiellen Basis überhaupt erbringbar. Denken wir nur zum Beispiel an die hochspezialisierten Dienstleistungen im Patentrecht oder an die Bereitstellung von Computerprogrammen.

Wenn von »Grenzen des Wachstums« die Rede ist, so kann dies sinnvollerweise nur bezogen werden auf Aktivitäten, die eine *Umstrukturierung von Material* erfordern. In diesem Bereich sind denn auch die schwerwiegenden Kontroversen zwischen einer bestimmten Gruppe von Ökonomen und der Gesamtheit von Ökologen in bezug auf die Beurteilung der Grenzen des Wachstums zu suchen.

Die Besonderheit einer großen Klasse von ökonomischen Modellen besteht darin, daß sie infolge der ihnen zugrunde gelegten Annahmen *selbstadaptive Prozesse* in Richtung auf bestimmte Gleichgewichtszustände beschreiben. Wenn ein Gut knapp wird, so steigt sein Preis relativ zu den Preisen der anderen Güter; es wird als Konsum- oder Investitionsgut deshalb von seiten der Nachfrager sparsamer verwendet – die Nachfrage nach diesem Gut geht also zurück –, während die Anbieter die Vorteile der Preissteigerung ausnützen wollen und deshalb mehr anbieten. Es stellt sich schließlich ein *Gleichgewichtspreis* ein, der Angebot und Nachfrage in Übereinstimmung bringt. Auch die *Wachstumstheorie* hat mutatis mutandis Modelle entwickelt, die mit anspruchsvollen mathematischen Methoden die Existenz von optimalen Wachstumspfaden nachweisen und die Bedingungen zum Beispiel für ein »golden age«-Wachstum aufzeigen. In dieser Modellwelt gibt es das Konzept der nichtregenerierbaren Ressourcen grundsätzlich nicht. Umweltbelastung bedeutet aus dieser Perspektive lediglich, daß die *»falschen Dinge zur falschen Zeit am falschen Ort«* liegen. Das läßt sich gemäß dieser Auffassung durch eine geeignete Wirtschaftspolitik korrigieren, die dafür sorgt, daß auf der Basis des Verursacherprinzips die volkswirtschaftlichen

Kosten den Verursachern angelastet werden. Dadurch würden die Produktionsprozesse »optimal« den Umweltbedingungen angepaßt und die Umwelttechnologie gefördert. Was an Ressourcen nicht regenerierbar ist, würde durch andere Stoffe *substituiert*. Dem menschlichen Erfindergeist sind keine Grenzen gesetzt – deshalb sei auch der technische Fortschritt und mit ihm das wirtschaftliche Wachstum im Prinzip »grenzenlos«. Soweit die Thesen zumindest einiger Ökonomen, die der neoklassischen Schule nahestehen.

Eine solche Konzeption unterstellt, daß es mit Hilfe einer umweltorientierten Wirtschaftspolitik bei fortschreitender Umwelttechnologie möglich sei, die gesamten wirtschaftlichen Umsetzungsprozesse im materiellen Bereich so zu organisieren, daß sie selbst bei steigendem Niveau (Wachstum) jeweils *unterhalb der kritischen Belastungsgrenzen des Ökosystems bleiben*. Geht man davon aus, daß die Aufnahmefähigkeit des aus vielen vermaschten Subsystemen bestehenden ökologischen Globalkreislaufs gegenüber Störungen begrenzt ist, dann würde »Wachstum« nur möglich sein im Sinne von »wachsender Fähigkeit«, das knappe Gut (= begrenzte Aufnahmefähigkeit des Ökosystems gegenüber Störungen) auf bestmögliche Weise zu nutzen. Oder als Optimierungsproblem formuliert: Man maximiere den materiellen Output zu minimalen Kosten unter Berücksichtigung aller einschränkenden Nebenbedingungen, die sich aus der limitierten Aufnahmefähigkeit des Ökosystems für Störungen ergeben. Daraus könnte man sodann eine Ökonomie »höherer Ordnung« ableiten und nachweisen, daß »Wachstum« zumindest im Sinne von »intensivem Wachstum« mit der Stabilität des globalen Ökosystems vereinbar sei.

Theoretisch wäre eine solche Möglichkeit denkbar; *praktisch* ist sie jedoch aus folgenden Gründen extrem unwahrscheinlich:

Zunächst können die *»einschränkenden Nebenbedingungen«* eines mit der Stabilität des Globalsystems konsistenten Wirtschaftswachstums heute noch gar nicht exakt und vollständig angegeben werden, so daß eine stabilitätsorientierte Globalpolitik selbst dann nicht definiert werden könnte, wenn wir optimistisch genug wären, anzunehmen, ihrer Realisierung stünden keine interessebedingten Hindernisse entgegen. Was wir heute tun, beschränkt sich im wesentlichen auf die Festlegung von *Maximalwerten für eine Reihe von Schadstoffen*, die in die Gewässer und in die Atmosphäre gehen dürfen. Damit haben wir aber noch lange nicht alle materiellen Umsatzprozesse menschlicher Tätigkeit in den geschlossenen Kreislauf der Biosphäre eingefügt, sondern nur einen ersten, wahrscheinlich unzulänglichen Schritt getan. Es könnte nämlich durchaus möglich sein, daß sogar bei einer völlig emissionslosen Produktionstechnik (»zero-discharge«) das komplizierte Ökosystem der Erde dennoch in eine kritische Instabilität gerät.

Zum Problem der Wärmebelastung: Wenn vom wirtschaftlichen

Wachstum die Rede ist, meint man damit meistens sogenanntes exponentielles Wachstum. Das ist ein Wachstum, bei welchem die *relativen* Zuwachsraten pro Zeiteinheit, also z. B. pro Jahr, konstant bleiben. Der Zuwachs entspricht der uns von der Schule her bekannten Zinseszinsformel. Jedes exponentielle Wachstum ist dadurch gekennzeichnet, daß es sehr schnell in astronomische Ausmaße führt. Wächst z. B. das Volkseinkommen mit 6% im Jahr, dann dauert es bis zur Verfünffachung bloße 28 Jahre; bereits in 40 Jahren ist das Volkseinkommen – man könnte als Beispiel auch irgendeine andere Größe nehmen
– auf das Zehnfache seines Ausgangswertes gestiegen.

Im Prozeß des exponentiellen Wirtschaftswachstums treten deshalb früher oder später *Begrenzungen* auf, und zwar
- durch Erschöpfung nichtersetzbarer Ressourcen,
- durch die Belastung der Umwelt mit toxischen Stoffen und der Auslösung gleichgewichtstörender Prozesse sowie
- durch Schrumpfung des Nahrungsmittelspielraums im Falle anhaltend wachsender Bevölkerung.

Eine *Ausweitung des Wachstumsspielraums* kann erfolgen
- bei den Ressourcen: durch die Wiederverwendung von Rohstoffen (Recycling) sowie durch Verwendung von Ersatzstoffen (Substitution),
- bei der Umweltbelastung: durch Maßnahmen des technischen Umweltschutzes und
- beim Nahrungsmittelspielraum: durch neue Methoden der Nahrungsmittelproduktion, einschließlich synthetischer Nahrungsmittel sowie neuen Methoden der Proteinerzeugung.

Seien wir optimistisch und nehmen wir an, die Umstrukturierung der Produktionsprozesse sei bis zum »zero-discharge«-Niveau vollzogen worden; nehmen wir weiter an, das Rohstoffproblem sei durch Recycling und Substitution sowie durch beliebig viele neue Funde gelöst und die Entsorgung der Umwelt habe ihrerseits mit umweltschonenden Technologien befriedigend vollzogen werden können. Haben wir damit die berühmte *»Raumschiffökonomie«* bereits realisiert und dürfen wir nunmehr hoffen, ein »ewiges« Leben in Harmonie mit unserer Umwelt zu erhalten? Die Antwort darauf hängt davon ab, ob der für die Aufrechterhaltung eines solchen Idealzustandes erforderliche Energieaufwand und die damit unweigerlich anfallende *Abwärme* auf lange Sicht das natürliche Fließgleichgewicht von Sonneneinstrahlung und Abstrahlung im System Erde – Atmosphäre stört oder nicht. Dazu einige Größenordnungen [2]: Die Gesamteinstrahlung durch die Sonne auf das System Erde – Atmosphäre beträgt 10^{14} kW. Fast ebensoviel (bis auf jenen sehr kleinen Teil von Energie, der durch Photosynthese gebunden wird) strahlt das System Erde – Atmosphäre wieder ab. 35% werden direkt reflektiert, 22% von der Atmosphäre absorbiert und wieder abgestrahlt, 43% erreichen die Erdoberfläche und werden in Wärme umgewandelt.

Das Problem besteht darin, daß das natürliche Fließgleichgewicht von Sonneneinstrahlung und Abstrahlung im System Erde – Atmosphäre durch den Primärenergieverbrauch, der mit der wirtschaftlichen Aktivität (= Umstrukturierung von Material) verbunden ist, empfindlich gestört werden kann. Dies ist um so wahrscheinlicher, als gerade die Ausweitung des umweltkonsistenten Wachstumsspielraums durch Umweltschutzmaßnahmen, Recycling sowie – mit wachsender Weltbevölkerung – durch die Erhöhung der landwirtschaftlichen Produktion und/oder Produktivität ihrerseits einen *höheren Energiebedarf* bedingt.

1970 betrug der *Primärenergieverbrauch* der Welt $55 \cdot 10^{12}$ kWh/Jahr. Das entspricht etwa 1/220% der mittleren Sonnenenergiezufuhr. Man kann nun die Frage stellen, wann der Primärenergieverbrauch der Erde 1% oder 10% der mittleren Sonnenenergiezufuhr erreichen wird. Geht man von den UNO-Schätzungen aus, die bis zum Jahr 2000 mit einer mittleren Wachstumsrate des Weltenergieverbrauchs von 5,7% p. a. rechnen, und nimmt man an, daß sich diese Wachstumsrate nicht erhöhen wird (was eher optimistisch ist), dann würde der 1%-Wert in *95 Jahren* erreicht sein. Für das *Festland* allein gelangt man auf 1% der Sonnenenergiezufuhr bereits in *75 Jahren.* Analog gelten folgende Werte, bezogen auf das Ausgangsjahr 1970: für die USA: *60 Jahre*, für die BRD: *7 Jahre.*

Rechnet man aus, wie lange es braucht, bis der durch menschliche Tätigkeiten bedingte Primärenergieverbrauch 10% der mittleren Sonnenenergiezufuhr erreichen wird, ergeben sich (nach Meyer-Abich) folgende Werte:

Erdoberfläche:	140 Jahre	(bei 5,7% Wachstum pro Jahr)
Festland:	115 Jahre	(bei 5,7% Wachstum pro Jahr)
USA:	120 Jahre	(bei 4,0% Wachstum pro Jahr)
Nordost USA:	80 Jahre	(bei 4,0% Wachstum pro Jahr)
BRD:	67 Jahre	(bei 4,0% Wachstum pro Jahr)

Beim gegenwärtigen Wissensstand rechnet man damit, daß eine Zunahme der Energiezufuhr an das System Erde – Atmosphäre von 1% eine *Temperaturänderung* von 1 bis 1,5° C zur Folge hat. Bei den bestehenden Zuwachsraten des Primärenergieverbrauchs ist deshalb damit zu rechnen, daß in spätestens 150 Jahren das *Fließgleichgewicht des Systems »Sonneneinstrahlung – Erde – Atmosphäre« global empfindlich gestört* wird. Die durch die Erwärmung ausgelösten klimatischen Veränderungen des Systems Erde – Atmosphäre sind in ihren Folgen im einzelnen heute noch nicht absehbar. Wenn man aber bedenkt, daß globale Temperaturänderungen von nur einigen Grad Celsius den Unterschied zwischen Eiszeit und unserer gegenwärtigen Situation ausmachen, dann wird man vermuten dürfen, daß durch diese Prozesse das *Weltklima* in einer historisch schon sehr nahen Zukunft tiefgreifend und vielleicht *irreversibel* verändert wird.

Wir gelangen deshalb zum Schluß, daß die umweltfreundliche Produktionsstruktur zwar eine notwendige, jedoch nicht hinreichende Bedingung für die Erhaltung des globalen Gleichgewichts unseres Ökosystems ist. Vielmehr muß die Einfügung der materiellen Produktionsprozesse der modernen technischen Gesellschaft in die allgemeine Stoffzirkulation der Umwelt bei einem Energieverbrauch realisierbar sein, der das oben beschriebene Fließgleichgewicht Sonneneinstrahlung – Erde – Atmosphäre *nicht* stört. Ob das auf dem materiellen Aktivitätsniveau der modernen Industriestaaten mit der heute verfügbaren Technologie überhaupt noch möglich ist, hat bisher niemand berechnet. Das Dilemma besteht darin, daß wir auf lange Sicht den Energieverbrauch senken müßten, während wir in Zukunft für den technischen Umweltschutz und für das Recycling *mehr Energie* brauchen werden als bisher.

Gibt es einen *Ausweg* aus diesem Dilemma? Man könnte zunächst eine vermehrte *Nutzung der Sonnenenergie* anstreben, denn diese Form des Energiekonsums bewirkt keine Störung des Fließgleichgewichts. Aber selbst bei größten technischen Fortschritten auf dem Gebiet der Sonnenzellen sind dieser Art der Energienutzung *enge Grenzen* gesetzt. Bleibt noch die Nutzung von Wasserkraft sowie geothermischer Vorkommen, beziehungsweise der *Gezeitenenergie.* Im Vergleich zum globalen Energiebedarf, wie er zu erwarten ist, sind diese Energiequellen jedoch entweder nicht ausreichend oder nicht voll nutzbar. Nimmt man hingegen zu den fossilen Brennstoffen noch die in nuklearen Stoffen gebundenen Energievorräte hinzu, dann können die gesamten Energievorräte der Welt praktisch als unbegrenzt bezeichnet werden. Es ist die aus der *Verwertung* dieser Energieträger resultierende *Abwärme*, die uns *Grenzen des Energieverbrauchs* auferlegt, von welchen sich sodann die zulässigen Aktivitätsniveaus für alle weiteren materiellen Tätigkeitsbereiche des Menschen – also auch für die wirtschaftlichen – zwingend ableiten.

Es wäre nicht überraschend, wenn die erste grobe Abschätzung dieser energetisch zulässigen Aktivitätsniveaus für die heutigen Industrieländer zum Ergebnis führen würde, daß diese Länder bereits über das weltweit zulässige Maß »hinausgeschossen« sind. Das es auf der anderen Seite Länder gibt, deren materielles Aktivitätsniveau nur $1/_{40}$ des amerikanischen beträgt, müßte es zu einer *internationalen Umverteilung* von Aktivitätsniveaus auf der Basis eines *Quotensystems* kommen. Erschwerend wirkt der Umstand, daß wir durch die Nutzung der auf dem Globus »gespeicherten« fossilen und nuklearen Energie die Entropie des Systems und damit den Grad seiner Instabilität erhöhen. [3]

Eigentlich dürfte es zwischen Ökonomie und Ökologie keinen materiellen Gegensatz geben. Wenn er im Laufe der Entwicklung, die die Ökonomie als Wissenschaft nahm, dennoch entstand, dann deshalb, weil sich die Ökonomie auf die Analyse eines *Subsystems* spezialisiert hat, dessen Regelmechanismen auf das Zusammenwirken von speziellen (konvexen) Produktions- und Nutzenfunktionen unter der Annahme der Existenz freier Güter beschränkt sind. Von dieser relativ schmalen Basis aus hat die ökonomische Theorie mit viel intellektuellem Aufwand eine in sich geschlossene und konsistente Welt geschaffen. Sie hat vor allem in der Wachstumstheorie Ergebnisse erarbeitet, die manchmal auch Mathematiker zu begeistern vermögen. Leider sind diese Ergebnisse von nur rein intellektuellem Interesse und für die Lösung der *wirklichen* Wachstumsprobleme, denen wir uns heute global gegenübergestellt sehen, völlig irrelevant.

Fassen wir die bisherigen Ergebnisse unserer Betrachtungen zusammen:
Das Problem der *Wachstumsgrenze* stellt sich nur im Zusammenhang mit solchen Aktivitäten, die eine Umstrukturierung von Material darstellen. Begrenzungen können auftreten durch *Belastung der Umwelt* mit Schadstoffen, durch *Verknappung von Ressourcen*, durch die *Schrumpfung des Nahrungsspielraums* bei wachsender Bevölkerung sowie durch direkte *Wärmezufuhr* aus der Verwertung von Energie.

Da energetisch nicht relevante Aktivitäten des Dienstleistungssektors ebenfalls Bestandteil des Sozialprodukts sind, besteht für diesen Teil der wirtschaftlichen Tätigkeit keine direkte Wachstumsbeschränkung. Indirekt ist eine Begrenzung nur insofern gegeben, als die Beanspruchung und Erbringung von Dienstleistungen mit dem Niveau materieller Umstrukturierungen in den übrigen Wirtschaftssektoren zusammenhängt.

Auch wenn es gelänge, den technischen Umweltschutz mittels einer omnipotenten Umwelttechnologie bis zum »zero-discharge« aller Prozesse zu perfektionieren, wenn es ferner gelänge, das Rohstoffproblem durch kontinuierliches Recycling und mittels Substitution zu lösen, und selbst wenn wir in der Lage wären, den Nahrungsspielraum durch eine umweltkonsistente Produktionssteigerung der natürlichen und synthetischen Nahrungsmittel zu erweitern, wäre der angestrebte Gleichgewichtszustand des gesamten Ökosystems damit keineswegs gewährleistet. Eine wirkliche Stabilität wäre erst dann zu erhoffen, wenn es gelänge, den Zustand des »zero-discharge« bei steigender Gesamtproduktion, zunehmendem Recycling und sich ausdehnendem Nahrungsspielraum mit Energieinputs zu realisieren, deren Niveau bezüglich der damit anfallenden Abwärme das Fließgleichgewicht »Sonneneinstrahlung – Erde – Atmosphäre« nicht wesentlich stört. Ob dies bei einem für die Menschheit als Ganzes ausreichenden Niveau materieller Transformationen mit den heute bekannten Technologien überhaupt möglich ist oder ob schon auf dem *jetzigen Stand* zunächst eine weltweite Umverteilung von energetisch relevanten Aktivitätsniveaus zwischen entwickelten Industrienationen und den Entwicklungsländern stattfinden muß, bleibt noch zu berechnen.

Damit sind wir beim *politischen Aspekt* der Wachstumsbegrenzung angelangt. Die internationale Umverteilung von Aktivitätsniveaus ist nur die eine Seite des Problems. Die andere ist in der begrenzten Leistungsfähigkeit des Marktsystems gegeben. *Theoretisch* gibt es zu jedem Verknappungsgrad einen Gleichgewichtspreis, d. h. einen Preis, bei welchem das Angebot gleich groß ist wie die Nachfrage. In der *Wirklichkeit* kann der Preis für ein bestimmtes Gut jedoch nicht beliebig steigen, denn von einer bestimmten Höhe an treten soziale Gerechtigkeitsprobleme auf. Wenn z. B. der Benzinpreis auf 5 DM pro Liter steigt, dann entsteht sofort die Frage, ob dieser Preis für eine Hebamme, die mit ihrem Wagen in abgelegene ländliche Gebiete fahren muß, ebenso gültig ist wie für den reichen Playboy, der mit seinem Jaguar Freundinnen ausfährt. Das im Prinzip gleiche Problem stellte sich bei der Rationierung von Lebensmitteln im Krieg. Da jede Rationierung nach Kriterien erfolgen muß, die *andere* Faktoren als die Kaufkraft berücksichtigen, entsteht das politische Problem der Kriterienwahl und der Bewertung. Es ist anzunehmen, daß die Regulationsfähigkeit des durch Abgaben und Subventionen korrigierten Marktmechanismus westlicher Industrienationen noch nicht voll ausgeschöpft ist; aber von einem bestimmten Punkt an werden wir ganz eindeutig politische Entscheidungen treffen müssen. Zum Teil geschieht dies schon heute: Toleranzgrenzen, Grundsätze der Raumordnung, Leitbilder für die Besiedlung usw. sind Beispiele dafür. Im Gegensatz zur Lebensmittelrationierung im Krieg ist die Auswahl, Festlegung und Bewertung von Kriterien für eine ökologisch orientierte Umstrukturierung des Wachstumsprozesses sehr viel schwieriger. Sie muß sich auf genaues Datenmaterial verschiedener Wissenschaftszweige sowie auf die von den Ingenieuren angebotenen technischen Lösungsmöglichkeiten stützen, was in Anbetracht der Unsicherheit vieler Meßergebnisse und Schätzungen von ökologischen Zusammenhängen schwer ist; im politischen Raum entstehen durch solche Unsicherheiten Pattpositionen, weil keine Partei bereit ist, die Verantwortung zu übernehmen, solange nicht eindeutig nachgewiesen werden kann, daß sie z. B. Umweltschäden verursacht und deshalb Vermeidungskosten tragen bzw. Schadenersatz leisten muß.

Im großen und ganzen sind jedoch die entwickelten Industrienationen auf Grund ihres höheren technischen Könnens besser in der Lage, mit diesen Problemen fertig zu werden, als die Entwicklungsländer, wo die Probleme nicht minder komplex sind, obwohl sie sich noch auf einem niedrigeren Niveau wirtschaftlicher Aktivität befinden. [4] In einem könnten uns die Entwicklungsländer jedoch – zumindest vorläufig noch – etwas voraus haben: dadurch, daß sie sich immer noch im Bereich der Basisbedürfnisse befinden und noch nicht in den Prozeß der künstlichen Bedürfnisproduktion und des Konsumzwangs geraten sind, könnten sie durch eine systematisch betriebene Längerlebigkeit von Produkten ein umweltkonformes und zugleich die materielle Lebenshaltung verbesserndes Wirtschaftswachstum realisieren. Darin, und nicht im Wachstum der neuen Umweltschutzindustrien liegt die echte Chance einer Lösung des bisher so unüberwindlich erscheinenden Widerspruchs zwischen Wachstumsbegrenzung und der Aufrechterhaltung bzw. Verbesserung der materiellen Lebenshaltung. [5]

Langfristig und global geht es darum, ein dynamisches Gleichgewicht zwischen den durch die Menschen betriebenen technisch-ökonomischen Aktivitäten und ihren Auswirkungen auf die Umwelt zu finden. Das wäre ohne eine Einschränkung unseres Lebensstandards nur dann möglich, wenn es gelänge, das Bevölkerungswachstum sofort zu stoppen. Das ist aber unmöglich. Allenfalls könnte die Weltbevölkerung bis zum Jahr 2010 auf einem Niveau von 7–9 Mrd. Menschen stabilisiert werden. Bis dahin werden wir sowohl die steigenden Aspirationen der heute lebenden 3,7 Mrd. Menschen als auch die materiellen Bedürfnisse der noch kommenden 4–5 Mrd. Menschen zu verkraften haben. Das wird einen internationalen Run auf die Rohstoffe sowie zusätzliche Kapitalaufwendungen für Forschung und neue Technologien für Umweltschutz, Rohstoffsubstitution, Recycling, Ausbau neuer Energiequellen usw. zur Folge haben. Verschärft wird die Situation noch dadurch, daß wir bereits angelaufene Umweltstörungen abbauen müssen. Aus all diesen Gründen wird der reale Lebensstandard in den kommenden Jahren entweder sinken oder zumindest nicht mehr so rasch wachsen wie bisher.

Das wiederum wird sowohl intra- als auch international zu einer *Intensivierung des Verteilungskampfes* und damit zu sozialen Unruhen bzw. zu einer Verstärkung des internationalen Klassenkampfes führen.

Es sind diese politischen und sozialen Probleme, die im Prozeß der Wachstumsbegrenzung schon jetzt auf uns zukommen, lange *bevor* wir die absolute, unverrückbare Wachstumsgrenze erreichen, die uns wegen der durch den Energieverbrauch entstehenden Abwärme auch dann gesetzt ist, wenn wir in der Lage wären, die materielle Produktion ohne jegliche Belastung der Umwelt zu erhöhen.

2. Ökologie und internationale Politik

Es wird heute viel von der Erschöpfung der Rohstoffreserven und der Energiequellen gesprochen. Bevor wir jedoch deswegen in Schwierigkeiten geraten, entstehen uns sehr viel ernstere Probleme aus der rapiden Verknappung einer wesentlich wichtigeren »Ressource«, nämlich der *Belastbarkeit der Biosphäre*. Sie ist, nach allem was wir heute über die zahlreichen engvermaschten Rückkopplungsprozesse wissen, begrenzt. Die Auseinandersetzung zwischen den Industrieländern und den Entwicklungsländern erweist sich deshalb mehr und mehr als ein Verteilungskampf um die Anteile an diesem im Prinzip konstanten Belastungsniveau. Sehr anschaulich hat H. Rausch diese Situation beschrieben: »Die heutige Umweltbelastung stammt zum größten Teil von jenem Drittel der Menschheit, das in den industrialisierten Ländern lebt; würden die anderen zwei Drittel den Prozeß der Industrialisierung nachvollziehen, so nähme die globale Belastung allein schon deswegen (ganz abgesehen vom weitern Wachstum der Industriestaaten) ein mehrfaches des heutigen Ausmaßes an; also besteht das Problem darin, die Entwicklung in der dritten Welt so zu steuern, daß sie die Umwelt möglichst wenig zusätzlich belastet.« [6]

Man kann diese Situation in einer Graphik wie folgt veranschaulichen:

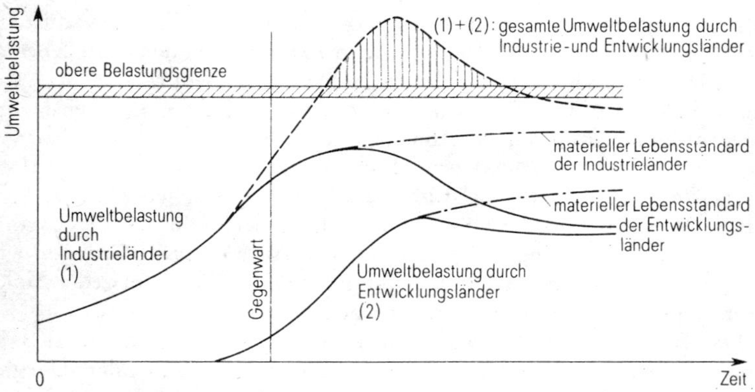

Gegenwärtig entfällt der größte Teil der Umweltbelastung auf Industrieländer. Dies wird durch die Kurve (1) zum Ausdruck gebracht. Durch das wirtschaftliche Wachstum der Entwicklungsländer entsteht nun auch eine Umweltbelastung, jedoch auf wesentlich niedrigerem Niveau; dies wird durch die Kurve (2) dargestellt. Gehen wir von der gegenwärtigen Situation aus, die mit einem vertikalen Strich angedeutet ist, so sehen wir, daß die gesamte Umweltbelastung, die sich aus der Summe der Umweltbelastungen der beiden Ländergruppen ergibt (gestrichelte Linie), noch unterhalb der oberen Belastungsgrenze liegt. Aber selbst wenn wir optimistischerweise annehmen, daß es in der nächsten Zeit den Industrieländern möglich sein wird, die Umweltbelastung nicht nur relativ, sondern auch absolut zu senken, ist die Wahrscheinlichkeit, daß wir die obere Belastungsgrenze überschreiten deshalb so groß, weil in der Zwischenzeit das wirtschaftliche Wachstum und damit die Umweltbelastung in den Entwicklungsländern ansteigt. Wollen wir nochmals optimistisch sein und annehmen, daß diese Länder nach einer gewissen Zeit in der Lage und willens sein werden, die durch ihr wirtschaftliches Wachstum verursachte Umweltbelastung relativ und absolut zu senken. Die Belastungsniveaus der beiden Ländergruppen würden sich dann ungefähr angleichen. Man könnte sich vorstellen, daß wir dann mit der gesamten Umweltbelastung wieder aus der kritischen Phase herauskommen könnten.

Aber selbst wenn wir unseren Überlegungen alle diese optimistischen Annahmen zugrunde legen, wird sich eine Überbelastung der Umwelt nicht vermeiden lassen. Der materielle Lebensstandard der Industrie- und der Entwicklungsländer wird – und das ist wiederum eine sehr optimistische Annahme – zumindest nicht weiter steigen, sondern sich auf einem gewissen Niveau einpendeln, wobei nach wie vor ein Unterschied zwischen dem Niveau der Industrieländer und demjenigen der Entwicklungsländer bestehen bleibt. Man könnte ohne weiteres eine wesentlich ungünstigere und vielleicht realistischere Entwicklung aus diesen Zusammenhängen ableiten: Nach Forrester und Meadows ist die Überschreitung der oberen Belastungsgrenze der Biosphäre unweigerlich mit einer empfindlichen Reduktion des materiellen Lebensstandards verbunden. Das würde bedeuten, daß wir nicht eine Angleichung an ein bestimmtes Niveau, sondern eine absolute Senkung erwarten müßten. Welche Folgen sich daraus für die weltweite Konfliktsituation ergeben, liegt auf der Hand.

Was ist nun von einer solchen Darstellung zu halten und welche Chancen hat die internationale Ökologiepolitik, um die hier skizzierte Entwicklung zu vermeiden? Bevor wir diese Frage einigermaßen erschöpfend beantworten können, müssen wir sehen, was eigentlich unter »Belastung der Biosphäre« zu verstehen ist. In diesem Zusammenhang bin ich auf eine Formulierung von Professor J. M. Burgers gestoßen, die auf das Jahr 1943 (!) zurückgeht: »Die überwiegende Mehrheit der menschlichen Handlungen besteht darin, daß Ordnungsformen auf Kosten von etwas aufgebaut werden, das in anderer Hinsicht ebenfalls als Ordnung betrachtet werden konnte. Eine genauere Kenntnis dieses Phänomens ist von großer praktischer Bedeutung, vor allem im Zusammenhang damit, daß (wenn man von der Sonnenenergie absieht, welche die Erde empfängt) die Erde für uns ein abgeschlossenes Milieu darstellt. Das gedankenlose Niederreißen, vor allem aber das achtlose Wegwerfen der Abbruch- und Abfallprodukte, ohne die Folgen in Betracht zu ziehen, bringt die Gefahr einer Verarmung und Vergiftung mit sich, deren Ernst wir kaum begreifen.« Professor Burgers fährt fort: »Solange die Zahl der Menschen noch kleiner war, war diese Frage nur von geringer Bedeutung; denn anstelle der verdorbenen Gebiete konnten damals immer wieder neue genutzt werden, und unterdessen wurden in der umgebenden Natur regenerierende Kräfte wirksam. Jetzt aber umfaßt das Gebiet, welches in die Tätigkeit einbezogen ist, nahezu die gesamte Erde, und diese Tatsache ist uns deutlicher bewußt geworden als je zuvor.« [7]

Man könnte meinen, diese Zeilen seien einer der zahlreichen Publikationen entnommen, die sich heute mit dem Problem des Umweltschutzes befassen. Störungen der Biosphäre gab es historisch schon immer. Sie können entweder natürlichen Ursprungs sein (Vulkanausbrüche, Erdbeben usw.) oder von Menschen verursacht sein (sogenannte anthropogene Ursachen). In der erdgeschichtlichen Entwicklung gab es globale Klimaschwankungen, deren Ursachen noch nicht vollkommen erforscht sind. Wir wissen, daß seit dem Beginn höher organisierten Lebens auf der Erde, d. h. vor 550 Mio. Jahren der Sauerstoffgehalt der Atmosphäre um 1–2 Zehnerpotenzen zunahm. In mehr als 90% dieser Zeit waren beide Pole eisfrei, während es in den letzten Jahrmillionen 4–6mal zum Aufbau von weitgespannten Inland-Eisdomen in Nordamerika und in Europa kam. [8] Die Biosphäre ist durch eine beinahe unendliche Zahl von ineinander vermaschten Kreisläufen und Fließgleichgewichten gekennzeichnet. Sie haben sich im Laufe der Jahrmillionen bis zu der heutigen Differenziertheit und relativen Stabilität entwickelt. Folgende Eigenschaften charakterisieren dieses komplexe System: es ist erstens hochorganisiert, ferner ist es, wie schon angedeutet, in geologischen Zeiträumen gewachsen und schließlich hat es die autogene Tendenz zur Wiederherstellung des eigenen Gleichgewichtszustandes innerhalb bestimmter Grenzen. Werden diese Grenzen überschritten, dann ereignet sich ein Kollaps, ähnlich wie wir es etwa beim »Umkippen« der Seen heute beobachten können. Die von Menschen auf die Biosphäre ausgehenden Wirkungen sind durch zwei Eigenschaften charakterisiert: 1. durch das hohe Aktivitätsniveau, d. h. durch einen nunmehr signifikant werdenden Einfluß auf die globalen Prozesse innerhalb der Biosphäre und 2. durch die dem wirtschaftlich-technischen Prozeß innewohnende Tendenz zur Beschleunigung.

Vergleicht man diese beiden Phänomene, nämlich die Eigenschaften der Biosphäre einerseits und die der menschlichen Tätigkeiten andererseits, so wird deutlich, daß sich daraus für eine auf den Schutz der Biosphäre ausgerichtete Politik zumindest zwei große Hindernisse ergeben: 1. steht, nach allem was wir wissen, nicht mehr viel Zeit zur Verfügung, zumal die anthropogenen Aktivitäten mit einer exponentiellen Rate zunehmen; 2. wissen wir noch zu wenig über die komplexen Wechselwirkungen von Mensch und Biosphäre, als daß wir daraus bis ins einzelne gehende Anweisungen für unser praktisches Handeln ableiten könnten. Das kann zur Folge haben, daß die dringend erforderlichen praktischen Maßnahmen hinausgezögert oder gar blockiert werden.

Wir haben schon darauf hingewiesen, daß die Globalität der ökologischen Auswirkungen im Widerspruch steht zur Souveränität des Nationalstaates. Im Grunde genommen geht aber dieser Widerspruch noch weiter. Denn an der Umweltschutzpolitik sind nicht nur Staaten beteiligt, sondern auch Haushalte, Gemeinden, Regionen und, über die Staaten hinausgehend, die internationalen Organisationen. Innerhalb dieser einzelnen Gruppen kommt es jeweils zu einem Interessenabtausch;

auf internationaler Ebene z. B. zwischen den Industrieländern und den Entwicklungsländern. Das wurde bereits deutlich an der Stockholmer Umweltschutzkonferenz. Dort machten die Entwicklungsländer geltend, daß es bei ihnen auch ein Umweltproblem gebe, nämlich das der Armut, der mangelhaften Behausung, der ungenügenden Ernährung, des verseuchten Wassers und der fehlenden ärztlichen Pflege. Auf der Basis der unmittelbaren Lebensbedingungen ist die Umwelt in den Entwicklungsländern für den Menschen viel bedrohlicher als in den Industrieländern. Deshalb wurde auf dieser Konferenz gefordert, daß die Industriestaaten den Entwicklungsländern gegenüber keine neuen Handelshemmnisse unter dem Vorwand des Umweltschutzes einführen und daß die Umweltschutzmaßnahmen nicht auf Kosten der Entwicklungshilfe gehen sollen.

Das Verhältnis der Entwicklungsländer zu den Industrieländern wird langfristig durch zwei Faktoren bestimmt, die Gegenstand eingehender Untersuchungen sind: 1. durch Auswirkungen der Rohstoffverknappung und 2. durch die Auswirkungen der Technologie auf die wirtschaftliche und gesellschaftliche Situation der Entwicklungsländer. Die Weltbank hat die Frage geprüft, wie weit die Entwicklungsländer in der unmittelbaren Zukunft in der Lage sein werden, ähnlich den Ölstaaten, auf gewissen Rohstoffsektoren gegenüber den Industrieländern die OPEC-Erpressungs-Strategie durchzusetzen. Man hat festgestellt, daß bei den knappen Rohstoffen, nämlich Kupfer, Wolfram, Blei, Zink, Zinn und Silber, lediglich bei Kupfer und Zinn große Vorkommen in den Entwicklungsländern liegen, während die andern Rohstoffe entweder in den entwickelten Industrienationen des westens oder in den zentralgeplanten sozialistischen Wirtschaften vorkommen.

Die von der Weltbank gegebene Aufteilung sieht wie in Tabelle I nebenan dargestellt aus.

Das schließt nicht aus, daß die Entwicklungsländer in den kommenden Jahren vom allgemeinen Preisanstieg der Rohstoffe profitieren können. Doch wird sich dieser Anstieg aller Wahrscheinlichkeit nach real deshalb in Grenzen halten, weil selbst bei Wachstumsraten des Verbrauchs von 4 und 5% pro Jahr bei den meisten Rohstoffen noch genügend Reserven vorhanden sind. So reichen die Reserven, unter Berücksichtigung der gegenwärtigen und zukünftigen Verbrauchszunahme nach den Angaben der Weltbank, bei Pottasche für 1700 Jahre, bei Phosphor für 350 Jahre, bei Magnesium für 250 Jahre, bei Chrom für 150 Jahre und bei Eisen für 100 Jahre aus. Für rund 50–70 Jahre reichen die heute bekannten Reserven bei Schwefel, Bauxit, Kobalt, Nickel, Mangan, Molybdän und Titan.

Tabelle I
Rohstoffvorkommen: Verteilung der Vorkommen nach Regionen in %

	Industrieländer	*Entwicklungsländer*	*Sozialistische Länder*
Kupfer	37	47	16
Wolfram	13	12	75
Blei	66	21	13
Zink	65	23	12
Zinn	4	79	17
Silber	40	24	36

Quelle:
International Bank for Reconstruction and Development, »What are the opportunities for raising LDC's earnings from exports of non-fuel minerals through OPEC-type cooperation?« 1972, Memorandum.

Ingesamt kann man also sagen, daß während der bevorstehenden 10–20 Jahre kaum mit einer derartigen Erpressung zu rechnen ist, wie wir sie auf dem Ölsektor erleben mußten. Dafür spricht auch der Umstand, daß die wenigen relativ knappen Rohstoffe, deren Hauptvorkommen in den Entwicklungsländern liegen, also Kupfer und Zinn, Ländern gehören, die für eine Erpressungspolitik dieses Stils zu schwach sind.

Der andere Aspekt, nämlich die Rolle des technischen Fortschritts, wird unterschiedlich bewertet. Während die Verfasser des sogenannten Founex-Reports, der von einer Expertengruppe für die Stockholmer Konferenz vorbereitet worden ist, den positiven Auswirkungen des technischen Fortschritts große Bedeutung beimessen, hat sich in Stockholm gerade die japanische Delegation unter Hinweis auf ihre Erfahrungen eher skeptisch gezeigt. Bei einer näheren Betrachtung der Zusammenhänge wird man auch zur Skepsis neigen müssen; der Transfer der Technologie erfolgt heute, wie wir wissen, zum großen Teil durch multinationale Firmen. Es handelt sich dabei aber just um eine solche Technologie, die auf die Bedürfnisse der multinationalen Firmen und nicht notwendigerweise auf die Bedürfnisse der Entwicklungsländer angepaßt ist. Außerdem können, vorläufig noch, diese multinationalen Firmen relativ unkontrolliert operieren. Sie spielen deshalb in diesem ganzen Prozeß eine ambivalente Rolle. Einerseits werden sie durch die Nationalstaaten *nicht mehr* und andererseits durch die internationalen Behörden *noch nicht* kontrolliert. In dieser Lage verfügen sie über einen Freiheitsraum, den sie ... zunächst zur Festigung der eigenen Positionen ausnutzen.

Wir haben zwar erkannt, daß jeder Entwicklungsprozeß zutiefst ökologische Konsequenzen haben muß, weil er eine neue Ordnung an die Stelle alter Ordnungen setzt und damit, sofern es sich um den Stoffwechselkreislauf handelt, die bisherigen natürlichen Kreisläufe stört. Deshalb kann technisch-wirtschaftlicher Fortschritt ohne weiteres mit ökologischen Katastrophen einhergehen. Dadurch, daß wir auf dem Wege über die Kommunikation in diese Länder unsere westlichen Werte, einschließlich der Technologie transferieren, zerstören wir gesellschaftliche und natürliche Gleichgewichte, die sich dort im Laufe der Jahrhunderte herausgebildet haben. Dieser Prozeß hat schon längst eingesetzt und kann nicht mehr rückgängig gemacht werden. Aus diesem Grunde sieht sich die internationale Gemeinschaft zum ersten Mal in ihrer Geschichte der Notwendigkeit gegenübergestellt, eine globale Ökologiepolitik zu betreiben. Sie steht im Spannungsfeld der Ansprüche, die der Westen angeregt hat und die nun durch die Entwicklungsländer akzentuiert werden. Was seit der Konferenz in Stockholm passiert ist, nimmt sich nicht gerade sehr bedeutungsvoll aus. Zwar wurde in Nairobi ein Sekretariat eingerichtet und ein Fonds von 100 Mio. $ geschaffen, der für die Ausgaben für die ersten 5 Jahre reichen soll. Das ist $1/_{10\,000}$ dessen, was jährlich für Rüstung ausgegeben wird. Immerhin, besser als nichts, jedoch gemessen an der Größenordnung der Aufgabe vollkommen unzureichend. Es ist deshalb anzunehmen, daß die Entwicklungsländer unter dem Eindruck der Unmöglichkeit, einen mit den Industrieländern vergleichbaren materiellen Lebensstandard zu erreichen, zu Maßnahmen greifen werden, die die entwickelten Industrienationen in noch verstärktem Maße dazu veranlassen könnten, ihre im Prozeß der Umweltentlastung entwickelten Technologien als Waffe gegen die Entwicklungsländer einzusetzen.

Trotzdem muß man die bisherigen Ansätze für globalen Umweltschutz begrüßen, so bescheiden sie auch sind. Dazu gehören die Programme der Europäischen Gemeinschaft, ebenso wie die Bemühungen des Europa-Rates sowie die Tätigkeit der OECD und die Erfahrung, die man bisher im Rahmen des GATT gesammelt hat. Morris Strong, der Direktor des in Nairobi errichteten UN Environment Secretariats, hat sich in einem sehr interessanten Aufsatz [9] zu den künftigen Aufgaben der Vereinten Nationen im Rahmen des Umweltschutzes geäußert. Er entwirft die große Vision eines künftigen Organisationskonzepts, worin sich die verschiedenen spezialisierten Organisationen, einschließlich der nichtregierungsamtlichen Organisationen, auf der Grundlage einer breiten Partizipation zu einem Netzverband zusammenschließen, in welchem Informationen und vor allem ein politischer Wille kreiert wird, der an die Stelle der bei der UNO nicht vorhandenen Exekutive treten und so eine globale Ökologiepolitik, die im Dienste der ganzen Menschheit steht, verwirklichen soll. Angesichts der fundamentalen ökonomischen Gegensätze, die in der Welt heute herrschen, erscheint es jedoch als höchst unwahrscheinlich, daß es einer solchen Politik möglich sein wird, ein »Weltkartell des Wachstumsverzichts« (Bombach) zu verwirklichen. Allein ein solches Kartell, beziehungsweise ein internationaler Nonproliferationsvertrag auf dem Gebiet des wirtschaftlichen Wachstums wäre Voraussetzung dafür, daß wir nicht in jene Überbelastung des ökologischen Systems hineingeraten, wie sie in Fig. 1 dieses Kapitels durch die schraffierte Fläche angedeutet ist.

Anmerkungen

1 Wilfred Beckermann, *Economists and Environmental Catastrophe*, in: Oxford Economic Papers, Nov. 1972.

2 Vgl. K. M. Meyer-Abich, *Die ökologische Grenze des Wirtschaftswachstums*, in: Rundschau 72 (1972) Heft 20. Ferner: M. King Hubbert, *The Energy Resources of the Earth*, in: Scientific American, Sept. 1971, Vol. 224, Nr. 3, Hermann Flohn, *Klimaschwankung oder Klima-Modifikation?* in: Arbeiten zur Allgemeinen Klimatologie, Darmstadt 1971, S. 291–309.

3 Vgl. dazu Nicholas Georgescu-Roegen, *The Entropy Law and the Economic Process*, Harvard University Press, Cambridge Mass. 1971.

4 Vgl. dazu die sehr aufschlußreiche Studie von Maurice F. Strong, *One Year after Stockholm. An Ecological Approach to Management*, in: Foreign Affairs, Vol. 51, Nr. 4, S. 691–707. – Strong stellt u. a. richtig fest: »ecocatastrophes of which we hear so much are much *more* likely to occur in the poorer countries than in the wealthier ones, since the latter have the resources to deal with these problems or at least to put off their full impact.« (S. 691).

5 Vgl. G. Bruckmann, *Grenzen welchen Wachstums?* Wien 1972, Vortragsmanuskript. Ferner: James Brian Quinn, *Next big industry: environmental improvement*, in: Harvard Business Review Sept.–Okt. 1971, S. 120 ff.

6 H. Rausch, *Die Dritte Welt und die Postulate des Umweltschutzes*, in: Neue Zürcher Zeitung, 23. Juli 1972, Fernausgabe Nr. 200.

7 J. M. Burgers, *Over de verhouding tussen het entropiebegrip en de levensfuncties*, in: Verhandelingen Ned. akademie van wetenschappen, Afd. natuurkunde 1943, 1 sectie, D1. XVIII, No. 3, S. 39. Zitiert in: J. Huizinga, *Wenn die Waffen schweigen*, Basel 1945, S. 115.

8 Vgl. H. Flohn, *Natürliche und anthropogene Klimamodifikationen*, in: Annalen der Meteorologie, Neue Folge, Nr. 6, 1973, S. 59–66. Ferner: Ders., *Die Tätigkeit des Menschen als Klimafaktor*, in: Z. Erdk. 9 (1941), S. 13–22.

9 M. F. Strong, *One Year After Stockholm*, in: Foreign Affairs, Vol. 51, No. 4, July 1973, S. 690–707.

Reinhard Bendix
Manager-Ideologien im Industrialisierungsprozeß [1]

Seit dem zweiten Weltkrieg beschäftigen sich amerikanische Sozialwissenschaftler in vermehrtem Maße mit Fragen der Industrialisierung in unterentwickelten Ländern. Betrachtet man diese jüngste Entwicklung unserer Wissenschaft, so erkennt man, daß es sich hier um eine relativ neuartige Aufgabenstellung handelt, da hierbei die Untersuchung sozialer Veränderungen in komplexen Gesellschaftsformen mittels einer vergleichenden Betrachtungsweise erforderlich wird. *Eine* Möglichkeit, eine solche Aufgabe wissenschaftlich zu lösen, besteht darin, daß man ein soziales Problem auswählt, das sich in verschiedenen Gesellschaftsformen stellt, in jeder aber auf unterschiedliche Weise gelöst wird. In »Herrschaft und Industriearbeit« machte ich von diesem Verfahren Gebrauch, um das Verhältnis zu untersuchen, das zwischen den Autoritätsbeziehungen der Unternehmer zu den Arbeitern und den Managerideologien besteht, die diese Autorität rechtfertigen. Der vorliegende Beitrag zieht einige Folgerungen aus diesem Werk.

Der erste Teil dieses Essays gibt einen kurzen Überblick über die ideologischen Veränderungen, die sich in der angloamerikanischen und in der russischen Zivilisation in den letzten zweihundert Jahren vollzogen haben. Der zweite Teil befaßt sich mit der historischen Bedeutung der Managementideologien und der dritte mit den theoretischen Folgerungen meiner Studie, die diese Ideologien als Index der Gesellschaftsstruktur behandelt. Im vierten Teil wende ich mich dem Problem der Bürokratisierung zu und behandle hier besonders den Unterschied, der zwischen totalitären und nichttotalitären Formen der Subordination in der Industrie besteht.

I.

Als in England der Prozeß der Industrialisierung einsetzte, herrschte dort eine traditionalistische Ideologie. John Stuart Mill bezeichnete sie als »den patriarchalischen Gedanken« (theory of dependence). Nach dieser Theorie sind die mittellosen Arbeiter Kinder, die am Gängelband gehalten werden müssen; man sollte ihnen darum nicht gestatten, selbständig zu denken; die ihnen übertragenen Aufgaben hätten sie geflissentlich und bereitwillig zu erfüllen; ihren Vorgesetzten hätten sie mit Ehrerbietung zu begegnen, um dann von ihnen, die besser seien als sie, wiederum gegen die Wechselfälle des Lebens geschützt zu werden – freilich nur dann, wenn sie sich ordentlich betragen. Diese Interpretation der

Herrschaft dient dem Zweck der Selbstbestätigung und Rechtfertigung. [2] Aber sie führt zu der Annahme, daß die Abhängigkeit der Armen und die Sorgepflicht der Reichen gültige moralische Grundsätze der gesellschaftlichen Ordnung sind. Im Laufe der industriellen Entwicklung veränderten sich diese Gedanken allmählich. In dem Maße wie die Sorgepflicht der Reichen durch die Vertreter des Laissez-faire in steigendem Maße verneint wurde, erschien die Abhängigkeit der Armen nicht mehr als ein unvermeidliches, sondern als ein selbstverschuldetes Schicksal. Man »bewies«, daß die tätige Sorge der Reichen für die Armen eine Verminderung des Volkswohlstandes bedeutet, und vertrat zugleich die Auffassung, daß die Armen durch Abstinenz und Fleiß ihr Los verbessern können. Die gleichen Tugenden, die im 18. Jahrhundert gepriesen wurden, damit die Angehörigen der niederen Stände nicht nach höherem gesellschaftlichem Ansehen strebten, werden um die Mitte des 19. Jahrhunderts darum geschätzt, weil sie den Menschen gesellschaftliche Aufstiegsmöglichkeiten auf Grund ihrer eigenen Leistungen gewähren.

In England, noch mehr aber in Amerika, führte dieses Lob des eigenen Bemühens gegen Ende des 19. Jahrhunderts zu einer krassen Apotheose des Kampfes ums Dasein. Die Beziehungen zwischen Unternehmern und Arbeitern wurden in der militanten Sprache einer Dschungelethik ausgedrückt: Reichtum und Armut werden nur als Manifestationen unterschiedlicher Fähigkeiten und Leistungen betrachtet; der Erfolg des Fabrikbesitzers stellt den schlüssigen Beweis seiner Fähigkeit zu überleben dar und rechtfertigt damit seine unumschränkte Autorität im Unternehmen. Diese Vorstellung von der Autorität ist nur so lange haltbar, wie die meisten managerieIlen Funktionen von einem einzelnen ausgeübt werden. Sie wird zweifelhaft, wenn das Management der Unternehmungen in stärkerem Maße des Experten bedarf und die managerielle Tätigkeit sich zunehmend spezialisiert und unterteilt wird. Jedoch fiel die Idee von der absoluten Autorität des Unternehmers in seinem Betrieb mit der Bewegung des »wissenschaftlichen Management« zusammen, die den Versuch macht, ihm Ratschläge dafür zu geben, was er mit seiner Autorität anzufangen habe. Die Lehren des Sozialdarwinismus büßten daher allmählich ihre Überzeugungskraft ein, zum Teil weil die Veränderung der industriellen Organisationsform zu einer veränderten Auffassung über den Menschen in der Industrie beigetragen hatte. Daß manche Menschen Manager, andere bloß Arbeiter waren, faßte man vom letzten Drittel des 19. Jahrhunderts bis in die zwanziger Jahre unseres Jahrhunderts als sichtbare Ausdrucksform von Erfolg bzw. Mißerfolg im Daseinskampf auf, in dem die Menschen notwendigerweise entweder widerspenstige Objekte oder aufgebrachte Urheber von Managerbefehlen waren. Heute faßt man sie als Gruppenmitglieder auf, deren Fähigkeiten ständig verbessert und systematisch eingesetzt werden müssen und deren Produktivität durch eine geschickte psychologische Behandlung maximiert werden kann. So haben während der letzten zwei Jahrhunderte die patriarchalische Auffassung, die Laissez-faire-Theorie, der Sozialdarwinismus und schließlich die Human-Relations-Theorie in der angloamerikanischen Kultur einander abgelöst.

Betrachten wir jetzt die Entwicklung in Rußland! Hier finden wir ursprünglich auch den Glauben an väterliche Autorität und ein kindliches Abhängigkeitsverhältnis – und zwar fast mit der gleichen Begründung wie in England. In Wahrheit besteht ein tiefgreifender Unterschied zwischen der traditionalistischen Ideologie Englands und Rußlands, weil der Zar hier den Anspruch höchster Autorität über das ganze Volk erhob. Diese allerhöchste Autorität blieb vollständig unberührt davon, wie viele Privilegien der Zar an den Landadel vergab, und daß er tatsächlich nur selten in den Gebrauch oder Mißbrauch dieser Privilegien eingriff. In der Ideologie erhärtete der Zar seine Vorrangstellung dadurch, daß er wiederholt erklärte, er trage für »sein« Volk väterliche Sorge und fühle sich für es verantwortlich. Das Volk berief sich auf diesen Anspruch des Zaren, um ihn in häufigen Petitionen und gelegentlichen Aufständen um Hilfe aus seiner Not, an der die Grundbesitzer und Fabrikbesitzer schuld seien, anzugehen. Schließlich ließ die schon früh einsetzende Zentralisierung von Macht und Verwaltung durch die moskowitischen Herrscher die gesamte Verteilung von Wohlstand und Rang unter der Aristokratie zu einer Angelegenheit des Hofes werden, der nun zum Schauplatz eines eifersüchtigen Streites um Beweise höchster Gunst wurde, was zu einer weiteren Stärkung der Stellung des Zaren führte. [3]

In der zweiten Hälfte des 19. Jahrhunderts hatte diese unumschränkte Autokratie des Zaren bedeutsame politische Konsequenzen. Die Befreiung der Leibeigenen (1861) und die industrielle Entwicklung brachten Schwierigkeiten mit sich, die die Fabrikbesitzer zum Anlaß nahmen, um den Anspruch absoluter Autorität zu erheben, und die Arbeiter zu Versuchen veranlaßte, sich zu organisieren. Gelegentlich versuchte die Regierung, die Beziehungen zwischen Arbeitern und Fabrikbesitzern zu regeln. Obwohl die Regierung hierbei scheinbar die Rolle einer unparteiischen Instanz spielte, half sie in Wirklichkeit den Fabrikbesitzern gegen die Arbeiter. Diese Zustände besitzen wiederum eine starke Ähnlichkeit mit vergleichbaren englischen Verhältnissen, aber in Rußland war ein Wandel der Ideologie, wie ich ihn für England beschrieben habe, infolge seines historischen Erbes nicht möglich. Solange die Autokratie des Zaren intakt blieb, konnte es weder zur Zurückweisung der Verantwortlichkeit durch den Zaren und die herrschenden Schichten noch zu Unabhängigkeitsforderungen der Arbeiter kommen. Statt dessen schrieben der Zar und seine Würdenträger weiterhin die traditionalistische Ideologie auf ihre Fahnen. Folgerichtig versuchten die Beamten des Zaren, eine Oberaufsicht über Fabrikbesitzer und Arbeiter herzustellen, um die Minderung oder Beseitigung von Konflikten durchzusetzen.

Manchmal halfen sie den Fabrikbesitzern, ihre Herrschaft auszuüben, manchmal unterstützten sie die Arbeiter, halfen ihnen, Beschwerden abzufassen oder Protestkundgebungen zu organisieren, manchmal widersetzten sie sich den Wünschen beider.

Die russischen Revolutionen von 1905 und 1917 führten zum Sturz der Herrschaft des Zaren. Aber trotz den gewaltigen Veränderungen, die die Revolution mit sich gebracht hatte, lebte die managerielle Ideologie des Zarismus in veränderter Gestalt weiter. In der Theorie betrachteten die Beamten des Zaren Fabrikbesitzer und Arbeiter in gleicher Weise seinem Willen unterworfen, loyale Unterstellung unter diesen Willen war der Beweis für staatsbürgerliche Tugend. In der Theorie behauptete Lenin, daß alle Arbeiter an der Verwaltung der Industrie und des Staates in gleicher Weise beteiligt seien und ihre loyale Unterwerfung unter die Herrschaft der Kommunistischen Partei in ihrem eigensten Interesse und Ausdruck ihres eigenen, souveränen Willens sei. Die gemeinsame Logik der zaristischen und der Leninschen Position liegt in der Auffassung, daß unter einer allerhöchsten Autorität dieselbe Person oder Organisation übergeordnete und untergeordnete Funktionen haben könne. Zum Beispiel sollen die sowjetischen Gewerkschaften die ideale Form einer Industriekontrolle durch die Arbeiter darstellen, wenn es gilt, ihren Einfluß auf die Verwaltung der Industrie geltend zu machen; zugleich erfüllen sie aber auch Manageraufgaben, wenn sie die Arbeitsdisziplin unter der autoritativen Führung durch die Kommunistische Partei bei ihren Mitgliedern verschärfen.

Ideologisch verteidigt man diese Auffassung mit dem Hinweis, daß die Partei die historischen Interessen des Proletariats gegen die kurzfristigen, partikulären Interessen von Individuen und Gruppen vertritt. Diese Auffassung, daß eine kleine Gruppe oder gar nur ein Mensch alle Macht und Weisheit besitzt und wie der Zar besser als alle übrigen Menschen weiß, was für alle das Richtige sei, und keine anderen Wünsche kennt als das Wohl des Volkes, verrät deutlich Überbleibsel der zaristischen Herrschaftsauffassung. Freilich gibt es aber doch einen wichtigen Unterschied. Die Führer der russischen Revolution mußten die Arbeiter zur Disziplin anhalten und bei ihnen Initiative erwecken, wenn sie eine in der Industrie brauchbare Arbeiterschaft schaffen wollten. [4] Sie erreichten das dadurch, daß sie alle Arbeiter direkt oder indirekt der Ordnung der Kommunistischen Partei unterwarfen. Eine Fortsetzung der Tradition des Zarentums liegt hierin insofern, als wiederum organisatorische Maßnahmen wichtiger sind als das Streben des Individuums, aber – und hierin liegt ein Bruch mit der Vergangenheit – es war von nun an nicht mehr damit getan, daß der einzelne sich bloß unterwarf. Später, im vierten Teil meiner Untersuchung, werde ich auf diese Fragen wieder zu sprechen kommen.

II.

Was sind die historischen Folgerungen aus dieser Analyse der Manager-Ideologien? Stets haben die herrschenden Schichten – und so auch die herrschenden Schichten der aufsteigenden Industriegesellschaften – nach Rechtfertigungsgründen für ihr eigenes Wohlergehen und die Misere derer gesucht, die ihrer Herrschaft unterworfen sind. Eine Untersuchung ihrer Rechtfertigungsargumente mag nicht lohnend erscheinen, und tatsächlich hat es während der Industrialisierung niemals an kritischen Stimmen gefehlt, die solche Ideologien als völlig indiskutabel verwarfen. Aber es steht fest, daß eine Industrialisierung ohne die Organisation von Unternehmen, in denen einige wenige befehlen und viele gehorchen, nicht möglich ist. Und ich glaube, daß die Ideen, die die Wenigen und die Vielen entwickelt haben, als Ausdruck von Veränderungen in den Klassenbeziehungen angesehen werden können und daher ein wichtiges Moment für das Verständnis industrialisierter Länder darstellen.

Geschichtlich erlangten die Managementideologien erstmalig beim Übergang von einer vorindustriellen zur industriellen Gesellschaftsform Bedeutung. Man spürte den Unterschied, der zwischen der bisher allein gewohnten Autorität der Regierung und der neuen Autorität der Unternehmer bestand. Selbst für Westeuropa, das in anderen Einrichtungen bereits Vorformen des neuen autonomen Herrschaftstyps besaß, war das eine neuartige Erfahrung, denn ganz anders als die bisher herrschenden Klassen, die durch die Tradition legitimiert wurden, waren die industriellen Unternehmer »neue Männer«. Dies war auch die Zeit, in der die soziologische Wissenschaft entstand. Unter dem Einfluß der Französischen Revolution wurde die Gesellschaft mehr und mehr als ein Bereich von Gewalten angesehen, die unabhängig von den den staatlichen Rahmen bestimmenden politischen Einrichtungen sind oder in einem antagonistischen Verhältnis zu ihnen stehen. Die Betrachtung einiger früherer Formen dieses wichtigen Gedankens wird uns zum Verständnis der geschichtlichen Bedeutung der Managementideologien verhelfen.

Die Verfügungsgewalt der Fabrikbesitzer beruht auf der Vertragstheorie des Eigentums, die von den Philosophen des 18. Jahrhunderts zur Grundlage der gesellschaftlichen Ordnung gemacht wurde. Diese Ordnung gründet sich bei Rousseau auf die *volonté générale;* hier ist der einzelne Mensch in all seinem Handeln in die Gesamtheit aller Menschen eingeordnet. Wie George Herbert Mead ausführte, kann in einer solchen Gesellschaft »der Bürger nur insoweit Gesetze erlassen, als seine Willensziele Ausdruck der Rechte sind, die er bei anderen anerkennt, ... (und) die die anderen bei ihm anerkennen ...« [5]

Dieser Theorie zufolge ist die Gesellschaft eine Einrichtung, die auf der Übereinstimmung aller und auf der gemeinsamen Machtausübung durch alle und für alle beruht. Aber diese Begründung der Gesellschaft auf einem Gemeinwillen steht im unmittelbaren Zusammenhang mit der Institution des Eigentums. Bei Mead heißt es hierüber: »Wenn jemand Eigentum haben und über sein Eigentum verfügen will, so hegt er diesen Wunsch in der Annahme, daß auch alle anderen Eigentum haben und darüber verfügen wollen. Und zwar wünscht der einzelne gerade so viel Verfügungsrecht über sein Eigentum, wie er allen anderen zugestehen will.« [6]

Hieraus folgt, daß die Idee einer gegenseitigen Anerkennung von Rechten die Gleichheit der Bürger als Eigentümer voraussetzt.

Einige Philosophen des 18. und 19. Jahrhunderts bezweifelten die Allgemeingültigkeit dieser Folgerung. Sie wandten ein, daß die Theorie der gegenseitigen Anerkennung der Rechte, die auf der Freiheit, Verträge zu schließen, beruht, wohl auf das Verhältnis der Eigentümer untereinander, nicht aber auf die Beziehungen zwischen Unternehmern und Arbeitern anwendbar ist. Schon im Jahre 1807 erkannte Hegel den problematischen Charakter dieser Beziehungen. Hegel beschrieb diese Beziehungen in einer Weise, die wesentliche Resultate der modernen Ich-Psychologie vorwegnimmt, so wie die *volonté générale* Rousseaus die soziologische Analyse zwischenmenschlicher Beziehungen antizipiert. Wie Hegel sagt, gewinnen die Menschen ihr Selbstbewußtsein in einem Prozeß, in dem jeder das Selbstbewußtsein des anderen anerkennt und dafür auch von ihm anerkannt wird. Das Wissen eines jeden Menschen um seine eigene Identität hängt also davon ab, daß er die Identität der anderen anerkennt und daß seine eigene Identität von ihnen anerkannt wird. Im Falle des Verhältnisses von Herr und Knecht sieht Hegel die Gegenseitigkeit dieser Beziehungen zerstört. Der Herr besitzt zu sich selbst ein anderes Verhältnis als zum Knecht; und der Knecht tut anderen nichts an, was er sich selbst auf Grund seines Knechtdaseins antun muß. Hier kann also von einer gegenseitigen Anerkennung nicht mehr die Rede sein, und die Beziehungen zwischen Herrn und Knecht werden einseitig und ungleich. [7]

Zur gleichen Zeit, als man die im Arbeitsvertrag liegende Ungleichheit erkannte, verschwanden in Westeuropa allmählich die Denkweisen und Institutionen, die bis dahin die Unterordnung von Menschen unter Menschen gewährleistet hatten. Obgleich die alten Rechtfertigungsgründe für die Herrschaft ausgehöhlt wurden und die Massen des Volkes neue Ansprüche anmeldeten, dauerte die Erfahrung der Ungleichheit für sie fort. Nach Tocqueville hatte dieser Widerspruch verschiedene Wirkungen auf Herr und Knecht. Im stillen huldigte der Herr weiterhin der Überzeugung, daß er ein höheres Wesen sei; aber das Gefühl väterlicher Verantwortung gegenüber seinen Knechten legte er ab. Gleichwohl verlangte er, daß seine Knechte sich mit ihrem Knechtsdasein weiterhin abfanden. Der Herr wollte also weiterhin die alten Privilegien genießen, ohne aber den damit verbundenen Verpflichtungen weiter nachzukommen, und der Knecht rebellierte gegen ein Dienstverhältnis, das nicht mehr als eine von Gott auferlegte Pflicht und noch nicht als vertragliche Verpflichtung erschien. [8]

Im 19. Jahrhundert wiesen Denker wie Hegel, Tocqueville, Lorenz von Stein und andere darauf hin, daß die Ausbreitung des Gleichheitsgedankens eine Veränderung in der Beziehung zwischen Herren und Knechten herbeiführte. Diese Veränderung mag eine »Krise der Lebensziele« (crisis of aspirations) genannt werden. So schrieb Tocqueville: »Die Diener finden sich zwar zu dienen bereit, aber sie schämen sich ihres Gehorsams ... In ihrem Herzen rebellieren (sie) gegen ein Verhältnis der Subordination, dem sie sich selbst ausgeliefert haben ... Der, dessen Befehle sie ausführen, erscheint ihnen als ein unrechtmäßiger Usurpator ihrer eigenen Rechte.« [9]

Infolge dieser Verhältnisse sahen die meisten europäischen Länder einen »vierten Stand« entstehen, der gegen die bestehenden gesetzlichen Benachteiligungen kämpfte und für die Gewährung bürgerlicher Rechte, voran des Wahlrechts, eintrat. In einer Parlamentsdebatte über den Chartismus bemerkte Disraeli, daß dieser Kampf mit einer Leidenschaft geführt würde, die sonst bei der Erörterung rein ökonomischer oder politischer Dinge im allgemeinen fehle. Wenn anders sich solche verschiedenartigen Bewegungen auf einen gemeinsamen Nenner bringen lassen, möchte ich glauben, daß diese Leidenschaftlichkeit dem Verlangen der Arbeiter entsprang, öffentlich als gleichberechtigte Bürger anerkannt zu werden. Diese öffentliche Anerkennung und Gewährung der Bürgerrechte bedeutete für die Arbeiter eine Kompensation für ihre untergeordnete soziale und ökonomische Stellung und eine Milderung der »Krise der Lebensziele«. Mehr noch, mit dem Gebrauch ihrer Bürgerrechte in der Politik konnte auch eine Anerkennung ihrer sozialen Rechte erreicht werden, wie sie heute in den sozialen Einrichtungen vieler westlicher Demokratien ihren Platz gefunden hat. [10] Dort aber, wo die Bürgerrechte verweigert oder ihre Gewährung zu lange verzögert wurde« dauerte die »Krise der Lebensziele« an. Hier kam es teils zu revolutionären Erhebungen, wie im zaristischen Rußland, teils zur Verschlechterung der Beziehungen zwischen den Klassen, wie in Deutschland und in Frankreich.

Meine These ist, daß der Bruch mit den traditionellen Formen der Subordination in den industriellen Gesellschaften Europas ein schwerwiegendes Problem entstehen ließ. [11] Nachdem sich Europa im 19. Jahrhundert einmal auf die Industrialisierung eingelassen hatte, sah man sich vor die Aufgabe gestellt, welchen Platz man der neu entstandenen Industriearbeiterschaft in der wirtschaftlichen und politischen Gemeinschaft des Staates zuweisen wollte. Die Ideologien des Management stellen einen Teil der Antworten dar, die die einzelnen Nationen auf diese Frage gaben, und sind darum in unserem Zusammenhang von großer Bedeutung. In England sagte man den Arbeitern, sie müßten eben selber Herren werden, wenn sie nicht damit zufrieden seien, gehorchen zu müssen; in Rußland sagte man ihnen, sie sollten sich mit ihrem Los abfinden; in Wahrheit sei es gar nicht so schlimm, denn auch ihre Herren seien Diener des allmächtigen Zaren.

III.

Welches sind nun die theoretischen Implikationen unserer Untersuchung? Die Ideologien des Management können als Ausdruck der Flexibilität beziehungsweise der Unbiegsamkeit betrachtet werden, mit der sich die herrschenden Schichten in beiden Ländern darauf vorbereiteten, dem Angriff von unten zu begegnen. Diese »innere Bereitschaft« oder die Tendenz zu kollektivem Handeln steht in Analogie zur Struktur des Charakters beim Individuum. Man kann sie als ein »inneres Vermögen« zur Wiederholung ähnlicher Aktionen unter mehr oder minder gleichen Bedingungen bezeichnen. [12]

Die Ideologien des Management, die diese »innere Bereitschaft« widerspiegeln, rufen natürlich neue Angriffe seitens der Unterdrückten hervor, und diese wiederum führen zu neuen Antworten seitens der Manager; somit stellt sich auf der gesellschaftlichen Ebene eine Wiederholung des Spiels von Aktion und Reaktion her, das für die zwischenmenschlichen Beziehungen so typisch ist.

Eine Analyse dieses Prozesses muß sich mit den ausdrücklich formulierten Ideen befassen, die in einer möglichst engen Beziehung zur kollektiven Erfahrung der Arbeitgeber und Arbeitnehmer stehen. Dies gesellschaftliche Philosophieren vom und über den gemeinen Mann als Sozialpartner vollzieht sich auf einer Ebene, die zwischen seinen individuellen Anschauungen und den intellektuell überragenden Formulierungen der sozialen Theoretiker liegt. Ein Beispiel für solches Philosophieren bildet die Schrift »Philosophy of Manufactures« von Andrew Ure oder das Pamphlet der Werbeleute von General Motors »Man to Man on the Job«. Freilich widerspricht eine ernsthafte Analyse solcher Äußerungen der allgemeinen Auffassung, daß es sich hier offensichtlich um parteiische Schriften handle, die eine Untersuchung nicht verdienen und daher übergangen werden können. Es sei daran erinnert, daß Marx Andrew Ures Buch in den schärfsten Ausdrücken charakterisierte, und in dieser Hinsicht war Marx ein Vorläufer der Intellektuellen, die in den fünfziger und sechziger Jahren des vorigen Jahrhunderts geboren wurden. Männer wie Freud, Durkheim, Pareto und andere suchten wie Marx nach einem tieferliegenden Prinzip oder einer Kraft, die die sichtbaren Formen des Glaubens und des Handelns, die das äußere Verhalten von Individuen und Kollektiven bestimmen, erklären könnten. [13] Viele

Denker dieser Generation interessieren sich weniger dafür, *was* ein Mensch sagt, als dafür, *warum* er es sagt. Nach dieser Auffassung braucht man sich mit den Managementideologien nicht zu beschäftigen, denn sie sind »nur« Ausdruck eines Klasseninteresses, stellen also nicht die *wirklichen* Einstellungen der Fabrikbesitzer dar. Oder man sagt, daß die Managerideologien gerade die tatsächlichen Verhältnisse, nämlich die Praxis der Ausbeutung, verhüllen und weiter, daß solche Äußerungen uns nichts über das Verhalten eines Menschen und über die Struktur seiner Persönlichkeit sagen. Alle diese Einwände haben das Vorurteil gemeinsam, daß es verborgene Kräfte gibt, aus denen sich der sichtbare Inhalt der sozialen Welt erklärt.

Die modernen Sozialwissenschaften verdanken dieser geistigen Tradition viele wichtige Einsichten, aber auch manchen Irrtum. Wo die Erscheinungsformen der Gesellschaft nur als das Ergebnis »verborgener Kräfte« verstanden werden, kommt es leicht zu reinen Spekulationen – mit dem Resultat, daß die Tatsachen, die sich beobachten lassen, vernachlässigt werden, weil sie unter dem Gesichtspunkt der Theorie als »irrelevant« oder als »uninteressant« erscheinen. Diese Schwierigkeit ist bekannt aus der marxistischen Geschichtsauffassung. Marx scheut sich nicht, eine ganze Reihe geschichtlicher Fakten als Epiphänomene zu behandeln, zum Beispiel das »falsche Bewußtsein« der Arbeiter, das im Laufe der Geschichte verschwinden sollte. In ähnlicher Weise neigt die Freudsche Theorie dazu, den Wert einer behavioristischen Untersuchung des sozialen Lebens in Zweifel zu ziehen, weil eine solche Untersuchung sich mit den Erscheinungen statt mit den dem sozialen Leben unterliegenden Motivationen befaßt. Um schließlich noch die organizistische Betrachtungsweise gesellschaftlicher Vorgänge zu erwähnen, so behandelt sie alle Verhaltensweisen als Anpassungen an andere Verhaltensweisen und damit als von diesen abhängig (oder als von bestimmten Umweltbedingungen abhängig); mit dieser Auffassung wird aber die Rolle des rationalen und des spontanen Handelns vernachlässigt. Denn diese Theorie kennt nur verschiedene Weisen der Anpassung und damit der Abhängigkeit, unter die alle Formen des Handelns fallen. In ungeschulten Händen führen alle diese Theorien zu kühnen Beweiskonstruktionen, die zwar mit den »tieferliegenden Determinanten übereinstimmen«, aber selten einer detaillierten, sachlichen Analyse standhalten.

Die menschliche Erfahrung bezieht sich aber auf diese phänomenologische Ebene, und ein Studium der Managerideologien lehrt, daß diese Ebene auch einen wichtigen Beitrag zu unserem Verständnis der Gesellschaftsstruktur liefern kann. [14] Aus den Darstellungen, die die Manager von den Autoritätsbeziehungen in wirtschaftlichen Unternehmungen geben, gewinnt man, zieht man die gegensätzliche Auffassung der Arbeiter über ihre Klassenlage zusätzlich in Betracht, ein vielfältiges Bild der Klassenbeziehungen und sieht, wie sie sich im Laufe der Zeit gewandelt haben und welche Verschiedenheit sie in den einzelnen Ländern aufweisen. Zur Erkenntnis der sich wandelnden Sozialstruktur kann eine Untersuchung der ideologischen Positionen Wichtiges beitragen. Dazu wird jede ideologische Position auf ihre logischen Folgerungen für die Autorität der Fabrikbesitzer und im weiteren Sinne für die Klassensituation der Fabrikbesitzer und Arbeiter in der Gesellschaft betrachtet. Wo diese Folgerungen größere Probleme beinhalten und damit das selbstzufriedene Eigeninteresse der Gruppe in Frage stellen, steht zu erwarten, daß sich in Ideologie und Institutionen Spannungen ergeben oder gar Veränderungen vollziehen. [15]

Teilweise sind solche Ideologien – und das bringt uns zu einem zweiten Aspekt der Betrachtung – zweckdienliche Rationalisierungen von Problemen, die sich dem Unternehmer stellen, und teilweise das Resultat eines kumulativen historischen Prozesses von Frage und Antwort zwischen verschiedenen gesellschaftlichen Gruppen. So sind die Ideologien durch das fortwährende Zusammenspiel von momentanen Gegebenheiten und historischer Hinterlassenschaft bestimmt. Marx drückt das so aus: »Die Menschen machen ihre eigene Geschichte, aber sie machen sie nicht aus freien Stücken, nicht unter selbstgewählten, sondern unter unmittelbar vorgefundenen, gegebenen und überlieferten Umständen.« Freilich vernachlässigt der orthodoxe Marxismus den ersten Teil der allgemeinen Aussage zugunsten des zweiten. [16] Managementideologien können also nur teilweise als Rationalisierungen des Selbstinteresses erklärt werden; solche Ideologien entspringen außerdem der Erbschaft von Institutionen und Ideen, die jede Generation für sich »adoptiert«, so wie ein Kind die Grammatik seiner Muttersprache »adoptiert«. Da die historische Hinterlassenschaft also ein Teil der Gesellschaftsstruktur ist, darf eine Disziplin sie nicht unberücksichtigt lassen, deren Hauptinteresse der relativen Permanenz von Gruppenstrukturen gilt. Der folgende Abschnitt enthält den Versuch, eine Verbindung zwischen der historischen Erbschaft und der Struktur der Industriegesellschaft dadurch herzustellen, daß die Managementideologien zur Bürokratisierung der Industrie in Beziehung gesetzt werden.

IV.

Seit dem 18. Jahrhundert hat das Interesse der Manager in steigendem Maße genauso dem Verhalten wie der Produktivität der Arbeiter gegolten. Man kann diese Veränderungen in der Ideologie in vielerlei Beziehung zur gesellschaftlichen Entwicklung bringen, in der sich der Übergang von einer frühen Form der Industriegesellschaft zu einer entwikkelten Gestalt vollzieht. Die Veränderungen in den industriellen Organisationsformen stellen nur einen Teil dieser vielfältigen Entwicklung dar.

Dennoch besitzt die Bürokratisierung der wirtschaftlichen Unternehmungen besondere Wichtigkeit, wenn man den Unterschied, der zwischen faktischen Verhältnissen und der Ideologie in totalitären und nichttotalitären Organisationsformen wirtschaftlicher Unternehmungen besteht, erklären will. Die Bürokratisierung eignet sich auch besonders gut für eine vergleichende Analyse der Autoritätsbeziehungen in der Industrie, da die Bürokratisierung einen Vorgang bedeutet, der sich in zwei so verschiedenartigen Zivilisationen wie denen Englands und Rußlands unmittelbar vergleichen läßt. Indem wir dies Problem in den Mittelpunkt unserer Analyse stellen, verzichten wir absichtlich auf eine umfassende Theorie der Geschichte und der Gesellschaft und behandeln statt dessen ein Einzelproblem, das zu Aufschlüssen über die verschiedenen Gesellschaftsstrukturen führen wird, sollte es sich einer vergleichenden Analyse zugänglich erweisen. Wenn vergleichbare Gruppen in Gesellschaften verschiedener Struktur sich der gleichen Aufgabe gegenübergestellt sehen und sie nach einer gewissen Zeit auch lösen, dann kann eine vergleichende Betrachtung ihrer verschiedenen Lösungsweisen die Divergenz der gesellschaftlichen Strukturen im Prozeß ihrer Veränderungen zeigen. [17]

Probleme einer systematischen Arbeitsverwaltung werden dann aktuell, wenn die wachsende Komplexität der wirtschaftlichen Unternehmungen sie in ihrer Tätigkeit in zunehmendem Maße von einem Arbeitsethos abhängig macht. Zu diesem Arbeitsethos gehören vor allem Ausdauer, Präzision und die Einhaltung der allgemeinen Arbeitsbedingungen und der jeweiligen spezifischen Instruktionen, die zwischen ihrer blinden Befolgung und unberechenbaren Extravaganzen die Mitte halten. Wo an die Stelle persönlicher Aufsicht unpersönliche Anordnungen treten, hängt die Leistungsfähigkeit einer Organisation davon ab, in welchem Maße die genannten Momente der Arbeitsmoral gelten, und deren steigender Einfluß gehört zur fortschreitenden Bürokratisierung in den wirtschaftlichen Unternehmungen. Das heißt, die Betriebsleitung schafft ein unpersönliches System von Arbeitsbedingungen, aber die Beschäftigten versuchen, das Reglement in seiner Anwendung in einer Weise zu modifizieren, die sich aus ihren persönlichen Wünschen und dem Gefühl ihrer Verpflichtung gegenüber den Zielen der Organisation (oder auch dem Fehlen eines solchen Pflichtbewußtseins) ergibt. Bekanntlich gibt es kein wirksameres Mittel der Organisationssabotage, als eine buchstabengetreue Erfüllung aller Anordnungen und die hartnäckige Weigerung der Beschäftigten, ihr eigenes Urteilsvermögen zu gebrauchen. »Neben allem, was man durch Anordnung erreichen, durch Strafen verhindern kann, gibt es einen Raum, innerhalb dessen, selbst in verhältnismäßig untergeordneten Stellungen, nach eigenem Ermessen gehandelt wird. Manager versuchen diesen Umstand für ihre eigenen Zwecke dienstbar zu machen.« [18] In der Literatur über Fragen der

Organisation trägt dieses Moment der Selbständigkeit eine ganze Reihe von Namen: Veblen bezeichnete es als »Verweigerung der vollen Leistungsmöglichkeit«, Max Weber sprach von einer Neigung der Bürokratie zur Verschleierung, Herbert Simon spricht von einer »Abwehrzone«. Ich schlage die Bezeichnung »Unabhängigkeitsstrategie« vor, um die negativen Beiklänge der anderen Termini zu vermeiden, denn das selbständige Gebaren der Arbeiter kann die Ziele der Organisation ebenso gut fördern, wie es sie untergraben kann.

Der Hauptunterschied zwischen totalitären und nichttotalitären Formen der Subordination besteht nun in der Art und Weise, wie die Manager diese allgemeine Begleiterscheinung aller Autoritätsbeziehungen handhaben. Die historische Erbschaft mancher westlicher Länder veranlaßte die Manager zu glauben, für Über- und Untergeordnete eine mögliche gemeinsame Grundlage für Gespräche voraussetzen zu können, und in dieser Voraussetzung erblickte man ein wichtiges Moment einer erfolgreichen Lösung der »Krise der Lebensziele«. Von den englischen Evangelisten und der Laissez-faire-Theorie des 18. Jahrhunderts bis zur letzten Verfeinerung der Human-Relations-Methoden haben die Manager sich an den guten Glauben der ihnen Untergeordneten gewandt, um sie für eine Zusammenarbeit zu gewinnen. Es ist nun weniger wichtig, ob ein solcher guter Glaube existiert hat, als daß die Manager sich an ihn gewandt haben. Freilich gibt es kaum einen Zweifel daran, daß auf die eine oder andere Weise in England und in Amerika große Arbeitermassen die Autorität der Manager als legitim akzeptierten, und zwar auch dann, wenn sie den jeweiligen Appellen der Manager gleichgültig gegenüberstanden oder sie sogar nicht billigten. Dagegen bot die historische Hinterlassenschaft in Rußland den Managern (unter den Zaren) keine Möglichkeit, an die Existenz einer gemeinsamen Grundlage für eine Verständigung zwischen Über- und Untergeordneten zu glauben. Hier richteten die Manager von der Zeit Peters des Großen bis in die letzten Jahrzehnte vor dem ersten Weltkrieg, in denen sich ein rapider Aufschwung der Industrie vollzog, Appelle an die Arbeiter, in denen sie an ihre Pflicht zum Gehorsam gegenüber allen Personen in Autorität gemahnt wurden. Gleichgültig nun, ob die Arbeiter tatsächlich ein Pflichtbewußtsein entwickelt hatten oder nicht, setzten die Aufrufe voraus, daß das nicht der Fall war. Daher wandten sich Beamte und Manager niemals an den guten Willen ihrer Untergebenen, sondern versuchten statt dessen, unmittelbar gegen ihre Unabhängigkeitsstrategie zu Felde zu ziehen.

Diese Weigerung der Manager, die stillschweigende Umgehung von Regeln und Normen oder den der Kontrolle entzogenen Gebrauch der eigenen Initiative zu akzeptieren, steht im Zusammenhang mit der spezifischen Form der Bürokratisierung, die das Fundament jeder totalitären Regierung ist. In einem solchen Regime ist der Wille der höchsten Parteiautorität vollkommen absolut in bezug auf ihre wesentlichen Ziele. Die Partei darf nicht nur die Formen mißachten, durch welche die Gesetze sonst Gültigkeit erlangen, sondern auch ihre eigenen früheren Entscheidungen. Und wo Normen um einer plötzlichen Entscheidung willen verändert werden, hat das Recht abgedankt. Auch begnügt sich der Totalitarismus nicht mit der Form einer einzigen Autoritätshierarchie. Anstatt sich auf die Verfügung von Gesetzen und die Überwachung ihrer Ausführung durch die Regierung zu verlassen, gebrauchen die totalitären Regime die Parteihierarchie, um durch ihre Kontrolle jeden Schritt der Ausführung von Verordnungen durch die normalen administrativen Organe zu überwachen. Durch diese grundlegende Einrichtung versuchen solche Regime zu erreichen, daß die Beamten sich einer stetigen strengen Kontrolle ausgesetzt wissen, und zwingen sie auf diese Weise, ihre Kenntnisse mit besonderer Energie für die Erfüllung der Pläne des Regimes einzusetzen. Eine totalitäre Regierung beruht daher auf zwei miteinander verzahnten Hierarchien, wobei die oberste Autorität immer den zentralen Parteistellen vorbehalten bleibt. Die Arbeit in jedem Betrieb, in jedem Regierungsbüro, in jeder Armee-Einheit, bei der Geheimpolizei und in allen kulturellen und sozialen Organisationen steht einmal unter der Leitung, Planung und Aufsicht irgendeiner Stelle der Regierung. Außerdem aber ist eine Dienststelle der totalitären Partei beauftragt, diese Arbeit zu propagandieren, zu fördern oder zu kritisieren, zu beobachten und für besondere Zwecke einzusetzen. Und diese Parteidienststelle ist den höheren Parteiinstanzen gegenüber allein verantwortlich.

Die Logik dieses Prinzips einer Doppelregierung kann innerhalb des Rahmens der von Max Weber vorgelegten Analyse der Bürokratie formuliert werden. Eine ideal funktionierende Bürokratie in seinem Sinne ist das wirksamste Mittel, um organisatorische Aufgaben größeren Maßstabs zu lösen. Aber das gilt nur dann, *wenn* diese Aufgaben auf ein mehr oder minder stabiles Normensystem bezogen sind, das die Herrschaft des Rechts garantiert und eine unparteiische Behandlung aller Angelegenheiten gewährleistet. Diese Bedingungen fehlen dort, wo die Aufgaben von einer allmächtigen *und* revolutionären Autorität festgelegt werden. Unter den vorgeblichen Kampfbedingungen eines totalitären Regimes bleiben die Normen, die die Entscheidungen der Regierung bestimmen, nicht lange bestehen, obwohl jede Norm die Grundlage unablässigen Antreibens zu Wundertaten abgibt. Die Untergebenen geben ihre Antwort hierauf, indem sie zu einer Taktik des Verbergens Zuflucht nehmen und sie zu einer systematischen, wenn auch verschwiegenen »Unabhängigkeitsstrategie« ausbauen. Sie tun das nicht nur aus Bequemlichkeit, sondern weil die Anforderungen, die vom Regime an sie gestellt werden, unter dem Gesichtspunkt sachlicher oder systematischer Erfordernisse »irrational« sind. [19] Auf der anderen Seite versucht die

Partei, alle Formen heimlicher Drückebergerei, die eine solche kollektive Strategie erst ermöglichen, dadurch auszuschalten, daß sie alle Arbeiter und Beamten unter maximalen Druck setzt, damit sie von ihren Fachkenntnissen in weitestem Maße Gebrauch machen. Hierin liegt der Daseinsgrund für die Doppelhierarchie, die jeder Arbeitsgruppe einen Parteifunktionär zuweist, um das Verschweigen zu verhindern und Druck auszuüben. Beide Hierarchien wären auch dann nötig, wenn alle Schlüsselpositionen in Regierung und Industrie von Parteifunktionären besetzt wären. Denn ein Arbeiter oder Beamter, der Funktionär wird, wäre immer noch für die »Übererfüllung« des Plans verantwortlich; der neue Parteifunktionär dagegen hätte wiederum die Aufgabe, den Beamten zu beaufsichtigen und unter Druck zu setzen.

So ersetzt der Totalitarismus das alte Klassensystem durch ein neues, das sich auf der Grundlage von Aktivismus und Parteiorthodoxie erhebt. Die Arbeitsethik, deren sich dies Regime bedient, stellt nicht das Resultat einer jahrhundertelangen Entwicklung dar wie im Westen, sondern ist das Produkt materieller Anreize und politischer Aufsicht, die einen Mangel an Arbeitsleistung oben und unten verhindern soll. Zum Beispiel sind die »Kollektivverträge« in der sowjetischen Industrie in Wahrheit Loyalitätserklärungen, durch die Individuen und Gruppen sich öffentlich zu einer Übererfüllung des Plans verpflichten. Die damit verbundene Organisierung öffentlicher Geständnisse, die Schaffung von Unterschieden im Status von Aktivisten und Nichtaktivisten, das Prinzip der kollektiven Führung und andere Einrichtungen stellen den Versuch dar, die Arbeitsleistung zu maximieren und »die Zurückhaltung der vollen Arbeitsleistung« (Veblen) zu verhindern. Auf diese Weise ist der einzelne Untergebene fast vollständig eingekreist. Sehen wir einmal von der Funktion der Leistungsprämien ab, so wird der Arbeiter von seinem Vorgesetzten und dem Parteiagitator, der neben seinem Vorgesetzten steht, beaufsichtigt. Aber der Untergebene wird auch »von unten« kontrolliert, das heißt der soziale Druck, der von seinen Arbeitskollegen ausgeht, wird von den Parteiagitatoren und ihren Helfern planmäßig manipuliert. Der Rechtfertigungsgrund für solche Formen der Überwachung und für die Ausschaltung aller privaten Wünsche und Besonderheiten besteht darin, daß die Partei die Massen »repräsentiert«, die Industrialisierung in Rußland vorantreibt und bei der Verwirklichung des Weltkommunismus die führende Rolle spielt.

V.

Meine Ausführungen beabsichtigten, die Möglichkeit einer vergleichenden Analyse von Gesellschaftsstrukturen darzulegen, welche die historische Kontinuität von Gesellschaften sowie die Verkettung von Gruppenstrukturen und bewußtem Handeln aus Eigeninteresse im Verlauf sozialer Wandlungen einbezieht. Anstatt diese Zusammenhänge in abstrakten Gedanken darzustellen, habe ich versucht, dasselbe Ziel dadurch zu erreichen, daß ich einige Momente der im Verlauf der Industrialisierung sich entwickelnden Managerideologien analysiert habe.

Die Veränderungen der manageriellen Ideologien im englisch-amerikanischen und im russischen Bereich gleichen sich in den letzten zweihundert Jahren insofern, als diese Ideologien ein steigendes Interesse an der Einstellung der Arbeiter bekunden, die als ein wahrscheinlicher Grund für die unterschiedliche Höhe von Arbeitsleistungen erscheint. Diese allgemeine Gleichheit der Ideologien schließt indessen einen fundamentalen Unterschied nicht aus. In der westlichen Kultur blieben die Autoritätsbeziehungen zwischen Fabrikbesitzern und Arbeitern ein mehr oder minder selbständiges Gebiet der Gruppenaktivität auch dort, wo die Human-Relations-Theorie die früheren individualistischen Anschauungen abgelöst hat. In Rußland hat man die Arbeitsbeziehungen vollständig einer übergeordneten Autorität unterworfen, die das Verhalten von Fabrikbesitzern und Arbeitern bestimmt und die Höhergestellte in untergeordnete Positionen verweisen und (seltener) Angehörige der Unterschicht in die Oberschicht versetzen kann, wenn nämlich die Politik der Regierung eine solche Aktion geboten erscheinen läßt.

Dieser Vergleich von Managementideologien ist aus spezifischen historischen Gründen über die Tatsache hinaus bedeutsam, daß Autoritätsbeziehungen in Wirtschaftsunternehmen eine allgemeine Erscheinung der Industrialisierung sind und sich deshalb für eine vergleichende Analyse eignen. Die Managementideologien gewannen ihre Bedeutung, als der Gegensatz sichtbar wurde, der zwischen dem Gleichheitsgedanken der Eigentümer, wie er in der Französischen Revolution auftauchte und anschließend gesetzlich verankert wurde, und der Ungleichheit in den Arbeitsbeziehungen besteht. Während sich die Einsicht in diese Ungleichheit immer mehr aufdrängte, nahm das Ansehen der herkömmlichen hierarchischen Gesellschaftsordnung zusehends ab. Die Folge war, daß die unteren Klassen nach gesellschaftlicher, politischer und gesetzlicher Gleichheit verlangten. In England wurden diese Forderungen nach gleichen Bürgerrechten in einem für die unteren Klassen leidvollen, aber friedlichen Prozeß der Neuregelung der Klassenbeziehungen erfüllt; in Rußland wurden die gleichen Forderungen abgelehnt und führten schließlich zu den Revolutionen der Jahre 1905 und 1917.

Die vergleichende Untersuchung der Ideologien des Management ist von theoretischem wie von historischem Interesse. Man kann solche Ideologien als Anzeichen einer Bereitschaft zum Handeln ansehen und erhält, wenn man die ideologischen Entgegnungen der unteren Klassen in die Untersuchung mit einbezieht, eine Einsicht in die Klassenbeziehungen einer Gesellschaft. Ideologien sind, wie wir annehmen, ein integrierender

Bestandteil einer Zivilisation und sollten genauso als Index der gesellschaftlichen Struktur angesehen werden, wie neurotische Symptome als Zeichen der Persönlichkeit eines Individuums gewertet werden. Es wird weiterhin angenommen, daß solche Ideologien zweckmäßige Rationalisierungen materieller Gruppeninteressen darstellen, daß diese Rationalisierungen ihrem Inhalt nach aber von dem historischen Vermächtnis bestimmt werden, das ein Teil der sich verändernden gesellschaftlichen Struktur eines Landes ist.

Abgesehen davon, daß die Ideologien des Management einen Schlüssel zu den spezifischen Formen der Klassenbeziehungen in einer Gesellschaft geben, ist die Untersuchung dieser Ideologien noch in anderem Zusammenhang von Interesse. Ein Aspekt, der besonders nützlich ist, wo es um einen Vergleich totalitärer und nichttotalitärer Herrschaftsformen geht, ist das Phänomen der Bürokratisierung, das sich in allen Industriegesellschaften findet. Es läßt sich nämlich keine Bürokratie denken, in der die Ausführung der ergehenden Anordnungen nicht einer gewissen eigenen Initiative bedarf. Der Vergleich der angloamerikanischen mit der russischen Tradition hat ergeben, daß der entscheidende Unterschied zwischen beiden darin besteht, ob die Managerideologien bei den Untergebenen guten Willen voraussetzen oder nicht. Wo man nicht an den guten Willen der Untergebenen glaubt, nimmt die Durchsetzung der Industrialisierung eine spezifische Form der Doppelhierarchie an, die dem Zweck dient, auf die Untergebenen einen maximalen Druck auszuüben und die Durchführung von Anordnungen zu gewährleisten, in dem die Regierungsämter auf jeder Stufe zusätzlich politischer Kontrolle unterstellt werden.

Die englische, amerikanische und russische Industrialisierung ist durch einen Prozeß der Bürokratisierung gekennzeichnet, und die Bürokratisierung gefährdet sicherlich die Entwicklung von Initiative. [20] Aber das Beispiel der Sowjetunion zeigt, daß diese Gefahr Gegenmaßnahmen hervorrufen kann. Man kann von einer Institutionalisierung der Initiative in der totalitären Partei sprechen und Vermutungen darüber anstellen, inwieweit die dynamischen Anstrengungen des Sowjetregimes durch eine Abschwächung des kalten Krieges, der als eine Rechtfertigung dieser Anstrengungen dient, gefährdet würden. Das ist meiner Ansicht nach der neue Zusammenhang, in dem eine vergleichende Analyse der Ideologien des Managements eine beachtliche geistige Aufgabe bleiben wird.

Anmerkungen

1 Text einer Vorlesung, die der Verfasser anläßlich der Verleihung des McIver-Preises vor der Soziologischen Gesellschaft, District of Columbia, am 3. Februar 1959, gehalten hat.

2 Die mittellosen Arbeiter sollen ihre Tugend durch ihren Gehorsam beweisen; auf der anderen Seite erklärt man ihnen, daß ihre abhängige Stellung aus einer natürlichen Minderwertigkeit resultiert. In ähnlicher Weise sollen die herrschenden Klassen für das Wohl der Armen, soweit sie es verdienen, verantwortlich sein. Aber jede Vernachlässigung der Sorgepflicht läßt sich mit der Ausrede erklären, daß der leidende Teil der Armen eben keine Hilfe verdient.

3 In Rußland führten die Bestrebungen der Landaristokratie, die Rolle der notwendigen, vermittelnden Kraft zwischen Herrscher und Volk zu spielen, niemals zum Erfolg. In Westeuropa dagegen reichte die Autorität der Herrscher auf Verwaltung und Rechtsprechung nur so weit wie sein Besitztum; freilich stellt sich in diesem Gegensatz nur das Endresultat langwieriger Kämpfe um die Teilung der Herrschaft dar. Vgl. Max Weber, *Wirtschaft und Gesellschaft*, Tübingen 1925, Bd. II, Kap. VII, besd. S. 720–723, dazu Otto Hinze, »Weltgeschichtliche Bedingungen der Repräsentativverfassungen«, *Historische Zeitschrift*, Bd. CXLIII, 1931, S. 1–47.

4 Bezeichnend dafür, daß die Probleme komplexer industrieller Organisation sofort zum Vorschein kamen, ist Lenins Erklärung, daß »der Russe ein schlechter Arbeiter ist«, und seine Befürwortung des Taylor-Systems und der Elektrifizierung als der Weg zum Sozialismus.

5 George Herbert Mead, *Movements of Thought in the Nineteenth Century*, Chicago 1936, S. 21.

6 Ebenda, S. 17.

7 Georg Friedrich Wilhelm Hegel, *Phänomenologie des Geistes*, Leipzig 1928, S. 143, 147. Ich habe versucht, Hegels Auffassung wiederzugeben, ohne seine Sprache zu benutzen.

8 Alexis de Tocqueville, *Democracy in America*, New York 1945, Bd. II, S. 195.

9 Ebenda.

10 Eine eingehende Analyse dieser Entwicklung findet sich bei T. H. Marshall, *Citizenship and Social Class*, Cambridge 1950, Kap. I. Die Ausführungen Marshalls betreffen vorwiegend englische Verhältnisse. Daneben gab es andere Formen der Gewährung sozialer Rechte, z. B. im kaiserlichen Deutschland. Hier versuchte man, damit die Gewährung von Bürgerrechten zu umgehen.

11 Ich habe diesen Punkt ausführlich in meinem Artikel »A Study of Managerial Ideologies« in *Economic Development and Cultural Change*, V (1957), S. 118–128, dargestellt.

12 Der Ausdruck in Anführungszeichen findet sich bei Jacob Burckhardt, und zwar in seiner Definition des Gegenstands kulturgeschichtlicher Betrachtung, »sie geht auf das Innere der vergangenen Menschheit und verkündet, wie diese *war, wollte, dachte, schaute* und *vermochte*. Indem sie damit auf das Konstante kommt, erscheint am Ende diese Konstante größer und wichtiger als das Momentane, erscheint eine Eigenschaft größer und lehrreicher als eine Tat; denn die Taten sind nur Einzeläußerungen des betreffenden inneren Vermögens, welches dieselben stets neu hervorbringen kann. Das Gewollte und Vorausgesetzte ist also so wichtig als das Geschehene.« Jacob Burckhardt, *Griechische Kulturgeschichte*, Stuttgart 1952, Bd. I, S. 6.

13 Vgl. die Studie von H. Stuart Hughes, *Consciousness and Society*, New York 1958, die eine gründliche Analyse dieser »Generation« enthält.

14 Unter dem Begriff der »Ideologie« meine ich nicht Einstellungen, wie sie oftmals der Gegenstand von Fragebogen sind, sondern verstehe darunter die

Resultate des Prozesses, wie schon in meinem Vorwort erwähnt, in dem Vertreter verschiedener gesellschaftlicher Gruppen in immer neuen Formulierungen darzustellen versuchen, was ihrer Meinung nach die gemeinsamen Denkweisen dieser Gruppen sind. Ich spreche also von Ideologien als Ideen, die im Zusammenhang von Gruppenhandlungen betrachtet werden. Alle Ideen können unter diesem Gesichtspunkt betrachtet werden. Ich weiche also von der üblichen Bestimmung des Begriffs der Ideologie als falschen oder irrigen Wissens ab.

15 So versuchten die amerikanischen Fabrikbesitzer um die Jahrhundertwende, ihre absolute Autorität über die Arbeiter geltend zu machen. Aber dieser Versuch blieb zunächst unbefriedigend. Erst die Bürokratisierung führte zur Ausbildung von Experten, die Methoden für die Ausübung dieser Autorität ausarbeiteten. In Rußland ermutigte der Autoritätsanspruch des Zaren über alle Untertanen unbeabsichtigterweise die Bauern, sich an den Zaren um Befreiung von ihrer Not zu wenden. Dieses Verfahren, die logischen Konsequenzen einer Ideologie zu betrachten, geht von Max Webers Verfahren in seiner Religionssoziologie aus.

16 Der Satz, der hier unmittelbar folgt, lautet: »Die Tradition aller toten Geschlechter lastet wie ein Alp auf dem Gehirne der Lebenden.« (Karl Marx, *Der achtzehnte Brumaire des Louis Bonaparte*, Berlin 1953, S. 11.) Ich akzeptiere diese polemische Übertreibung nicht, denn Traditionen haben ihre positive wie ihre negative Seite, aber die Betonung des Einflusses, den die kulturelle Tradition auf die gegenwärtigen Ideologien hat, wird eher den Tatsachen gerecht als ein Versuch, diese Ideologien allein aus den Problemen zu erklären, denen sich ein Geschäftsmann bei seiner Arbeit gegenübersieht. Solch eine Betrachtungsweise übersieht die Veränderungen der Ideologien und die zwischen ihnen bestehenden Unterschiede; denn dieser Auffassung nach lassen sich alle Ideologien als Folgen von Spannungen innerhalb der modernen Gesellschaft erklären. Vgl. Francis X. Sutton u. a., *The American Business Creed*, Cambridge 1956. Hier werden alle Veränderungen der Business-Ideologien geleugnet und diese Ideologien auf genau der gleichen Basis erklärt wie Nationalismus und Antikapitalismus. Vgl. auch die Bemerkungen von Leland Jenks, »Business Ideologies«, in *Explorations of Entrepreneurial History*, Bd. X, Nr. 1 (Oktober 1957), S. 1–7.

17 An dieser Stelle fühle ich mich wiederum dem Werk Max Webers verpflichtet, allerdings eher seinen Studien als seiner Methodologie. Siehe mein Buch, *Max Weber, An Intellectual Portrait*, New York 1960, Kapitel 8.

18 Zitiert nach S. 328 dieses Buches. Um ein mögliches Mißverständnis zu vermeiden, möchte ich hinzufügen, daß diese Behauptung meines Erachtens mit dem Bemühen vereinbar ist, managerielle Entscheidungen auf eine wissenschaftlichere Basis zu stellen. Die Ersetzung von manueller Arbeit durch Maschinenarbeit hat offensichtlich die Bereiche der möglichen Entscheidungsfreiheit für den Arbeiter sehr eingeschränkt, obwohl Mechanisierung und Automatisierung auch neue Möglichkeiten für selbständige Entscheidungen bieten. Während diese Methoden und Reorganisationen die Bereiche, in denen persönliche Entscheidungsfreiheit möglich oder wünschbar ist, beschränken oder verschieben und auf diese Weise zu größerer Leistungsfähigkeit führen können, vermögen sie doch den Faktor der persönlichen Entscheidungsfreiheit nicht auszuschalten.

19 Ähnlich verhalten sie sich sogar hinsichtlich der Verwirklichung der Parteiziele selbst. Vgl. Joseph Berliner, *Factory and Manager in the USSR*, Cambridge 1957. Berliner zeigt, daß die erfolgreichsten sowjetischen Manager systematisch die Subversion der an sie ergehenden Weisungen betreiben, und zwar um die Ziele dieser Weisungen zu verwirklichen, freilich auch um ihrer persönlichen Interessen willen. Hier drängt sich der Gedanke auf, daß man »guten Willen« in vielerlei Weise schaffen kann, sogar durch systematisches Mißtrauen gegenüber allen Untergebenen – unter der Voraussetzung freilich, daß das Mißtrauen von einer höheren Rationalisierung bestimmt ist als von der messianischen und nationalistischen Ideologie des russischen Kommunismus.

20 Vgl. Joseph Schumpeter, *Capitalism, Socialism and Democracy*, New York 1950. Dort wird dies Thema ausführlich behandelt.

Kapitel IV
Entwicklungstendenzen der »Industriegesellschaft«

Joseph A. Schumpeter
Der Zerfall des Unternehmerkapitalismus

I. Das Veralten der Unternehmerfunktion

In unserer Erörterung der Theorie der schwindenden Investitionschance wurde ein Vorbehalt angebracht zugunsten der Möglichkeit, daß die wirtschaftlichen Bedürfnisse der Menschheit eines Tages so völlig befriedigt wären, daß wenig Anlaß bliebe, noch weitere produktive Anstrengungen zu unternehmen. Wir sind zweifellos von solch einem Zustand der Sättigung noch sehr weit entfernt, selbst wenn wir uns innerhalb des heutigen Bedürfnisschemas halten; und wenn wir die Tatsache berücksichtigen, daß mit der Erreichung eines höheren Lebensstandards diese Bedürfnisse sich automatisch ausdehnen und neue Bedürfnisse entstehen oder geschaffen werden [1], so wird die Sättigung ein bewegliches Ziel, namentlich wenn wir unter die Konsumgüter die Muße einschließen. Wir wollen immerhin einen Blick auf diese Möglichkeit werfen und die noch unrealistischere Annahme machen, daß die Produktionsmethoden einen Zustand der Vollkommenheit erreicht haben, der keine weitere Verbesserung mehr zuläßt.

Es würde sich daraus ein mehr oder weniger stationärer Zustand ergeben. Der Kapitalismus, seinem Wesen nach ein Entwicklungsprozeß, würde verkümmern. Für die Unternehmer würde nichts mehr zu tun übrigbleiben. Sie würden sich in der ganz gleichen Lage befinden wie Generäle in einer des ewigen Friedens völlig gewissen Gesellschaft. Die Profite und mit ihnen der Zinsfuß würden sich dem Nullpunkt nähern. Die Schicht der Bourgeoisie, die von Gewinnen und Zinsen lebt, hätte die Tendenz zu verschwinden. Die Leitung von Industrie und Handel würde eine Sache der gewöhnlichen Verwaltung, und das Personal würde unvermeidlich die Charakteristica einer Bürokratie annehmen. Beinahe automatisch entstünde ein Sozialismus eines sehr gemäßigten Typs. Die menschliche Energie würde sich von der Wirtschaft abwenden. Das Streben nach anderen als wirtschaftlichen Zielen würde die Geister anziehen und das Abenteuer bieten.

Für die absehbare Zukunft hat diese Vision keine Bedeutung. Doch um so größere Bedeutung kommt der Tatsache zu, daß manche der Wirkungen auf die Gesellschaftsstruktur und auf die Organisation des produktiven Prozesses, die wir von einer annähernd vollständigen Bedürfnisbefriedigung oder von einer absoluten technischen Vollkommenheit erwarten können, auch von einer Entwicklung zu erwarten sind, die bereits deutlich sichtbar ist. Der Fortschritt selbst kann ebenso gut mechanisiert werden wie die Leitung einer stationären Wirtschaft, und diese Mechanisierung des Fortschritts kann das Unternehmertum und die kapitalistische Gesellschaft beinahe ebenso stark beeinflussen, wie es das Ende des wirtschaftlichen Fortschritts täte. Um dies zu verdeutlichen, ist nur nochmals darzulegen, erstens worin die Unternehmerfunktion besteht, und zweitens, was sie für die bürgerliche Gesellschaft und für das Weiterleben der kapitalistischen Ordnung bedeutet.

Wir haben gesehen, daß die Funktion der Unternehmer darin besteht, die Produktionsstruktur zu reformieren oder zu revolutionieren entweder durch die Ausnützung einer Erfindung oder, allgemeiner, einer noch unerprobten technischen Möglichkeit zur Produktion einer neuen Ware bzw. zur Produktion einer alten auf eine neue Weise, oder durch die Erschließung einer neuen Rohstoffquelle oder eines neuen Absatzgebietes oder durch die Reorganisation einer Industrie usw. Der Bau von Eisenbahnen in seinen früheren Stadien, die Erzeugung von Elektrizität vor dem ersten Weltkrieg, Dampf und Stahl, das Auto, koloniale Unternehmungen, dies sind die anschaulichen Beispiele einer großen Gattung, die unzählige bescheidenere umfaßt, – hinunter bis zu solchen Dingen wie zur erfolgreichen Herstellung einer besonderen Art von Würsten oder Zahnbürsten. Diese Art Tätigkeit ist in erster Linie verantwortlich für die immer wiederkehrenden »Aufschwünge«, die den wirtschaftlichen Organismus revolutionieren, und für die immer wiederkehrenden »Rückschläge«, die durch das gleichgewichtstörende Eindringen der neuen Produkte oder Methoden verursacht werden. Solch neue Dinge zu unternehmen ist schwierig und begründet eine besondere ökonomische Funktion, erstens weil es außerhalb der Routine-Aufgaben liegt, auf die sich jeder versteht, und zweitens wegen der mannigfachen Widerstände der Umwelt –, sie wechseln je nach den sozialen Bedingungen von einer einfachen Weigerung, etwas Neues zu finanzieren oder zu kaufen, bis zum physischen Angriff gegen den Mann, der die Produktion wagt. Zuversichtlich außerhalb der vertrauten Fahrrinne zu navigieren und diesen Widerstand zu überwinden, verlangt Fähigkeiten, die nur in einem kleinen Teil der Bevölkerung vorhanden sind und die sowohl den Unternehmertyp wie auch die Unternehmerfunktion ausmachen. Diese Funktion besteht ihrem Wesen nach weder darin, irgend etwas zu erfinden, noch sonstwie Bedingungen zu schaffen, die die Unternehmung ausnützt. Sie besteht darin, daß sie Dinge in Gang setzt.

Diese soziale Funktion verliert bereits an Bedeutung und muß dies in Zukunft in beschleunigtem Tempo weiter tun, selbst wenn der ökonomische Prozeß, für den das Unternehmertum die Antriebskraft war, an sich unvermindert weiterginge. Denn einerseits ist es heutzutage viel leichter als in der Vergangenheit, Dinge zu tun, die außerhalb der vertrauten Routine liegen: das Erfinden selbst ist zu einer Routinesache geworden. Der technische Fortschritt wird in zunehmendem Maße zur Sache von geschulten Spezialistengruppen, die das, was man von ihnen verlangt, liefern und dafür sorgen, daß es auf die vorausgesagte Weise funktioniert. Die frühere Romantik des geschäftlichen Abenteuers schwindet rasch dahin, weil vieles nun genau berechnet werden kann, was in alten Zeiten durch geniale Erleuchtung erfaßt werden mußte.

Andrerseits zählen Persönlichkeit und Willenskraft weniger in einer Umwelt, die sich an wirtschaftliche Veränderungen – am besten versinnbildlicht durch den unaufhörlichen Strom von neuen Konsum- und Produktionsgütern – gewöhnt hat und die, statt Widerstand zu leisten, sie als selbstverständlich hinnimmt. Der Widerstand, der von den durch eine Neuerung im Produktionsprozeß bedrohten Interessen ausgeht, wird wahrscheinlich so lange nicht aussterben, als die kapitalistische Ordnung bestehen bleibt. Er bildet z. B. das große Hindernis auf dem Wege zur Massenproduktion von billigen Wohnungen, welche eine radikale Mechanisierung und die völlige Ausschaltung unwirtschaftlicher Arbeitsmethoden auf dem Bauplatz voraussetzt. Aber jede andere Art Widerstand, – namentlich der Widerstand von Konsumenten und Produzenten gegen neuartige Dinge, nur weil sie neu sind –, ist beinahe ganz verschwunden.

So zeigt der wirtschaftliche Fortschritt die Tendenz, entpersönlicht und automatisiert zu werden. Bureau- und Kommissionsarbeit haben die Tendenz, die individuelle Aktion zu ersetzen. Wiederum mag ein Hinweis auf militärische Analogien den wesentlichen Punkt deutlich hervortreten lassen:

In früheren Zeiten, ungefähr bis und mit den napoleonischen Kriegen, bedeutete die Feldherrnkunst Führertum; und Erfolg bedeutete den persönlichen Erfolg des Befehlshabers, der entsprechende »Gewinne« in Form sozialen Ansehens verdiente. Die Technik der Kriegsführung und die Struktur der Armeen, wie sie damals waren, die individuelle Entscheidung und die treibende Kraft des führenden Mannes – sogar seine tatsächliche Gegenwart auf einem prächtigen Pferde – waren wesentliche Elemente in den strategischen und taktischen Situationen. Napoleons Gegenwart war auf seinen Schlachtfeldern tatsächlich fühlbar und mußte es sein. Dies ist anders geworden. Rationalisierte und spezialisierte Bureauarbeit wird am Ende die Persönlichkeit, das berechenbare Ergebnis, die »Vision« verdrängen. Der Führende hat heutzutage keine Gelegenheit mehr, sich in den Kampf zu stürzen. Er wird zu einem Bureauarbeiter mehr, zu einem, den zu ersetzen nur selten noch schwerhalten wird.

Man kann auch noch eine andere militärische Analogie heranziehen. Kriegführen war im Mittelalter eine sehr persönliche Angelegenheit. Die gepanzerten Ritter übten eine Kunst aus, die eine lebenslängliche Schulung erforderte, und ein jeder von ihnen zählte einzeln auf Grund seines persönlichen Könnens und Heldenmutes. Es ist leicht verständlich, warum dieses Handwerk zur Grundlage einer sozialen Klasse im vollsten und reichsten Sinne dieses Wortes geworden ist. Aber die sozialen und technischen Veränderungen haben sowohl die Funktion wie die Position dieser Klasse unterhöhlt und am Ende zerstört. Kriegführen selbst hat deswegen nicht aufgehört. Es wurde nur immer stärker mechanisiert, – zuletzt so sehr, daß der Erfolg in dem, was nun ein bloßer Beruf geworden ist, nicht mehr zugleich jene Bedeutung einer individuellen Leistung hat, welche nicht nur den Mann, sondern auch seine Gruppe in eine Dauerstellung sozialen Führertums emporhebt.

Ein ähnlicher sozialer Prozeß (– wenn man die Analyse bis zu Ende führt: der gleiche soziale Prozeß –) unterhöhlt nun die Rolle und mit der Rolle die soziale Stellung des kapitalistischen Unternehmers. Seine Rolle – obwohl weniger glanzvoll als die der großen und kleinen mittelalterlichen Kriegsherren – ist oder war auch eine Form der individuellen Führerschaft, die auf Grund persönlicher Kraft und persönlicher Verantwortlichkeit nach Erfolg strebte. Seine Stellung ist wie die der Kriegerklassen bedroht, sobald seine Funktion im sozialen Prozeß ihre Bedeutung verliert, einerlei ob die Ursache darin liegt, daß die sozialen Bedürfnisse, die er befriedigte, versiegen, oder daß diese Bedürfnisse durch andere, unpersönlichere Methoden befriedigt werden.

Dies erschüttert jedoch die Stellung der gesamten bürgerlichen Schicht. Zwar sind die Unternehmer weder mit Notwendigkeit, noch gar in typischer Weise von Anbeginn an Elemente dieser Schicht, sie treten aber im Falle des Erfolges in sie ein. Obgleich also die Unternehmer nicht *per se* eine soziale Klasse bilden, absorbiert sie die bürgerliche Klasse zusammen mit ihren Familien und Verbindungen und verjüngt und belebt sich dadurch fortwährend, während gleichzeitig die Familien, die ihre aktiven Beziehungen zum »Geschäft« lösen, nach ein oder zwei Generationen aus ihr ausscheiden. Dazwischen gibt es die Masse derer, die wir Industrielle, Kaufleute, Finanzleute oder Bankiers nennen; sie befinden sich auf der Zwischenstufe zwischen Unternehmerwagnis und bloß laufender Verwaltung eines ererbten Besitzes. Die Erträge, aus denen die Klasse lebt, werden geschaffen durch die Erfolge dieses mehr oder weniger aktiven Sektors – der selbstverständlich, wie zum Beispiel in den Vereinigten Staaten, über neunzig Prozent der bürgerlichen Schicht ausmachen kann – und der Individuen, die im Begriffe sind, in diese Klasse aufzusteigen; auf diesen Erfolgen beruht auch die soziale Stellung der Klasse als solcher. Ökonomisch und soziologisch, mittel- und unmittelbar hängt deshalb die Bourgeoisie vom Unternehmer ab; als Klasse lebt sie mit ihm und wird mit ihm als Klasse sterben, obgleich es mit großer Wahrscheinlichkeit zu einem kürzeren oder längeren Übergangsstadium kommen wird, wozu es tatsächlich im Fall der feudalen Zivilisation kam, – einem Stadium, in dem die Bourgeoisie sich letzten Endes unfähig fühlen wird zu leben und zu sterben.

Fassen wir diesen Teil unseres Argumentes zusammen: wenn die kapitalistische Entwicklung – »der Fortschritt« – entweder aufhört oder vollständig automatisiert wird, wird sich die wirtschaftliche Grundlage der industriellen Bourgeoisie letzten Endes auf Gehälter reduzieren, wie sie für gewöhnliche Verwaltungsarbeit bezahlt werden, – Überbleibsel von Quasirenten und monopoloiden Gewinnen ausgenommen, die vermutlich noch einige Zeit dahinvegetieren werden. Da die kapitalistische Unternehmung durch ihre eigensten Leistungen den Fortschritt zu automatisieren tendiert, so schließen wir daraus, daß sie sich selbst überflüssig zu machen, – unter dem Druck ihrer eigenen Erfolge zusammenzubrechen tendiert. Die vollkommen bürokratisierte industrielle Rieseneinheit verdrängt nicht nur die kleine oder mittelgroße Firma und »expropriiert« ihre Eigentümer, sondern verdrängt zuletzt auch den Unternehmer und expropriiert die Bourgeoisie als Klasse, die in diesem Prozeß Gefahr läuft, nicht nur ihr Einkommen, sondern, was unendlich viel wichtiger ist, auch ihre Funktion zu verlieren. Die wahren Schrittmacher des Sozialismus waren nicht die Intellektuellen oder Agitatoren, die ihn predigten, sondern die Vanderbilts, Carnegies und Rockefellers. Dieses Ergebnis mag nicht in jeder Hinsicht nach dem Geschmack der Marxschen Sozialisten sein, noch weniger nach dem Geschmack der Sozialisten einer populäreren (Marx hätte gesagt, vulgäreren) Sorte. In bezug auf die Prognose aber unterscheidet es sich nicht von dem ihren.

II. Die Zerstörung der schützenden Schichten

Bis jetzt haben wir die Wirkungen des kapitalistischen Prozesses auf die wirtschaftlichen Grundlagen der oberen Schichten der kapitalistischen Gesellschaft und auf ihre soziale Stellung und ihr soziales Prestige betrachtet. Doch die Wirkungen erstrecken sich auch auf den institutionellen Rahmen, der sie schützte. Indem wir nun dies aufzeigen, verwenden wir den Ausdruck in seiner weitesten Bedeutung, so daß er nicht nur gesetzliche Institutionen, sondern auch die Einstellung der öffentlichen Meinung und der Politik umfaßt.

1. Die kapitalistische Entwicklung hat zunächst einmal die institutionellen Ordnungen der feudalen Welt – den Gutshof, das Dorf, die Handwerkerzunft – zerstört oder weitgehend zerstört. Die Tatsachen und Mechanismen dieses Prozesses sind so wohl bekannt, daß wir uns nicht dabei aufzuhalten brauchen. Die Zerstörung wurde auf drei Wegen bewirkt. Die Welt des Handwerkers wurde in erster Linie durch die automatischen Auswirkungen der Konkurrenz zerstört, die vom kapitalistischen Unternehmer ausging; die politische Aktion, die verkümmerte Organisationen und Verordnungen aufhob, hat nur die Ergebnisse bestätigt. Die Welt des Grundherrn und der Bauern wurde in erster Linie durch politische – bisweilen revolutionäre – Aktion zerstört, und der

Kapitalismus präsidierte lediglich bei adaptiven Wandlungen, beispielsweise von deutschen grundherrschaftlichen Organisationen in landwirtschaftlichen Großunternehmungen. Parallel zu diesen industriellen und landwirtschaftlichen Revolutionen lief jedoch eine nicht weniger revolutionäre Veränderung in der allgemeinen Haltung der gesetzgeberischen Gewalten und der öffentlichen Meinung. Gleichzeitig mit der alten wirtschaftlichen Organisation verschwanden auch die wirtschaftlichen und politischen Privilegien der Klassen oder Gruppen, die in ihr die führende Rolle zu spielen pflegten, – namentlich die Steuerfreiheiten und die politischen Vorrechte des höheren und niederen Landadels und der Geistlichkeit.

Wirtschaftlich bedeutete all dies für die Bourgeoisie die Befreiung von ebenso vielen Fesseln und die Beseitigung ebenso vieler Schranken. Politisch bedeutete es die Ersetzung einer Ordnung, in der der Bourgeois ein demütiger Untertan war, durch eine andere, die seinem rationalistischen Denken und seinen unmittelbaren Interessen besser entsprach. Wenn man jedoch diesen Prozeß vom heutigen Standpunkt überblickt, könnte der Betrachter sich wohl fragen, ob letzten Endes eine solch völlige Emanzipation für den Bourgeois und seine Welt gut war. Denn diese Fesseln hemmten nicht nur, sie schützten auch. Bevor wir weitergehen, müssen wir diesen Punkt sorgfältig klären und seine Bedeutung würdigen.

2. Die miteinander verwandten Prozesse des Aufstiegs der kapitalistischen Bourgeoisie und des Aufstiegs der Nationalstaaten erzeugten im sechzehnten, siebzehnten und achtzehnten Jahrhundert eine soziale Struktur, die uns amphibisch erscheinen mag, obschon sie nicht mehr amphibische Elemente oder Übergangselemente zeigte als irgend eine andere. Betrachten wir das hervorragende Beispiel, das uns die Monarchie Ludwig XIV. bietet. Die königliche Macht hatte die grundbesitzende Aristokratie unterworfen und hatte sie zugleich versöhnt, indem sie ihr Beschäftigung und Pensionen bot und ihren Anspruch auf die Stellung einer herrschenden oder führenden Klasse bedingt akzeptierte. Die gleiche königliche Macht hatte den Klerus unterworfen und sich mit ihm verbündet. [2] Sie hatte schließlich ihren Einfluß auf die Bourgeoisie, ihren alten Verbündeten im Kampf gegen die Landmagnaten, verstärkt, indem sie ihre Unternehmungen schützte und förderte, um sie dafür um so wirkungsvoller zu brandschatzen. Die Bauern und das (kleine) gewerbliche Proletariat wurden in ähnlicher Weise behandelt, ausgebeutet und beschützt durch die öffentlichen Gewalten, – obschon der Schutz im Falle des französischen *ancien régime* viel weniger ausgesprochen war als zum Beispiel in Österreich unter Maria Theresia oder Joseph II. –, und, stellvertretenderweise, durch Grundherren oder Industrielle. Dies war nicht einfach eine Regierung im Sinn des Liberalismus des neunzehnten Jahrhunderts, das heißt eine soziale Amtsstelle, die einige

wenige, beschränkte, mit einem Minimum von Einnahmen zu finanzierende Funktionen wahrzunehmen hatte. Im Prinzip leitete die Monarchie alles, von den Gewissen bis zu den Mustern der Lyoner Seidengewebe, und finanziell trachtete sie nach einem Maximum von Einnahmen. Obschon der König niemals völlig absolut war, war die öffentliche Autorität allumfassend.

Die richtige Diagnose dieses Systems ist für unsern Gegenstand von größter Bedeutung. Der König, der Hof, das Heer, die Kirche und die Bürokratie lebten in zunehmendem Maße von Einnahmen, die der kapitalistische Prozeß schuf; sogar die rein feudalen Einkommensquellen schwollen infolge der gleichzeitigen kapitalistischen Entwicklung an. In zunehmendem Maße wurden auch die innere und äußere Politik und die institutionellen Änderungen so geformt, daß sie auf diese Entwicklung paßten und sie förderten. *Insofern* treten die feudalen Elemente in der Struktur der sogenannten absoluten Monarchie nur noch unter dem Titel von Atavismen auf, was tatsächlich die Diagnose ist, die sich auf den ersten Blick unwillkürlich aufzudrängen scheint.

Bei näherer Betrachtung sehen wir indessen, daß diese Elemente mehr bedeuteten. Das stählerne Gerüst dieser Struktur bestand nach wie vor aus dem menschlichen Material der feudalen Gesellschaft, und dieses Material verhielt sich immer noch gemäß dem prae-kapitalistischen Schema. Es füllte die Ämter des Staates, versah die Armee mit Offizieren, machte Politik, – es funktionierte als eine *classe dirigeante* und bemühte sich, obwohl es die bürgerlichen Interessen berücksichtigte, sich doch von der Bourgeoisie zu distanzieren. Der Mittelpunkt, der König, war König von Gottes Gnaden, und die Wurzel seiner Stellung war feudal, nicht nur im historischen, sondern auch im soziologischen Sinn, so ausgiebig er auch die vom Kapitalismus gebotenen Möglichkeiten sich zunutze machte. All dies war mehr als Atavismus. Es war eine aktive Symbiose zweier sozialer Schichten, von denen die eine ohne Zweifel die andere wirtschaftlich stützte, von der andern aber umgekehrt politisch gestützt wurde. Was wir auch von den Leistungen oder Unzulänglichkeiten dieser Ordnung halten mögen und was auch der Bourgeois selbst damals oder später davon – und von dem aristokratischen Taugenichts oder Müßiggänger – gehalten haben mag, es war das Wesen dieser Gesellschaft.

3. Nur *dieser* Gesellschaft? Der spätere Verlauf der Dinge – am besten am englischen Fall zu exemplifizieren –, führt uns auf die Antwort: Das aristokratische Element hat auch in der Folge *genau bis zum Ende der Periode des intakten und lebenskräftigen Kapitalismus* das Regiment geführt. Ohne Zweifel hat dieses Element – zwar nirgends so erfolgreich wie in England – laufend die hellen, der Politik zustrebenden Köpfe aus andern Schichten absorbiert; es machte sich zum Vertreter bourgeoiser Interessen und kämpfte die Schlachten der Bourgeoisie; es mußte seine letzten gesetzlichen Vorrechte aufgeben; doch mit diesen Einschränkun-

gen – und für Ziele, die nicht mehr seine eigenen waren – hat es weiterhin die politische Maschine bemannt, den Staat geleitet, regiert.

Der wirtschaftlich tätige Teil der bürgerlichen Schichten hat dem keinen großen Widerstand geleistet. Im großen ganzen paßte ihnen diese Art der Arbeitsteilung, und sie waren damit einverstanden. Wo sie sich dagegen auflehnten oder wo sie politisch in den Sattel gelangten, ohne sich dagegen auflehnen zu müssen, hatte ihr Regiment keinen bemerkenswerten Erfolg und zeigte sich auch nicht fähig, sich zu behaupten. Es stellt sich die Frage, ob wirklich mit Sicherheit angenommen werden darf, daß diese Fehlschläge nichts anderem zuzuschreiben sind als dem Mangel an Gelegenheit, Erfahrungen zu sammeln und, mit der Erfahrung, die Haltung einer politisch regierenden Klasse zu erwerben.

Die Antwort ist nein. Es gibt einen tieferen Grund für diese Fehlschläge, für welche die französischen und deutschen Erfahrungen mit bürgerlichen Regierungsversuchen gute Beispiele liefern, – einen Grund, der wiederum am deutlichsten sichtbar wird, wenn wir die Gestalt des Industriellen oder Kaufmannes der des mittelalterlichen Feudalherrn gegenüberstellen. Nicht nur hat der »Beruf« den letzteren wunderbar für die Verteidigung seiner eigenen Klasseninteressen qualifiziert, – er war nicht nur physisch dafür zu kämpfen imstande, sondern dieser »Beruf« umgab ihn auch mit einem Heiligenschein und machte aus ihm einen Herrscher über Menschen. Das erste war wichtig, doch noch wichtiger war der mystische Glanz und die herrscherliche Haltung, diese Fähigkeit und Gewohnheit zu befehlen und Gehorsam zu finden, was ihm bei allen Gesellschaftsklassen und in jeder Lebenslage Ansehen verlieh. Dieses Ansehen war so groß und diese Haltung so nützlich, daß die Klassenstellung die sozialen und technischen Bedingungen, die einst sie hatten entstehen lassen, überlebte und, vermöge einer Umwandlung der Klassenfunktion, sich an ganz andere soziale und wirtschaftliche Bedingungen als anpassungsfähig erwies. Mit größter Leichtigkeit und Anmut verwandelten sich die Feudalherren und Ritter in Höflinge, Verwaltungsbeamte, Diplomaten, Politiker und Offiziere, die in ihrer Art gar nichts mehr mit mittelalterlichen Rittern zu tun hatten. Und – ein höchst erstaunliches Phänomen, wenn wir es überdenken – ein Rest dieses alten Prestiges ist noch bis zum heutigen Tag lebendig, und nicht nur bei unsern Damen.

Das Gegenteil trifft für den Industriellen und den Kaufmann zu. Es gibt um ihn bestimmt keinen Schimmer irgend eines mystischen Glanzes, der für die Herrschaft über die Menschen so entscheidend ist. Die Börse ist ein armseliger Ersatz für den Heiligen Gral. Wir haben gesehen, daß die Industriellen und Kaufleute, sofern sie Unternehmer sind, auch eine Funktion der Führerschaft erfüllen. Aber wirtschaftliche Führerschaft dieser Art erweitert sich nicht wie die militärische Führerschaft des mittelalterlichen Feudalherren zur Führerschaft von Nationen. Im

Gegenteil, Hauptbuch und Kostenkalkulation absorbieren und ziehen Grenzen.

Ich habe den Bourgeois rationalistisch und unheroisch genannt. Er kann nur rationalistische und unheroische Mittel gebrauchen, um seine Stellung zu verteidigen oder eine Nation seinem Willen zu beugen. Er kann mit dem was die Leute von seiner wirtschaftlichen Leistung erwarten, einen Eindruck machen, – er kann mit Vernunftgründen seine Sache verteidigen, – er kann Geld zu zahlen versprechen, oder es zurückzuhalten drohen –, er kann die unzuverlässigen Dienste eines *Condottiere* oder Politikers oder Journalisten anwerben. Aber dies ist auch alles, und all das wird in bezug auf seinen politischen Wert stark überschätzt. Auch seine Erfahrungen und Lebensgewohnheiten sind nicht von der Art, um einen persönlichen Zauber zu entwickeln. Ein Geschäftsgenie kann außerhalb seines Bureaus völlig unfähig sein – und ist es auch oft –, eine Gans zu verscheuchen, sowohl im Gesellschaftszimmer wie auf der Rednertribüne. Da er dies weiß, wünscht er in Ruhe gelassen zu werden und die Politik in Ruhe zu lassen.

Wiederum werden sich dem Leser Ausnahmen aufdrängen. Aber wiederum haben sie nicht viel zu bedeuten. Die Fähigkeit und das Interesse für die Stadtverwaltung und der Erfolg bei dieser Tätigkeit ist die einzige wichtige Ausnahme in Europa, und, wie sich zeigen wird, stützt dies unsere Behauptung mehr als daß es sie schwächt. Vor dem Aufkommen der modernen Großstadt, die bereits nicht mehr eine Angelegenheit der Bourgeoisie ist, war die Stadtverwaltung der Führung eines Geschäfts verwandt. Das Verständnis für ihre Probleme und die Autorität innerhalb ihres Bezirks waren dem Fabrikanten und Kaufmann von Natur aus gegeben, und die lokalen Interessen von Handel und Industrie bildeten den Hauptgegenstand ihrer Politik, die sich deshalb für eine Behandlung nach den Methoden und im Geist des Geschäftskontors sehr gut eignete. Unter ungewöhnlich günstigen Bedingungen erwuchsen aus diesen Wurzeln ungewöhnliche Entwicklungen wie die der Republiken von Venedig und Genua. Der Fall der Niederlande paßt in das gleiche Schema, ist aber besonders aufschlußreich insofern, als die Kaufmannsrepublik unweigerlich im großen Spiel der internationalen Politik versagte und praktisch bei jeder Notlage die Zügel einem Kriegsherrn feudaler Färbung übergeben mußte. Was die Vereinigten Staaten anlangt, wäre es leicht, die einzigartig günstigen – übrigens rasch schwindenden – Umstände aufzuzählen, die ihren Fall erklären. [3]

4. Die Folgerung ist naheliegend: abgesehen von solch außergewöhnlichen Umständen ist die Klasse der Bourgeoisie schlecht ausgerüstet, um sich mit den innerpolitischen und den internationalen Problemen zu befassen, mit denen normalerweise ein Land von einiger Bedeutung sich zu befassen hat. Die Bourgeoisie selbst fühlt dies, trotz aller Schlagworte, die dies zu leugnen scheinen, und auch die Massen fühlen es. Innerhalb

eines schützenden, aus nicht-bürgerlichem Material gefertigten Rahmens kann die Bourgeoisie nicht nur in der politischen Defensive, sondern auch in der Offensive – namentlich als Opposition – erfolgreich sein. Während einer gewissen Zeit fühlte sie sich so sicher, daß sie sich den Luxus leisten konnte, den schützenden Rahmen selbst anzugreifen; solche bürgerliche Opposition, wie es sie im kaiserlichen Deutschland gegeben hat, illustriert dies aufs beste. Aber ohne Schutz irgendeiner nichtbourgeoisen Gruppe ist die Bourgeoisie politisch hilflos und unfähig, nicht nur die Nation zu führen, sondern auch nur für ihr besonderes Klasseninteresse zu sorgen. Was so viel heißt wie, daß sie einen Herren braucht.

Der kapitalistische Prozeß hat jedoch sowohl durch seine wirtschaftliche Mechanik als auch durch seine psychologisch-soziologischen Wirkungen mit diesem schützenden Herren aufgeräumt oder ihm, – oder seinem Ersatzmann wie in den Vereinigten Staaten –, nie eine Entwicklungschance geboten. Die sich hieraus ergebenden Verwicklungen werden noch verstärkt durch eine weitere Folge des gleichen Prozesses. Die kapitalistische Entwicklung schaltet nicht nur den König von Gottes Gnaden, sondern auch die politischen Verteidigungsstellungen aus, die, hätten sie sich als haltbar erwiesen, vom Dorf und der Handwerkerzunft gebildet worden wären. Selbstverständlich waren beide Organisationen nicht haltbar genau in der Form, wie sie der Kapitalismus vorfand. Jedoch haben die kapitalistischen Maßnahmen die Zerstörung weit über das hinausgetrieben, was unvermeidlich war. Sie griffen den Handwerker in Schutzgebieten an, in denen er für unbeschränkte Zeit hätte weiterleben können. Sie zwangen dem Bauern alle Segnungen des frühen Liberalismus auf – das freie, ungeschützte Besitzrecht und all die individualistischen Stricke, die er brauchte, um sich aufzuhängen . . .

Indem der Kapitalismus den prae-kapitalistischen Gesellschaftsrahmen zerbrach, hat er nicht nur Schranken niedergerissen, die seinen Fortschritt hemmten, sondern auch Strebepfeiler, die seinen Einsturz verhinderten. Dieser in seiner unbarmherzigen Notwendigkeit eindrückliche Prozeß bestand darin, daß nicht nur das dürre Holz von Institutionen beseitigt wurde, sondern auch die Partner der kapitalistischen Schicht, obschon doch die Symbiose mit ihnen ein wesentliches Element des kapitalistischen Schemas war. Nachdem wir diese von so vielen Schlagworten verdunkelte Tatsache entdeckt haben, dürfen wir uns wohl die Frage stellen, ob es ganz korrekt ist, im Kapitalismus eine soziale Form *sui generis* zu sehen oder in Tat und Wahrheit nicht eher das letzte Auflösungsstadium dessen, was wir Feudalismus genannt haben. Im Ganzen neige ich zur Ansicht, daß seine Besonderheiten genügen, um einen eigenen Typus auszumachen, und daß diese Symbiose von Klassen, die ihre Existenz verschiedenen Epochen und Prozessen verdanken, eher als Regel, denn als Ausnahme angenommen werden muß, – wenigstens war es die Regel während der letzten sechstausend Jahre, das heißt seitdem primitive Ackerbauer von berittenen Nomaden unterworfen worden sind. Aber ich kann auch keine großen Bedenken gegen die erwähnte gegenteilige Ansicht sehen.

III. Die Zerstörung des institutionellen Rahmens der kapitalistischen Gesellschaft

Wir kehren mit einer Ladung unheilvoller Tatsachen von unserer Abschweifung zurück. Sie genügen beinahe, wenn auch nicht ganz, zur Begründung unseres nächsten Punktes, nämlich daß der kapitalistische Prozeß auf fast die gleiche Weise, wie er den institutionellen Rahmen der Feudalgesellschaft zerstörte, nun auch seinen eigenen untergräbt.

Es wurde oben darauf hingewiesen, daß paradoxerweise gerade der Erfolg der kapitalistischen Unternehmung das Ansehen oder soziale Gewicht jener Klasse zu schädigen tendiert, die hauptsächlich mit ihr verknüpft ist, und daß die Riesenunternehmung die Bourgeoisie aus der Funktion zu verdrängen tendiert, der sie einst jenes soziale Gewicht verdankte. Die entsprechende Veränderung in der Bedeutung der Institutionen der Bourgeoiswelt und ihrer typischen Haltung und der gleichzeitige Verlust an Vitalität sind leicht nachzuweisen.

Einerseits ist es nicht zu vermeiden, daß der kapitalistische Prozeß die wirtschaftlichen Grundlagen des kleinen Produzenten und Kaufmanns angreift. Was er den prae-kapitalistischen Schichten angetan hat, tut er auch – und zwar durch den gleichen Konkurrenzmechanismus – mit den untern Schichten der kapitalistischen Industrie. Hier gewinnt Marx natürlich viele Punkte. Allerdings entsprechen die Fakten der industriellen Konzentration nicht ganz den Vorstellungen, die dem Publikum beigebracht werden. Der Prozeß ist weniger weit fortgeschritten und weniger frei von Rückschlägen und kompensatorischen Bewegungen, als sich aus mancher populären Darstellung entnehmen läßt. Insonderheit wird der Raum der kleinen Produktions- und namentlich Handelsunternehmung von der Großunternehmung nicht nur zerstört, sondern bis zu einem gewissen Grade auch geschaffen. Auch im Fall der Bauern und Farmer hat es sich gezeigt, daß die kapitalistische Welt zu guter Letzt sowohl willens wie auch fähig ist, eine kostspielige, doch im ganzen erfolgreiche Erhaltungspolitik zu verfolgen. Auf lange Dauer gesehen können jedoch wenig Zweifel über den Sachverhalt, dem wir uns gegenübersehen, oder seine Folgen bestehen. Außerhalb des landwirtschaftlichen Gebiets hat überdies die Bourgeosie nur wenig Einsicht in dieses Problem oder seine Bedeutung für das Weiterbestehen der kapitalistischen Ordnung bewiesen. [4] Die Gewinne, die durch die Rationalisierung der Produktionsorganisation und namentlich durch die Verbilligung des umständlichen

Wegs der Waren von der Fabrik bis zum letzten Konsumenten erzielt werden können, sind zu groß, als daß ihnen die Seele des typischen Geschäftsmanns widerstehen könnte.

Nun ist es aber wichtig, genau zu realisieren, worin diese Folgen bestehen. Eine sehr verbreitete Art der sozialen Kritik, der wir bereits begegnet sind, beklagt den »Niedergang der Konkurrenz« und setzt ihn dem Niedergang des Kapitalismus gleich, und zwar wegen der Vorzüge, die sie der Konkurrenz beilegt, und wegen der Laster, die sie den modernen industriellen »Monopolen« nachsagt. Die Monopolisierung spielt in diesem Interpretationsschema die Rolle der Arteriosklerose und reagiert auf die Glücksfälle der kapitalistischen Ordnung mit immer unbefriedigenderen wirtschaftlichen Leistungen. Wir haben die Gründe für die Ablehnung dieser Ansicht gesehen. Weder die Verteidigung der Konkurrenz noch die Anklage gegen die Konzentration wirtschaftlicher Kontrolle stehen ökonomisch auf so festen Füßen, als es dieses Argument impliziert. Und ganz abgesehen von seiner Standfestigkeit übersieht es den springenden Punkt. Selbst wenn die Riesenkonzerne alle so vollkommen geleitet wären, daß sogar die Engel im Himmel Beifall spendeten, wären die politischen Folgen der Konzentration doch immer noch die, die sie sind. Die politische Struktur eines Volkes wird durch die Beseitigung einer Menge kleiner und mittelgroßer Firmen zutiefst erschüttert; die leitenden Besitzer dieser Firmen zusammen mit ihrem Anhang, ihren Gefolgsleuten und ihren Verbindungen zählen mengenmäßig an der Wahlurne und haben auf das, was wir als Vorarbeiterklasse bezeichnen können, einen Einfluß, den keine Leitung einer Großunternehmung je haben kann; das eigentliche Fundament des Privateigentums und des freien Vertragsrechts zerbröckelt in einer Nation, deren lebenskräftigste, faßbarste, ausdrucksvollste Gestalten aus dem moralischen Gesichtskreis des Volkes verschwinden.

Andrerseits attackiert der kapitalistische Prozeß auch sein eigenes institutionelles Gerüst (– wir wollen auch weiterhin »Eigentum« und »freies Vertragsrecht« als *partes pro toto* ansehen –) innerhalb der Bezirke der großen Unternehmungseinheiten. Mit Ausnahme der Fälle, – sie sind immer noch von beträchtlicher Bedeutung –, in denen eine Aktiengesellschaft sich praktisch im Besitz einer Einzelperson oder einer einzelnen Familie befindet, ist die Gestalt des Eigentümers und mit ihr das spezifische Eigentumsinteresse von der Bildfläche verschwunden. Es gibt die bezahlten Vollzugsorgane und all die bezahlten Direktoren und Unterdirektoren. Es gibt die großen Aktienbesitzer. Und dann gibt es noch die kleinen Aktienbesitzer. Die erste Gruppe tendiert dahin, die Angestelltenhaltung anzunehmen und identifiziert sich selten – wenn je – mit dem Aktionärsinteresse, nicht einmal in den günstigsten Fällen, das heißt in den Fällen, in denen sie sich mit dem Interesse des Konzerns als solchem identifiziert. Die zweite Gruppe – selbst wenn sie ihre Verbindung mit dem Konzern als dauernd ansieht und selbst wenn sie sich so verhält, wie sich Aktionäre nach der Finanztheorie zu verhalten haben – ist gleich weit entfernt von den Funktionen wie von der Haltung eines Eigentümers. Was die dritte Gruppe der kleinen Aktionäre anlangt, so kümmern sie sich oft nicht sehr um das, was für die meisten von ihnen nur eine unbedeutendere Einkommensquelle ist; und ob sie sich kümmern oder nicht, – Lärm schlagen sie selten, wenn nicht gerade sie oder ihre Vertreter darauf aus sind, ihren Wert als Schadenstifter auszunützen. Da sie oft schlecht behandelt werden und sich noch öfter schlecht behandelt glauben, geraten sie fast regelmäßig in eine »ihren« Gesellschaften, den Großunternehmungen im allgemeinen und – namentlich wenn die Dinge schlecht stehen – der kapitalistischen Ordnung als solcher feindliche Haltung hinein. Kein Element dieser drei Gruppen, in die ich die typische Situation schematisiert habe, nimmt unbedingt die Haltung ein, die charakteristisch ist für dieses merkwürdige, so bedeutungsvolle und so rasch vergängliche Phänomen, das überdeckt wird durch den Ausdruck »Eigentum«.

Das freie Vertragsrecht liegt im gleichen Spital krank. In seiner Vollkraft bedeutete es den individuellen Vertragsabschluß nach einer individuellen Wahl zwischen einer unbegrenzten Zahl von Möglichkeiten. Der stereotype, unindividuelle, unpersönliche und bürokratisierte Vertrag von heute, – dies gilt sehr viel allgemeiner, doch *a potiori* können wir uns hier an den Arbeitsvertrag halten –, der nur noch beschränkte Wahlfreiheit bietet und meistens auf ein *c'est à prendre ou à laisser* herauskommt, zeigt keine der alten Merkmale mehr, deren wichtigste unmöglich geworden sind bei Riesenkonzernen, die mit andern Riesenkonzernen oder mit unpersönlichen Massen von Arbeitern oder Konsumenten zu verkehren haben. Die Lücke wird durch ein tropisches Wachstum von neuen gesetzlichen Konstruktionen gefüllt – und einige Überlegung zeigt, daß es kaum anders sein könnte.

So schiebt der kapitalistische Prozeß alle jene Institutionen, namentlich die Institutionen des Eigentums und des freien Vertragsrechts, die einst die Bedürfnisse und die Formen der wahrhaft »privaten« Wirtschaftstätigkeit ausgedrückt hatten, in den Hintergrund. Wo er sie nicht abschafft, wie er bereits den freien Vertrag auf dem Arbeitsmarkt abgeschafft hat, da erreicht er das gleiche Ziel, indem er die relative Bedeutung bestehender gesetzlicher Formen verschiebt – zum Beispiel die die Aktiengesellschaft betreffenden gesetzlichen Formen gegenüber jenen, die sich auf die Teilhaberschaft oder die Einzelfirma beziehen – oder indem er ihren Inhalt oder ihren Sinn verändert. Indem der kapitalistische Prozeß ein bloßes Aktienpaket den Mauern und den Maschinen einer Fabrik substituiert, entfernt er das Leben aus der Idee des Eigentums. Er vermindert den Zugriff, der einmal so stark war – den Zugriff im Sinn des gesetzlichen Rechts und der tatsächlichen Möglichkeit, mit dem, was einem gehört, zu tun, was einem beliebt; den Zugriff auch in dem Sinn, daß der Inhaber des Titels den Willen verliert, ökonomisch, physisch, politisch für »seine« Fabrik und seine Kontrolle über sie zu kämpfen und wenn nötig auf ihrer Schwelle zu sterben. Und diese Verflüchtigung dessen, was wir die materielle Substanz des Eigentums – seine sichtbare und fühlbare Wirklichkeit – nennen können, beeinflußt nicht nur die Haltung der Aktienbesitzer, sondern auch die der Arbeiter und die der Öffentlichkeit im allgemeinen. Ein Eigentum, das von Person und Materie gelöst und ohne Funktion ist, macht keinen Eindruck und erzeugt keine moralische Treupflicht, wie es die lebenskräftige Form des Eigentums einst tat. Zuletzt bleibt *niemand* mehr übrig, der sich wirklich dafür einsetzen will – niemand innerhalb und niemand außerhalb der Bezirke der großen Konzerne.

Anmerkungen

1 Wilhelm Wundt nannte dies die Heterogonie der Zwecke.
2 Der Gallikanismus war nichts anderes als der ideologische Reflex.
3 Diese Beweisrichtung wird im 4. Teil wieder aufgenommen.
4 Obschon einige Regierungen diese Einsicht bewiesen haben; die Regierung des kaiserlichen Deutschland hat viel zur Bekämpfung dieser besonderen Art Rationalisierung getan, und es herrscht in den Vereinigten Staaten zur Zeit eine starke Tendenz, das gleiche zu tun.

C. Kerr, J. T. Dunlop, F. H. Harbison und C. A. Myers
Die pluralistische Industriegesellschaft

Was die Zukunft uns bringen wird, läßt sich erst dann deutlich erkennen, wenn sie zur Gegenwart wird; aber Vorstellungen von der Zukunft bestimmen das mit, was einmal zur Gegenwart werden wird. Deshalb versuchen die Menschen vorauszuschauen, die Struktur der Geschichte zu erkennen und den Verlauf der Geschichte soweit wie möglich mit ihren Wünschen in Einklang zu bringen. Wie wir gesehen haben, hat sich die Industrialisierung bisher nicht als gleichmäßiger unlinearer Prozeß vollzogen, sondern ist unstetig und multilinear verlaufen. Wahrscheinlich wird sich das auch in Zukunft nicht ändern. Auch weiterhin wird es einen gewissen Spielraum geben für bewußte Entscheidungen und Zufälle. Zufälle mögen sich dem menschlichen Einfluß entziehen, aber es bleiben immer noch einige Wahlmöglichkeiten. Die Entscheidungen, welche die Menschen unter einer relativ großen Zahl von Alternativen treffen, können die Geschichte wesentlich beeinflussen. Um die Zukunft beeinflussen zu können, müssen sich die Menschen für eine der Alternativen entscheiden. Die pluralistische Industriegesellschaft scheint die Zukunft zu sein, die sie wählen und erstreben.

Sie ist eine Organisation, in der die Industrie, d. h. viele Großindustrien die dominierende Produktionsform darstellen. Ein solches System kann nicht atomistisch strukturiert sein, die Macht kann nicht unbegrenzt aufgeteilt sein und die Entscheidungen können nicht unendlich vielen Personen überlassen werden. Herrschaft muß konzentriert werden, wenn es auch einige Bereiche geben mag, in denen die Individuen frei entscheiden können. Aber Herrschaft läßt sich monistisch und pluralistisch konzentrieren. Unserer Auffassung nach wird es überwiegend in einer pluralistischen Weise geschehen. Wo heute ein Machtzentrum besteht, wird es in Zukunft mehrere Zentren geben, und wo es viele dieser Zentren gibt, werden es weniger werden.

Unter den Faktoren, die auf eine Vereinheitlichung des Industrialisierungsprozesses hinführen, finden sich mehrere, die den Pluralismus fördern. Die Komplexität der voll entwickelten Industriegesellschaft macht als Voraussetzung von Erfolg und Initiative ein gewisses Maß von Dezentralisierung der Kontrollfunktionen, vor allem in der Konsumgüterindustrie und im Dienstleistungssektor, notwendig. Andererseits verlangt sie aber auch, daß der Staat eine weitgehend zentralisierte Kontrolle ausübt und riesige Bürokratien die Leitung und Durchführung vieler Operationen übernehmen. Sie kann demnach weder nach dem atomistischen noch nach dem monistischen Modell funktionieren.

Sobald das Qualifikationsniveau steigt und die Tätigkeiten verantwortungsvoller werden, muß – wie schon gesagt – jede Regierung stärker an der Zustimmung der Bevölkerung interessiert sein und an einer relativ guten Kooperation. Zustimmung und Kooperation müssen freiwillig sein, wenn sie gesellschaftlich wirksam werden sollen. Die bloße Disziplin der Arbeitsgruppe reicht nicht länger aus. Qualifiziertere Bildung und Forschung werden zu großen und wichtigen »Industrien«. Besonders in diesem Bereich sind Zustimmung und Kooperation der einzelnen Mitarbeiter von außerordentlicher Bedeutung; aber nach und nach übernehmen auch andere Industriezweige einige der Prinzipien der Universität und ihres Lehrkörpers. Die Universität wird mehr zum Modell für die Unternehmen als umgekehrt. Mit Qualifikation und Verantwortung geht die Notwendigkeit des Einverständnisses einher und damit wachsen wiederum Einfluß und Macht. Ganz zwangsläufig erreichen Berufsgruppen gewisse Prestige- und Machtpositionen sowohl im Verhältnis zu den zentralen gesellschaftlichen Organen wie auch gegenüber den einzelnen Mitgliedern.

Bildung und Berufsausbildung führen zu einer neuen ökonomischen Gleichheit und damit zu einer neuen Übereinstimmung der politischen Anschauungen; überall ist die einheitliche industrielle Massengesellschaft im Entstehen. Das wiederum unterstützt, zusammen mit anderen Faktoren, den Trend zu einem gesellschaftlichen Konsensus. Um die Grundpfeiler der gesellschaftlichen Ordnung zu erhalten, bedarf es nun nicht mehr einer strengen Staatsmacht. Bildung regt neuen Wissensdurst und Forschungsdrang an, und die Individuen verlangen nach größerer Freiheit des Denkens und Handelns. Indem aber Bildung neue Freiheitsbestrebungen erweckt, trägt sie gleichzeitig zur Entwicklung von Verhältnissen bei, unter denen größere Freiheiten ohne Risiko gewährt werden können. Bildung öffnet den Blick für Vergleiche zwischen den verschiedenen Nationen: Vergleiche des Fortschritts, der meist auf zentraler Kontrolle beruht, und Vergleiche der Mitbestimmung, die meist auf einer Aufteilung der Herrschaftsfunktionen beruht.

Die voll entfaltete Industriegesellschaft ist zugleich zentralisiert und dezentralisiert; sie setzt ein System von Normen voraus und befreit zugleich das Individuum. Im Gegensatz zu vielen Zukunftsvisionen wird sich keine dieser widersprüchlichen Tendenzen allein durchsetzen, sondern es entwickelt sich ein schwankendes Gleichgewicht zwischen ihnen – in bestimmten Situationen wird die eine, in anderen Situationen die andere dominieren. Die voll entfaltete Industriegesellschaft ist zu dynamisch und komplex, als daß sie unter einem einzigen Gesetz zu fassen wäre. Jede Theorie der Industriegesellschaft, die nur einen einzigen Imperativ gelten läßt, erscheint zu einfach, um nicht den Verdacht aufkommen zu lassen, daß sie in die Irre führt.

Die Industriegesellschaft ist so komplex und wird im Innern so starken widerstrebenden Tendenzen ausgesetzt bleiben, daß sie wohl niemals eine einzige einheitliche und unveränderliche Struktur annehmen kann. Aber sie kann sich, wenn auch mit Schwankungen, nach einer allgemeinen Haupttendenz entwickeln: das ist der Pluralismus. Es wird jedoch Generationen dauern, bis diese Haupttendenz sich in allen Gesellschaften dieser Welt durchgesetzt haben wird. Die Richtung der Entwicklung scheint sich aber bereits herauszuschälen. Die Komplexität, die immer höheren Qualifikationen, die Auswirkungen einer allgemeineren Bildung – das alles deutet in dieselbe Richtung.

Der Staat stirbt nicht ab

Der Staat wird im Gegenteil mächtiger. Sein Funktionsbereich wird, wenn man ein Minimum zugrunde legt, folgende Aufgaben umfassen: Er wacht über die wirtschaftliche Wachstumsrate und über die Verteilung der Einkommen, d. h. über die Verteilung der Verwendungszwecke, wie über die Verteilung auf Personen; er ist verantwortlich für alle Maßnahmen zur Existenzsicherung und übernimmt damit die Sicherungsfunktion der Familie; der Staat hat für die Stabilität des Systems zu sorgen; er hat die wichtigsten öffentlichen Einrichtungen und Dienstleistungen, wie Ausbildungsstätten, Transportmittel, Erholungszentren, kulturelle Einrichtungen und dergleichen, sicherzustellen. Letzteres gewinnt an Bedeutung, sobald der Lebensstandard steigt, die Freizeit länger, die Ausbildung besser wird und die Bevölkerung wächst. Zu einer besonderen Aufgabe des Staates wird es, bessere physische Lebensbedingungen für die Stadtbevölkerung zu schaffen.

In der Hauptsache sind es drei Probleme von großer Tragweite, die jeder pluralistischen Gesellschaft im Innern erwachsen können und deren Lösung in jedem Fall Sache des Staates ist. Eines dieser Probleme ist der Konflikt zwischen den verschiedenen Machtgruppen. Der Staat muß die Regeln festsetzen, nach denen der Konflikt ausgetragen werden kann; er muß diesen Regeln Geltung verschaffen und als Vermittler eingreifen. Die Auseinandersetzungen zwischen Managern und Arbeitern sind zwar die sichtbarsten, aber bei weitem nicht die einzigen. Ein weiteres Problem ist die Kontrolle von Absprachen der Produzenten auf Kosten der Konsumenten, einer Berufsgruppe auf Kosten ihrer Kunden oder der Arbeitnehmer und -geber gemeinsam auf Kosten der Allgemeinheit. Die Überbetonung von Sonderinteressen einzelner Gruppen ist in jeder pluralistischen Gesellschaft eine unter der Oberfläche vorhandene oder sogar offene Gefahr. Deshalb wollen die Monisten und ebenso die Atomisten einen Partikularismus verhindern. Eine dritte Aufgabe muß in diesem Zusammenhang noch erwähnt werden. Sie besteht darin, die Regeln für das Verhältnis zwischen den Organisationen und ihren Mitgliedern zu bestimmen – wer Mitglied werden und bleiben kann, welche Rechte und Pflichten die Mitglieder haben, wo die Tätigkeit der Organisationen ihre Grenzen hat. Auch wird der Staat allzu heftige Konflikte oder zu weitgehende Absprachen zwischen den gesellschaftlichen Suborganisationen ebenso wie eine zu starke Bevormundung der Mitglieder durch sie zu verhindern suchen. Alle diese Aufgaben sprechen dafür, daß der Staat niemals »absterben« wird, daß Marx ein größerer Utopist war als die von ihm verachteten Utopisten. Der Staat wird in jeder Industriegesellschaft die dominierende Institution sein. Unter Umständen ist er jedoch nicht völlig einheitlich. Er kann Kontrollen und Einschränkungen unterworfen sein, so etwa durch die Kontrolle der öffentlichen Meinung über die jeweilige Führung und deren Politik.

Die entscheidende Bedeutung des Unternehmens – Die Mittelklasse und die mittlere Bürokratie

In der pluralistischen Industriegesellschaft werden die privaten und öffentlichen Produktionsbetriebe eine beherrschende Stellung einnehmen. Sie werden häufig groß sein und müssen in jedem Fall Entscheidungsbefugnisse haben, um hohe Produktionsziffern erreichen zu können. Die Autorität wird nicht uneingeschränkt sein, da sie vom Staat, von den Berufsorganisationen und den einzelnen Beschäftigten kontrolliert wird; sie wird aber immer noch recht stark bleiben. In öffentlichen wie privaten Unternehmen werden die Manager technisch ausgebildete und für ihre Aufgaben sorgfältig ausgewählte Fachleute sein. Bei der Leitung von privaten Betrieben wird es sich um bürokratische Manager handeln, im öffentlichen Dienst um Manager-Bürokraten, die sich jedoch beide unterschiedlsos nach den Vorschriften und den technischen Erfordernissen der gestellten Aufgabe richten. Ebenso wie die Unterschiede zwischen privaten und öffentlichen Unternehmen verschwinden die Unterschiede zwischen den leitenden Managern. Zu Kriterien der Unterscheidung zwischen Managern werden vielmehr Größe, Produkt und Art des Unternehmens. Die Kontrollen durch Markt und Budget werden alle Manager einem fast gleich starken Druck aussetzen. Allerdings wird das Privatunternehmen in der Regel über eine größere Handlungsfreiheit verfügen als der öffentliche Betrieb. Aber die Mittelklassen und die mittleren Bürokratien werden sich dennoch in vieler Hinsicht sehr ähnlich sein.

Der organisierte Mensch

Die Berufsorganisationen werden in der pluralistischen Industriegesellschaft zu einem Machtfaktor neben Staat und Unternehmen. Immer mehr Berufe und Tätigkeiten werden in Organisationen zusammengefaßt werden. Solche Zusammenschlüsse auf der Grundlage von Ausbildung und Stellung im Produktionsprozeß bilden sich fast überall und nehmen Einfluß auf Leistungsnormen, relative Einkommenshöhe, Anstellungsbedingungen und auf das Berufsethos fast jeder Gruppe. Sie in vernünftigen Grenzen zu halten, wird überall ein ständiges und entscheidendes Problem sein. Manche dieser Verbände werden immer wieder versuchen, auf den Staatsapparat, der sie kontrollieren soll, einzuwirken, in ihn einzudringen und ihn zu durchsetzen. An die Stelle des Klassenkampfes tritt die Kraftprobe zwischen den Bürokraten der einzelnen Interessengruppen. Die Schlachten werden in den Vorzimmern statt auf der Straße geschlagen; man überreicht Memoranden, statt sich blutige Kämpfe zu liefern.

Das Normensystem
Das Verhältnis zwischen den Institutionen – Staat, Unternehmen, Verbände – wird von einem umfassenden System von Vorschriften geregelt werden, an dessen Formulierung alle, besonders aber der Staat, beteiligt sind. Dieses System wird auch die Beziehungen zwischen den Individuen und den Institutionen regeln. Die Auseinandersetzungen darüber, wer die Normen bestimmt, werden schließlich dazu führen, daß mehrere Gruppen dazu beitragen. Weder Staat, noch Unternehmen, noch Verbände können es allein sein. Auch wird das Normensystem nicht alle Lebensbereiche gleichermaßen berühren.

Vom Klassenkampf zur Konkurrenz der Bürokratien
Auch in einer pluralistischen Industriegesellschaft wird es Konflikte geben, die jedoch kaum noch als offener Kampf oder als Revolte, die vielmehr in Konkurrenz zwischen den Bürokratien ausgetragen werden. Verschiedene Gruppen werden feilschen um ihren Einfluß bei Stellenbesetzungen, der Festlegung von Zuständigkeiten, der Verteilung von Entscheidungsbefugnissen, dem Eingehen von Bündnissen, dem Erlassen von Vorschriften; es wird unter der Oberfläche gerungen um Vergünstigungen bzw. deren Entzug, um die Interpretation von Präzedenzfällen, Beweisführungen und Statistiken. Überredung, Druck und Manipulation werden an die Stelle der früheren direkten Auseinandersetzungen treten, und im großen und ganzen wird es bei diesen Konflikten um weniger grundsätzliche Probleme gehen als in vergangenen Zeiten, als es noch echte Meinungsverschiedenheiten über Wesen und Struktur der künftigen Industriegesellschaft gab. Die Auseinandersetzungen werden nicht mehr so umfassende Themen wie Kapital und Arbeit, Landwirtschaft und Industrie zum Gegenstand haben, sondern Budgets, Höhe der Arbeitsvergütung, Arbeitsnormen und Arbeitsplatzzuweisung. Die großen Kontroversen in großen Manifesten werden abgelöst von einer Vielzahl kleinerer Rivalitäten über Detailfragen.

Von der Klasse zur Interessengruppe
Die Beziehungen zwischen Arbeitnehmern und -gebern werden sich den neuen Verhältnissen anpassen. Die Arbeitnehmerorganisationen werden nicht mehr Bestandteile einer großen Klassenbewegung mit einem tota-

len Reformprogramm sein, denn der Konsensus, der sich in einer pluralistischen Gesellschaft einstellt, wird Grundsatzdiskussionen über die Gesellschaftsordnung nicht mehr aufkommen lassen. Die Arbeitnehmer können auch nicht mehr ausschließlich und eindeutig von der Industrie her definiert werden, besonders angesichts der Ausweitung und Aufgliederung der Industriezweige. Vielmehr werden sie sich eher nach fachlichen und beruflichen Kriterien organisieren. Infolge der immer mannigfaltigeren Spezial- und der immer höheren Allgemeinbildung und angesichts einer sehr viel stärkeren geographischen Mobilität dürfte die berufliche Vereinigung – etwa der Ärzte, Juristen, Lehrer, Krankenschwestern, Piloten –, die es schon in vielen Ländern gibt, zur häufigsten Organisationsform werden. Diese nach Arbeitsverhältnissen oder Berufen gebildeten Organisationen werden nicht durch ein einheitliches sozialreformerisches Programm verbunden sein, sondern sehr unterschiedliche und zum Teil gegensätzliche Interessen haben. Die Tage der ideologisch geprägten Arbeiterbewegung werden vorüber sein. Auch werden diese Berufsorganisationen relativ begrenzte Ziele verfolgen, vor allem die Verbesserung von Einkommen und Prestige sowie die Spezifizierung der mit der Berufsstellung verbundenen Rechte und Pflichten. Im allgemeinen werden diese Verbände eine konservative Kraft in der Gesellschaft darstellen, die jeglichen Neuerungen und wohl auch überdurchschnittlichen Leistungssteigerungen einzelner Verbandsmitglieder entgegenwirken wird. Die Manager werden die fortschrittlichere gesellschaftliche Gruppe sein, obwohl auch sie durch Kontrollen, Gegenkräfte und Normen stark behindert werden können.

Die Methoden, mit denen die Berufsverbände ihre Ziele zu erreichen suchen, entsprechen denen aller bürokratischen Organisationen. Sie sind weit entfernt von den Arbeitsverweigerungen, Guerillakriegen, Streiks oder politischen Reformbewegungen aus früheren Zeiten. Es wird sich um Auseinandersetzungen zwischen bedingt Führenden und bedingt Abhängigen handeln.

Die Individuen werden sich mehr mit ihrer beruflichen Tätigkeit identifizieren, besonders wenn dazu eine formale Ausbildung gehört; Mobilität wird mehr von beruflichen Kriterien abhängen als von den Industriezweigen oder den Arbeitsmöglichkeiten in der näheren Umgebung. Was die Identifikation betrifft, so wird die Orientierung mehr der eines Zunftmitgliedes entsprechen als der einer Klasse oder einer Belegschaft. Es wird sich zeigen, daß Mayo ebenso unrecht hat wie Marx. Wie die Klasse ihre Bedeutung verlieren wird, so wird auch die industrielle Belegschaft nicht zum modernen Gegenstück des primitiven Stammes werden. Die berufliche Interessengruppe wird den Arbeitnehmer in beruflicher Hinsicht vertreten, und seine Gruppenzugehörigkeit wird von seiner beruflichen Tätigkeit bestimmt. Es ist nicht richtig zu sagen, daß der Status im Betrieb die soziale Funktion der Statusmerkmale innerhalb eines Stammes oder einer Sippe übernommen habe, oder daß die Statuszurechnung im Lauf der Zeit vom individuellen Vertrag abgelöst wird. Vielmehr wird wahrscheinlich die Identifikation mit der Interessengruppe bei der zukünftigen Entwicklung der Produktionsverhältnisse die Funktionen von Status und individuellem Vertrag übernehmen.

Der organisierte Mensch und der neue Bohemien

Die Individuen werden ein »Doppelleben« führen – völlig verschieden vom Leben etwa eines unabhängigen Bauern, der weitgehend über sich selbst verfügen kann, oder vom Leben im heutigen China, wo die Menschen in der Kommune total kontrolliert werden. In seinem Arbeitsleben wird der einzelne sich konform verhalten, d. h. nach den Normen nicht nur der Betriebsleitung, sondern auch nach denen des Staates und seiner Berufsorganisation. Die meisten Menschen werden am Arbeitsplatz keinen Spielraum für eine selbständige Gestaltung der Arbeit haben. Der qualifiziertere Arbeiter hat zwar – obwohl auch er Normen unterworfen bleibt – eine gewisse Möglichkeit, seine Arbeit so zu organisieren, wie er es für zweckmäßig hält; er hat ein gewisses Maß an Entscheidungsfreiheit, aber nur im engen Rahmen einer Arbeitsplatzkontrolle. Der Produktionsprozeß bedeutet immer Reglementierung; er bricht zusammen, wenn die Menschen nicht leisten, was von ihnen erwartet wird. Das wird heute bereits und wird in Zukunft mit noch weniger Widerstand hingenommen. Staat, Manager und auch Berufsorganisationen, sie alle fordern Arbeitsdisziplin. Aber diese Arbeitsdisziplin wird schon heute meist durch Überzeugung und durch Prämien erreicht. Der Arbeitnehmer wird also bedingt unabhängig sein; mit gewissen Wahlmöglichkeiten für seinen Arbeitsplatz, einer begrenzten Kontrolle über diesen Arbeitsplatz und einigen Entfaltungsmöglichkeiten für seine persönliche Arbeitsmoral. Andererseits aber wird er von Arbeitnehmerorganisationen, Pensionierungsregelungen, dem Senioritätsprinzip und einer Reihe von Vorschriften über das Arbeitsverhalten in seiner Freiheit sehr eingeschränkt.

Außerhalb seines Arbeitslebens hat der einzelne unter den Bedingungen einer pluralistischen Industriegesellschaft wahrscheinlich mehr Freiheit als unter den meisten der früheren Gesellschaftsformen. Er kann auch politischen Einfluß gewinnen. Die Gesellschaft hat einen Konsensus erreicht, und der »Große Bruder« braucht nicht mehr so streng zu wachen, d. h. die direkten und indirekten Kontrollen des politischen Lebens werden immer überflüssiger. Ebensowenig wird die Gesellschaft sich zu jener »Schönen neuen Welt« entwickeln, die chemischer und genetischer Mittel bedarf, um Rebellionen zu verhindern. Es wird keine Revolten mehr geben, abgesehen von begrenzten Protestaktionen, über die man jedoch ohne Überstürzung verhandeln kann. Eine Bevölkerung mit höherem Bildungsniveau wird politische Wahlmöglichkeiten verlangen und auch erhalten. Und auch auf einem kontrollierten Arbeitsmarkt mit festgesetzten Berufs- und Beschäftigungsquoten werden noch einige Wahlmöglichkeiten bleiben; dasselbe gilt für einen kontrollierten Gütermarkt.

Ein großer, bisher ungekannter Bereich der Freiheit entsteht mit der wachsenden Freizeit. Ein höherer Lebensstandard, mehr Freizeit und eine umfassendere Bildung machen das nicht nur möglich, sondern fast unvermeidlich. Hier liegen die großen Chancen der persönlichen Unabhängigkeit. Mit dem bürokratischen Konservativismus des wirtschaftlichen und politischen Lebens kann – zum Teil auch als Reaktion auf die engen Grenzen im gesellschaftlichen Produktionsbereich – eine neue Ungebundenheit sehr wohl einhergehen. Es können sich durchaus Bestrebungen nach einer neuen Form von Individualität entwickeln, und der Begriff der Freiheit kann eine neue Bedeutung erhalten. Mag auch das Wirtschaftssystem weitgehend reglementiert und das politische Leben ideologisch erstarrt sein – die soziale, kulturelle und arbeitsfreie Sphäre des Lebens kann dennoch neue Vielfalt und Bewegung hervorbringen. Zum erstenmal in der Geschichte wird diese Welt als ganze eine Welt von gebildeten Menschen sein. Die Gesellschaft wird zwar »organisiert« sein; das muß aber nicht bedeuten, daß in ihr total manipulierte Menschen leben, deren ganzes Dasein von der Berufsrolle definiert ist.

Die Bereiche, die am engsten mit der Technik zusammenhängen, werden wohl auch die konformistischsten sein; die am wenigsten an sie gebundenen Sphären jedoch werden die größte Freiheit gewähren. Die Herrschaft der Technik muß nicht, wie Marx vermutete, die Gesellschaft total erfassen. Es ist im Gegenteil durchaus möglich, daß sich eine ganz neue Wertschätzung von Verschiedenheiten und nationalen und gruppenspezifischen Eigenarten entwickelt, auch im Gegensatz zu jenen allbekannten Befürchtungen über einen uniformen Massenkonsum. Die neue Unterwerfung unter die Technik kann mit einer neuen Hinwendung zu Vielfalt und Individualität einhergehen. Hier zeigt sich das Doppelgesicht der pluralistischen Industriegesellschaft, ihr unaufhebbar doppelter Charakter, der in diesen beiden widerstrebenden Tendenzen besteht. Die neue Sklaverei und die neue Freiheit gehören unlöslich zusammen.

Die Utopie wird niemals verwirklicht werden, aber die Menschen können um den Preis einer fast völlig konformen Arbeitswelt die Vorteile einer sehr viel größeren Freiheit in ihrem persönlichen Leben genießen. Wenn es richtig ist, der pluralistischen Industriegesellschaft widerstrebende Tendenzen zuzuschreiben, so wird man annehmen müssen, daß auch das Individuum in dieser Gesellschaft auf mehreren Ebenen lebt: Es wird ein pluralistisches Individuum sein mit mehr als einem Verhaltensmuster und mehr als einer Loyalitätsverpflichtung.

Die Gesellschaftssysteme werden im Vergleich zu den heutigen Verhältnissen sehr viel gleichförmiger sein; innerhalb geographischer Gebiete und einzelner Kulturkreise aber kann es wesentliche Unterschiede geben, da die Menschen und Gruppen ihre Eigenarten zu bestimmen und zu erhalten suchen. Unterschiede werden eher zwischen Individuen, Gruppen und Subkulturen bestehen als zwischen den geographischen Großräumen der Welt. Die Gesellschaft wird wohl im ganzen den heutigen großstädtischen Ballungsgebieten wie Paris, London, New York oder Tokio ähnlicher werden, die urbanisiert und an eine industriebestimmte Lebensweise gebunden, aber durch eine unendliche Vielfalt im Detail geprägt sind.

Die pluralistische Industriegesellschaft wird niemals ein endgültiges Gleichgewicht erreichen. Die Spannungen zwischen den uniformierenden und differenzierenden Tendenzen werden ihr Lebendigkeit verleihen, sie in Bewegung halten und Veränderungen verursachen. Es wird hierfür keine endgültigen Lösungen geben. Auch wird es wohl immer Spannungen zwischen allen Gruppen von Führenden und Abhängigen in allen Hierarchien geben, die die Welt prägen werden. Unter der Oberfläche können hartnäckige Auseinandersetzungen durch alle gesellschaftlichen Bereiche gehen.

Die für unsere Zeit so typischen Konflikte zwischen Uniformität und Differenzierung, zwischen Managern und Abhängigen, werden auch künftig auf den Verlauf der Weltgeschichte einwirken: es kann wohl eine stetige Annäherung geben; ein dauernder Ausgleich der Gegensätze aber wird sich nicht erreichen lassen. Uniformität als Folge der Technik, Differenzierung aufgrund besonderer Eigenarten, die den Managern eigene Macht und der wie auch immer geartete Widerstand der Abhängigen werden die geschichtsbestimmenden Faktoren bleiben. Diese Konfliktstoffe werden noch bestehen, wenn im Laufe der Geschichte der Klassenkampf, die Auseinandersetzungen über private oder öffentliche Initiative und der Kampf zwischen monistischen und atomistischen Ideologien längst überwunden sein werden.

Tabelle 1: Die pluralistische industrielle Gesellschaft

Industrielle Elite	Berufsmanager – privat und staatlich
Hauptziele der industriellen Elite	Leistungsfähigkeit des Unternehmens
Zentrale Merkmale der Gesellschaft	Gleichgewicht der gesellschaftlichen Machtgruppen und ein Netz von Regeln in einer Gesellschaft mit einer sich dauernd ändernden Technik
Gründe für die Änderung der Methoden	Eine Verschiebung des Gleichgewichts zwischen konformierenden und differenzierenden Kräften
Die wichtigsten Instanzen zur Regelung der industriellen Beziehungen	Staat, Manager und Verbände
Stellung der Arbeitnehmer	teilweise abhängig, teilweise unabhängig
Einstellung zu Konflikten	Auseinandersetzungen zwischen Verbandsbürokratien und Staatsbürokratien in institutionalisierten Verfahren

John K. Galbraith
Technostruktur und Gesellschaftssystem

I.

Die moderne wirtschaftliche Gesellschaft ist nicht ein homogenes Ganzes. In steigendem Maße können wir die moderne Wirtschaft, wie sie sich entwickelt, als geteilt denken, geteilt in zwei radikal voneinander verschiedene Untersysteme: in das System der kleinen Firmen, die noch immer den Gesetzen des Marktes unterworfen sind, und in die Welt der Riesenkorporationen. In ihrer Produktionsleistung sind diese beiden Untersysteme in den Vereinigten Staaten ungefähr gleich groß. Auf der einen Seite gibt es 10 bis 12 Millionen Farmen, Dienstleistungsbetriebe, kleine Kaufleute, Graphiker und Künstler und kleine Industriebetriebe, die ich als das Markt-Untersystem bezeichnen werde. Auf der anderen Seite gibt es ungefähr zweitausend große Industrie-, Transport-, Kraft-, Kommunikations- und Verkaufsbetriebe, die das ausmachen, was ich als das Planungs-Untersystem bezeichnen werde. Jedes liefert etwa vierzig Prozent des Brutto-Nationaleinkommens. (Der Rest kommt vom Staat.) Die anderen industriellen Gesellschaften – Frankreich, Großbritannien, Deutschland – sind ungefähr damit vergleichbar, wenn man die verstaatlichten oder dem Staat gehörigen Korporationen dem Planungs-Untersystem zurechnet.

Die Korporation im Planungs-Untersystem ist groß und hoch organisiert. Individuen können nicht individuell die Information besitzen, die für kritische Entscheidungen erforderlich ist. Daher wird die Firma, wenn sie voll entwickelt ist, kollegial geleitet: von einem komplizierten Apparat, um die Information, die zahlreiche Individuen besitzen, zu verteilen und zu benützen. Diese Führungsorganisation – Ingenieure, Wissenschaftler, Fabriksleiter, Verkaufsmanager, Werbemanager, Kontrolleure, Rechtsanwälte, Verbindungsleute zur Regierung – nenne ich mit einem Ausdruck, der einigermaßen Billigung gefunden hat, die Technostruktur.

In der großen und völlig entwickelten Firma geht nicht nur die Macht an jene über, die die Information haben und unter sich verteilen, sondern diejenigen, die diese Information nicht haben, sind von der Macht ausgeschlossen. Das ist das Schicksal des Eigentümers oder Aktionärs. Da er kein Teilnehmer an dem kollegialen Vorgang ist, kann er dessen Entscheidungen nicht beeinflussen – und er ist eine Bedrohung des Unternehmens, sobald er dies versucht. Dazu kommt noch, daß mit zunehmendem Alter des Unternehmens andere Faktoren die Macht des Eigentümers oder Kapitalisten verringern. Mit zunehmender Größe und zunehmendem Alter wird das Aktienkapital der modernen Firma in immer mehr Eigentumsanteile aufgespalten, von denen jeder einen immer kleineren Prozentsatz des Ganzen repräsentiert. Alimente, Erbschaften, wohltätige Stiftungen haben alle diesen teilenden Effekt. Die Erlangung von Vertretungsbefugnissen, um für diese Aktien abzustimmen, oder der Kauf derselben zu dem gleichen Zweck wird immer schwieriger und kostspieliger. Das schwächt weiter die Position des Eigentümers oder Aktionärs gegenüber der Technostruktur. Daher ist im großen, völlig ausgereiften Unternehmen der Vereinigten Staaten – etwa bei General Motors, General Electric, United States Steel Corporation, Standard Oil of New Jersey – die Macht der Technostruktur vollkommen, solange die Firma ein vernünftiges Minimum an Einkünften erzielt. Die nominellen Vertreter der Aktionäre sitzen im Aufsichtsrat und haben die Illusion der Macht. Sie treffen sich in jener ernsten Stimmung, die mit großen Geldsummen stets verbunden ist: sie ratifizieren Beschlüsse mit dem geeigneten Zeremoniell. Ihre praktische Macht ist nicht etwa geringfügig, sondern gleich null. In den kleineren Unternehmungen mit weniger ausgebildeter Technostruktur – ein häufiger Fall in Frankreich oder England – kann der Aktionär noch eine gewisse Macht haben, obwohl das gewöhnlich seine aktive Teilnahme an der Geschäftsführung voraussetzt. In allen Fällen geht die Tendenz in allen Ländern dahin, daß in dem Maß, in dem ein Unternehmen heranreift, die Macht vom Aktionär auf die Technostruktur übergeht. Dieser Punkt ist wesentlich.

In der endgültigen Ausbildungsform des industriellen Unternehmens liegt die Macht nicht beim Kapitalisten, sondern beim industriellen Bürokraten. Der moderne Radikale ebenso wie der traditionelle Sozialist, wie der orthodoxe Nationalökonom, wie der Manager des modernen Unternehmens selbst bemüht sich, den Glauben an die traditionelle Macht des Kapitalisten aufrechtzuerhalten. Gegen den Widerspruch einer so mächtigen Gegnerschaft aufzutreten, mag als Wahnsinn erscheinen. Trotzdem ist gerade das ein wesentlicher Punkt. Wir werden die moderne Industrie nicht wirklich verstehen können, wenn wir nicht sehen, daß in den höheren Stadien der Entwicklung die Macht zur Gänze und unwiderruflich vom Kapitalisten auf den industriellen Bürokraten übergeht.

Sobald die Macht in den Händen der Technostruktur liegt, trachtet diese, sie zur Förderung ihrer eigenen Interessen zu benützen. Es wird für viele eine Erleichterung sein, feststellen zu können, daß wenigstens in diesem Punkt – nämlich daß die Verfolgung der eigenen Interessen im Wirtschaftsleben noch vorherrscht – meine Orthodoxie untadelhaft ist. Und da ein solches Unternehmen groß und mächtig ist, bedeutet diese Macht viel.

In der kapitalistischen Firma nimmt man an, und zwar, wie ich meine, mit Recht, daß der Kapitalist ihren Profit möglichst groß halten will. Die Technostruktur ist vor allen anderen Dingen an der Erzielung eines sicheren Minimums von Einkünften interessiert. Das beruhigt die Aktionäre und gewährleistet die Selbständigkeit und Weiterexistenz des Unternehmens. Von diesem Punkt an liegt jedoch das Interesse der Technostruktur nicht bei möglichst großen Einkünften, sondern beim möglichst großen Wachstum. Einkünfte fließen den Aktionären zu, um die sich die Technostruktur nicht weiter kümmert – aber die Vorteile des Wachstums fallen direkt der Technostruktur in den Schoß. Wachstum steigert die Verantwortung und damit die Gehälter und Privilegien der Mitglieder der Technostruktur. Und Wachstum vergrößert die Möglichkeiten des persönlichen Aufstiegs und damit der Einkommenserhöhung. Je größer die Firma, desto größer die Macht, die von der Technostruktur kollegial ausgeübt wird.

Die Technostruktur hat aber auch noch andere Ziele als das Wachstum. Aus ihrer starken technischen Orientierung heraus tendiert sie zum technischen Fortschritt um seiner selbst willen. Und obwohl sie nicht an maximalen Einkünften interessiert ist, bleibt die Fähigkeit, die Einkünfte von Jahr zu Jahr zu erhöhen, doch ein wichtiger Index des Erfolges.

Zum Unterschied von der traditionellen Firma, wie der neo-klassische Nationalökonom sie sich vorstellt, die passiv auf die Botschaft des Marktes reagiert, ist die Technostruktur in der Verfolgung ihrer Ziele aktiv. Die Firma ist groß und hat infolgedessen Macht über ihre Preise und übt nach Art der Petroleumgesellschaften einen ähnlichen Einfluß auch auf ihre wesentlichen Kosten aus. Sie versucht, das Benehmen des Konsumenten in ihrem eigenen Interesse aktiv zu beeinflussen – und für diese Aufgabe bringt sie die gewaltigen Hilfsmittel und Talente der modernen Werbung und des Verkaufswesens mit und formt das öffentliche Verhalten in Übereinstimmung mit ihren Bedürfnissen. Sie formt auch die Regierungshandlungen so, wie sie sie braucht.

Viel von ihrer Macht über Preise und Kosten rührt einfach von ihrer Größe her; vieles von ihrem Einfluß auf den Staat hat eine ähnliche Quelle. Der Mitgliederkreis der Technostruktur umfaßt die wohlhabendsten, angesehensten und gewichtigsten Elemente der staatlichen Gemeinschaft. Sie ist, um einen beliebten Ausdruck zu gebrauchen, das »Establishment«. Ihre Ziele haben daher die Tendenz, zu Zielen des Staates zu werden. Die Technostruktur schätzt Wachstum und technische Leistung wegen der Dienste, die diese Dinge ihren Zielen erweisen. Also werden Unterstützung des Wachstums und Förderung der technischen Vollendung Ziele des Staates.

Die Technostruktur hat besondere Vorteile durch ihre Beziehung zur staatlichen Bürokratie. Diese und nicht die gesetzgebende Körperschaft wird immer mehr zum Sitz der politischen Gewalt. In den Vereinigten Staaten sind die großen Waffenfirmen – in ihrer Beziehung zur Luftwaffe, zur Flotte, zur Atom-Energiekommission, zum Verkehrsamt – der Ausdruck der technokratischen Macht. Die Waffenfirmen veranlassen die Luftwaffe, die von ihnen erzeugten Produkte zu gebrauchen. Die Luftwaffe wiederum veranlaßt die Firmen, zu liefern, was sie braucht. Diese interbürokratische Symbiose ist ein einzigartiges Merkmal des Planungssystems in seiner höchsten Vollendung. Der einzelne Farmer oder Kaufmann kann sich nicht mit der Bürokratie zusammensetzen und die Dinge zum beiderseitigen Vorteil regeln. Aber für das große Unternehmen stehen die Türen immer offen. Der Präsident von General Motors hat das geheiligte Recht, den Staatssekretär für das Luftfahrtswesen jederzeit zu besuchen. Der Präsident einer Waffenfirma kann einen General stets treffen. Der Farmer oder der kleine Geschäftsmann hat keinen derartigen Zutritt zur Bürokratie. Denn – und das ist ein höchst wichtiger Punkt – nur eine Organisation kann mit einer anderen Organisation wirksam verkehren.

Wo die Technostruktur am mächstigsten ist – wo sie die Öffentlichkeit am wirksamsten überzeugt und den Staat beeinflußt –, dort hat man die höchste Entwicklung. Diese Entwicklung hängt nicht von Bedürfnissen ab; sie ergibt sich vielmehr aus der Macht und Tüchtigkeit der Technostruktur. Und während die Technostruktur ihre Überredungskünste auf ihre Kunden und den Staat zur Anwendung bringt, gewinnt sie noch keine vollkommene Zustimmung. Wer nicht überzeugt worden ist – und das gilt sowohl für öffentliche wie auch private Güter –, für den scheint vieles von dem, was produziert wird, unklug oder gar närrisch und steht im Kontrast zu anderen Bedürfnissen, die nicht erfüllt werden. Das Problem besteht nicht etwa darin, daß der Konsument oder der Staatsbürger verrückt ist, sondern es besteht vielmehr darin, daß die Technostruktur die Macht in manchen Teilen der Wirtschaft ausübt und in anderen nicht. Die Wirkung ist höchst ungleich und immer weniger mit den wirklichen Bedürfnissen verknüpft. Für den Konsumenten und den Staatsbürger erscheint das Ergebnis in zunehmendem Maße vernunftwidrig, weil es das von seinem Standpunkt aus auch wirklich ist.

Das ist der Punkt, an welchem wir jetzt in den höheren Stadien der wirtschaftlichen Entwicklung angekommen sind. Es ist nicht überraschend, daß in den Vereinigten Staaten, wo die Entwicklung am weitesten fortgeschritten ist, der Eindruck der Irrationalität am stärksten ist. Aber ich glaube sagen zu können, daß die Tendenz in allen industriellen Ländern die gleiche ist. Überall führt die ungleiche Verteilung der technokratischen Macht zu derselben Ungleichheit in der Entwicklung und zum selben Eindruck der Vernunftwidrigkeit.

Wenden wir uns jetzt den Schlußfolgerungen aus diesen Gedanken zu.

II.

Die Gedanken, die ich soeben entwickelt habe, rücken die Kritik an der modernen Wirtschaftsgesellschaft in ein scharfes Licht. Sie zeigen, daß diese Kritik begründet ist. Die technischen Leistungen des Systems sollen nicht bezweifelt werden. Wo die Technostruktur hoch entwickelt ist, sind diese Leistungen sehr groß. Eine Überentwicklung in diesem Teil der Wirtschaft – eine Überentwicklung, die die Macht der Technostruktur in der Verfolgung ihrer Ziele widerspiegelt – ist absolut möglich. Und im Gegensatz zu diesen Gebieten der Überentwicklung gibt es Gebiete der Unterentwicklung: Teile der Wirtschaft, vor allem im marktwirtschaftlichen und im öffentlichen Sektor, wo die Technostruktur unentwickelt ist. Aber ich möchte zu speziellen Kritiken an der modernen Wirtschaft im Lichte jener Analyse zurückkehren, die ich soeben vorgenommen habe. Und wir müssen, glaube ich, den Schluß ziehen, daß diese Kritiken begründet sind.

1. Das Wirtschaftssystem wird kritisiert, weil es in seinen Leistungen irrational sei. Wir haben gesehen, daß dies möglich ist. Wo die Technostruktur mächtig und voll Überzeugungskraft ist, dort gibt es eine starke Entwicklung. Wo die Technostruktur unentwickelt ist, wo ihre Fähigkeit, Dinge durchzusetzen, gering ist, dort gibt es weniger Entwicklung. Der Unterschied in der Leistung steht in keinerlei Zusammenhang mit der Wichtigkeit des erzeugten Produkts. Es hängt nur mit der verschiedenen Macht verschiedener Technostrukturen zusammen oder mit der gänzlichen Abwesenheit solcher Macht.

2. Es gibt ein instinktives Gefühl, daß das System eine spezielle Hinneigung zur militärischen Technologie und Produktion hat, besonders in den Vereinigten Staaten. Das läßt sich nur schwer erklären als Reaktion des Staatsbürgers auf ein erkanntes Bedürfnis. Militärische Geheimhaltung und die Kompliziertheit moderner Waffen machen es dem Staatsbürger und sogar dem Abgeordneten unmöglich, zu wissen, was vorgeht. Die gegenwärtige Analyse zeigt, daß die Waffenwirtschaft der extreme Fall der Entwicklung der Technostruktur ist – einer Entwicklung, die durch das gekennzeichnet wird, was ich bürokratische Symbiose genannt habe. Überentwicklung auf diesem Gebiet – wo die großen Waffenfirmen mit dem Pentagon (Kriegsministerium) in Symbiose leben – ist durchaus vorhersehbar.

3. Man hört, daß sich moderne Regierungen – und das gilt wieder besonders für die Regierung der Vereinigten Staaten – falsche Vorstellungen über die Prioritäten bilden. Für bestimmte Dinge wird zuviel ausgegeben: für industrielle Forschung und Entwicklung, für den Transport mit Überschallgeschwindigkeit, für die Weltraumforschung, den Bau von Autostraßen und Lufthäfen, für technische Schulung. All das findet die Kassen der öffentlichen Gelder beständig offen. Hingegen

werden die Fürsorge und andere öffentliche Dienstleistungen für elementare Aufgaben, wie etwa Wohlfahrt, Gesundheit, Hygiene, die gewöhnliche Schulbildung, Museen, Justiz und dergleichen, finanziell ausgehungert. Aber das ist nicht etwa ein zufälliger Fehler – er liegt im System. Manche Aufwendungen dienen den Zielen der Technostruktur, manche tun das nicht. Für erstere ist Geld in Hülle und Fülle vorhanden, für letztere keines.

4. Es gibt wachsende und heute schon massive Klagen darüber, daß das System Güter produziert und Dienstleistungen vollbringt, deren Preis – in Form von Luft- und Wasserverschmutzung und beschädigter oder zerstörter Landschaft – hoch oder gar unerträglich ist, und wir sehen jetzt, daß die Ursachen der Disharmonie in der Umwelt grundlegend sind: Die Ziele der Technostruktur und die Ziele der Öffentlichkeit sind voneinander völlig verschieden. Die Technostruktur verlangt Wachstum: sie will durch Umwelt-Überlegungen nicht abgeschreckt werden. Die Öffentlichkeit hingegen reagiert auf Umweltschäden und Disharmonie.

5. Man vertritt die Ansicht, daß viele Konsumgüter keine wirkliche Funktion haben und ihren Zweck nicht erfüllen. Güter, angefangen von Waschmitteln bis zu Zigarettenfiltern, Nahrungsspezialitäten und Automodellen, werden als neu angekündigt. Die Neuheit ist oft nur scheinbar oder dort, wo sie vorhanden ist, von zweifelhaftem Leistungswert, und die gegenwärtige Analyse unterstützt diese Kritik. Die Technostruktur interessiert sich für Wachstum – und setzt Preise fest, die das Wachstum fördern. So wird der Konsument, allerdings nicht im alten Sinn, »ausgebeutet«. Aber wir haben gesehen, daß die technische Virtuosität zum Selbstzweck wird. Sie ist ihrerseits verbunden mit dem Ziel des Wachstums: Was zählt, ist nicht, ob die Neuerung einem erkannten Bedürfnis entspricht, sondern ob sie dem Neuerungssinn der Technostruktur entspricht – und ebenso der Werbungs- plus Wachstums-Strategie der Technostruktur. Leistung kommt erst in zweiter Linie in Betracht, hinter der Verkäuflichkeit. Funktionslose Neuerung, wenn sie sich für die Werbung eignet, kann genauso gut sein wie Neuerung mit Funktion.

6. Man stellt fest, daß die moderne Wirtschaft ein vergleichsweise hohes Niveau des Wohlstandes innerhalb des Planungs-Untersystems schafft – innerhalb der großen Körperschaften und für deren Angestellte. Diejenigen, die draußen stehen, haben eine ebenso weniger wohlhabende wie auch viel weniger sichere Existenz. Im Licht der gegenwärtigen Überlegung wird das nicht überraschend sein. Ein bestimmter Teil der modernen Wirtschaft hat eine starke technische Dynamik, die auf hohen technischen Fähigkeiten und starker staatlicher Unterstützung basiert. Ein anderer Teil der Wirtschaft hat das nicht. Ein bestimmter Teil hat starke Kontrolle über seine Preise und über die Haltung der Konsumenten; ein anderer Teil hat das nicht. Daher entwickeln die Einkommen dieser zwei Teile eine starke Tendenz auseinanderzuklaffen. Und die

größere Macht des Planungs-Untersystems, Preise und Kosten festzusetzen, bedeutet gleichzeitig, daß es die Preise und Kosten auch für das Markt-Untersystem festsetzen kann, mit dem es verbunden ist – was, anders ausgedrückt, bedeutet, daß das Planungs-Untersystem das Markt-Untersystem ausbeuten kann.

7. Man ist der Meinung, daß das System eine eingebaute Tendenz zur Inflation besitzt. Das Planungs-Untersystem hat, wie wir sahen, Macht über seine Preise. Daher hat es auch die Macht, seine Konflikte mit seiner Arbeitnehmerschaft zu lösen, indem es Lohnerhöhungen bewilligt und die Kosten auf das Publikum überwälzt. Die orthodoxe Steuer- und Geldpolitik funktioniert im Markt-Untersystem noch immer. Hier führt die Wirkung auf die Markt-Nachfrage sofort zu einer Wirkung auf die Preise. Aber im Planungs-Untersystem scheitern solche finanzielle Maßnahmen an der Macht der Technostruktur, ihre eigenen Preise festzusetzen und ihre Macht zum Überwälzen von Lohnkosten zu benützen. Hier funktionieren also die Finanzmaßnahmen schlecht oder gar nicht.

8. Man ist in zunehmendem Maße der Meinung, die moderne Industrie sei bürokratisch und reagiere nicht auf den Willen der Öffentlichkeit. Bedenkt man ihre massive Organisation sowie ihr Verfolgen von Zielen, die ihre eigenen sind, so kann diese Kritik nicht wundernehmen.

III.

Es bleibt die Frage, was das alles bedeutet – in welche Richtung praktischer Aktivität eine solche Betrachtung der Wirtschaft führt. Ich muß gestehen, daß ich mich für Diagnosen mehr interessiere als für Programme [...] Aber die praktischen Folgerungen scheinen mir auf der Hand zu liegen. [...]

Erstens müssen wir uns darüber klar sein, daß die moderne Wirtschaft keine eingebaute Tendenz hat, sich zugleich mit ihrer Entwicklung auch zu vervollkommnen. Dies zu glauben, ist einer der älteren Fehler von Nationalökonomen – und in diesen letzten Jahren ein sehr ernster Fehler. Die Tendenz der Wirtschaft geht dahin, immer stärker den technokratischen Interessen zu dienen. Mit dem öffentlichen Interesse ist das nicht koordiniert; mit diesem ist es nur durch die zunehmend intensiven Bemühungen verbunden, die Öffentlichkeit zu beeinflussen.

Zweitens müssen wir es als Tatsache hinnehmen, daß sich die Wirtschaft ungleich entwickelt. Das führt uns wieder zu einer neuen Betrachtungsweise der sozialen Aktivität und des Sozialismus. Der Sozialist hat sich immer instinktiv zu den Machtpositionen in der Wirtschaft hingezogen gefühlt. Dort erwartet er die Ausbeutung vorzufinden. Aber die Ausbeutung im klassischen Sinn ist, wie wir gesehen haben, nicht das Problem. In den Positionen der Macht werden weder die Arbeiter noch die Konsumenten mißbraucht – die Positionen der Schwäche sind es, die jetzt das Problem darstellen. Daher müssen diese Gebiete der Schwäche der Schauplatz der sozialen Aktivität sein. Die primäre Aufmerksamkeit des modernen Sozialisten darf nicht den Kommandohöhen gelten, sondern den sumpfigen Abgründen. Und tatsächlich hat in diesen Angelegenheiten der Zwang der Not der Ideologie entgegengewirkt. Daher sind es Wohnungsfragen, Spitäler, Gesundheitsfürsorge, städtischer Massenverkehr, städtische Dienstleistungen und die Landwirtschaft, mit denen sich die soziale Aktivität in der modernen Zeit stark beschäftigt hat. Die Schwäche dieser Wirtschaftszweige – die Abwesenheit einer entwickelten Technostruktur – hat bereits ein dynamischeres Tempo erzwungen.

Drittens: Das Problem der überentwickelten Technostruktur muß trotzdem für die Öffentlichkeit ein Gegenstand ernster Sorge sein. Wir müssen erkennen, daß wir Waffen, Autos, Straßen und Raumfahrt in ihrer gegenwärtigen Fülle nicht deswegen bekommen, weil wir sie verlangen oder brauchen, sondern weil die betreffende Technostruktur die Macht hat, sie zu fordern. Diese Tatsache muß vor allen anderen bei der Vergebung öffentlicher Mittel im Auge behalten werden. Das größte Problem für die moderne gesetzgebende Körperschaft ist die ausreichende Zuweisung von Mitteln für die öffentlichen Erfordernisse im Gegensatz zu den technokratischen. Folgen die gesetzgebenden Körperschaften den technokratischen Bedürfnissen, dann werden sie (wie sie es jetzt tun) die Positionen der Macht und des Wohlstandes in der Wirtschaft stärken. Nur wenn sie dem technokratischen Verlangen Widerstand leisten und auf den sich von diesem Verlangen unterscheidenden öffentlichen Bedarf reagieren, werden sie das wirtschaftliche und das öffentliche Wohlbefinden wirklich vergrößern.

Viertens: Wir müssen erkennen, daß das Umweltproblem einen grundsätzlichen Konflikt zwischen dem technokratischen und dem öffentlichen Interesse mit sich bringt. Das bedeutet, daß bloße kosmetische Maßnahmen, die dem Zweck dienen, nach außen sichtbare Unwirtschaftlichkeiten ins Innere zu übertragen und sie auf diese Art dem Preis der Güter hinzuzuaddieren, nichts nützen. Produktion und Konsumtion müssen von jetzt ab innerhalb genauer gesetzlicher Grenzen gehalten werden, die das öffentliche Interesse an einer angenehmen Umwelt definieren. Was industrielle Betriebe dem Wasser, der Luft, der Landschaft antun dürfen, muß genau definiert werden, viel genauer als in der Vergangenheit. Und in zunehmendem Maße werden manche Arten von Produktion und Konsumtion verboten werden müssen, zum Beispiel schädliche Chemikalien, Autoverwendung in großen Städten, Luftfahrt über städtischen Gebieten. Sie dienen technokratischen, nicht öffentlichen Zwecken. Überschallflug ist in dieser Hinsicht nur ein Anfang.

Fünftens: Eine neue Einstellung zu den militärischen Ausgaben im modernen Staat ist ohne Zweifel notwendig. Von diesen Ausgaben meinte man in der Vergangenheit, sie seien dem öffentlichen Interesse dienlich, doch in Wirklichkeit werden sie weitgehend durch die bürokratische Symbiose und das technokratische Interesse verursacht.

Sechstens: Zur Korrektur der wirtschaftlichen Ungleichheit sind weit stärkere Maßnahmen notwendig als in der Vergangenheit. Die heutige Tendenz geht nicht in die Richtung auf eine Verminderung der Ungleichheit, sondern sie geht dahin, den Unterschied zwischen dem industriellen und dem marktwirtschaftlichen Untersystem zu erweitern. Maßnahmen zum Schutz der Preise im marktwirtschaftlichen Untersystem und zur Garantie von Mindestlöhnen und Einkommen sind unvermeidbar. Man kann feststellen, daß alle Industrieländer Schritte in dieser Richtung unternommen haben, ohne allerdings über die grundlegenden Ursachen ganz im klaren zu sein. Der Markt galt in der Vergangenheit als ein gerechtes Instrument zur Verteilung des Einkommens. Das kann nicht mehr länger angenommen werden.

Siebentens: Notwendig ist ein neuer Blickpunkt gegenüber der makroökonomischen, der gesamtwirtschaftlichen Politik. Die orthodoxe Steuer- und Geldpolitik erfüllt nicht mehr ihre Aufgabe, stabile Preise bei voller Beschäftigung zu sichern. Das Planungs-Untersystem hat als eine ihm innewohnende Eigenschaft die Macht, solche Maßnahmen unwirksam zu machen. Das bedeutet, daß die öffentliche Intervention, das öffentliche Eingreifen bei Löhnen und Preisen, in diesem Teil der Wirtschaft, wo eine starke Technostruktur einer starken Gewerkschaft gegenübersteht, die einzige Alternative zur Inflation ist. Auch das wird immer mehr erkannt, ohne daß man die Gründe schon völlig durchschaute.

Achtens und letztens: Wir müssen erkennen, daß die mit höherer Organisation verbundenen Spannungen weder als zufällig noch als vorübergehend angesehen werden können. Die Technostruktur erfordert zu ihrer eigenen Erhaltung einen massiven Unterrichtsapparat. Daß sie ein ungebildetes Proletariat durch ein gebildetes ersetzt hat, ist vielleicht ihre größte Leistung. Aber die Bildung mit ihrer Betonung der Persönlichkeit und die Technostruktur mit ihrer geistigen Disziplin sind unsichere Weggefährten. Es ist nicht überraschend, daß die Spannung am größten an den Hochschulen ist, wo sowohl die Lehrgegenstände der Technostruktur als auch ihre Lehrmeinungen immer mehr in Zweifel gezogen werden. Ich kann mir vorstellen, daß wir uns eines Tages fragen werden, welchen Preis an Unpersönlichkeit und Disziplin wir für wirtschaftliches Wachstum zu zahlen bereit sind.

In den Jahren nach dem Zweiten Weltkrieg wurden die Ziele der Technostruktur ohne Frage als Ziele der Gesellschaft anerkannt. Damals schien besonders das wirtschaftliche Wachstum das Rezept gegen alle Leiden der Wirtschaft zu sein. Damals kamen die Volkswirtschaftler der industriellen Länder unmerklich, aber sehr definitiv zu der Überzeugung, daß die meisten Probleme des Gegenstandes, mit dem sie sich beschäftigten, bereits gelöst seien. Nur die mathematische Verfeinerung der bestehenden Modelle fehlte noch. Das Zeitalter der strukturellen Reform schien vorbei. Der Gedanke eines systematisch ungleichen Wachstums führt jedoch zu einer radikal anderen Schlußfolgerung. Er zeigt auch, wie viele andere Ideen – von den traditionellen Anschauungen der Sozialisten bis zu den Meinungen der Neu-Keynesianer über Steuer- und Geldpolitik – revidiert werden müssen. Sowohl in der Volkswirtschaftslehre wie in der entsprechenden sozialen Aktivität hat die Arbeit soeben erst begonnen.

A. R. L. Gurland

Zur Theorie der sozial-ökonomischen Entwicklung der gegenwärtigen Gesellschaft

[...] Die Marxsche Theorie der sozialökonomischen Entwicklung unternimmt den globalen Versuch, die Entwicklungstendenzen oder, wie Marx sagt, die Bewegungsgesetze der industriellen Gesellschaft zu analysieren. Sie setzt dabei ein Gleichheitszeichen zwischen Industriegesellschaft und kapitalistischem System. Das ist angesichts ihrer Position in der Geschichte der nationalökonomischen Theorie fast selbstverständlich. Dieser Position entspricht – das gehört zur Phase der »klassischen Ökonomie« – ihr zentrales kategorielles System, die Wertanalyse. Historisch gesehen, hatte – Marx hat das im Ansatz angedeutet – die Wertanalyse der klassischen Ökonomie eine bestimmte politische Funktion. Es ging darum, die Ansprüche der Grundrentenbezieher, d. h. der Grundeigentümer, abzuwehren, ihnen im entfalteten System der theoretischen Ökonomie jede selbständige Rolle abzusprechen. Dafür leistete das werttheoretische Instrumentarium gute Dienste.

Marx übernahm dies Instrumentarium, behandelte aber den Wert nicht, wie es noch Ricardo tat, als stoffliche Größe, sondern als gesellschaftliche Relation. (Gerechterweise muß man allerdings sagen: die Vaterschaft gebührt hier Engels, nicht Marx.) In diesem Sinne ist die Arbeitswerttheorie – auch das verbindet sie noch mit den Klassikern – ein Werkzeug zur Analyse von Klassenbeziehungen, nicht eine Sammlung statistischer Formeln zur Bestimmung von Warenaustauschgrößen. Mit gutem Grund kann sie das auch gar nicht sein: ihre zentrale Kategorie – »gesellschaftlich notwendige Arbeitszeit« – ist wiederum eine Relation, deren quantitativer Ausdruck sich erst *post festum* auf Grund von Marktvorgängen, die bereits abgelaufen sind, und nur im internationalen Zusammenhang ermitteln läßt. Keins der Länder, die ein kommunistisches Herrschaftssystem errichtet haben, hat auch nur je den Versuch unternommen, die wirtschaftliche Rechnungslegung in Arbeitswerteinheiten vorzunehmen, auch das mit gutem Grund: die Arbeitswerteinheiten, die Marx exemplarisch und illustrativ in manchen arithmetischen Formeln benutzt, sind keine empirischen Rechengrößen. Solange die neuere mathematisch-ökonomische Theorie sie nicht umgearbeitet und zu neuen Modellen ausgebaut hat, werden sie jedenfalls auch weiterhin als Rechengrößen nicht zu gebrauchen sein. Sie sind aber auch im *Kapital* zu einem anderen Zweck entwickelt worden. Dort dienten sie der Aufdeckung eines gesellschaftlichen Verhältnisses, das darin besteht, daß abhängige Arbeitskräfte außer der Reproduktion dessen, was ihr Lebensunterhalt kostet, zusätzlich noch mehr Wertgrößen produzieren, bei

Marx Mehrwert genannt, und daß diese Wertgrößen die Basis für Reproduktion auf erweiterter Stufenleiter, für kapitalistische Akkumulation und für schlechthin alle dynamischen Vorgänge abgeben, wie sie Marx in der kapitalistischen Entwicklung analysiert.

Da die Darstellung bei Marx analytisch ist, ist die Deskription der Empirie bei ihm, so umfangreich sie sein mag, nur illustrativ. Seine mehr oder minder mathematischen Modelle benutzt er nur zur Verdeutlichung bereits dargestellter Relationen; ein eigentlich heuristisches Werkzeug sind sie nicht. Natürlich ließe sich heute ein System von Funktionsgleichungen entwickeln, in dem die gesamte Dynamik der kapitalistischen Produktionsweise nach dem Marxschen Ansatz mathematisiert erschiene. Ob ein solches Globalmodell mehr aussagen könnte als die theoretische Analyse, ist fraglich. Als Meßinstrumentarium wäre die Wertanalyse aber auch noch aus einem zweiten Grund empirisch uninteressant. Die Marxsche »Kritik der politischen Ökonomie« gilt nicht den empirischen Einzelausprägungen der kapitalistischen Gesellschaft, die allesamt mit Residua der voraufgehenden Phasen der menschlichen Entwicklung behaftet sind. Sie analysiert eine reine, gleichsam idealtypische kapitalistische Gesellschaft ohne vorkapitalistische Residua und ohne den notwendigen Austausch mit außerkapitalistischen Räumen. Vorkapitalistische und außerkapitalistische Produktion wird zwar immer wieder zur Illustration bestimmter Entwicklungstendenzen herangezogen, ist jedoch kein analytisches Element der theoretischen Kritik. Statistisches Material, das dem empirisch »unreinen« Kapitalismus entnommen ist, kann, wenn man diesen methodologischen Ausgangspunkt berücksichtigt, das theoretische Modell des »reinen« Kapitalismus weder belegen noch widerlegen. Legitim dagegen wäre die Frage, ob sich das theoretische Modell auch noch nach 100 oder 120 Jahren als sinnvoll konstruiert anbietet.

Die Marxsche Analyse betrachtet die Industriegesellschaft von Anfang an als eine durch bestimmte konstitutive Elemente gekennzeichnete kapitalistische Gesellschaft. Einige dieser Elemente muß man Revue passieren lassen, wenn man prüfen will, in welchem Maße die analytische Aussage mit dem in Zusammenhang zu bringen ist, was die moderne ökonomische Theorie deskriptiv darstellt.

1. Als Grundtendenz der von ihr betrachteten industriellen Gesellschaft bezeichnet die Marxsche Analyse die Tendenz zur Ablösung aller Überreste früherer gesellschaftlicher Formationen durch industrielle Strukturen. Sie sieht die Entwicklung durch eine außerordentlich starke dynamische Tendenz gekennzeichnet, die in der allumfassenden Durchindustrialisierung des Erdballs münden müßte. Diese analytische These war auch praktisch, fast pragmatisch gedacht. Marx' theoretisches Interesse konzentrierte sich primär auf fortschreitende Industrialisierung Hand in Hand mit gewaltiger Vermehrung des gesellschaftlichen Reich-

tums; ihm lag daran, den erheblichen Anteil des technologischen Fortschritts an dieser Entwicklung herauszuarbeiten. Als Hemmnis erschienen die überkommenen und die im Zuge der industriellen Entwicklung hervorgebrachten gesellschaftlichen Macht- und Abhängigkeitsverhältnisse, bei Marx »Produktionsverhältnisse«, über die noch zu sprechen sein wird. Der technische Fortschritt geht weiter [1]. Der Industrialisierungsprozeß ist nicht zum Stillstand gekommen.

2. Im Zuge der Einbeziehung immer größerer Bevölkerungsteile in den industriellen Arbeitsprozeß stellt die Marxsche Theorie die Tendenz zur Reduktion der landwirtschaftlichen Produktion auf ein Mindestmaß fest, wobei das, was von der Landwirtschaft übrigbleibt, in den kapitalistischen Nexus einbezogen wird. Ob diese Prognose gestimmt hat, braucht man in einer Zeit nicht zu fragen, in der der Anteil der landwirtschaftlichen Bevölkerung an der gesamten Erwerbsbevölkerung in den Vereinigten Staaten auf etwa 7 bis 8 Prozent, in der Bundesrepublik auf weniger als 12 Prozent gesunken ist.

3. Mit dem Fortgang der Industrialisierung – und gerade darin wurzelt ihre Kennzeichnung als kapitalistisch – tritt, sagt die Marxsche Theorie, fortschreitende Trennung der Produzenten von den Produktionsmitteln ein. Weite Schichten der Bevölkerung werden proletarisiert. Ihre Angehörigen verfügen nicht über die Produktionsmittel. Sie sind darauf angewiesen ihre Arbeitskraft zu Markte zu tragen. Darin sieht die Marxsche Theorie einen unaufhaltsamen Trend: die Entwicklung der Industriegesellschaft führe dahin, daß sich die gesamte Bevölkerung bis auf einen kleinen Rest in abhängige Arbeitskräfte verwandle. In entwickelten Industriegesellschaften leben heute an die 70 Prozent aller Erwerbspersonen von Lohn und Gehalt. Rechnet man noch die Sozialrentner hinzu, die größtenteils ehemalige Verkäufer der Ware Arbeitskraft sind, so bleiben – je nach statistischen Definitionen – als »Selbständige« kaum mehr, möglicherweise weniger als 10 Prozent übrig. Der Prozeß, der Marx als Proletarisierung erschien, hat fast seine äußerste Grenze erreicht.

4. Die Arbeitskräfte, die in der kapitalistischen Gesellschaft als abhängige beschäftigt werden, Menschen, die vom Verkauf ihrer Arbeitskraft leben, verwenden einen immer geringeren Teil ihrer Arbeitszeit auf die Produktion dessen, was zur Deckung ihrer eigenen Bedürfnisse dient, und einen stets wachsenden Teil ihrer Arbeitszeit auf die Erzeugung der anderen Portion des gesellschaftlichen Kuchens, die Marx Mehrwert nannte. Die unstrittige Steigerung der Arbeitsproduktivität wird weder von einer entsprechenden Arbeitszeitverkürzung noch von entsprechenden Reallohnerhöhungen begleitet [2]. In der Tendenz geht seit Marx' Tagen in der Verteilung des Gesamtkuchens eine Verschiebung zuungunsten der Verkäufer der Ware Arbeitskraft vor sich, auch wenn sich die Lebenshaltung der arbeitenden Menschen verbessert. Man sollte sich

daran erinnern, daß Marx im Gegensatz zu den in seiner Zeit gängigen Weltuntergangs- und Massenverelendungsvorstellungen der Malthusianer, der Darwinisten, der utopischen Sozialisten und vieler späterer Anarchisten die Möglichkeit einer Verbesserung der Lage der arbeitenden Massen durch organisierte Aktion überhaupt erst aufgewiesen hat.

5. Proletarisierung im dargelegten objektiven Sinne, technologischer Fortschritt und fortschreitende Akkumulation [3] führen, so meinte Marx, zur Konzentration der Betriebe und zur Zentralisation der Verfügungsmacht über das in der Industrie tätige Kapital; deutlich spricht Marx an manchen Stellen von einer Tendenz zur Monopolisierung. Etwas soll hier angeführt werden. Marx (*Das Kapital*, Bd. I, 23. Kap., gegen Ende des Abschn. 2) sagt: »Die Zentralisation kann erfolgen durch bloße veränderte Verteilung schon bestehender Kapitale, durch einfache Veränderung der quantitativen Gruppierung der Bestandteile des gesellschaftlichen Kapitals. Das Kapital kann hier zu gewaltigen Massen in einer Hand anwachsen, weil es dort vielen einzelnen Händen entzogen wird. In einem gegebenen Geschäftszweig hätte die Zentralisation ihre äußerste Grenze erreicht, wenn alle darin angelegten Kapitale zu einem Einzelkapital verschmolzen wären. In einer gegebenen Gesellschaft wäre diese Grenze erreicht erst in dem Augenblick, wo das gesamte gesellschaftliche Kapital vereinigt wäre in der Hand sei es eines einzelnen Kapitalisten, sei es einer einzigen Kapitalistengesellschaft.«

Da ist die Grenze schon sehr weit hinausgerückt, bis fast die ganze Wirtschaft in einer Hand ist, ohne ihren kapitalistischen Charakter einzubüßen. Das ist ein Marxscher Zusatz aus dem Jahre 1874. Als Engels wenige Jahre später die Aufsätze schrieb, die als Buch unter dem Titel *Herrn Eugen Dührings Umwälzung der Wissenschaft* bekanntgeworden sind, wurde das Thema erneut aufgegriffen. Da hieß es, die Zentralisation könne im kapitalistischen System soweit vorgetrieben werden, daß der Staat, als der »ideelle Gesamtkapitalist« fungiere, ohne daß damit die kapitalistische Gesellschaft aus den Angeln gehoben würde. In dieser Frage ist die Übereinstimmung zwischen Marx und Engels augenscheinlich. Was aber ist dann das spezifische Merkmal des Kapitalismus?
Offenbar doch wieder die Trennung des arbeitenden Menschen von der Verfügung über die Produktionsmittel oder, wie es in der Terminologie aller sozialistischen, kommunistischen und anarchistischen Strömungen im 19. Jahrhundert hieß, das System der Lohnarbeit. An diesem Charakteristikum des kapitalistischen Systems ändert sich noch nichts Entscheidendes dadurch, daß das Eigentum an sämtlichen Produktionsmitteln auf den Staat übergeht. Verfügt dann die Gesamtgesellschaft über die Produktionsmittel – oder fällt die Verfügungsgewalt nur einer anderen Sonderschicht im gesellschaftlichen Ganzen zu? Werden Privatkapitalisten nur durch andere Funktionsträger abgelöst? Folgt man in diesem Sinne der Marxschen Fragestellung, so reduziert sich in der ökonomi-

schen Analyse nicht unerheblich der Unterschied zwischen den westlichen kapitalistischen Systemen und dem, was man im Osten »das sozialistische Lager« getauft hat. Und wenn es falsch wäre, in den westlichen Ländern von einer übergreifenden Tendenz zum vollkommenen Monopol zu sprechen, die nicht nachweisbar ist, so hat doch schon die Nationalökonomie der zwanziger Jahre das ökonomische System, in dem wir leben, in seiner Funktionsweise als System der unvollkommenen Konkurrenz bezeichnet. Zum Verständnis der somit veränderten Marktfunktion hat die Marxsche Analyse des Konzentrations- und Zentralisationsprozesses Wesentliches beigetragen. Die statistische Erfassung dieses Prozesses ist zweifellos unzulänglich. Aber wenn man die Vorgänge innerhalb der industriellen Unternehmungen, die organisatorischen Veränderungen, die Verflechtungen, die Fusionen, die Angliederung und Absorption von Tochtergesellschaften, die zunehmende Selbstfinanzierung, die Zentralisation im Kredit- und Emissionswesen über längere Zeiträume beobachtet, kommt man nicht an der Tatsache vorbei, daß sich auch in den letzten Jahrzehnten eine wachsende Konzentration in alle ihren Formen und vor allen Dingen eine fortschreitende Zentralisation der Verfügungsgewalt vollzogen hat.

6. Auch die größten industriellen Eigentums- und Verfügungsgebilde werden durch technischen Fortschritt, durch zunehmende Größe der Investitionen, durch den enorm gesteigerten Beitrag der Wissenschaft zur Technik der Produktion und durch einiges andere, was auch schon von Marx gezeigt worden ist, vor Probleme gestellt, die sie, vor allem wenn es um Entwicklungsaufgaben geht, aus eigener Kraft nicht zu lösen vermögen. Die Reichweite solcher Probleme konnte vor hundert Jahren bestimmt nicht vorausgesehen werden. Doch schon die Anfänge der neuartigen Entwicklung gaben den Anstoß zu weittragenden soziologischen und politischen Überlegungen. Wenn der Staat [4] an einer Stelle einspringen muß, an der die Finanzierungskraft der industriellen Unternehmungen nicht mehr ausreicht, wenn übergreifende Organisation dort erforderlich wird, wo die Bewältigung technologischer Aufgaben den Rahmen des Einzelunternehmens sprengt, verändern sich auch soziale und politische Macht- und Herrschaftsstrukturen. Was heute das Feld der Beziehungen zwischen Industrie und Staatsgewalt beherrscht, war schon in vielem sichtbar, als Rudolf Hilferding Ende 1909 *Das Finanzkapital* niederschrieb. Es ist erstaunlich, wie vieles von seiner Analyse sechs Jahrzehnte später noch zutrifft. Die analytischen Ansätze hatte indes schon Marx geschaffen. Marx hatte auch schon die Frage aufgeworfen, wie sich die veränderte Position der kapitalistischen Unternehmungen, die auf staatliche oder staatlich vermittelte Finanzierung angewiesen sind, auf das politische Verhältnis zwischen den im Kapitalismus führenden Kräften und der Staatsgewalt auswirkt. Im Unterschied zu der gleichsam »normalen« Situation, in der die Staatsgewalt als Organ der Herrschaft

der Kapitalistenklasse erscheint, kennt die Marxsche Theorie Grenzfälle, in denen eine »scheinbare Verselbständigung der Staatsgewalt« eintritt. Mit solchen Grenzfällen haben sich Marx und Engels intensiv befaßt, besonders am Exempel des Staatsstreichs Louis Napoleons und der Sozialstruktur des zweiten französischen Kaiserreichs. Nicht nur in den einschlägigen historischen Schriften, sondern auch namentlich im Briefwechsel zwischen Marx und Engels wie auch im Briefwechsel beider mit Dritten taucht immer wieder die Frage auf, ob es denn für die »scheinbar verselbständigte« politische Gewalt möglich sei, etwas zu tun, was nicht ohnehin durch die Gesetzlichkeit der ökonomischen Entwicklung vorgeschrieben ist. Kann die politische Gewalt die Tendenz der ökonomischen Entwicklung umbiegen, kann sie sie beeinflussen – oder scheitert sie am Ende doch daran, daß das Ökonomische stärker ist? Es ist heute wichtig sich klarzumachen, daß Marx auf solche Fragen keine ein für allemal gültige Antwort hatte. In einigen Situationen schien für die kapitalistische Gesellschaft kein anderes Gesetz zu gelten als der Zwang der ökonomischen Entwicklung; in anderen Situationen drängten sich andere Vorstellungen auf: auf Grund spezifischer soziologischer Konstellationen in historischen Krisenmomenten schienen sich der Staatsgewalt Gelegenheiten zu eröffnen, den ökonomischen Zwang zu durchbrechen oder der ökonomischen Entwicklung unter Mißachtung führender Interessengruppen eine abgewandelte Richtung (vielleicht im abstrakten Interesse einer Entfaltung der gesellschaftlichen Produktivkräfte) zu verleihen. Dem »bonapartistischen« Regierungssystem Louis Napoleons hatte Marx ursprünglich weder überhaupt Lebensfähigkeit noch erst recht die Fähigkeit, mit Problemen des wirtschaftlichen Aufbaus fertig zu werden, zugebilligt. In zahlreichen Briefen und in vielen Artikeln für die *New York Tribune*, die dem deutschen Leser erst seit kurzem zugänglich sind, hat er dann später die neuartigen finanzpolitischen Instrumente untersucht, die es dem Staat Napoleons III. trotz allem ermöglichten, nicht nur dem wirtschaftlichen Zusammenbruch zu entgehen, sondern auch Industrialisierung und kapitalistische Expansion voranzutreiben.

7. Solche Marxschen Überlegungen, die mit mechanischer Anwendung eines starren Schemas nichts zu tun haben, werden wichtig, wenn Beobachtungen interpretiert werden müssen, die übereinstimmend von der Wirtschaftswissenschaft, der Soziologie und der politischen Wissenschaft gemacht werden, wonach zwar nicht die Klassenstruktur der Gesellschaft, die Marx gesehen hatte, verschwunden ist, aber in dieser Klassenstruktur wesentliche Differenzierungen eingetreten sind. Sie hängen sowohl mit der veränderten Struktur der Unternehmensgebilde im Gefolge fortschreitender Konzentration und Zentralisation als auch mit der Ausweitung der Tätigkeitsbereiche des Staatsapparats zusammen. Die Tragweite solcher Differenzierungen war z. B. an der Herrschaftsstruktur des Nazi-Systems deutlich abzulesen. Innerhalb der großen

Masse der Arbeiter, Angestellten, Beamten und anderen Verkäufer der Ware Arbeitskraft machen sich besondere Schichten mit einer besonderen Stellung im Produktionsprozeß bemerkbar: nicht nur Arbeitskräfte im Büro, in der Verwaltung, im Kontor, im Handelsunternehmen, die der Marxschen Analyse gut bekannt waren, sondern auch Schichten, die bei Marx zunächst nur als Rudimente, als Überbleibsel aus der vorkapitalistischen Zeit registriert wurden, als, wie Marx verschiedentlich sagt, »ideologische Stände«. Obschon sie aus früheren gesellschaftlichen Formationen übernommen zu sein schienen, billigte ihnen Marx auch im Rahmen der kapitalistischen Entwicklung konkrete gesellschaftliche Funktionen zu. Namentlich in der Auseinandersetzung mit Adam Smith und David Ricardo hebt Marx – da geht er ein gut Stück weiter als die klassische Ökonomie – die Bedeutung dieser organisierenden, meinungsbeeinflussenden, politisch regierenden, ideologisch maßgeblichen Schichten für die kapitalistische Produktion hervor. In der Marxschen Analyse des Staatsgebildes fällt gerade diesen Schichten nicht selten die Aufgabe zu, für die herrschende Klasse, die über die Produktionsmittel verfügt, gewissermaßen kommisarisch, »im Auftrag«, *»per procura«* die politische Gewalt auszuüben, stellvertretend für die Herrschenden, aber nicht, ohne eigene, schichtspezifische Interessen geltend zu machen. Die Ausbreitung, das größere Gewicht, die mitunter politisch ausschlaggebende Rolle dieser Schicht: in ihrer Massierung sind das Momente, die heute auch in der theoretischen Analyse stärker beachtet werden müssen.

8. Sie können nicht ausreichend beachtet werden, wenn nicht noch andere, bisher ausgeklammerte Elemente der Marxschen ökonomischen Analyse herangezogen werden. Sehr viel ist im Laufe der Zeit über das Marxsche Gesetz vom tendenziellen Fall der Profitrate geschrieben worden. Die meiste Kritik an der Marxschen Theorie – vor acht Jahrzehnten ebenso wie heute – glaubt feststellen zu müssen, daß hier die Theorie versagt habe, daß eine völlig falsche Prognose gestellt worden sei: die Profitrate, heißt es da, fällt nicht. Aber da, wo sich Marx mit dem Fall der Profitrate beschäftigt (*Das Kapital*, Bd. III, Teil 1, Dritter Abschnitt), folgt auf ein Kapitel über »Das Gesetz selbst« ein anderes über »Entgegenwirkende Ursachen« und ein drittes über die »Entfaltung der inneren Widersprüche des Gesetzes«. Mit besonderem Nachdruck stellt Marx die Tendenzen dar, die dem tendenziellen Fall der Profitrate entgegenwirken: Erhöhung des Ausbeutungsgrades der Arbeit; Herabdrückung des Lohns unter den Wert der Arbeitskraft; Verbilligung des in Industrieanlagen gewonnenen »konstanten« Kapitalbestandteils und Entwertung der stofflichen Elemente des vorhandenen Kapitals überhaupt; Wirkungen der relativen Überbevölkerung (neue Industriezweige, Luxus); auswärtiger Handel; Zunahme der Aktiengesellschaften; schließlich die im *Kapital* ausdrücklich »nicht behandelten« Mechanismen der Konkurrenz. Wie bei allen Marxschen »Gesetzen« geht es hier um gesellschaft-

liche Prozesse, die selbst gegenläufige Prozesse erzeugen. Im 14. Kapitel, Unterabschnitt V, sagt Marx: »Und so hat sich denn im allgemeinen gezeigt, daß dieselben Ursachen, die das Fallen der allgemeinen Profitrate hervorbringen, Gegenwirkungen hervorrufen, die diesen Fall hemmen, verlangsamen und teilweise paralysieren. Sie heben das Gesetz nicht auf, schwächen aber seine Wirkung ab ... So wirkt das Gesetz nur als Tendenz, dessen Wirkung nur unter bestimmten Umständen und im Verlauf langer Perioden schlagend hervortritt.« Und weiter, im 15. Kapitel, Unterabschnitt II: »Die periodische Entwertung des vorhandenen Kapitals, die ein der kapitalistischen Produktionsweise immanentes Mittel ist, den Fall der Profitrate aufzuhalten und die Akkumulation von Kapitalwert durch Bildung von Neukapital zu beschleunigen, stört die gegebenen Verhältnisse, worin sich der Zirkulations- und Reproduktionsprozeß des Kapitals vollzieht, und ist daher begleitet von plötzlichen Stockungen und Krisen des Produktionsprozesses.« Worauf es bei der Theorie von der tendenziell sinkenden Profitrate also ankam, war der Antrieb zu immer erneuter, aber diskontinuierlicher Wertvernichtung, zu ständiger Veränderung der in »Werten« verkleideten gesellschaftlichen Relationen. Die Verschiebung der Wertrelationen verändert auch die Auswirkungen des Proletarisierungsprozesses, verursacht ständige Schwankungen in der Position der gesellschaftlichen Zwischenschichten und erweitert den Aktionsbereich der »ideologischen Stände«.

9. Bei aller Verschiedenheit des Stellenwerts, der den Krisen in verschiedenen Ebenen der Marxschen ökonomischen Analyse zukommt, ist für die sozialökonomische Gesamttheorie zweifellos das Moment der Wertvernichtung am wichtigsten, die im Normalablauf des Produktions-, Akkumulations- und Produktivitätssteigerungsprozesses durch *vested interests* (ob Eigentums-, ob Verfügungstitel) verhindert wird, so daß der Fortgang des Zyklus durch katastrophenartige Einbrüche gesichert werden muß: in einer marktmäßig organisierten Wirtschaft also durch Krisen, die überfällige Wertberichtigungen erzwingen. Geht man von dieser Marxschen Theorie einer zyklischen Dynamik der kapitalistischen Entwicklung aus, so ist das Gesetz vom tendenziellen Fall der Profitrate als Ausdruck dieser Dynamik heute natürlich genauso gültig wie vor hundert Jahren: wenn die periodische Wertvernichtung durch Monopolpositionen oder staatliche Eingriffe gestört ist, gerät die Kurve der Profitrate in Zuckungen. Fraglich ist allerdings die Periodizität des Wertvernichtungsventils Krise geworden. In zehn- bis elfjährigen Abständen – wie zu Marx' Zeiten – treten die »allgemeinen Krisen« nicht mehr auf. Nur ist eine bestimmte Krisenperiodizität kein Ergebnis der Marxschen theoretischen Analyse. Der zehnjährige Zyklus entsprach zu einer bestimmten Zeit empirisch-deskriptiven Beobachtungen, und Marx meinte, er lasse sich mit der (technologisch, nicht stofflich bedingten) Lebensdauer der Maschinerie in Zusammenhang bringen. Ganz gewiß

hat sich der »moralische Verschleiß« der Maschinerie in den letzten hundert Jahren beträchtlich beschleunigt. (Diese historische Feststellung wird durch die neuere ökonomische Diskussion um den Anteil des wirtschaftlichen Wachstums, der dem Konto »technischer Fortschritt« gutzuschreiben sei, nicht berührt.) Wenn aber ein periodischer Kapitalschnitt im »Krisenzyklus« des 19. Jahrhunderts nicht mehr erfolgt, so wäre konkret zu untersuchen, in welchem Maße die unumgänglichen Berichtigungen der Wertrelationen durch Eingriffe der Staatsgewalt oder durch verstärkte Planungselemente innerhalb der kapitalistischen Großgebilde herbeigeführt oder durch vermehrte anderweitige Wertvernichtung erzielt werden. Typische Beispiele katastrophaler Wertvernichtung sind einmal inflationistische Vermögensvernichtungen, zum andern Zerstörungen, wie sie im ersten und im zweiten Weltkrieg angerichtet wurden. In der Ära des jungen Kapitalismus, die Marx' Erfahrungskreis bestimmte, gab es nichts Vergleichbares. Andere, weniger orkanartige Formen von Wertberichtigungen gehen auf verschiedenen Sprossen der ökonomischen Stufenleiter vor sich; sie sind meist nicht mehr durch die »Anarchie des Marktes« gesteuert, sondern gehen auf stärkere Eingriffspositionen der staatlichen Apparatur zurück, spiegeln zugleich aber auch Veränderungen in der Struktur der kapitalistischen Großgebilde wider.

10. Einige Vertreter der neueren amerikanischen Wissenschaft, die allerdings nicht als Sprecher der Fachzunft gelten können, so z. B. in Anlehnung an die älteren Untersuchungen von Adolf A. Berle Jr. und Gardiner C. Means, neuerdings John Kenneth Galbraith, Clark Kerr, Robert Heilbroner u. a., sind der Meinung, daß in der Struktur der kapitalistischen Großgebilde die hierarchischen Verhältnisse in neuerer Zeit einen fühlbaren Wandel durchgemacht haben. (Ich spreche mit Absicht nicht von »Monopolen«: wenn Marx Monopole erwähnt, denkt er nicht an das »vollkommene Monopol« der neueren ökonomischen Theorie, sondern an *monopoly* als ausschließliche Herrschaftsgewalt im Sinne eines in England seit dem 16. Jahrhundert verbreiteten Sprachgebrauchs; über eine solche Herrschaftsgewalt verfügen auch die heutigen wirtschaftlichen Großgebilde, auch wenn sie nur Duopole oder Oligopole sind, also nicht einen genau umgrenzten Markt monopolistisch beherrschen.) Durch die Veränderungen in den hierarchischen Strukturen ist die Verfügungsgewalt der Unternehmensleitungen oder Konzernleitungen ganz gewiß nicht abgeschafft und auch nicht so maßlos eingeschränkt, wie es sich etwa bei Galbraith darstellt, wenn er meint, daß die »Technostruktur« des Betriebes, d. h. das Ensemble der technischen, wissenschaftlichen, Kontroll-, Leitungs- und Aufsichtsfunktionen, verteilt auf alle entsprechenden Funktionsträger, gleichsam an die Stelle der Unternehmungsleitung getreten sei. Das ist eine optische Täuschung. Richtig ist aber, daß der Anteil bestimmter Gruppen von Technikern und Wissenschaftlern an Entscheidungen der Unternehmensleitung in sehr

verzwickter und sehr verfeinerter Form zugenommen hat. Die Frage ist nicht unberechtigt, ob hier nicht eine neue gesellschaftliche Schicht entsteht, die von der Verfügungsgewalt über die Produktionsmittel nicht ganz abgeschnitten ist, die gegenüber der Unternehmensleitung eine Art Schlüsselposition einnimmt, so daß die Herren des Unternehmens mit ihr verhandeln müßten. Spätkapitalistisch möchte ich diese Entwicklungsphase nicht nennen: mir scheint, daß das System, von seinen sozialen Spannungen zunächst abgesehen, »objektiv ökonomisch« noch eine unendlich lange Lebensdauer vor sich haben könnte; vielleicht stehen wir in einer mittelkapitalistischen, vielleicht überhaupt erst am Ende der frühkapitalistischen Zeit. Einiges Neue ist hier, wie eben angedeutet, vorhanden, und in dieser gewissermaßen »neukapitalistischen« Entwicklung muß in der Tat gefragt werden, ob nicht die Klassenverhältnisse, wie sie sich in der Marxschen Analyse dargestellt hatten, Ergänzungen oder Korrekturen erfordern: einmal im Hinblick auf diese neuartige Differenzierung in den oberen Schichten der Produktionshierarchie, zum andern aber in bezug auf die große soziale, politische und ideologische Rolle der Gruppen, von denen vorher die Rede war, der rein »ideologischen Stände«, die in der heutigen Phase der kapitalistischen Gesellschaft an Entscheidungen in der Politik, in der gesellschaftlichen Sphäre und vor allem in der Sphäre der Kultur und Erziehung vielleicht doch einen größeren Anteil haben als vor hundert Jahren.

Damit bin ich im eigentlich politischen Bereich. Hinsichtlich der kapitalistischen Gesellschaft, die zu seiner Zeit bestand oder die er als unmittelbar nächste Entwicklungsstufe vor sich sah, hat Marx nie gemeint, daß die Kapitalisten da die politische Gewalt selbst ausübten. Zu seiner Zeit war jedoch das Problem der Auseinandersetzung zwischen den alten Trägern der Staatsgewalt, den feudal junkerlichen, den Stützen der Monarchie, und den neuen bürgerlichen Schichten noch so sehr im Vordergrund, daß die Frage noch gar nicht auf der Tagesordnung stand, wie politische Macht in einer vom Feudalismus endgültig befreiten, vollauf kapitalistischen Gesellschaft ausgeübt werden würde. Seine Theorie der Klassenherrschaft aufzugeben, hatte Marx keine Veranlassung. Das hinderte ihn nicht, hier und da Modifikationen und Konkretisierungen vorzunehmen. Die Aufgabe wäre also, wieder Konkretes, das bis jetzt nicht berücksichtigt worden ist, hineinzuarbeiten. Die Analyse der politischen Funktionsträgerschichten ist überhaupt nicht nur in Deutschland, aber vor allem in Deutschland am Rande liegengeblieben. Die Veränderungen, die sich da abzeichnen, werden möglicherweise in naher Zukunft von entscheidender Bedeutung sein.

Nicht minder vordringlich wäre unter diesem Aspekt eine Analyse der kommunistischen Systeme. Auch dort verfügt eine besondere Schicht über die Produktionsmittel. Auch dort besteht das Lohnsystem. Auch dort werden Arbeiter ausgebeutet. Wie sieht da die herrschende Klasse aus?

Bleiben wir aber zunächst beim westlichen Kapitalismus. Führen da nicht neuere Entwicklungen zu einer neuen Schichtenbildung, sei es innerhalb der alten Kapitalistenklasse, sei es neben ihr oder auf der nächstniederen Stufe? Entsteht da etwa eine neue Funktionsträgerklasse, eine obere Funktionsträgerklasse, auch wenn die große Masse der Funktionsträger aus bloßen Verkäufern der Ware Arbeitskraft bestehen sollte? Und wie steht es – eine alte Frage – mit dem gesellschaftlichen Bewußtsein dieser Schichten, die sich nie als proletarisiert verstanden und die sich natürlich auch heute nicht als proletarisiert verstehen? Wie kämen sie auch dazu in einer Zeit, in der sich große Massen der Arbeiter trotz der Tradition der europäischen und amerikanischen sozialistischen Bewegung auch nicht mehr für »proletarisch« halten?

Hier zeichnen sich konkrete Untersuchungsfragen ab. Vielleicht entbehrt es nicht eines tieferen gesellschaftlichen Grundes, daß gerade in den letzten Jahren die Schichten der jungen Generation, die in die vorhin bezeichneten sozialen Positionen aufrücken müßten, von einer starken Unruhe erfaßt worden sind. Werden ihnen innere Spannungen des Systems bewußt? Oder deutet die andere Tendenz – zur Abschaffung des Bildungsmonopols und zum Hineinströmen weiter Schichten von Arbeitern und unteren Angestellten in die gehobenen Funktionsträgerpositionen – die Bedrohung alter gesellschaftlichen Positionen und eines gesicherten Status an? Erzeugt das Gegeneinander dieser beiden Tendenzen ein eigenartiges kritisches Bewußtsein, das sich, obschon das die Konsequenz eines Bekenntnisses zu marxistischen Lehren sein müßte, noch nicht zur Analyse der eigenen sozialen Position durchringt, dafür aber ohne konkrete gesellschaftliche Zielsetzung gegen die bestehenden Institutionen anrennt?

Mit Erfolg kann man auf diese Weise gegen das mythische *Establishment* ohnehin nicht anrennen, wenn nicht eine breitere soziale Schicht den Protest aufgreift und ihm ein Ziel gibt. Das hätte zur Voraussetzung, daß im Arbeitsprozeß dieser kapitalistischen Gesellschaft bei all seinen Veränderungen und bei aller Schrumpfung, die möglicherweise die Automation nach sich ziehen wird, daß gerade in dieser Urdomäne der kapitalistischen Produktion von neuem die Frage aufgeworfen würde, die am Anfang der alten sozialistischen Bewegung stand: ob denn die soziale Situation des industriellen Betriebs auf die Dauer hierarchisch-autokratisch zu sein und zu bleiben habe. Hätte das Sozialistische in den Zielsetzungen der alten sozialistischen Bewegung nicht genau darin bestehen müssen, daß dies Problem in den Mittelpunkt zu stellen gewesen wäre?

Bei dem heute möglichen Wachstumstempo und der damit greifbaren gewaltigen Vermehrung des gesellschaftlichen Reichtums müßte die kapitalistische Gesellschaft mit einer demokratischen Organisation des Arbeitsprozesses gleichsam von selbst aufhören, kapitalistisch zu sein. In dem Moment, da eine echt demokratische Organisation des Betriebes verwirklicht wird, bricht das System der Lohnarbeit zusammen. Die Frage der Umformung oder Reformierung des kapitalistischen Systems, die in Amerika neuerdings sogar in Kreisen der Konzernleitungen und der führenden Ideologen des Kapitalismus diskutiert wird, trifft nicht den gesellschaftlichen Kern. Soll kritische Auseinandersetzung mit dem Kapitalismus einen Sinn haben, so muß die Frage einer anderen Organisation des Arbeitsprozesses gestellt werden. Damit hat die Marxsche Lehre, noch bevor sie zur ökonomischen Theorie geworden war, angefangen; daran wird sich ihre weitere gesellschaftliche Wirksamkeit erweisen. Das mögen Träume sein, aber auch Träume sind Politik. Des ermordeten Martin Luther King *»I have a dream«* hatte eine eminent praktische politische Wirkung.

Der Traum, den wissenschaftliche Kritik an der bestehenden Gesellschaftsordnung in den verschiedensten Disziplinen geboren hat, sollte heute einen neuen Aufbruch zu wissenschaftlicher, theoretischer, kritischer Arbeit beflügeln. Im Vorwort zum ersten Band des *Kapital* spricht Marx von den »Zeichen der Zeit«, die noch nicht zu bedeuten brauchen, »daß morgen Wunder geschehen werden«. Sie zeigen aber, meint er, »wie selbst in den herrschenden Klassen die Ahnung aufdämmert, daß die jetzige Gesellschaft kein fester Kristall, sondern ein umwandlungsfähiger und beständig im Prozeß der Umwandlung begriffener Organismus ist. Je weniger sich der Kapitalismus als »fester Kristall« erweist, um so wichtiger wird die Aufgabe, seine Wandlungen zu beobachten, zu studieren, zu durchdenken.

Anmerkungen

1 Hier genüge der Hinweis auf Thesen 1 und 5 bei K. Borchardt, *Zur Theorie der sozial-ökonomischen Entwicklung der gegenwärtigen Gesellschaft*, in: Th. W. Adorno (Hrsg.), *Spätkapitalismus oder Industriegesellschaft?* Verhandlungen des 16. Deutschen Soziologentages, Stuttgart 1969, S. 30–47.

2 „Vgl. Borchardt, a. a. O., Thesen 4 u. 8.

3 Vgl. Borchardt, a. a. O. These 3.

4 Vgl. Borchardt, a. a. O. Thesen 6 u. 7.

Literaturverzeichnis zu III 4.

Adler, Michael: »The Impact of the U.S. Direct Investment Controls«, in: Journal of International Business, 2/1971, S. 1–14.

Balassa, Bela: The Theory of Economic Integration, Homewood 1961.

Ball, George, W.: »The Promise of the Multinational Corporation«, in: Fortune, Juni 1967.

Bank of International Settlement (BIS): Forty-First Annual Report, Basel 1971.

Banque Nationale de Belgique: »Les investissements étrangers dans des entreprises industrielles en Belgique«, in: Bulletin d'Information et de Documentation, 2/1970, S. 461–493.

Behrman, Jack, N.: Direct Manufacturing Investment, Exports and the Balance of Payments, A Critique of the Hufbauer-Adler Study, New York 1968.

ders.: »Multinational Corporations, Transnational Interests and National Sovereignty«, in: Columbia Journal of World Business, 4/1969 a, S. 15–21.

ders.: Some Patterns in the Rise of the Multinational Enterprise, Chapel Hill 1969b.

ders.: National Interests and the Multinational Enterprise, Tensions Among the North Atlantic Countries, Englewood Cliffs 1970.

ders.: U.S. International Business and Governments, New York 1971.

Bertin, Gilles-Y.: L'investissement des firmes étrangères en France (1945–1962), Paris 1963.

Blake, David H.: Multinational Corporations, International Unionism, and Global Integration, Paper presented at the 1971 Research Conference on the Multinational Corporation in the Global Political System, Philadelphia, University of Pennsylvania, April 1971.

Brash, D. T.: American Investment in Australian Industry, Canberra 1966.

Brooke, Michael Z./H. Lee Remmers: The Strategy of Multinational Enterprise: Organization and Finance, London 1970.

Burtis/David/Farid Lavipour/Stephen Ricciardi/Karl P. Sauvant (Hg.): Multinational Corporation – Nation-State Interaction, An Annotated Bibliography, Philadelphia 1971 (A Foreign Policy Research Institute Publication).

Business International: The International Corporation and the Nation State, New York 1968.

CEPES: Grenzüberschreitende Unternehmungskooperation in der EWG, Stuttgart 1968.

Commission des Communautés Européennes: L'industrie électronique des pays de la communauté et les investissements américains, Brüssel 1969.

Cooper, Richard N.: The Economics of Interdependence: Economic Policy in the Atlantic Community, New York 1968.

d'Alauro, Orlando: »Les effets actuels et potentiels des investissements directs de provenance étrangère sur les balances des paiements des pays de la C.E.E.«, in: *Maurice Byé* (Hg.): La Politique Industrielle de l'Europe intégrée et l'apport des capitaux exterieurs, Paris 1968.

Deane, Roderick S.: Foreign Investment in New Zealand Manufacturing, Wellington 1970.

de Jong, Fritz J.: »L'influence de l'investissement direct étranger sur la balance des

paiements des Pays-Bas«, in: *Maurice Byé* (Hg.): La Politique Industrielle de l'Europe intégrée et l'apport des capitaux extérieurs, Paris 1968.
de Jong, H. W./M. Alkema: »Communication«, in: Revue du Marché Commun, 109/1968, S. 143–157.
Deutsch, Karl W. u. a.: Political Community and the North Atlantic Area, Princeton 1957.
DIVO-Institut: Amerikanische Tochtergesellschaften in der Bundesrepublik, Analyse und kritische Würdigung, 1968.
Dunning, John H.: American Investment in British Manufacturing Industry, London 1958.
ders.: The Role of American Investment in the British Economy, London 1969.
ders. (Hg.): Studies in International Investment, London 1970.
Economist Intelligence Unit: »The Growth and Spread of Multinational Companies«, in: Quarterly Economic Review, 5/1969.
Edwards, Corwin D.: »The World of Antitrust«, in: Columbia Journal of World Business, 4/1969, S. 11–25.
Ellis, J. J. A.: »The Legal Aspects of European Direct Investment in the United States«, in: *Sidney E. Rolfe/Walther Damm* (Hg.): The Multinational Corporation in the World Economy, New York 1970.
Emminger, Otmar: Ansprache in München, 15. Juli 1971, abgedruckt in: Auszüge aus Presseartikeln, 55, 20. Juli 1971.
Etzioni, Amitai: Political Unification, New York 1965.
Fayerweather, John: »19th Century Ideology and 20th Century Reality«, in: Columbia Journal of World Business, 1/1966, S. 77–84.
ders.: International Business Management, A Conceptual Framework, New York 1969.
Feis, Herbert: The Diplomacy of the Dollar 1919–1932, New York 1950.
Feld, Werner: »Political Aspects of Transnational Business Collaboration in the Common Market«, in: International Organization, 24/1970a, S. 209–238.
ders.: Transnational Business Collaboration Among Common Market Countries, Its Implications for Political Integration, New York 1970 b.
Galbraith, John Kenneth: The New Industrial State, Boston 1967.
Galloway, Jonathan F.: »Worldwide Corporations and International Integration: The Case of INTELSAT«, in: International Organization, 24/1970, S. 503–513.
Gervais, Jacques: La France face aux investissements étrangers, Analyse par secteurs, Paris 1963.
Gilpin, Robert: France in the Age of the Scientific State, Princeton 1968.
Grünwald, Oskar/F. Lacina: Auslandskapital in der österreichischen Wirtschaft, Wien 1970.
Guetzkow, Harold: Multiple Loyalities, Theoretical Approach to a Problem in International Organization (Center for Research on World Political Institutions, Publication No. 4), Princeton 1955.
Günter, Hans (Hg.): Transnational Industrial Relations, New York 1972.
Haas, Ernst B.: The Uniting of Europe, Stanford 1958.
ders.: Beyond the Nation-State, Functionalism and International Organization, Stanford 1964.
ders.: »The Uniting of Europe and the Uniting of Latin America«, in: Journal of Common Market Studies, 5/1967, S. 315–343.

Hartmann, Heinz: Amerikanische Firmen in Deutschland, Köln/Opladen 1963.
Heidhues, Franz: Zur Theorie der internationalen Kapitalbewegungen, Tübingen 1969.
Hellmann, Rainer: Amerika auf dem Europamarkt, Baden-Baden 1966.
ders.: The Challenge to U.S. Dominance of the International Corporation, New York 1970.
Houssiaux, Jacques: »La grande enterprise plurinationale«, in: *F. Bloch-Lainé/F. Perroux* (Hg.): L'entreprise et l'économie du XX siècle, Paris 1967.
ders.: »L'avenir des rapports entre les entreprises multinationales et les états nationaux«, in: Analyse et Prévision, 10/1970, S. 657–668.
Hufbauer, G. C./F. M. Adler: Overseas Manufacturing Investments, Exports and the Balance of Payments, Washington 1968 (US Treasury Department Tax Policy Research Study No. 1).
Hymer, Stephen H.: The International Operations of National Firms, A Study of Direct Investment, Ph. D. Dissertation, Cambridge 1960.
ders.: »The Efficiency (contradictions) of Multinational Corporations«, in: The American Economic Review, 60 / 1970a, S. 441–448.
ders.: »The Multinational Corporation and the Law of Uneven Development«, in: *J. N. Bhagwati* (Hg.): Economics and World Order, New York 1970b.
ders./Stephen A. Resnick: »International Trade and Uneven Development«, in: *J. N. Bhagwati/R. W. Jones/ R. A. Mundell/ J. Vanek* (Hg.): Kindleberger Festschrift, Cambridge 1971.
ders./Robert Rowthorn: »Multinational Corporations and International Oligopoly, The Non-American Challenge«, in: *C. P. Kindleberger* (Hg.): The International Corporation, Cambridge 1970.
Iklé, Max: Die Schweiz als internationaler Finanzplatz, Zürich 1970.
Industrial Reorganization Corporation: The 1969–70 Report and Accounts.
Johnstone, A. W.: United States Direct Investment in France, An Investigation of the French Charges, Cambridge 1965.
Judge, Anthony J.: »Multinational Business Enterprises«, in: Yearbook of International Organizations, 1969, S. 1189–1214.
Kaiser, Karl: »Transnationale Politik«, in: *Ernst-Otto Czempiel* (Hg.): Die anachronistische Souveränität, Köln/Opladen 1969.
Kamin, Alfred (Hg.): Western European Labor and the American Corporation, Washington (D.C.) 1970.
Kindleberger, Charles P.: »European Economic Integration and the Development of a Single Financial Center for Long-Term Capital«, in: Weltwirtschaftliches Archiv, 90/1963, S. 189–208.
ders.: »European Integration and the International Corporation«, in: Columbia Journal of World Business, 1/1966, S. 65–73.
ders.: International Economics, Homewood 1968.
ders.: American Business Abroad, New Haven 1969.
ders.: Power and Money, The Economics of International Politics and the Politics of International Economics, New York 1970.
Krämer, Hans-R.: Formen und Methoden der internationalen wirtschaftlichen Integration, Versuch einer Systematik, Tübingen 1969.
Law and Contemporary Problems, 34/1969.
Layton, Christopher: Trans-Atlantic Investments, Paris 1966.
Leontief, W. W.: »Domestic Production and Foreign Trade: The American Posi-

tion Re-examined«, in: Proceedings of the American Philosophical Society, 1963.
Litvak, Isaiah A./C. J. Maule (Hg.): Foreign Investment, The Experience of Host Countries, New York 1970.
McCreary, Edward A.: The Americanization of Europe, New York 1964.
Maisonrouge, Jacques: Proceedings of the Conference on the Multinational Corporation in the State Department, 14. Febr. 1969.
Mandel, Ernest: Die EWG und die Konkurrenz Europa–Amerika, Frankfurt 1968.
Mennis, Bernard/Karl P, Sauvant: Multinational Corporations and the Prospects for Regional Integration, Paper presented at the 1971 Research Conference in the Multinational Corporation in the Global Political System, Philadelphia, April 1971.
Meynaud, Jean/Dusan Sidjanski: L'Europe des affaires, Paris 1967.
Michel, Roland: Les investissements américaines en Belgique, Brüssel 1970.
Newhouse, John: Collision in Brussels, The Common Market Crisis of 30 June 1965, New York 1967.
Nye, J. S.: Multinational Enterprises and Prospects for Regional and Global Political Integration, Paper presented at the 1971 Research Conference on the Multinational Corporation in the Global Political System, Philadelphia, April 1971.
Österreichisches Institut für Wirtschaftsforschung (Hg.): »Amerikanische Direktinvestitionen in Österreich«, in: Monatsberichte, Beilage 89, 1970.
Penner, Rudolph G.: »The Benefits of Foreign Investment in Canada, 1950 to 1956«, in: Canadian Journal of Economics and Political Science, 32/1966, S. 172–183.
Penrose, E. T.: The Large International Firm in Developing Countries, The International Petroleum Industry, London 1968.
Perlmutter, Howard V.: »Super-Giant Firms in the Future«, in: Wharton Quarterly, 3/1968, S. 8–14.
ders.: »The Tortuons Evolution of the Multinational Corporation«, in: Columbia Journal of World Business, 4/1969a, S. 9–18.
ders.: Towards Research on and Development of Nations, Unions and Firms as Worldwide Institutions (Mimeograph), Wharton School (University of Pennsylvania) 1969b.
ders.: Attitudinal Patterns in Joint Decision Making in Multinational Firm-Nation State Relationships, Wharton Graduate School (University of Pennsylvania) 1970 (Vervielf.).
Polk, Judd.: Issues and Objectives of U.S. Foreign Trade Policy, hg. v. Joint Economic Committee, Congress of the United States, Washington 1967.
ders.: The Internationalization of Production, United States Council of the International Chamber of Commerce, New York 1969 (Vervielf.).
ders./I. W. Meister/L. A. Veit: U.S. Production Abroad and the U.S. Balance of Payments. New York 1966.
Purcer-Smith, Gillian: Studies of International Mobility, Paper presented at the Annual American Psychological Association Convention, September 1970.
Quinn, James Brian: »Technology Transfer by Multinational Companies«, in: Harvard Business Review, 47/1969, S. 147–161.
Reddaway, W. B./S. J. Potter/C. T. Taylor: Effects of U.K. Direct Investment Overseas, An Interim Report, Cambridge (England) 1967.

dies.: Effects of U.K. Direct Investment Overseas, Final Report, Cambridge (England) 1968.
Ricciardi, Stephen: Determinants of International Investment Climates, Ph. D. Dissertation, Department of Business and Applied Economics, University of Pennsylvania (in Vorbereitung).
Robock, Stefan H./Kenneth Simmonds: International Business – How Big Is It?«, in: Columbia Journal of World Business, 5/1970, S. 6–19.
Rolfe, Sidney E.: The International Corporation, Paris 1969.
ders.: »The International Corporation in Perspective«, in: *ders./Walter Damm* (Hg.): The Multinational Corporation in the World Economy, New York 1970a.
ders.: The Multinational Corporation, New York 1970b.
ders./Walter Damm (Hg.): The Multinational Corporation in the World Economy, New York 1970.
Root, Franklin R.: »Attitudes of American Executives Toward Foreign Governments and Investment Opportunities«, in: Economic and Business Bulletin, 20/1968, S. 14–23.
Rose, Stanford: »The Rewarding Strategy of Multinationalism«, in: Fortune v. 15. Sept. 1968.
Rowthorn, Robert/Stephen Hymer: International Big Business 1957–1967, A Study of Comparative Growth, Cambridge (England) 1971.
Sacle, Armand: »Cooperations-Concentrations Fusions d'Entreprises dans la C.E.E.«, in: Revue du Marché Commun, 109/1968, S. 105–123.
Safarian, A. E.: Foreign Ownership of Canadian Industry, Toronto 1966.
Sampson, Anthony: Anatomy of Europe, New York 1968.
Sauvant, Karl P./Stephen Ricciardi: Multinational Corporations and the Prospects for Regional Economic Integration, (Departments of International Relations and Business and Applied Economics, University of Pennsylvania) 1971 (Vervielf.).
Schwamm, Henri: »La coopération industrielle en Europe«, in: *Carl J. Friedrich* (Hg.): Politische Dimensionen der europäischen Gemeinschaftsbildung, Köln 1968.
Servan-Schreiber, Jean-Jacques: Le défi américain, Paris 1967.
Shonfield, Andrew: »Business in the Twenty-first Century«, in: Daedalus, 98/1969, S. 191–207.
Simmonds, Kenneth: »Multinational? Well, Not Quite«, in: Columbia Journal of World Business, 1/1966, S. 115–122.
Standke, Heinz-Heinrich: Amerikanische Investitionspolitik in der EWG, Berlin 1965.
Steuer, M. D.: American Capital and Free Trade, Effects of Integration, London 1968.
Stonehill, Arthur: Foreign Ownership in Norwegian Enterprises, Oslo 1965.
Tinbergen, Jan: International Economic Integration, Amsterdam 1965.
Turner, Louis: Politics and the Multinational Company, London 1969 (Fabian Research Series 279).
ders.: Invisible Empires, New York 1970.
US Department of Commerce: Survey of Current Business, 1964–1969.
Vagts, Detlev F.: »The Multinational Enterprise, A New Challenge For Transnational Law«, in: Harvard Law Review, 83/1970, S. 739–792.

Vaupel, James W./Joan P. Curhan: The Making of Multinational Enterprise, Boston 1969.
Vernon, Raymond: »International Investment and International Trade in the Product Cycle«, in: Quarterly Journal of Economics, 80/1966, S. 190–207.
ders.: »Multinational Enterprise and National Sovereignty«, in: Harvard Business Review, 45/1967, S. 156–172.
ders.: »Economic Sovereignty at Bay«, in: Foreign Affairs, 46/1968a. S. 110–122.
ders.: Manager in the International Economy, Englewood Cliffs 1968b.
ders.: »Antitrust and International Business«, in: Harvard Business Review, 46/1968c, S. 78–87.
ders.: »Multinational Enterprise and the Nation State, Project Report from the Harvard Business School«, in: Journal of Common Market Studies, 8/1969, S. 160–170.
ders.: »Multinational Enterprise and National Security«, in: Adelphi Papers 74/1971a.
ders.: Sovereignty at Bay, The Multinational Spread of U.S. Enterprise, New York 1971b.
Watkins, Melville H.: Foreign Ownership and the Structure of Canadian Industry (*Watkins Report*) Ottawa 1968.
ders.: »Impact of Foreign Investment, The Canadian-U.S. Case«, in: Columbia Journal of World Business, 4/1969, S. 23–28.
Wells, Louis T.: »A Product Life Cycle for International Trade?«, in: Journal of Marketing, 32/1968a, S. 1–6.
ders.: »Die technologische Lücke und der Markt«, in: Europa-Archiv, 7/1968b, S. 257–262.
Wilkins, Mira: The Emergence of Multinational Enterprise, American Business Abroad from the Colonial Era to 1914, Cambridge 1970.
Williams, B.: Technology, Investment and Growth, London 1967.

Bibliographische Übersicht

(1) *Anderson, N.*, Work and Leisure, London 1961
(2) *Arndt, H. (Hrsg.)*, Die Konzentration in der Wirtschaft, 3 Bände, Berlin 1960
(3) *Aron, Raymond*, Dix-huit leçons sur la société industrielle, Paris 1962; dt.: Die industrielle Gesellschaft, Frankfurt/M. 1964
(4) *Baethge, Martin*, Ausbildung und Herrschaft. Unternehmerinteressen in der Bildungspolitik, Frankfurt/M. 1970
(5) *Beckerath, Herbert von*, Großindustrie und Gesellschaftsordnung, Tübingen und Zürich 1954
(6) *Bendix, R.*, Work and Authority in Industry, New York 1956; dt.: Herrschaft und Industriearbeit, Frankfurt/M. 1960
(7) *Biermann, Benno*, Die soziale Struktur der Unternehmerschaft. Demographischer Aufbau, soziale Herkunft und Ausbildung der Unternehmer in Nordrhein-Westfalen, Stuttgart 1971
(8) *Brepohl, W.*, Industrievolk im Wandel von der agraren zur industriellen Daseinsform, Tübingen 1957
(9) *Burnham, James*, The Managerial Revolution, New York 1951; dt.: Das Regime der Manager, Stuttgart 1948
(10) *Cheit, E. (Hrsg.)*, The Business Establishment, New York 1964
(11) *Clarke, A. C.*, The Use of Leisure and its Relation to Levels of Occupational Prestige, in: American Sociological Review, 21 (1956)
(12) *Cole, A. H.*, Business Enterprise in its Social Setting, Cambridge, Mass., 1953
(13) *Cotgrove, S.*, The Relations Between Work and Non-Work Among Technicians, in: Sociological Review, 13 (1965)
(14) *Croon, H. und K. Utermann*, Zeche und Gemeinde, Tübingen 1958
(15) *Cunnison, S.*, Wages and Work Allocation, London 1966
(16) *Dahrendorf, Ralf*, Soziale Klassen und Klassenkonflikt in der industriellen Gesellschaft, Stuttgart 1957
(17) *Dennis, N., F. Henriques und C. Slaughter*, Coal is Our Life, London 1957
(18) *Dumazedier, Joffre*, Vers la civilisation du loisir, Paris 1962
(19) *Endruweit, Günter*, Der Schritt zur Industriegesellschaft, in: Kölner Zeitschrift für Soziologie und Sozialpsychologie, 19 (1967)
(20) *Florence, Sargant P.*, The Logic of British and American Industry. A Realistic Analysis of Economic Structure and Government, London 1953
(21) *Form, W. H. und D. C. Miller*, Industry, Labor and Community, New York 1960
(22) *Fritsch, B.*, Wachstumsbegrenzung als Machtinstrument, Stuttgart 1974

(23) *Fürstenberg, F., B. Scheuringer und K. Fink*, Arbeitnehmerinteressen in der Raumplanung, Kommunale Forschung in Österreich Bd. 15, Institut für Kommunalwissenschaften, Linz/D. 1974
(24) *Galbraith, J. K.*, The New Industrial State, New York 1967; dt.: Die moderne Industriegesellschaft, München und Zürich 1968
(25) *Gehlen, A.*, Die Seele im technischen Zeitalter. Sozialpsychologische Probleme in der industriellen Gesellschaft, Hamburg 1957
(26) *Gross, E.*, Industry and Social Life, Dubuque, Iowa, 1965
(27) *Grove, J. W.*, Government and Industry in Britain, London 1962
(28) *Gurvitsch, Georges (Hrsg.)*, Industrialisation et technocratie, Paris 1949
(29) *Habermas, J.*, Legitimationsprobleme im Spätkapitalismus, Frankfurt/M. 1973
(30) *Halmos, P. (Hrsg.)*, The Development of Industrial Societies, Sociological Review Monograph 8, University of Keele 1964
(31) *Hanhart, Dieter*, Arbeiter in der Freizeit, Bern und Stuttgart 1964
(32) *Hartmann, Heinz*, Authority and Organization in German Management, Princeton 1959; dt.: Der deutsche Unternehmer: Autorität und Organisation, Frankfurt/M. 1968
(33) *Heimann, E.*, Wirtschaftssysteme und Gesellschaftssysteme, Tübingen 1954
(34) *Hilterscheid, H.*, Industrie und Gemeinde, Berlin 1970
(35) *Hirsch, J.*, Wissenschaftlich-technischer Fortschritt und politisches System, Frankfurt/M. 1970
(36) *Hoselitz, B. F. und W. E. Moore*, Industrialization and Society, 2. Aufl. Paris 1966
(37) *Kerr, Clark, John T. Dunlop, Frederick H. Harbison und Charles A. Myers*, Industrialism and Industrial Man. The Problems of Labor and Management in Economic Growth, Cambridge, Mass., 1960; dt.: Der Mensch in der industriellen Gesellschaft. Die Probleme von Arbeit und Management unter den Bedingungen wirtschaftlichen Wachstums, Frankfurt/M. 1966
(38) *Kornhauser, Arthur*, Mental Health of the Industrial Worker, New York 1965
(39) *Lange, H.*, Wissenschaftlich-technische Intelligenz, Köln 1972
(40) *Lawrence, P. R. und J. Lorsch*, Organization and Environment, Cambridge, Mass., 1967
(41) *Mallet, S.*, La nouvelle classe ouvrière, Paris 1963; dt.: Die neue Arbeiterklasse, Neuwied und Berlin 1972
(42) *Mandel, E.*, Der Spätkapitalismus, Frankfurt/M. 1972
(43) *Mayntz, Renate*, Soziale Schichtung und sozialer Wandel in einer Industriegemeinde, Stuttgart 1959
(44) *McClelland, D.*, The Achieving Society, Princeton N. J. 1961; dt.: Die Leistungsgesellschaft, Stuttgart und Berlin 1966

(45) *Mishan, E. J.*, The Costs of Economic Growth, Harmondsworth 1969
(46) *Neuloh, O. und J. Kurucz*, Vom Kirchdorf zur Industriegemeinde, Köln und Berlin 1967
(47) *Offe, Claus*, Leistungsprinzip und industrielle Arbeit, Frankfurt/M. 1970
(48) *Offe, Claus*, Strukturprobleme des kapitalistischen Staates, Frankfurt/M. 1972
(49) *Pross, Helge*, Manager und Aktionäre in Deutschland. Untersuchungen zum Verhältnis von Eigentum und Verfügungsmacht, Frankfurt/M. 1965
(50) *Rapoport, R. und R.*, Work and Family in Contemporary Society, in: American Sociological Review, 30 (1965)
(51) *Rice, A. K.*, The Enterprise and its Environment, London 1963
(52) *Rosenmayr, Leopold*, Familienbeziehungen und Freizeitgewohnheiten jugendlicher Arbeiter, Wien 1963
(53) *Schäfer, Wilhelm*, Industriebetrieb und Öffentlichkeit vor den sozialen Aufgaben der Gegenwart. Versuch einer Generalinventur der sozialwirtschaftlichen Probleme in einem Großunternehmen der eisenschaffenden Industrie und ihre Beziehungen zur öffentlichen Sozialpolitik, Stuttgart 1956
(54) *Schwonke, Martin*, Wolfsburg, Soziologische Analyse einer jungen Industriestadt, Göttinger Abhandlungen zur Soziologie und ihrer Grenzgebiete Bd. 12, Stuttgart 1967
(55) *Schumpeter, Joseph A.*, Capitalism, Socialism and Democracy, New York 1942; dt.: Kapitalismus, Sozialismus und Demokratie, Bern 1950
(56) *Senghaas, D. (Hrsg.)*, Imperialismus und strukturelle Gewalt, Frankfurt/M. 1972
(57) *Steiner, George A.*, Business and Society, New York 1971
(58) *Steinmann, Horst*, Das Großunternehmen im Interessenkonflikt, Stuttgart 1969
(59) *Sweezy, P. M.*, Die Zukunft des Kapitalismus und andere Aufsätze zur politischen Ökonomie, Frankfurt/M. 1970
(60) *Szaniawski, J.*, Die Humanisierung der Arbeit und die Funktion der Schule, Weinheim 1972
(61) *Tjaden-Steinhauer, M. und K. H. Tjaden*, Klassenverhältnisse im Spätkapitalismus, Stuttgart 1973
(62) *Touraine, A.*, Die postindustrielle Gesellschaft, Frankfurt/M. 1972
(63) *UNESCO*, Aspects sociaux de l'industrialisation et de l'urbanisation en Afrique au Sud du Sahara, Paris 1956
(64) *Wald, Renate*, Industriearbeiter privat. Eine Studie über private Lebensformen und persönliche Interessen, Stuttgart 1966
(65) *Wirth, M.*, Kapitalismustheorie in der DDR, Frankfurt/M. 1972

Namensverzeichnis

Sachverzeichnis

Soziologische Texte

Wolfgang Abendroth: Antagonistische Gesellschaft und politische Demokratie. 578 Seiten. (ST 47)

Hans Albert: Marktsoziologie und Entscheidungslogik. 531 Seiten . (ST 36)

Ali Al-Wardi: Soziologie des Nomadentums. Studien über die irakische Gesellschaft. 454 Seiten. (ST 73)

Paul A. Baran: Politische Ökonomie des wirtschaftlichen Wachstums. 476 Seiten. (ST 42)

Siegfried Braun/Jochen Fuhrmann: Angestelltenmentalität. 568 Seiten. (ST 63)

Emile Durkheim: Erziehung, Moral und Gesellschaft. 339 Seiten. (ST 86)

Emile Durkheim: Der Selbstmord. 519 Seiten. (ST 32)

Norbert Elias: Die höfische Gesellschaft. 455 Seiten. (ST 54)

Norbert Fügen: Wege der Literatursoziologie. 479 Seiten. (ST 46)

Friedrich Fürstenberg: Die Soziallage der Chemiearbeiter. 323 Seiten. (ST 62)

Friedrich Fürstenberg: Industriesoziologie I. Vorläufer und Frühzeit 1835 – 1934. 376 Seiten. (ST 1)

Soziologische Texte

Friedrich Fürstenberg: Industriesoziologie II. Die Entwicklung seit dem Zweiten Weltkrieg. 320 Seiten. (ST 102)

Friedrich Fürstenberg: Industriesoziologie III. Industrie und Gesellschaft. 347 Seiten. (ST 104)

Arnold Gehlen: Studien zur Anthropologie und Soziologie. 355 Seiten. (ST 17)

Theodor Geiger: Vorstudien zu einer Soziologie des Rechts. 479 Seiten. (ST 20)

Uta Gerhardt: Rollenanalyse als kritische Soziologie. Ein konzeptueller Rahmen zur empirischen und methodologischen Begründung einer Theorie der Vergesellschaftung. 408 Seiten. (ST 72)

Lucien Goldmann: Dialektische Untersuchungen. 336 Seiten. (ST 29)

Lucien Goldmann: Soziologie des modernen Romans. 258 Seiten. (ST 61)

Lucien Goldmann: Der verborgene Gott. 605 Seiten. (ST 87)

Constantin H. Gulian: Versuch einer marxistischen philosophischen Anthropologie. 359 Seiten. (ST 85)

Georges Gurvitch: Grundzüge der Soziologie des Rechts. 264 Seiten. (ST 23)

Soziologische Texte

Wolfgang Lipp (Hrsg.): Konformismus – Nonkonformismus
431 Seiten. (ST 93)

Leo Löwenthal: Das Bild des Menschen in der Literatur.
305 Seiten. (ST 37)

Leo Löwenthal: Literatur und Gesellschaft. Das Buch in der Massenkultur. 281 Seiten. (ST 27)

Peter Ch. Ludz: Soziologie und Marxismus in der DDR.
Band 1: 592 Seiten. (ST 70). Band 2: 389 Seiten. (ST 71)

Niklas Luhmann: Legitimation durch Verfahren.
261 Seiten. (ST 66)

Georg Lukács: Werkauswahl I. Schriften zur Literatursoziologie
568 Seiten. (ST 9)

Georg Lukács: Werkauswahl II. Schriften zur Ideologie und Politik. 851 Seiten. (ST 52)

Karl Mannheim: Wissenssoziologie. 750 Seiten. (ST 28)

Herbert Marcuse: Vernunft und Revolution. Hegel und die Entstehung der Gesellschaftstheorie. 399 Seiten. (ST 13)

George H. Mead: Sozialpsychologie. 442 Seiten. (ST 60)

Arnhelm Neusüss: Utopie. Begriff und Phänomen des Utopischen. 525 Seiten. (ST 44)